Udo Scheer
Jürgen Fuchs

Udo Scheer

Jürgen Fuchs

Ein literarischer Weg in die Opposition

herausgegeben von der Stiftung
Gedenkstätte Berlin-Hohenschönhausen

Jaron Verlag

Der besseren Lesbarkeit halber sind die vom Autor geführten Gespräche mit Zeitzeugen in Kursivschrift gesetzt. Längere Zitate sonstiger Art sind in einer zweiten Schrift gesetzt.

Mit freundlicher Unterstützung des Fördervereins Gedenkstätte
Berlin-Hohenschönhausen

Abbildungen
Beleites, Michael: 353 u.
Fuchs, Lilo: 23 u., 24 o., 29, 31, 36, 41, 54, 73, 104, 108, 147 o., 169, 170, 179, 186, 189, 195 o., 258 o., 301, 306, 322, 332, 349, 369, 371
Geschichtswerkstatt Jena e.V.: 23 o., 24 u., 161, 258 u., 272
Kratschmer, Edwin: 56, 320
Matthias-Domaschk-Archiv Berlin: 244, 247
Scheer, Udo: 135, 138, 140,147 u., 176, 253, 255, 353 o.
Ullmann, Günter: 195 u.

Originalausgabe
1. Auflage 2007
© 2007 Jaron Verlag GmbH, Berlin
Alle Rechte vorbehalten. Jede Verwertung des Werkes und
aller seiner Teile ist nur mit Zustimmung des Verlages erlaubt.
Das gilt insbesondere für Vervielfältigungen, Übersetzungen,
Mikroverfilmungen und die Einspeicherung und Verarbeitung
in elektronischen Medien.
www.jaron-verlag.de
Umschlaggestaltung: Atelier Kattner, Berlin,
unter Verwendung eines Fotos von Pamela Biermann
Satz: Pinkuin Satz und Datentechnik, Berlin
Druck und Bindung: Clausen & Bosse, Leck
ISBN 978-3-89773-573-6

Inhalt

Vorwort

Vom 19. November 1976 bis zum 26. August 1977 war der Schriftsteller Jürgen Fuchs im Gefängnis Berlin-Hohenschönhausen in Haft. Neun Monate lang war der 26-Jährige in dem tristen, in einem militärischen Sperrgebiet befindlichen Bau im Nordosten Berlins den Vernehmern und Wärtern des DDR-Staatssicherheitsdienstes ausgeliefert. In einem Alter, in dem andere unbeschwert ihr Leben genießen, musste er, ganz auf sich allein gestellt, den Kampf mit einem gewieften und skrupellosen Unterdrückungsapparat führen.

Schauplatz des Geschehens war die zentrale Untersuchungshaftanstalt des Ministeriums für Staatssicherheit (MfS) in der Genslerstraße 66. Hier, hinter Stacheldraht, Wachtürmen und einer vier Meter hohen Gefängnismauer, inhaftierte die DDR-Geheimpolizei ihre wichtigsten politischen Gefangenen. Häftlinge eines benachbarten Arbeitslagers hatten dazu Ende der 50er Jahre einen neuen Gefängnisbau mit über 200 Zellen und Vernehmerräumen errichten müssen. Die Architektur der Anlage war speziell auf die Bedürfnisse der Staatssicherheit ausgerichtet: mit Zellen, aus denen man nicht hinaussehen konnte; mit einer »Ampelanlage«, die Begegnungen mit Mitgefangenen ausschließen sollte; mit Verhörzimmern, die abgehört werden konnten und durch gepolsterte Doppeltüren schallisoliert waren. Alle Gebäudeteile waren so miteinander verbunden, dass dem Häftling nie ein Blick auf die Umgebung möglich war – und er so über seinen Aufenthaltsort nur Vermutungen anstellen konnte. Desorientierung, Isolation und völlige Ausgeliefertheit waren die wichtigsten Mittel zur Geständnisproduktion. 1989 arbeiteten an diesem Ort über 700 MfS-Bedienstete, während die Zahl der Gefangenen 200 nicht überstieg.

Einer der herausragendsten Gefangenen in Hohenschönhausen war der Lyriker und Prosa-Autor Jürgen Fuchs. 1950 in Reichenbach im Vogtland geboren, begann er nach seinem Wehrdienst, in Jena Psychologie zu studieren. In dieser Zeit publizierte er in der DDR bereits erste literarische Arbeiten. Weil seine kritischen, größtenteils unveröffentlichten Texte den Funktionären in der DDR missfielen, wurde er 1975 wegen »Schädigung des Ansehens der Universität in der Öffentlichkeit« kurz vor dem Examen exmatrikuliert sowie aus der Staatspartei SED und dem kommunistischen Jugendverband FDJ ausgeschlossen.

Mit seiner Frau und der gerade geborenen Tochter Lili fand der so Gemaßregelte damals Unterschlupf im Gartenhaus des DDR-Dissidenten Robert Havemann. Nach der Ausbürgerung des SED-kritischen Liedermachers Wolf Biermann am 16. November 1976 und den sich anschließenden Protesten wurde Fuchs verhaftet und nach Hohenschönhausen gebracht. Am Ende der monatelangen Untersuchungshaft stellte man ihn vor die Alternative, entweder in den Westen zu gehen oder für Jahre im Gefängnis zu verschwinden. Als er der Erpressung schließlich nachgab, schob man ihn nach West-Berlin ab. Unmissverständlich drohte man ihm damals jedoch: »Legen Sie sich später nicht mit uns an. Wir finden Sie überall. Auch im Westen. Autounfälle gibt es überall.«[1]

Beim Rausschmiss von der Universität und später in der Haft hatte sich dem jungen kritischen Sozialisten der Charakter der SED-Herrschaft offenbart: Die Funktionäre und Vernehmer, die die sozialistische Utopie im Munde führten, entlarvten sich als gnadenlose Vollstrecker der herrschenden Politbürokratie. Seine literarischen Arbeiten werteten sie als »staatsfeindliche Hetze«, auf die in der DDR zwei bis zehn Jahre Gefängnis standen. Mit zynischem Lächeln und ausgeklügelten Demütigungen versuchten sie, seinen ungewöhnlich großen Widerstandswillen zu brechen.

In diesem ungleichen Kampf griff Jürgen Fuchs zu einer ei-

---

1 Jürgen Fuchs, Gedächtnisprotokolle. Vernehmungsprotokolle, Reinbek 1990, S. 218.

gentümlichen Strategie: Er machte sich zum Beobachter eines Geschehens, in dem er selbst die Hauptrolle spielte. Mit geradezu wissenschaftlichem Interesse beobachtete er seine Widersacher bei ihrer »Arbeit« und protokollierte das Erlebte erst im Kopf und dann – nach seiner Freilassung und Ausreise in die Bundesrepublik – in seinen Büchern. Die 1978 erschienenen *Vernehmungsprotokolle* gehören zu den bedeutendsten Texten, die über das MfS-Gefängnis Berlin-Hohenschönhausen geschrieben wurden.

Fuchs' Bücher sind weit mehr als literarisch-dokumentarische Aufzeichnungen – sie sind Lehrstücke über das Funktionieren der SED-Diktatur. Dass der Schriftsteller die Mechanismen der Machtausübung so offen sezierte, trug ihm den größten Hass der DDR-Obrigkeit ein. Vielen anderen Oppositionellen dienten die *Vernehmungsprotokolle* als Vorbereitung für eine mögliche Verhaftung. Als Ralph Giordano, der die Verhörmethoden der Gestapo über sich ergehen hatte lassen müssen, das Buch in die Hände bekam, war er so überwältigt, dass daraus eine lebenslange Freundschaft zu Fuchs erwuchs. Wie Biermann hatte er dabei immer das Gefühl, dass der um Jahre jüngere Autor der »Ältere« sei, denn die sanfte Klarheit, mit der Fuchs seine Beobachtungen mitteilte, entrückte ihn schon zu Lebzeiten seiner Umgebung.

Seine Gradlinigkeit setzte Fuchs aber auch zeitlebens heftigen Angriffen aus – nicht nur durch den Staatssicherheitsdienst, der ihn bis nach West-Berlin verfolgte und dort jahrelang mit sogenannten »Zersetzungsmaßnahmen« überzog. Auch andere Zeitgenossen, für die jedes Problem »zwei Seiten« hatte, die die »Zwischentöne« vermissten und auf die Jürgen Fuchs' »Eindeutigkeit« altmodisch und pathetisch wirkte, echauffierten sich über ihn. Sie wollten seine bohrenden Fragen nicht hören und behaupteten, dass sie einer geradezu krankhaften Fixierung auf seine Gegner in der DDR entsprangen.

Dieser Vorwurf wurde vor allem laut, nachdem Fuchs 1998 in seinem letzten Buch *Magdalena* seine Spurensuche nach den Machenschaften des Staatssicherheitsdienstes in den Fluren der Stasi-Akten-Behörde beschrieb. Ähnlich wie in seinen früheren Büchern gab Fuchs darin seine Beobachtungen wieder und mischte sie mit Zitaten und Reflektionen – nun nicht mehr über die DDR, sondern über ein Amt, das das Erbe der SED-Diktatur mit deutscher Gründlichkeit verwaltete. Er berichtete von behördlichen Hierarchien, von Formularen, Vorschriften und übernommenen Stasi-Mitarbeitern und thematisierte damit zugleich die kafkaeske Verlorenheit des Einzelnen in einer übermächtigen Bürokratie.

Das Buch und die Unbeirrbarkeit seines Autors stießen damals in den Feuilletons teilweise auf heftige Ablehnung. Dabei sprach Fuchs nur Dinge aus, die auch jedem anderen unvoreingenommenen Beobachter ins Auge fallen mussten und die nach dem Zusammenbruch einer Diktatur zweifellos auf die Tagesordnung gehörten. Doch weil die Gesellschaft und die politische Klasse ihren Frieden mit der Vergangenheit schließen wollten, erschien Fuchs vielen als ein Störenfried, dessen außergewöhnlicher literarischer und politischer Rang wohl erst in der Rückschau vollends deutlich wird.

Am 9. Mai 1999 starb Jürgen Fuchs im Alter von 48 Jahren. Ursache war eine seltene Blutkrebserkrankung, von der er seit längerem wusste. Seit dem Ausbruch der Krankheit hatte er den Verdacht gehegt, dass sie vom Staatssicherheitsdienst der DDR ausgelöst worden war, um den unbelehrbaren und gefährlichen Kritiker zu beseitigen, ohne dabei Spuren zu hinterlassen. Seine Vermutung wurde dadurch bestärkt, dass auch andere prominente Regimekritiker wie Rudolf Bahro oder Gerulf Pannach an Krebs gestorben waren. Hinzu kamen Indizien wie der Fund einer »Röntgenkanone« im Fotoraum der Untersuchungshaftanstalt in Gera oder Aufzeichnungen der Staatssicherheit, die Aufschluss darüber gaben, wie man Menschen durch radioaktive Verstrahlung unbemerkt zu Tode bringen kann.

Jürgen Fuchs hatte sich bei diesem Thema in der Öffentlichkeit immer größte Zurückhaltung auferlegt. Er wusste, dass man auch diesen Verdacht als Beweis seiner »Traumatisierung« auslegen würde, obwohl skrupellose Geheimdienste bis in die jüngste Zeit Gegner mit radioaktivem Material aus dem Weg geräumt haben. Erst ein Jahr vor seinem Tod veröffentlichte der thüringische Autor

Udo Scheer ein Interview, in dem Fuchs offen über seine Beobachtungen und Befürchtungen spricht.

Udo Scheer – der Autor dieses Buches – und Jürgen Fuchs hatten sich 1973 auf Einladung des Schriftstellerverbandes Weimar kennengelernt. Einer »Diplomarbeit« des Ministeriums für Staatssicherheit zufolge galt Scheer in den 8oer Jahren selbst als »gefährlichster Nachwuchsschriftsteller im Bezirk Gera«. Anders als Fuchs blieb der nahezu Gleichaltrige jedoch bis zum Zusammenbruch der SED-Diktatur in der DDR, wo er nur knapp seiner Verhaftung entging und nicht einmal in das sozialistische Polen fahren durfte. Nach dem Mauerfall, als man endlich ungehindert zwischen Thüringen und Berlin reisen konnte, nahm Scheer wieder Kontakt zu Fuchs auf, mit dem er bis zu dessen Tod eng befreundet war.

Scheers Buch ist die erste Biographie über den Schriftsteller, Bürgerrechtler und Hohenschönhausen-Häftling Jürgen Fuchs. Der Autor hat dazu im Auftrag der Gedenkstätte Berlin-Hohenschönhausen zahreiche Freunde und Weggefährten des Schriftstellers befragt. Sie berichten auf anschauliche Weise über einen großen Literaten, einen mutigen Kämpfer und einen beeindruckenden Menschen. Scheer ist so sehr viel mehr gelungen als eine Biographie. Sein Buch ist das facettenreiche Porträt einer Zeit, die für viele bereits in weite Ferne gerückt ist. An seiner Arbeit wird niemand vorbeigehen können, der sich ernsthaft mit dem Widerstand gegen die SED-Diktatur befassen will.

Dr. Hubertus Knabe,
Direktor der Gedenkstätte Berlin-Hohenschönhausen

Einleitung

Wir dürfen das Jahr 1989 nicht verspielen.
Jürgen Fuchs

An jenem regenverhangenen 15. Mai 1999 auf dem Berliner Heide-friedhof, inmitten Hunderter anderer, erschien der Weg zu Jürgen Fuchs' Grabstätte unsäglich weit.

Zuvor, während der Fahrt von Thüringen nach Berlin, säumten üppig blühende Rapsfelder die Strecke bis zum Horizont. Mir schien, so viel grelles Rapsgelb war noch nie. Noch bedrückender wirkte der Anblick im fahlen Licht des Rückwegs. So wie dieses schwefelschwere Gelb alles Grün, Himmelsgrau und Baumblüten-weiß beherrschte, würde auch weiterhin alles sein wie immer – als wäre nichts geschehen.

Fundamentale Konflikte überziehen weiter große Teile unserer Welt und gedeihen mächtig. Ideologen, religiöse Fanatiker und Vorherrschaftsverfechter werden nicht müde, ihre Monokulturen auszubauen. Weltweit verschwanden im Jahr 2006 871 Journalisten und Schriftsteller in Kerkern, mindestens 82 wurden ermordet. Wer in voller Bewusstheit in solch totale Verhältnisse hineingeworfen wird, dem bleibt kaum eine Wahl.

Von Jürgen Fuchs in der Vergangenheit denken zu müssen schmerzt. Es scheint absurd, so unmittelbar und gegenwärtig, wie er ist.

Schwer zu sagen, seit wann er in Demokratie und Humanismus die einzig wahren Alternativen sah. Der Humanismus, befand er anlässlich seiner Poetik-Vorlesung an der Universität Jena – jener Universität, an der er knapp zwei Jahrzehnte zuvor politisch exma-trikuliert worden war –, der Humanismus sei auch nur eine Ideo-logie, die sich missbrauchen lasse, wenn sie zahnlos sei. Und: Wer gegen das Totalitäre kämpfe, der könne das nicht als Pazifist tun.

So stellte er – nicht selten mit der Listigkeit des Fuchses – sich und seine Überzeugung voll ins Fadenkreuz.

Acht Jahre sind seit seinem Tod vergangen. Bisweilen höre ich junge Leute fragen: »Jürgen Fuchs? Wer ist das?« Es gibt Glücksfälle, dann haben sie mit guten Lehrern seinen Gedichtzyklus *Schriftprobe* oder die *Vernehmungsprotokolle* besprochen.

Für seine vergriffenen Bücher gibt es bislang keine Nach- und Neuauflagen. Hans Joachim Schädlich, Utz Rachowski, auch andere Freunde haben sich mehrfach für neue Ausgaben eingesetzt. Ryszard Krynicki, der große polnische Lyriker und Übersetzer, bereitet in Krakau einen polnisch-deutschen Gedichtband vor. Doch hierzulande fehlt die Stimme von Jürgen Fuchs.

Ich erinnere ein Treffen im März 1998 in der Moabiter Waldstraße in Berlin, wo er in der Kontakt- und Beratungsstelle als Psychologe arbeitete. An diesem quicklebendigen Ort hatte er ausnahmsweise eine Stunde Ruhe organisiert, damit wir ein Rundfunkinterview zu *Magdalena* führen konnten. Die erwarteteten kontroversen Reaktionen auf seinen neuen Roman waren da.

Der erste Satz seiner Antwort war von überraschtem Lachen getragen: »Na ja, wenn Sie das jetzt so aufzählen, erschrickt man ja fast noch mal mit, was da alles geschehen ist.«

Wir siezten uns mit einem Augenzwinkern. Zuvor hatte ich ihn den Hörern kurz vorgestellt: »Jürgen Fuchs, Sie sind 1950 in Reichenbach im Vogtland geboren. Sie haben in Jena Psychologie studiert, wurden bereits Anfang der 70er Jahre durch die Staatssicherheit operativ bearbeitet, weil Sie ›Klartext‹ schrieben und sprachen. Sie waren mit Robert Havemann und dem verbotenen Liedermacher Wolf Biermann befreundet, wurden aus politischen Gründen exmatrikuliert, saßen neun Monate in Stasi-U-Haft. 1977 wurden sie ausgebürgert und von West-Berlin aus zu einem der wichtigsten Kontaktpartner für die unabhängige Friedens- und Bürgerrechtsbewegung in der DDR. 1982 unterschrieb Erich Mielke, Minister für Staatssicherheit, gegen Sie einen Fahndungserlass, der bis 1999 im gesamten sozialistischen Lager, auch beim Transit durch die DDR, gelten sollte. Es gab Drohungen, Anschläge gegen Sie in West-Berlin. 1992 forschten Sie in der Gauck-Behörde zu den Methoden der Staatssicherheit gegen sich und andere Oppositionelle. Vor diesem Lebenshintergrund erscheint soeben zur Leipziger Buchmesse Ihr Roman *Magdalena*, ein Synonym für das Stasi-Gefängnis in Berlin-Lichtenberg. Im Untertitel *VEB Horch & Gauck*. Wie ist dieses ›Horch & Gauck‹ statt ›Horch und Guck‹ zu verstehen?«

Und da sagte er: »Na ja, wenn Sie das jetzt so aufzählen, erschrickt man ja fast noch mal mit, was da alles geschehen ist – in Jena, aber auch nach der Ausbürgerung, in West-Berlin. Das war schon von mir aus gedacht als Versuch, als Schriftsteller zu leben, zu sagen und zu schreiben, was ich denke – also frei zu sein. Und damit konnte sich eben so ein totalitärer und – ja – erzwingerischer Staat wie die DDR schlecht abfinden ...«[1]

Kennengelernt hatten wir uns 1973 als Gäste, als mögliche Nachwuchskandidaten des Schriftstellerverbandes Weimar/Erfurt. Jürgen Fuchs kam meist mit Reiner Kunze, saß dann mit ihm an einem der hintersten Tische und erhitzte sich an den versammelten Selbstdarstellern und ideologischen Federführern. Er merkte offenbar sofort, dass dieser Kreis auch nicht wirklich mein Kreis war, und gab mir den Tipp: »Geh doch mal in Jena zu Lutz Rathenow. Der gründet gerade einen Arbeitskreis Literatur.«

Wir begegneten uns danach sporadisch, bei Lesungen, im Arbeitskreis, den er beriet, für den er Kontakte knüpfte. 1974 trafen wir uns beim Zentralen Poetenseminar in Schwerin, wo er seine Beachtung als Lyriker genoss. Er gab sich ganz als Poet: schlank, großgewachsen, langes schwarzes Haar, mit Oberlippen- und scharf konturiertem Kinnbart – eine Lenin-Adaption? Junge Poetinnen schwärmten.

Seit seiner Studienzeit pflegte er eine Art proletarisches Outfit, trug Bluejeans – anfangs eine Provokation – oder Manchesterhose, großkarierte Hemden, Vorzugsfarbe Rot, oder handgestrickte

---

[1] Jürgen Fuchs: Interview mit Udo Scheer, Sendung HR II, 25. 03. 1998, 20.05 Uhr.

Pullover und einen roten Schal, später auch Lederjacke und Schiebermütze, manchmal eine Zigarette in der Hand, und hatte immer seine Umgebung wach im Blick. Es war klar, hier stand ein Individualist, der sich zu seiner Herkunft bekannte. »Frech« war ein Wort, das ihm gefiel: »Warum sollten wir nicht ein bisschen frech sein?« Ein anderes Wort war »toll!«: »Ein tolles Buch!« Dazu kam häufig sein helles, klares »Ja!«, sein unduldsam forderndes »Ja, tu das! Das musst du tun, hörst du!«.

Im Frühjahr 1975 berieten wir in seiner Wohnung im kleinen Kreis die Auflösung des Arbeitskreises Literatur – sehr zum Ärger der Staatssicherheit. Sie musste ihre Spitzel danach neu formieren. Die Jahre darauf ging jeder seinen eigenen Weg. Der des Jürgen Fuchs führte konsequent aus der DDR-Diktatur heraus. Von Robert Havemann hatte er gelernt, keine Diktatur zu respektieren.

Durch Lutz Rathenow konspirativ übermittelt, fanden einige meiner Gedichtversuche über ihn in West-Berlin Eingang in westliche Zeitschriften. Sie entgingen so dem weitgehenden Veröffentlichungsverbot im »Leseland DDR«. Über den gleichen Kanal kamen alle Fuchs-Bücher und einige andere verbotene Literatur bei mir an; seit 1986 auch die von ihm monatlich aufwendig zusammengestellte Kopierzeitschrift *dialog* mit Presseartikeln, Buchauszügen, manchmal auch Texten von Jürgen Fuchs. Er wusste, wie wichtig diese *dialoge* für den Osten waren.

In der Rasanz der 90er Jahre begegneten wir uns in Abständen, die wir kaum wahrnahmen: auf Lesungen, Autorentreffen, Veranstaltungen und Kongressen zur Vergangenheitsklärung, bei seiner Eröffnungsvorlesung der internationalen Reihe der Jenaer Poetikvorlesungen, beim Ausrichten Ost-West-übergreifender Veranstaltungen durch das »Collegium Europaeum Jenense« an der Jenaer Universität und die Geschichtswerkstatt Jena e.V., deren Vorsitz ich innehatte. Einen Höhepunkt bildete 1997 das große, von ihm vorgeschlagene internationale Autorentreffen mit Schriftstellern des P.E.N.-Zentrums deutschsprachiger Autoren im Ausland.

Eine neue Intensität und Kontinuität war entstanden. »Was«, hatte er 1990 bei einem Treffen in Vlotho gesagt, »du hast kein

Faxgerät? Das musst du dir unbedingt zulegen! Brauchst du Geld?«
Diese Technik, später auch die der E-Mails, faszinierte ihn. Er be-
schickte einen ganzen Freundeskreis. Nachts um halb eins, eins
quollen meterlange Faxschlangen aus dem Gerät im Flur neben
der Schlafzimmertür: Gedichte, Zeitungsartikel, Aktenauszüge,
Bitten um Unterstützung für Dritte, Briefe, dazu knappe Hinweise, geschrieben per Hand oder mit Maschine. »Jetzt nur lesen.
Nichts unternehmen!« oder die Frage: »Kannst du was tun?« Faxe
waren effektiver als Telefonate. Schickte ich meine kurze Antwort
oder Nachfrage dann früh gegen sieben, kam seine Antwort meist
prompt. Also stand er schon wieder auf der Matte. Sein Elan und
seine Zuversicht wirkten ansteckend.

Im Gespräch beeindruckte Jürgen Fuchs wohl jeden durch sein
Wissen, durch sein enormes Gedächtnis und die Kunst, Argumente auf den Punkt zu bringen. Zugleich genoss er jeden Diskurs, den
er mit Zwischenfragen anheizte und oft auch lenkte. Es schien ihm
aber auch wichtig zu hören, was sein Gegenüber dachte. Interviews
wurden zu intellektuellen Vergnügen.

Was er tat, tat er rational, diszipliniert und intensiv. Immer war
ihm die Zeit knapp, oft war er im Aufbruch. Dennoch widmete er
sich auf beeindruckende Weise seiner Familie und seinen Freunden. Er genoss geradezu diese Intensität.

Wer so lebte und schrieb, musste Neid und planmäßigen Hass
auf sich ziehen. Morddrohungen und Anschläge, dieser Spuk der
8oer Jahre in West-Berlin, waren auch im vereinigten Deutschland
nicht vorüber. Rückblickend gestand Jürgen Fuchs: »Eigentlich
wollte ich einmal nur Gedichte schreiben, vielleicht über die Liebe,
die Natur. Wichtigeres drängte sich vor.« Darum versteht dieses
Buch sich auch nicht als literaturwissenschaftliche Betrachtung –
die steht weiterhin aus. Dieses Buch will eine biographische Annäherung sein an einen außergewöhnlichen Menschen und an seinen
literarischen Weg in die Opposition.

Was für mich übrigblieb, als ich ins Leben startete

Wie so viele andere verfolgte Jürgen Fuchs im Sommer 1968 den Versuch, im tschechoslowakischen Nachbarland einen »Sozialismus mit menschlichem Antlitz« zu errichten. Kurz darauf machte er die erschütternde Erfahrung, was mit einem geschah, der es wagte, der sozialistischen Staatsmacht die Stirn zu bieten. Der Prager Frühling und seine Niederschlagung wurde für den 17-Jährigen zu einer Zäsur, die sein weiteres Leben beeinflussen sollte.

Einer aus meinem Haus wurde verhaftet, achtundsechzig. Und alle haben dann schon immer gewusst, daß es mit dem nicht gut gehen konnte ...

Sie haben ihn eingelocht, und meine Mutter hat mich zittrig gefragt, ob ich auch so was machen würde in meiner Blödheit. Und ich habe nur geschluckt und nichts geantwortet, als seine Mutter im Treppenhaus vorbeischlich und mich jungen Kerl sah, so alt wie ihr Sohn, der in U-Haft saß, weil er »Dubček« an die Wände gepinselt und dann große Reden geführt hatte in einer Milchbar, wo die Spitzel mit am Tisch saßen.

Als er rauskam mit kurzen Haaren und komischen Augen, hat er mich besucht und wenig erzählt, ich hab ihm auch nicht gesagt, wie ich das fand, was er gemacht hat. Ich hab keinem erzählt, daß ich damals »Dubček« an ein Plakat geschrieben hatte, auf dem Bahnhof, ganz klein, mit Kuli, keiner wird es gleich gemerkt haben, so winzig war das hingekritzelt worden. Bernd Seidel, so hieß er, hatte seine Sachen mit Pinsel und Farbe geschrieben und kam aus dem Knast.[1]

1 Doris Liebermann / Jürgen Fuchs / Vlasta Wallat (Hg.): Dissidenten, Präsidenten

In jenem August 1968 waren die Panzer und Mot.-Schützenkonvois der Nationalen Volksarmee Richtung tschechoslowakischer »Bruderrepublik« auch durch Reichenbach im Vogtland gerollt. Mit ihrem Lärm und Staub wuchs die lähmende Angst: Gibt es wieder Krieg? Fuchs stand mit anderen am Straßenrand und verfolgte, was da vor sich ging. »Sozialistische Bruderarmeen« marschierten auf gegen das tschechoslowakische Volk, gegen das »sozialistische Bruderland«. Bilder im Westfernsehen zeigten sowjetische Panzer in Prag und Brno, ihre MPi- und MG-Salven waren zu hören. DDR-Kommentatoren sprachen von einem US-amerikanischen Putschversuch. Die Amerikaner hätten unter dem Vorwand, mit *Die Brücke von Remagen* einen Kriegsfilm drehen zu wollen, die Naivität der Tschechen ausgenutzt und Kriegsgerät, sogar Panzer stationiert. Damit sei der Bogen überspannt, der Weltfrieden gefährdet worden. Im *Neuen Deutschland* (ND) ließ Walter Ulbricht groß aufgemacht verbreiten: »Die USA rüsten auf! Die USA rüsten die tschechische Konterrevolution mit Waffen aus!«

Lügen wie diese und im Gegensatz dazu die Realität der blutigen Gewalt, der Toten, die Brutalität des sowjetischen Militärschlages gegen den Prager Frühling, die Verhaftungen von Sympathisanten in der DDR wurden für den jungen Mann zu einer einschneidenden politischen Erfahrung. Anfang der Siebziger schrieb er den oben auszugsweise zitierten Text und las ihn zusammen mit Gedichten und kurzer Prosa in überfüllten Wohnungen und auf halblegalen Lesungen.

Ähnlich wichtig für sein künftiges politisches Selbstverständnis war »der Ausnahmezustand ... in den ich als Schüler geriet, mit 17 Jahren ... in der elften Klasse ... Ich entdeckte in der ›Volksbuchhandlung‹ Zwickauer Str./Ecke Zenkergasse das Buch *LTI* von Viktor Klemperer, lingua tertii imperii, die Sprache des Dritten Reiches.«[2]

und Gemüsehändler. Tschechische und ostdeutsche Dissidenten 1968–1998, Essen 1998, S. 11.

2 Jürgen Fuchs: Einmischung in eigene Angelegenheiten. Gegen Krieg und verlogenen Frieden, Reinbek 1984, S. 11.

Jürgen Fuchs verstand die brisante Aktualität in Sätzen wie diesem: »Was tut eine vollkommene Gefolgschaft? Sie denkt nicht, sie fühlt auch nicht mehr – sie folgt.« Funktionierten denn die Schule, die gesellschaftliche Arbeit in der FDJ[3], die 1.-Mai-Paraden, die Presse, die gesamte Ordnung der DDR nicht nur dank jener, die sich »auf Knopfdruck« mechanisch, wie Automaten, »gleichschalten« ließen?

In seinem Essay *Das Erschrecken über die eigene Sprache*[4] erzählt er rückblickend, wie dieses Buch in ihm etwas freisetzte, den Anstoß für seine literarische Auseinandersetzung mit Auswüchsen der DDR-Gesellschaft gab. Die Augen durch Klemperer geöffnet, fand er in der Staatssprache der DDR bestürzende Parallelen zur Ideologiesprache und zum Sprachverfall im Dritten Reich. Was sich jetzt ausformte, war für ihn »lingua quartii imperii«.

»Sklavensprache«, Unschärfe und Rückzug auf Doppeldeutiges lehnte er nach dieser Lektüre rigoros ab. Mit seinem Anspruch, »Klartext«[5] zu schreiben, und seinem dokumentarliterarischen Stil nahm Jürgen Fuchs eine Sonderstellung unter »Jungen Poeten« wie unter Schriftstellern der DDR ein. Damit begab er sich in Widerspruch zum propagierten Sozialismusbild.

Ich stellte das Bestehende in Frage, wenn ich zum Beispiel auf die Idee kam, das Wort »Menschengemeinschaft« könne etwas mit dem Wort »Volksgemeinschaft« zu tun haben. »Beobachte, studiere, präge dir ein, was geschieht!« hatte Klemperer in den schlimmen Nächten der Verfolgung und der inneren Verlorenheit zu sich gesagt ... Das Schreiben des Tagebuchs war seine »Balancierstange«, sein Widerstand, seine Tat gegen das Verbrechen um ihn. Und ich, was sollte ich tun?[6]

---

3 FDJ = Freie Deutsche Jugend.
4 Vgl. Anm. 2, S. 16.
5 Jürgen Fuchs: KLARTEXT, Gedicht, undatiert, vermutlich 1972/73, in: Archiv Jugendlyrik, Universität Jena.
6 Vgl. Anm. 2, S. 13.

Wie andere Jugendliche, die ihre Selbstfindung im Schreiben suchen, hatte Jürgen Fuchs das eigene Empfinden zunächst in Natur und Landschaft projiziert. Auf diese Weise waren Gedichtversuche über Liebe und Trennung entstanden. Zugleich erhob er seine Stimme wie andere Jungpoeten im Kanon der Propagandisten zur Freilassung der amerikanischen Bürgerrechtlerin und Kommunistin Angela Davis, gegen die griechische Militärjunta und den mit C-Waffen geführten Krieg der USA in Vietnam. Dazu gesellten sich erste freche Verse gegen die Hauptfeinde im eigenen Land: die Spießer und Bonzen. Auch eines seiner späteren Generalthemen kündigte sich an, das Schuldigwerden durch Schweigen und Verschweigen.

Das waren nicht mehr, wie zuvor, versuchte Nachempfindungen Bobrowskischer Landschaften, die ich nicht kannte. Ich wagte mich vor zur Wirklichkeit, zur eigenen, zu der, die mich umgab. »Beobachte, präge dir ein, was geschieht.« Ich steckte alles weg, wenn ich das Zimmer verließ. Keiner wußte, was ich tat.[7]

Einem Lehrer, dem ich vertraute, der mir Bücher auslieh, und von dem ich zum ersten Mal einige Fakten über die Verbrechen der Stalinzeit hörte, erzählte ich von meiner Lektüre und wie vergleichbar mir vieles erschien. Er wehrte heftig ab: »Nein, das läßt sich nicht vergleichen, unter keinen Umständen, das geht nicht!« ... Ich fühlte, daß seine Antwort die Ablehnung eines Denkvorgangs war, der sich ihm längst aufgedrängt hatte.[8]

Vielleicht wäre Jürgen Fuchs' Lebensweg letztlich anders verlaufen, wäre er nicht auf diesen Lehrer, auf Gerhard Hieke, den von ihm hochgeachteten und verehrten Deutschlehrer an der Goethe-Oberschule Reichenbach, gestoßen. Selbst ein Schüler von Ernst Bloch und Hans Mayer, wurde der wegen seiner bürgerlich-huma-

7 Ebenda, S. 16.
8 Ebenda, S. 14.

nistischen Bildungsinhalte von der Staatssicherheit im Operativen Vorgang »Hetzer« bearbeitet und nach der Niederschlagung des Prager Frühlings über ein Jahr vom Schuldienst suspendiert. In Hiekes Unterricht kamen Namen vor, die im Lehrplan nicht vorgesehen waren. Andere, wie Bertolt Brecht, behandelte er weit differenzierter als vorgegeben. Jürgen Fuchs war begeistert, ließ sich anregen, auch die Gedankenwelt bürgerlicher Schriftsteller und Philosophen aufzunehmen. Hieke bevorzugte und bestärkte diesen hochintelligenten, sich von dem Rest der Klasse selbstbewusst abhebenden Schüler.

Mit seinem Wissen und seiner Fähigkeit, andere mitzureißen, begeisterte der Zwölftklässler einen Kreis jüngerer Schüler um Utz Rachowski, die sich ebenfalls für philosophische Theorien, auch jenseits der marxistischen, interessierten. Eine wichtige Quelle zur kritischen Auseinandersetzung war ihnen dabei Lenin. Nicht nur *Was tun? Brennende Fragen unserer Bewegung* oder *Die Lehren der Revolution*. Von seiner Mutter hatte Jürgen Fuchs erfahren, dass einer ihrer Kollegen, Genosse in der SED, eine Lenin-Gesamtausgabe hätte kaufen müssen. Parteiauftrag. Jetzt nähme diese ihm nur Platz weg. Fuchs ging hin, war glücklich, durfte die Ausgabe heimtragen, heimlich, verteilt auf mehrere Gänge, in seiner Schultasche, im Dederon-Beutel.

Die Staatssicherheit informierte intern, »daß diese Schüler bestrebt waren, einen Club zu bilden mit dem Ziel, sich mit bürgerlichem Ideengut zu beschäftigen unter dem Vorwand, den Marxismus/Leninismus auf seine Richtigkeit bzw. auf seine richtige Anwendung in der DDR zu überprüfen«[9].

Utz Rachowski war stolz auf die Anerkennung durch den Älteren. Wie Fuchs schrieb er selbst Gedichte, wie jener probte auch er etwas Renitenz angesichts eines Sozialismus, für den exemplarisch das triste, verfallende Provinzstädtchen Reichenbach stand. Dazu kam für ihn die jugendliche Faszination, sich in andere Gedankenwelten und Gesellschaftsmodelle hineinzudenken:

9 BStU, Jürgen Fuchs, XV/5171/76, Information, 09. 05. 1977, Bd. 10, Bl. 65.

In unserem Zirkel diskutierten wir klassische Philosophie, Marx, Lenin. Jürgen sagte: »*Du musst Nietzsche lesen, Hesse ...*« *In dieser Zeit fand er auch Kybernetik und formale Logik wichtig, wollte, dass wir uns stärker damit befassen. Nach meinem Rausschmiss aus der Schule habe ich unseren Diskussionskreis mit den Freibergern und Reichenbachern fortgeführt. Im Grunde hat Jürgen in mir weitergewirkt. Kennengelernt habe ich ihn so, wie ich es in* »*Rot doch wohl nicht. Die Farben des jungen Fuchs*« *beschrieben habe.*[10]

Als ich im September 1968 auf die Oberschule kam und ich den einen dort gleich am ersten Tag sah, beim Fahnenappell, als Mitglied des Fanfarenzugs mit Trompete und Blauhemd in Reih und Glied, wußte ich sofort, das war nicht der Dachdecker und Zimmermann. Zollstock, »Schmiege«, »Schmiesch«, schmiegsam, das schien nicht sein Metier zu sein, nicht sein Maß, er stand, seine linke Hand in der Hüfte abgestützt, stieß die Fanfare gen Himmel und trug bei zu einem ohrenbetäubenden Ritual, das ich nicht kannte, das es an unserer Schule nicht gegeben hatte. Ein paar Wochen später ergab sich zufällig ein erstes Gespräch. In der Turnhalle. Die Klasse 12 B3, in die Jürgen ging, hatte 9 B3 gerade mit drei zu zwei Sätzen im Volleyball-Turnier der Goethe-Oberschule geschlagen, und ich war stinksauer, ich war der Mannschaftskapitän der Verlierer. Ich setzte mich auf eine der längs am Spielfeld stehenden Holzbänke und senkte den Kopf. »Na, Sexer« (abgeleitet von Sextaner, von Sexta), »willst du nicht eine rauchen gehen aufs Klo?«, sagte eine Stimme neben mir. Ich sah auf und erkannte den 12er neben mir auf der Bank, der mich vorige Woche in der großen Pause auf der Toilette aufgestöbert und beim Rauchen erwischt hatte. Ich kannte ihn schon vom Stadtbild her und wußte jetzt schon, wie er hieß.

»Der Fuchs verpfeift dich nicht, da brauchst du keine Angst zu haben«, sagte ein Klassenkamerad zu mir, der ihn von der gemeinsamen Grundschule her kannte. Er sollte recht behalten, »der Fuchs« verpfiff mich nicht.

---

10 Utz Rachowski: Gespräch mit Udo Scheer vom 11. 10. 2006.

Hauptgebäude der Goethe-Oberschule in Reichenbach / Vogtland

Schalmeienkapelle mit Jürgen Fuchs, Erster vorn rechts, etwa 1962

Jugendweihe in Reichenbach 1964, Jürgen Fuchs in der Mitte

Der Schriftstellerfreund Utz Rachowski liest »Die Farben des frühen Fuchs« auf dem Jenaer Jürgen-Fuchs-Symposium, Dezember 2000

»Im August habe ich dich gesehen«, sagte Jürgen, jetzt grinsend ...
»du hattest eine tschechische Fahne in den Speichen deines Vorder-
rades gehabt, das hätte schief gehen können, mit deinem schönen
neuen DIAMANT-Rad.« Wieder lachte er. Auch er hatte mich offenbar
in der Stadt schon wahrgenommen.

»Hab ich von meiner Oma gekriegt«, sagte ich, »als ich auf die
Oberschule durfte.«

»Und die Fahne?«, fragte er.

»Aus einer Girlande gerissen, beim Sommerfest.«

»Und wie kamst du drauf?«

»Mein Bruder«, sagte ich, »hat mir alles erzählt, seit meine Eltern
geschieden sind, warum dann die Panzer kamen, auch schon vorher,
Rudi Dutschke, was im Mai in Frankreich los war.«

»Hat dein Bruder noch den alten Direktor gehabt?«

»Ja«, sagte ich, »noch Buchta.«

»Du mußt aufpassen«, sagte er, »Übel, der neue, ist gefährlich, Ka-
dettenschüler, Major der Reserve, hat gleich Ordnungsgruppen gebil-
det und rote Armbinden ausgegeben. Lehrer wie Kießling, Rammler,
Werlich, weißt du, von wem die freundschaftlichen Besuch kriegen,
im ersten Stock, in dem verriegelten Zimmer, jede Woche?«

»Wirklich, von denen?«

»Du mußt aufpassen, ich habe die Autonummern«, sagte er.[11]

Kurz zuvor war der Schüler Fuchs unvermittelt ins Zimmer des
Direktors bestellt worden. Ein Mitarbeiter der Staatssicherheit
erwartete ihn. Jürgen Fuchs erzählte:

*Als es auf das Jahr '68 zuging, gab es eine Menge Diskussionen in der
Schule, auch eine Situation im Frühjahr '68, in der Gerhard Hieke harte
Schwierigkeiten bekam, wo man in seinen Unterricht hineinging und
sagte, er würde ihn nicht richtig machen. In diesem Umkreis war ich ein*

11 Gerbergasse 18, Sonderheft: Einmischung in eigene Angelegenheiten. Symposium der Geschichtswerkstatt Jena e.V. und des Collegium Europaeum Jenense,
Jena, 8.–10. Dezember 2000, S. 42–43. Siehe auch: Utz Rachowski: Die Farben
des frühen Fuchs, in: Red mir nicht von Minnigerode, Dresden 2006, S. 110f.

Schüler, der es sehr gut fand, was dieser Lehrer sagte, der mit seinem Wissen bei uns an der Schule als tolle Ausnahme gelten konnte. Mit seinen Sympathien für den Prager Frühling hat er zum Beispiel über eine Kafka-Konferenz gesprochen. Kafka galt zu der Zeit in der DDR noch als Unperson, sein Werk als dekadent.

Schüler aus unserer Klasse fuhren an die tschechische Grenze, wollten nur mal gucken und sahen, der Wald war vollgestopft mit Militär. Da konnte man den Einmarsch ahnen. Einer kam zu mir und sagte, er solle durch die Staatssicherheit angeworben werden. »Nur weil ich mit dem Moped dort hochgefahren bin. Was soll ich machen?« Er weinte.

Gegen Gerhard Hieke lief ein Operativer Vorgang. Und da gab es Schüler, die mit ihm sympathisierten. Da spielte ich auch eine Rolle. Wir haben gesagt, wenn er weiterhin Schwierigkeiten bekommt, dann gehen wir nicht mehr zur Schule. Ein anderer Lehrer meinte: »Um Himmels willen! Die Partei wird einen Weg finden.«

Die operative Erfassung galt Hieke, und ich galt als jemand, der sympathisierte, den man ansprechen musste. Es gibt in der Akte von Hieke einen Vermerk, dass ich als KP, als Kontaktperson der Stasi, eingetragen wurde. Es gab eine Vorladung zum Direktor.[12]

Hinter dem Schreibtisch saß kein Direktor. Zuerst dachte ich, das Zimmer ist leer. Dann trat ein kleiner Mann hervor, hinter mir wurde die Tür geschlossen, der kleine dünne Mann, nicht sehr alt, er hatte vorstehende Zähne, klappte einen schmalen, grauen Ausweis auf und sagte: »Ministerium für Staatssicherheit«. An diesen Augenblick erinnere ich mich genau ... Ja, ich bin sehr erschrocken ... Ich sollte etwas über meinen Deutschlehrer erzählen, der sei »ein Dubček-Freund und möglicherweise ein Konterrevolutionär«. Ich habe nicht viel gesagt. Meinen Lehrer hatte ich gern, er lieh mir Bücher aus, auch Ernst Blochs Prinzip Hoffnung, Teil 1 und das Wiener Tagebuch von Ernst Fischer[13]... Bin dann hinterher zu meinem Deutschlehrer

---

12 Jürgen Fuchs: Gespräch mit Udo Scheer vom 24. 10. 1998.
13 Wiener Tagebuch: KPÖ-nahe Zeitschrift, darin nach Niederschlagung des Prager Frühlings ein Beitrag des österreichischen Schriftstellers und Reformkom-

gefahren mit dem Fahrrad, habe ihm alles erzählt. Er war sprachlos. Hatte Angst um mich.[14]

Hieke wurde 1968 vom Schuldienst suspendiert, musste »zur Be-währung« körperlich schwere Arbeiten auf dem Güterbahnhof verrichten, bekam gesundheitliche Probleme, durfte Ende 1969 wieder in den Schuldienst, es folgten weitere Vorladungen, Anwer-beversuche. Mitte der 80er gab er die Bücher des ausgebürgerten Jürgen Fuchs in der MfS-Kreisdienststelle[15] Zwickau ab. Jemand aus Berlin hatte sie ihm gebracht. Später offenbarte er Fuchs, er habe befürchtet, es sei ein Spitzel, ein Test. Seine Kinder seien bedroht worden. Er hätte Angst bekommen, alles könne von vorn anfangen. Der frühere Schüler verstand seinen Lehrer: Es sei diese verfluchte Zeit gewesen.

Erst nach Fuchs' Tod brachten Akten zutage, dass Hieke nicht nur Bücher zur Staatssicherheit getragen hatte, er hatte in ihrem Auftrag mit den Eltern des Ausgebürgerten gesprochen, hatte ei-gene Initiativen entwickelt und Zuträgerdienste geleistet, auch über andere. Diesen Verrat verschwieg er seinem Schüler lebens-lang.

Seit dem Jahr 1968 lastete die Angst um den Sohn auf der Familie, es war nicht nur die Angst um seinen Schulabschluss.

Mit Pinsel und grüner Tinte schrieb ich auf die Tapete über meinem Bett, die Eltern sahen es nicht gern: »Sozialismus = Solidarität, Wi-derstand, Zweifel an allem Hergekommenen, Selbstvertrauen, Ent-schlossenheit, die Verhältnisse zu ändern.« … Das war Munition, hier wurde gezündelt und Renitenz vorbereitet.[16]

munisten Ernst Fischer über das Wesen des Stalinismus, daraufhin Ausschluss Fischers aus der KPÖ (Kommunistische Partei Österreichs).

14 Jürgen Fuchs: Ich du er sie es wir ihr sie. Eine »Kontaktierungs«-Revue, in: Kursbuch Heft 115, Berlin 1994, S. 42.

15 MfS = Ministerium für Staatssicherheit.

16 Jürgen Fuchs: Und nicht auf verlorenem Posten … Jürgen Fuchs über Robert Havemann, Frankfurter Rundschau vom 28. 04. 1982.

Aus dem Jugendzimmer waren Texte verschwunden. Ein Schock.

Die Eltern: »Wir haben sie weggetan.«

»Wohin?«

»Verbrannt.«

Dieser Eingriff ins Privateste, in ein ganz persönliches Hoheitsgebiet. »Warum habt ihr das getan?«

»Denk an deine Zukunft! Und uns ziehst du mit rein. Willst du das?«

So ähnlich kann es gewesen sein. Diese Spannungen hat Jürgen Fuchs später erwähnt. Den Druck von außen, die greifbare Angst: Hausdurchsuchung. Er zerriss Papier in kleine Schnipsel, seine Notizen, die Texte in den schwarzen Heften, in denen Verschiedenes stand, nicht für Mitleser bestimmt. Ein Eimer voller Schnipsel. Das neue Spülklosett verstopfte. Nur die blaue Tinte auf dem Papier verlief. Wahrheit lässt sich nicht einfach wegspülen.

Was, wenn sie in diesem Augenblick kämen? »Ach, Spuren beseitigen, was? So handelt nur ein Staatsfeind! Das Klo ist der Beweis!«

Damals kamen sie noch nicht. Aber er war auffällig geworden: unzuverlässig. Er hatte die Schweigeverpflichtung gebrochen.

Nach dem Abitur kam die Einberufung zur Armee.

Am 19. Dezember 1950 war Jürgen Fuchs als zweites Kind einer Arbeiterfamilie in Reichenbach im Vogtland geboren worden. Sein Vater Helmut arbeitete als Betriebselektriker, seine Mutter Johanna in der Verwaltung der HO (Handelsorganisation). Den Lebensmittelpunkt des Jungen bildete das Haus der väterlichen Familie Am Mühlgraben 13, »unten« am Rand der Altstadt. Hinter dem Haus der Bach, Verlockung für Kinderspiele und abstoßend zugleich, denn er war kaum mehr als eine stinkende Kloake für die Abwässer aus den angrenzenden Textilfabriken und Mietshäusern.

Lilo Fuchs, seine Ehefrau seit der gemeinsamen Studienzeit in Jena, erzählt über das Leben der Familie in Reichenbach:

Jürgens Mutter kam aus Gotha in das Elternhaus ihres Mannes. Während des Krieges war Jürgens Vater als Funker in Gotha stationiert, und so

Jürgen Fuchs als Vierjähriger in Reichenbach

haben sie sich kennengelernt und geheiratet. Dann ist 1943 Jürgens ältere
Schwester Christine geboren worden. Der Vater wurde schwerst verwun-
det, dadurch kam er auf den Rücktransport aus dem Osten. Es hat Jahre
gedauert, bis er wieder arbeiten konnte. In dieser Zeit, als er immer noch
vom Krieg gezeichnet war, wurde 1950 Jürgen geboren. Sie lebten in Rei-
chenbach am Mühlgraben im Haus der Fuchs-Familie. Die Großmutter
Selma hatte dort einen kleinen Laden. Als Jürgens Mutter wieder arbeite-
te, sie war in der HO für die Warenzuteilung zuständig, kümmerten sich
seine Großeltern im Haus um das Kind. Bei ihnen genoss er seine Freiheit.
Er ist immer dankbar gewesen, dass er nicht in den Kindergarten musste.

Seine Mutter, an der er auch hing, war zugleich eine Person, mit
der er sich schon früh auseinandersetzte. Sie war ja über die HO damit
konfrontiert, wie die Partei Einfluss auf die Versorgung nahm. Auch
darüber haben sie diskutiert. Seine Mutter war im Frauenausschuss sehr
aktiv, hat sich für andere Leute eingesetzt, für eine bessere Versorgung.

In den Ferien fuhr er gern zu Großmutter Olga nach Gotha. Von den Äl-
teren hat er viel über das Leben gehört. Großmutter Olga erzählte ihm von
den dreißiger Jahren, auch wie Jürgens Mutter, weil sie mit den anderen
mitmachen wollte, in den BDM gegangen ist.

In ihren Gesprächen stellte er oft kritische Fragen. Aber ich habe auch
gespürt, wie gern er in Reichenbach und Gotha gelebt hat. Er war ja sehr
familienverbunden.

Sehr früh hat er schon viel gelesen. Dadurch besaß er einen Wissensvor-
sprung gegenüber seinen Mitschülern, so dass er unter ihnen kaum Dis-
kussionspartner fand. Das begann schon in der siebenten, achten Klasse.
Später ist der Lehrer Hieke in Erscheinung getreten.

In dieser Zeit haben die Eltern schon die Gefahr gesehen. Natürlich
waren sie nicht immer einverstanden mit seinem Auftreten, seiner Soli-
darisierung für Hieke. Es bestand das Risiko, dass auch er von der Schule
fliegen könnte. So etwas können Eltern nicht nur gut finden. Aber da war
er schon so entschieden, dass er gesagt hat: »Liebe Eltern, es tut mir leid.
Ich kann das nicht anders. Ich werde schon einen Weg finden.«[17]

17 Lilo Fuchs: Gespräch mit Udo Scheer vom 3. 11. 2006.

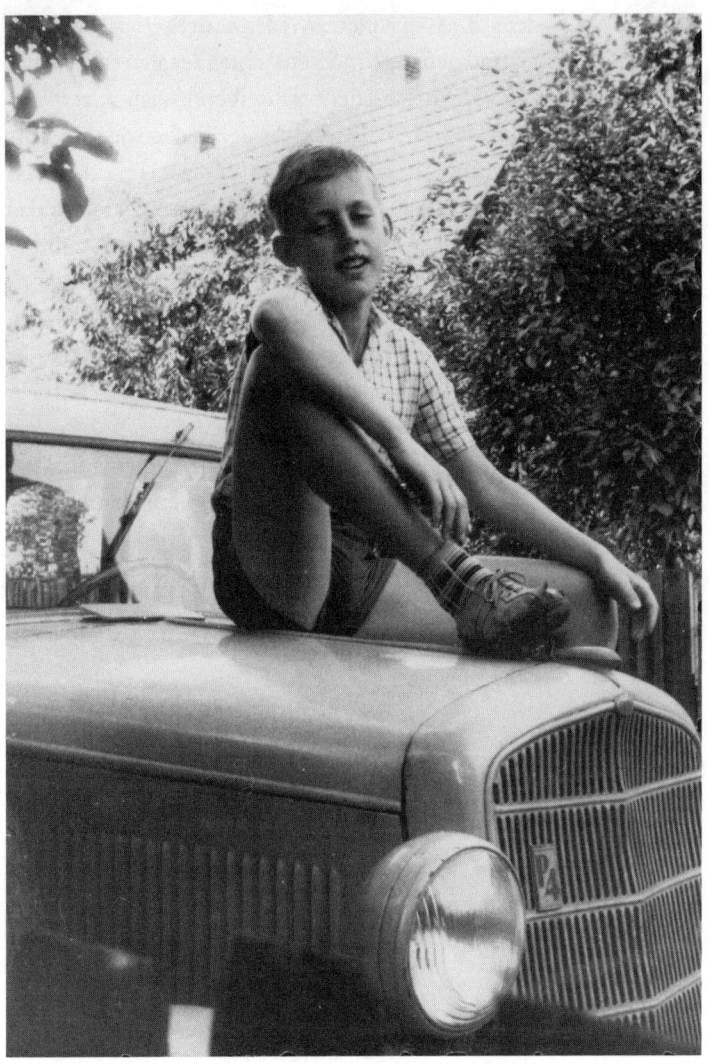

Jürgen Fuchs, etwa zehn Jahre, bei den Großeltern in Gotha

»Einen Weg finden« hieß vor allem, Widersprüche zwischen tag-täglichem Erleben und den verkündeten großen Idealen sehr genau wahrzunehmen und sie durch Niederschreiben in den schwarzen Heften festzuhalten. Da waren die leuchtenden Farben der Zukunft mit »Jugend voran«, mit Fanfarenzug, Marschliedern und Trans-parenten. Und da war das Haus, lange noch mit Plumpsklo, für das der Vater sich schämte, wenn Verwandte aus dem Westen kamen, mit hochkriechendem Salpeter in den Wänden, da waren bröckeln-de Fassaden, kaputte Dächer ringsum, der vom Braunkohle-Smog dreckige Schnee im Winter, die Fahnenappelle, in denen ihr neuer Schuldirektor, Genosse Übel, ein Major der Reserve, zur Hochform auflief ...

Vor diesem Hintergrund schleudert er in einem seiner frühesten erhalten gebliebenen Gedichte aus dem Jahr 1969 Johannes Bo-browskis *Sprache* und dessen darin mitschwingender Resignation jugendliche Verachtung entgegen:

Johannes Bobrowski	Jürgen Fuchs
Sprache	Sprache
	(wegen Johannes Bobrowski)
Der Baum	Der pfiff
größer als die Nacht	Lauter als das wort
mit dem Atem der Talseen	Mit dem atem der tierwärter
mit dem Geflüster über	Mit dem Geschrei
der Stille	Über der stille
Die Steine	Die Augen
unter dem Fuß	Unter dem fuß
die leuchtenden Adern	Ihr brechender ruf
lange im Staub	Lange im staub
für ewig	Nicht für ewig
Sprache	Sprache
abgehetzt	Gehetzt
mit dem müden Mund	Von pfiffen verfolgt

auf dem endlosen Weg	Im endlosen kampf
zum Hause des Nachbarn[18]	Gegen das schweigen der
	menschen[19]

Während Bobrowski »für ewig« Zweifel an der menschlichen Größe anmeldet, hält Fuchs ihm forsch entgegen: »Nicht für ewig.« Als Ausweg formuliert er programmatisch sein Aufbegehren: »Gegen das schweigen«, gegen das Anpasserische, das Laue, aus dem die Lüge wächst. Als seine Waffe im »kampf« sieht er die es aussprechende »Sprache«. Diese Sprache wird stören, sie wird »gehetzt«, hat sich der »pfiffe« und Anfeindungen zu erwehren. Dahinter steht jugendliche Rebellion. Jürgen Fuchs meinte rückblickend:

Das Politische war mir immer wichtig. Die Freiheitsfrage. Aber da war auch schon das Literarische. Aber Literatur als Mittel der politischen Artikulation war für mich überhaupt kein wesentliches Moment. Ich war begeistert von Sprache. Levins »Mühle« oder »Böhlendorf und Mäusefest« von Bobrowski habe ich laut gelesen. Ich mochte den Klang der Worte. Von der Lektüre her spielte Borchert eine große Rolle, Böll auch, Dostojewski. Mit 14, 15 habe ich Nietzsche gelesen, nicht nur Zarathustra, auch die Sprüche und andere Sachen. Ich war ein richtig früher Leser und habe recht viel verstanden. Recht früh kamen auch schon die ersten Skizzen im Schreiben. Ich habe nach einem Ausdruck gesucht, war begeistert von Kunst, Literatur, Malerei, Platten. Das Zimmer hing mit Bildern voll. Das Neue Testament versuchte ich auswendig zu lernen, weil mir die Sprache so gut gefiel. Brecht konnte ich auswendig. Das war ein Gefühl von Freiheit: Literatur, Kunst, auch Philosophie und dann die beschleunigenden Anregungen durch Lehrer Hieke und, als er rausgeschmissen wurde, durch Dr. Ingeborg Hochmuth, eine ausgezeichnete Lehrerin. Es hat mir gut getan in diesem verfluchten Provinznest Reichenbach. Vor dem Fens-

---

18 Johannes Bobrowski: Wetterzeichen, Berlin 1966, S. 37.
19 Jürgen Fuchs: Sprache, Schreibmaschinenabschrift, Privatbesitz Utz Rachowski.

ter ein Bach, der seine Farben wechselte wie es aus der Färberei reinfloss, wo Ratten rumrannten, wo auch Ängste waren, da habe ich angefangen, das in den schwarzen Heften zu beschreiben. Das war die Reaktion eines künstlerisch talentierten Menschen auf seine Umwelt.

Ich bin in einer gespaltenen familiären Lage aufgewachsen: Die Großmutter Olga – Bekennende Kirche gegen die Nazis. Die anderen, die eher mitmachten, die sagten: anpassen. Was für mich übrigblieb, als ich ins Leben startete, war diese Umgebung: Stadtrand, Textilindustrie, dreckige Luft. In der Nähe Uranabbau, Auerbach, Ronneburg, Seelingstädt, mit all den Risiken, die immer noch verdrängt werden. Ein Haushalt, in dem Kultur nicht diese Rolle spielte, aber die religiöse, dem Wissen, dem Geistigen nahe Atmosphäre durch Großelternteile. Olga, die Bauersfrau, die Bibelseiten auswendig konnte, die früh freundlich lachte. Sprüche aus dem Alten Testament gegen die Gottlosen, eher lachend vorgetragen: »Was denen alles noch blüht.«

Dazu Bücher, über den Buchhandel, durch Lehrer zugesteckte oder über Edgar Stognienko, meinen Schwager, der Gorki, Twain, Dostojewski, Tolstoi mitbrachte. Ich habe es begierig aufgenommen, bin bis heute dankbar für dieses tolle Erlebnis.

In der Zeit hatte ich auch vor, mich umzubringen. Ich wollte so nicht leben, so geduckt in dieser verfluchten Erziehungsgesellschaft, in der mir klar wurde, dass das mit der führenden Rolle der Arbeiterklasse nicht stimmt. Diese Häuser ohne richtiges WC und alles stank nach Scheiße, wenn es Sommer war. Irgendwie hatte ich die Schnauze voll, neben all der Begeisterung für Natur, Freiheit ... Vogtland hat hohe, schöne Brücken, die Göltzschtalbrücke – warum sollte man da nicht runterspringen? Es gibt doch gerade in der Pubertät dieses: Leben – Tod sehr radikal. Und dann gab es eine Antwort: weil du gerne liest, weil du gerne Freundinnen hast, weil du vielleicht noch etwas vorhast, weil vielleicht noch irgendein Auftrag besteht. Welcher Auftrag? – Schreiben.

Ich bin nach Greiz gefahren, zu Reiner Kunze. Die Kontakte waren relativ früh da, '67, '68. Da war ich 17, 18. Ich habe ihn '68 erlebt. Ich habe gestaunt, was der macht. Und er: »Was machen Sie?« Da hatte ich das mit dem Bach, kaputter Natur, Ratten, Lehrer, die das oder das sagen, Halstücher, die im Wind wedeln ... Er hat gespürt, das da was kam, und hat

mich nie zurückgewiesen. Er sagte höchstens in seiner Art, wie er pädago-
gische Ratschläge gibt: »Um Himmels willen, bilden Sie sich aus, das ist
alles viel zu früh!«[20]

Reiner Kunze, für den Jürgen Fuchs damals nur einer der zahlreichen interessierten jungen Leuten war, erinnert sich:

Ich bin Jürgen nur sehr selten persönlich begegnet. Er war allerdings oft
Mittelpunkt unserer Gespräche. In der Greizer Zeit, das liegt weit über
dreißig Jahre zurück, war er zwar ein ganz wichtiger, aber er war einer
unter vielen anderen jungen Leuten, die mich besucht haben. Er war sehr
klug und wie viele damals bedenkenlos in dem, was er glaubte, tun zu
müssen.[21]

Das Jahr 1968 markierte für Fuchs gleich mehrere prägende Grund-
erlebnisse: die Niederschlagung des Prager Frühlings, hautnah
miterlebt in ihren Auswirkungen, die Verhaftung in seinem Haus,
der Rausschmiss seines Lehrers Hieke, die Sensibilisierung für de-
magogische Verführungen durch die Lektüre Victor Klemperers,
die Ermunterung durch das literarische Vorbild Reiner Kunze. All
das waren Erfahrungen jenseits des Alltags gewöhnlicher DDR-
Bürger. Vollends durchbrochen wurde die Ebene der Normalität
durch seine Vorladung zum Direktor, durch die Konfrontation mit
einem Mitarbeiter der Staatssicherheit. Die geheime Ebene des
diktatorischen Staates, das Abnorme unter der Normalität des Alltags, war nicht mehr fiktiv.

20 Vgl. Anm. 12.
21 Reiner Kunze: Gespräch mit Udo Scheer vom 12. 10. 2006.

Jürgen Fuchs mit 18 Jahren

Kasernenhof

Entweder der 2. Mai oder der 2. November wurde irgendwann für fast jeden jungen männlichen DDR-Bürger zu einem schwarzen Datum. Der Einberufungsbefehl stand ins Haus, dazu die Aufforderung: Fassonschnitt. Ein Karton für die Rücksendung der Zivilsachen. Reichsbahn-Sammeltransport. 150 Kilometer konnten heißen: zehn Stunden. Dann das »Objekt«. Einkleiden. Die vom Effektenbullen zugeworfene Dienstuniform. »Passt!« Ausgangsuniform war das bessere Stück. Tief in der Nacht: »Spind einräumen.« Der Spieß: »Wer hat hier Nachruhe befohlen?« »Frischlinge« sollten nicht zur Besinnung, gar zum Nachdenken kommen.

Die bewährte Einlage schon in den ersten Tagen: »Nachtalarm.«

Sechs Uhr: Trillerpfeife. Der UvD[1]: »Nachtruhe beenden! Fertigmachen zum Frühsport!« Morgentoilette. Dann: »In Zugordnung angetreten! Frühstück fassen!« Gelegentlich auch: »Dauerlauf, marsch! Eine Runde um den Platz! Ein Lied!« Dieses gegenseitige Imponiergehabe zugführender Unteroffiziere kostete einen Teil der Frühstückszeit, die Schübe erfolgten im Viertelstundentakt. »Sie sind hier in der Ausbildung und nicht zum Vergnügen!«

Politunterricht. Im Traditionszimmer in großen Lettern: »Ein Volk – was regieren will, dieses Volk muß bewaffnet sein. Anton Sewkow« (sic!).

Taktikausbildung. Sturmbahn. Polnische Sturmbahn. Exerzierstunde. »Waffen reinigen!« Nachtmarsch. »Waffen reinigen!«

---

1 UvD = Unteroffizier vom Dienst.

25-Kilometer-Marsch. »Zum Sturmangriff. Vorwärts!« »Schützen-mulde anlegen. In zehn Minuten sehe ich hier keinen Arsch mehr.« Minenlegen. »Tiefflieger von links! Gas!« Jumbo-Kostümball, bis der Letzte die Norm bringt. »Waffen reinigen!« Sprengausbildung. Rückmarsch, drei Kilometer unter Schutzanzug. Schweiß suppt in der Gasmaske. »Waffen reinigen!« Der Kommandeur auf dem Schießplatz: »Sonderurlaub dem besten Schützen. Foto vor der Truppenfahne.« Pappkameraden klappen auf. Treffer werden no-tiert. Keine Ausrede mehr, wenn es Ernst wird. »Waffen reinigen!«

»Springer« machen »Schildkröte« für Entlassungskandidaten (EKs). EKs machen sich lustig über Zehnender. Springer lachen hinter dem Rücken der Unteroffiziere: »Uffz macht das Schwein, wenn es mit dem Rüssel vor die Wand läuft.«

Es gibt nur noch »hier drinnen« und »da draußen«.

22 Uhr: »Nachtruhe!« Davor: »Stubendurchgang!« – »Genosse Unteroffizier, Soldat Schulzeschmidtmeier meldet, Stube voll-ständig angetreten, gereinigt und gelüftet. Keine besonderen Vorkommnisse.« Junge Männer, kurzgeschoren über der weißen Kopfhaut, in strammer Haltung, in lächerlichen Schlafanzügen. Spindkontrolle. »Wie bei Sadam und Gomułka! Was haben wir denn da? Tagebuch! Sie schreiben hier nichts auf, was hier läuft! Haben Sie verstanden! Dem Klassenfeind in die Hände spielen! Sind Sie verrückt! Ich sag nur Spionage!«

Einteilung zur Wache. Vergatterung. Scharfe Munition. »Vor Wachaufzügen gibt's grundsätzlich keine Post. Die Braut weg, und am Ende dreht noch einer durch!« 24 Stunden, 48 Stunden: zwei Stunden Wache, zwei Stunden Bereitschaft, zwei Stunden Ruhe. Das zermürbt. Der nahezu tägliche Umgang mit der Waf-fe soll an sie gewöhnen. Gegen mögliche Skrupel, wenn es ernst wird.

War es so? Es war überall so ähnlich, auch für Jürgen Fuchs in der Grundausbildung im Grenzregiment:

Nach dem Abitur, im November '69, wurde ich eingezogen. Auf dem Ein-berufungsbefehl stand GR 10. Ich wusste nicht, was das heißt. Grenz-

regiment 10, Johanngeorgenstadt, Grenzausbildungslager. Ich fragte: »Wo werden wir eingesetzt?«

»Na ja, an der Westgrenze.«

Ich stand nie an der Grenze vorn. Aber sie haben auch Unzuverlässige eingezogen. Es waren Stasi-Truppen, voller Bespitzelung. Es ging ihnen darum: Abiturient, intelligent. Ehe der zum Studium darf: Erst mal sehen, was ist denn das für einer? Da gab es verschiedene Möglichkeiten. Eine Möglichkeit war dieses Grenzausbildungslager mit seinem hohen Spitzelgrad.[2]

»Stehen Sie hier nicht so rum, nehmen Sie Haltung an! Sie sind bei der Armee, haben Sie das kapiert? Was, Sie grinsen noch? Liegestütze, aber runter mit Ihnen. Zwanzig fürs erste! Haben Sie in der vormilitärischen Ausbildung geschlafen? Wohl gepennt im Politunterricht? Befehle müssen ausgeführt werden, beschweren können Sie sich hinterher. Das ist in jeder Armee der Welt so! Achtung! Atomschlag von rechts! Füße zur Abwurfstelle, Waffe unter den Körper, sie ist das Wichtigste! Schneller muß das gehen! ... Jeder Staat braucht seine Schutzmacht. Und wer rumzickt, landet im Bau. Ist das klar? Ob das klar ist?«

»Jawoll, Genosse Unteroffizier!«

»Na also. Stellen Sie sich mal vor, Sie kommen an die Front. Das kann ganz schnell gehen. Da erwarte ich Vertrauen und Siegeswillen! Die einheitliche Bewaffnung unserer Bruderarmeen, unsere bessere Kampfmoral garantiert den Sieg. Und das hier ist ein Ehrendienst, verstanden? Der Friede muß bewaffnet sein! Einwände, Bibelsprüche, so was gibt's hier nicht. Wir sind hier nicht in der Kirche! Pazifismus, oder wie das heißt, das hat sich der Gegner ausgedacht. Psychologische Kriegsführung ist das. Aber damit kommt keiner durch. Die Machtfrage ist geklärt, ein für allemal! Euch werden wir heimleuchten. Sollen wir wehrlos dastehen? Und zum lieben Gott beten? Zum Friseur müssen Sie auch mal wieder, sehe ich gerade. Und wie sieht die Kragenbinde aus? Na, heute abend wird

2 Jürgen Fuchs: Gespräch mit Udo Scheer vom 24. 10. 1998.

kontrolliert. Sie wollen in Urlaub fahren? Da sehe ich aber dunkle Wolken aufziehen.«[3]

Ehrendienst im Ehrenkleid, unter dem Ehrenbanner, im Ehren-auftrag, zur Verteidigung unseres Vaterlandes und zum Schutze unserer sozialistischen Errungenschaften! Dieses Außenbild der Nationalen Volksarmee wurde vom Kindergarten bis in die Paten-brigaden der Betriebe getragen, fand sich in Schulbüchern und Medien. Es stand im krassen Widerspruch zur Realität. Das Zivil-leben war in der Effektenkammer abzugeben. Manche erste Liebe zerbrach am Kasernentor. Das oberste Gebot hieß: Gehorsam.

Der Schock Armeedienst, die Erfahrung, in seiner Persönlich-keit so rigoros bevormundet, beschnitten zu werden, führte vielfach zu kollektiver Verkrüppelung und Zuständen indivi-dueller Agonie. Auch Jürgen Fuchs, der nach der Lektüre von Klemperers *LTI* ein genau beobachtender Chronist werden wollte, fand hier nur selten zu seiner Sprache. Aus seiner anderthalbjäh-rigen Grundwehrdienstzeit bis Mai 1971 gibt es nur wenige Texte mit direktem Armeebezug. In den beiden seinem Schulfreund Utz Rachowski im Mai und September 1970 zur Aufbewahrung übergebenen unveröffentlichten Text- und Gedichtsammlungen wird das Thema Armee meist nur angedeutet. Von Drähten, Git-tern, Zäunen um den Hals, vom Gelb der Blätter im Nichtherbst und wiederholt von einem Gelb, das Giftgelb assoziiert, ist die Rede, von »Schlächtern, [die] unsere Schatten präsentieren«, und wiederum von der Lüge, von Schweigen und Verschweigen. Die Mehrzahl der Gedichte und Prosanotizen zeugt von innerer Emi-gration, einige kündigen Auflehnung an: »Wachstum ist Wider-stand gegen die Umstände. Gorki«, stellt Soldat Fuchs der zweiten Sammlung als Motto voran.

In einem kurzen Gedicht darin spricht er die Absurdität Natio-nale Volksarmee klar aus.

3 Jürgen Fuchs: Einmischung in eigene Angelegenheiten. Gegen Krieg und verlo-genen Frieden, Reinbek 1984, S. 25 f.

Jürgen Fuchs (rechts) als Soldat im Grenzregiment 10 Johanngeorgenstadt

Truppenschutzmaske (TSM)
Sie setzen uns eine maske auf
Und sagen zum schutz
Wir werden ansehnliche asche sein
In solcher totenmaske[4]

In direkten Konflikt mit dem Schießbefehl geriet Jürgen Fuchs nicht. Er leistete seinen Grundwehrdienst in einer Nachrichteneinheit ab und wurde nicht als Posten zum »Schutz der Staatsgrenze der Deutschen Demokratischen Republik« gegen – wie jeder wusste – Republikflüchtige eingesetzt. Aber es wuchs seine Aversion gegen einen Staat, der eine solche Armee nötig hatte und einen solchen Druck zur Aufrechterhaltung seiner Ordnung.

Während der Armeezeit hatte Jürgen Fuchs zudem Schwierigkeiten bekommen, als Utz Rachowski von der Reichenbacher Oberschule verwiesen worden war:

Ich als älterer Verführer. Wir hatten uns auch während der Armeezeit getroffen, sprachen über gemeinsame Lektüre. Unter den Büchern, die wir ausgetauscht haben, war das »Wiener Tagebuch« mit Ernst Fischers Beitrag über die Toten im Stalinismus, eingesickert über meinen Deutschlehrer Hieke. Wir haben Lenins »Staat und Revolution« unter dem Aspekt der Anmaßung der Kommunisten gegen die Demokratie gelesen. Ein anarchistisches Moment lag da schon drin. Es hieß, der Fuchs darf nicht studieren. Staatsgefährdendes Verhalten. Das wurde auch massiv in der Kaserne vorgetragen. Hier hat sich mein Hauptmann, Rödiger hieß der, Acht-Klassen-Schule, viel Alkohol, dem ich die Parteilehrjahr-Sachen auf Schreibmaschine getippt hatte, geweigert, eine schlechte Beurteilung zu schreiben. Trotzdem die Zurücknahme meiner Vorimmatrikulation in Jena. Meine Stasi-Erfassung lief damals als OPK.[5]

Rachowski war nicht bereit, den Kontakt zu seinem Freund Fuchs abzubrechen:

4 Jürgen Fuchs: Textsammlung September 1970; Privatbesitz Utz Rachowski.
5 Vgl. Anm. 2. OPK = Operative Personenkontrolle.

Ich habe ihn bei der Armee besucht, wir trafen uns im Ausgang in Plauen, und er kam natürlich nach Reichenbach, wenn er Urlaub hatte. Ein Lehrer hat uns gesehen, und ich wurde sofort am nächsten Tag zur Schulleitung bestellt. Das war im Herbst '70. Es wurde gesagt: »Sie haben die Auflage, sich von dem Fuchs zu trennen. Nehmen Sie Stellung.« *Ich sagte:* »Er ist mein Freund und wird es auch weiterhin bleiben.« *Der Direktor:* »Gut, dass wir das wissen.« *Dann wurde daran gearbeitet, mich von der Schule zu relegieren.*

Richtig eng war unser Kontakt ab Januar 1970, als wir uns das erste Mal von Nietzsche bis Hesse unterhielten. Folge: Stasi an der Schule, sechs Stunden Verhör im Juni '70.[6]

Telegramm

Dringlichkeit: dringend
Absender: kd reichenbach
Empfänger: ha i abwehr süd beim kdo der grenztruppen erfurt
reichenbach, den 15. 4. 1970
im zuge der operativen bearbeitung eines schwerpunktes unserer de
wurde bekannt, dasz der
fuchs, jürgen 19. 12. 1950
wohnh.: reichenbach, am mühlgraben 13
nva seit 3. 11. 69 gr 10
    aktive verbindung zu schülern der eos reichenbach unterhält und diese schüler mit idealistischem gedankengut bürgerlicher philosophen beeinfluszt.
    nach bisherigen ermittlungsergebnis kann eingeschätzt werden, dasz fuchs als inspirator zu bezeichnen ist, und es zur bildung eines negativen clubs kam.
    es wird gebeten, entsprechende operative masznahmen in eigener zuständigkeit einzuleiten.[7]

6 Utz Rachowski: Gespräch mit Udo Scheer vom 11. 10. 2006.
7 Utz Rachowski: Erinnerungen an eine Jugend, Chemnitz 1995, S. 24.

Der Parteisekretär der Reichenbacher Goethe-Oberschule informierte die Parteileitung der Universität Jena über Fuchs' »negative Beeinflussung« von Schülern und forderte, seine Vorimmatrikulation für das Studium der Sozialpsychologie zurückzuziehen. Zur Erhärtung legte er fotokopierte Briefe bei.[8]

Nahezu zeitgleich erfuhr Utz Rachowski, der sich mit seinem Abitur für ein Medizinstudium bewerben wollte, was sozialistische Disziplinierung tatsächlich heißen konnte.

Jürgen kam am 28. April '71 wieder, ich war 14 Tage vorher von der Schule geflogen. Jürgen erschrak heftig und zog sich in der ersten Reaktion zurück. Er hatte einen Brief bekommen: »Studienzulassung aufgehoben, im Zusammenhang mit der Relegation eines Schülers aus Ihrer Schule, den Sie beeinflusst haben.« Jürgen ging sofort los, kämpfte wie ein Löwe, ging zur Bezirksleitung Karl-Marx-Stadt der SED[9]. Er wurde mehrmals auch zu mir befragt, hat sich ziemlich gewunden, hat das auch in »Magdalena«[10] formuliert.

Jürgen war das erste Mal zum Poetenseminar 1971 eingeladen. Ich war aus der FDJ rausgeflogen, hatte mit Mühe und Not eine Lehrstelle weit außerhalb der Stadt gefunden, als Elektriker in Glauchau. Es kam zum Bruch, nachdem wir ein Dreivierteljahr intensivsten Kontakt hatten. Jürgen sagte: »Ich fahre zum Zentralrat der FDJ. Ich habe da was zu tun in Nachbereitung des Poetenseminars. Ich kann dort versuchen, etwas für dich zu tun.« Ich: »Nö, diese Art Hilfe will ich nicht. Ich bin rausgeflogen, hab ein paar auf die Schnauze gekriegt, du gehst nach Jena, studierst, jetzt bietest du mir an, über den Zentralrat der FDJ zu helfen. Nein, danke.« Bruch.

Ich habe dann im Herbst '71 etwas im »Forum« geschrieben. Dazu hat er mir noch gratuliert. Danach hatten wir bis September 1975 fast keinen Kontakt mehr. Ich hörte immer nur über Freunde aus Leipzig, was er machte, las mit Begeisterung seine Prosatexte, »Fußballspiel« usw., die ich über die Bitterfelder Evangelische Studentengemeinde bekam. Erst

---

8 Staatsarchiv Rudolstadt, BPA SED Gera UPL Jena, Sign. 216, S. 20–24.

9 SED = Sozialistische Einheitspartei Deutschlands.

10 Jürgen Fuchs: Magdalena. MfS Memfisblues Stasi Die Firma VEB Horch & Gauck – Ein Roman, Berlin, 1998.

nachdem Jürgen exmatrikuliert worden war, kamen wir im September
1975 durch die Vermittlung eines Bitterfelder und eines Leipziger Freundes
auf dem Grundstück von Havemann zusammen. Jürgen war erleichtert,
ich auch. Damals sagte er als Erstes: »Jetzt sind wir quitt.«[11]

Nach dem Armeeschock traf Jürgen Fuchs der Schock der wider-
rufenen Studienzulassung. Couragierte Lehrer und sein Vater
schrieben, gingen an die Universität in Jena und setzten sich für
den Studienplatz ein. Der als Transportarbeiter tätige Jürgen Fuchs
wandte sich an den zuständigen Sekretär für Volksbildung in Karl-
Marx-Stadt, beschwerte sich bei der Abteilung Wissenschaft beim
Zentralkomitee (ZK) der SED. Von dort aus forderte man die Universitätsparteileitung auf, »die ganze Angelegenheit gründlich zu
untersuchen und ... über das Ergebnis der Überprüfung und der
eingeleiteten Maßnahmen zu unterrichten[12]«. Unter diesem Druck
sprachen sich auch der Direktor und Parteisekretär der EOS[13] Reichenbach »trotz eigener Bedenken« in einer Beratung mit dem zuständigen Direktor E/A (Erziehung und Ausbildung) an der Universität für die Studienzulassung aus. Dabei »beriefen [sie] sich
auf den Sekretär für Volksbildung in der Bezirksleitung Karl-Marx-
Stadt ohne eigene Position«.[14]

Im Gespräch meinte Jürgen Fuchs, er hätte sich fast schon abgefunden, hätte auch überlegt: »Lassen sie dich eventuell Theologie
studieren?« Dann kam im Sommer 1971 für ihn überraschend doch
noch die Zusage für das Studium der Sozialpsychologie.

Es war der Wechsel von Ulbricht zu Honecker. Diese Losung: »Keinen zu-
rücklassen, jeden gewinnen!« Das neue, größere Bewusstsein hieß jetzt:

---

11 Vgl. Anm. 6.
12 Kitty Dumont: Die Sektion Psychologie an der FSU in den 70ern, in: Einmischung
   in eigene Angelegenheiten, Symposium der Geschichtswerkstatt Jena e. V. und
   des Collegium Europaeum Jenense, Jena, 8.–10. Dezember 2000, in: Gerbergasse 18, Sonderausgabe zum Fuchs-Symposium, Januar 2001, S. 96.
13 EOS = Erweiterte Oberschule.
14 BStU, Jürgen Fuchs, XV/5171/76, Bd. 7, Bl. 46.

Wir nehmen die hinein in die Gesellschaft und passen auf sie auf. Das war auch die moderne Stasi-Haltung: Wir werden mit den Leuten leben müssen.

Ich bin zum Studium gegangen, und wo bin ich hingekommen? Ins Studentenwohnheim Jena-Zwätzen. Die Zimmerverteilung in diesen Baracken wurde vorgegeben. Da lag ein Oberleutnant Wiegand, Stasi-Offizier, der mich dann massiv bespitzelt hat, später Vernehmer, im Bett über mir. In der Seminargruppe weitere Offiziere der Staatssicherheit. »Wozu sitzen die hier? Wo geht das hin?«, fragten Lilo und ich. Wir hatten ja Psychotherapie und Diagnostikausbildung.[15]

Jeder männliche Student war verpflichtet, im dritten Semester im studentischen Militärausbildungslager Seelingstädt bei Ronneburg eine sechswöchige militärische Grundausbildung zu absolvieren. Nur wenigen gelang es, mit Hilfe eines ärztlichen Attests, ihre Teilnahme am für alle weiblichen Studenten obligatorischen Lager für Zivilverteidigung in Glowe/Rügen durchzusetzen. Völlige Verweigerung hätte zur sofortigen Exmatrikulation geführt.

In Seelingstädt herrschte der für alle Gedienten bekannte Drill, nur komprimiert, mehrfach bis zur totalen Erschöpfung. Kreislaufkollapse, Knochenbrüche häuften sich. Politunterricht, Exerzieren, Sturmbahn, Schießplatz, Jumbo, Nachtmarsch … das ganze »Ballett«. »Antreten zum Fahnenappell!« Massenvereidigung. Belobigung. Tadel.

»Gefreiter Rehbein! Vortreten!« Der Kommandeur spricht dem gedienten Soldaten und Studenten der Technologie wegen einer Bagatelle eine Rüge vor versammelter Truppe aus. Der wehrt sich mit blitzschneller Ohrfeige. Dem Offizier bleibt für einen Augenblick die Sprache weg. Dann brüllt er: »Arrest! Sofort in Arrest.« Degradierung, unehrenhafte Entlassung aus dem Wehrlager. Als die Studenten zu ihren Studienfächern nach Jena zurückkehren dürfen, läuft bereits das Exmatrikulationsverfahren. Ausschluss vom Studium an allen Universitäten und Hochschulen in der DDR.

15 Vgl. Anm. 2.

Dieses »Vorkommnis« war noch für Jahre Gesprächsstoff unter Jenaer Studenten. Es ereignete sich ein Jahr bevor auch Jürgen Fuchs seine studentische Wehrausbildung in Seelingstädt zu absolvieren hatte. Der erneute Zwang und die gewonnene Distanz machten es ihm möglich, Erlebnisse aus dem Grundwehrdienst literarisch zu verarbeiten. So entstand auch *Das Fußballspiel*:

Aber ich habe es doch erlebt: das will noch nichts besagen, andere haben ganz anderes erlebt, und nur unter uns, junger Freund, vergessen Sie die militärischen Geheimnisse nicht, wenn Sie sowas schreiben.

Nein, ich werde nicht vergessen, was uns dieser Unterfeldwebel oder Unterwachtmeister, wie er sich gern nannte, am zweiten Tag im Vorbeigehen sagte: Damit wir uns gleich richtig verstehen, wer hier durchdreht und Faxen machen will, der muß sich schon was Besonderes einfallen lassen, hier gab's schon alles: Aufhängen, Fenstersturz, Tabletten, auf Wache abknallen, alles schon dagewesen.

Gar nichts Besonderes, nur ein Sonnabendnachmittag im Juni, die Kaserne ruht, ein angeketteter Schäferhund bellt, einige Soldaten spielen Fußball. Die drei Schüsse waren kaum zu hören, etwas dämpfte den Schall.

Na und, der Posten am Tor ist tot, das kommt vor, seine Herzteile hängen oben im Postenpilz, der ist grün, ganz grün wie Bäume und Sträucher.

Dann wird er abgedeckt, dann wird er abgeholt, dann wird Sand gestreut, weil dort doch jemand lag, in seinem eigenen Blut an einem Sonnabendnachmittag, und ich spielte Fußball, zwanzig Meter entfernt.

Und offiziell? Kein Grund zur Panik, Genossen, er war etwas schwermütig veranlagt, das kommt vor, nahm sich alles sehr zu Herzen, zu Hause stimmte etwas nicht, und überhaupt, was weiß denn ich, was sich so einer dabei denkt.

Dann wurden die Lautsprecher eingeschaltet. Musik, Schlager und Märsche.

Als wir am Abend zur Essensbaracke marschierten, überholten uns lachend zwei Unteroffiziere und rissen Witze über diese Schwächlinge, denen man eben keine scharfe Munition geben kann.

Das ist ein Einzelfall, werden Sie sagen, weil es um einen einzelnen Menschen geht, aber um mich geht es auch, ich spielte zufällig mit vier anderen ein wenig Fußball in irgendeiner Kaserne.[16]

Über seine Konsequenzen aus dem Armeedienst sagte Jürgen Fuchs später:

Ich habe die Armee erlebt. Es war vieles schrecklich. Was war die Schlussfolgerung: Du hast die Uniform angezogen. Jetzt musst du das beschreiben. Das ist die Strafe. Du kommst davon nur los, wenn du es beschreibst. Da habe ich die kurze Prosa angefangen, »Die Vorladung«, »Das Fußballspiel«. Die Sachen habe ich Günter Kunert geschickt. Seine Reaktion: »Toll.« Das war ein Glücksgefühl.[17]

Lilo Fuchs:

Die Armee war seine entscheidendste Erfahrung als junger Erwachsener. Hier erlebte Jürgen in Reinstform, was er in der Schule schon empfunden hatte. Er hat das in seinen Armeebüchern thematisiert. Aber er hat auch gesagt: »Ich war nicht in der Lage, mich zu erkundigen: Wie kann ich den Wehrdienst verweigern?« In seiner Umgebung gab es niemanden, mit dem er sich hätte austauschen können. Er: »Schon im ersten Moment dachte ich: Wo bin ich denn hier gelandet?« Es war ihm klar, wenn er schon da war, dann musste er hinsehen, hinhören, Zeugnis ablegen. Der Kasernenhof hat in ihm den kritischen Gegner geweckt. Das waren intensivste Erlebnisse, die Mädchen oder Frauen so nicht hatten – über längere Zeit in Schach gehalten und an die Grenzen seiner Belastbarkeit gebracht zu werden.[18]

---

16 Jürgen Fuchs: Gedächtnisprotokolle. Reinbek 1977, S. 22 f.
17 Vgl. Anm. 2.
18 Lilo Fuchs: Gespräch mit Udo Scheer vom 3. 11. 2006.

Seinem zweiten Gedichtband *Pappkameraden*[19] stellte Jürgen Fuchs als Motto und Mahnung voran: »Wir werden nie mehr antreten auf einen Pfiff hin. Wolfgang Borchert.«

III
Ja, ich habe geschossen
Ja, ich habe mich in die Schützenmulde gelegt
Und losgeballert
Mit Brecht und Biermannliedern im Kopf
Lag ich da
Und die Kumpels haben gelacht und gesagt:
Ist doch nicht ernst
Nur eine Übung
Nicht ernst[20]

Der Kasernenhof, auch vor dem Hintergrund der Eskalation des Kalten Krieges, wurde für den Schriftsteller Fuchs bis weit in die 8oer Jahre hinein eines seiner wichtigsten literarischen Themen. In dieser Zeit entstanden in West-Berlin seine Romane *Fassonschnitt*[21] und *Das Ende einer Feigheit*[22].

19 Jürgen Fuchs: Pappkameraden. Gedichte, Reinbek 1981.
20 Ebenda, S. 9.
21 Jürgen Fuchs: Fassonschnitt, Reinbek 1984 (s.a. Kap. 10).
22 Jürgen Fuchs: Das Ende einer Feigheit, Reinbek 1988 (s.a. Kap. 10).

Lyrik als Hochdruckventil

Sommer 1971. Die kasernierte Zeit war vorüber, die Studienzulassung erstritten. Jürgen Fuchs schrieb über diese Zeit: »Ich war erleichtert. Ein neues Leben konnte beginnen.«[1] Sein literarisches Talent beeindruckte nicht nur Edwin Kratschmer, Deutschlehrer in Unterwellenborn bei Saalfeld und der wohl wichtigste Förderer junger Lyriker in der DDR. Fuchs hatte ihm Gedichte zugeschickt, bat um Beurteilung. Trotz abgelaufener Meldefrist setzte Dr. Kratschmer sich spontan für seine Teilnahme am 2. Zentralen Poetenseminar der Freien Deutschen Jugend im Schweriner Schloss ein.

Dorthin als eines von DDR-weit rund hundert literarischen Talenten eingeladen zu werden, galt als große Auszeichnung. Die Seminarwoche bot Gelegenheit, mit bekannten Autoren zu sprechen, und auch, sich ein wenig in Poetenposen zu erproben. Die Förderung künstlerischer Individualität wurde versprochen, das Lenken in die Bahnen des staatsnahen sozialistischen Realismus war das Ziel. Dennoch schien nach sechs bleiernen Jahren intoleranter Kulturpolitik nach dem 11. Plenum des ZK 1965 eine neue Ära anzubrechen. Jürgen Fuchs genoss seine Beachtung als Lyriker. Fast hätte ihn die Armee als Staatsfeind entlassen, fast wären ihm alle Perspektiven in der DDR verbaut worden, plötzlich erschien ihm die Zukunft in einem freundlichen Licht.

Erich Honecker, der neue erste Mann, im Mai 1971 gerade an die Macht gekommen, bekräftigte wenig später nochmals die kulturpolitische Lockerung: Es könne seines »Erachtens auf dem Gebiet

---

1 Jürgen Fuchs: Einmischung in eigene Angelegenheiten. Gegen Krieg und verlogenen Frieden. Reinbek 1984, S. 87.

der Kunst und Kultur keine Tabus geben«. Mit der kleinen Einschränkung: »Wenn man von den festen Positionen des Sozialismus ausgeht«[2] ließ sich leben. Die Verbesserung der Verhältnisse »für eine bessere Zukunft« hieß das Zauberwort selbst in kritischen Kreisen.

In diesen Tagen brachte mir ein Freund kaum lesbare Abschriften mit Gedichten von Helga Novak vorbei, drei, vier, mehr waren es nicht. Das Papier klein zusammengefaltet, so etwas trägt man in Manteltaschen und steckt es hinter Bücherrücken. Was ich da las, warf alles um, was ich mir zusammengezimmert hatte in versöhnlicher Absicht: »Postwurfsendung // bei Nacht gehen Boten um / erfaßt sind die Bewohner / in Stadtplan und Adreßbuch // Broschüren Statistiken Revuen / verstopfen die Briefkästen ...«

Die Stasi-Angst, die »Nationale Volksarmee«, die Militarisierung des Lebens, das ganze Üben und Melden, die tägliche triumphalistische Präsentation von Präsidenten und Sekretären im »Zentralorgan«, diese herrschende Lüge, mit der ich gerade meinen kleinen Frieden machen wollte, all das wurde grell beleuchtet. Radikal, geradezu und schön – so kamen die Gedichte von Helga M. Novak daher auf schlechtem Papier, als Verführung zur Wahrheit, als poetischer Vorschlaghammer ...

Es ging mir wie mit den Liedern von Biermann. Sie waren da, ich hatte sie gehört, gelesen, nun gab es keine Ausflüchte mehr. ... Ich war nicht vorbereitet auf die »Tragoballade vom Spitzel Winfried Schütze in platten Reimen«, der von den Leuten zu hören bekommt: »der schlechteste Mann im Land / das bleibt der Denunziant«. Und der es nicht mehr aushält, der Selbstmord begeht, aber an der Teppichstangenstütze das Urteil spricht: »der schlechteste Staat auf dieser Welt / ist der, der sich die Spitzel hält« ...

Das traut die sich zu sagen, aufzuschreiben! Im Jahr '56, da war sie zwanzig, zweiundzwanzig, ich rechnete nach, so alt wie ich jetzt ... Schriftsteller wollte ich werden. Und komme von der Armee

2 Erich Honecker auf der 4. Tagung des ZK am 17. 12. 1971.

nach Hause und schreibe keine »Unerwünschten Reportagen«, knalle nicht aufs Papier, was sie Jahr für Jahr einer Generation nach der anderen antun in ihren stehenden Heeren. Ich bin hocherfreut über eine Einladung von der FDJ und überlege, ob ich das Blauhemd mitnehmen soll oder nicht. Und plane Gereimtes über Landschaft und Liebe, auch ein wenig »antiimperialistische Solidarität«, hie und da eine kleine Spitze. Und Helga M. Novak schreibt '56, als das Ende der Stalinzeit in der DDR noch lange nicht in Sicht war, als es Prozesse gab, als der Ungarn-Aufstand mörderisch niedergeschlagen wurde, »Einem Funktionär ins Poesiealbum«: »ich habe am Ende / eine Frage: / wem gehört eigentlich / das Volkseigentum?« ...

Diese Gedichte empören sich. Und sprechen so aus, machen deutlich, daß wir täglich gedemütigt werden. Ich sah meinen Vater, den Elektriker, mit anderen Augen. Auch unser Viertel, in dem eine Textilfabrik neben der anderen steht. Hier wurde es ausgesprochen. Das war das Thema. Und kam aus den eigenen Reihen.[3]

Auch unter dem Eindruck dieser Gedichte hatte Jürgen Fuchs im Juni 1971 den Austausch mit Edwin Kratschmer gesucht. Unter jungen Schreibenden galt der als Geheimtipp. Selbst Autor mehrerer in der DDR nicht veröffentlichbarer Romane und Stücke, besaß er ein sensibles Gespür dafür, was die Jungen bewegte. Seine Mentorenschaft für junge Lyriker kam für Edwin Kratschmer selbst völlig überraschend:

Als mir zum ersten Mal von einem 16-Jährigen verstohlen einige Verse auf den Lehrertisch geschoben wurden, war das für mich eine jähe Entdeckung: Ein junger Mensch, der für schwer zugänglich, kaum ansprechbar und gefühlsflach gegolten hatte, offenbarte mir ein völlig unbekanntes Ich, ein Innenleben, von dem ich bislang keine Ahnung gehabt hatte. Ich war plötzlich zum Mitwisser einer Suizidabsicht geworden. Für mich eine jähe Schrecksekunde, zugleich aber auch Sternstunde mit

3 Vgl. Anm. 1, S. 87–90.

der Erfahrung, dass ein paar Verse Hochdruckventil sein konnten. Not-
signal. Todesschrei:

> *Im Wasser schwimmt der Mond*
> *zittert matt und schlingert*
> *unter mir*
>
> *Tief unten der Mond*
> *Ich hohl und stumm*
> *Höhle Vakuum*
>
> *Ich bin nicht gesprungen*
> *Weil es*
> *dich*
> *dich*
> *gibt*

Den Text habe ich 1964 in der Schüleranthologie »Mut gehört zum Wort«
an der Zensur vorbei als Beitrag zu den Arbeiterfestspielen veröffentlicht.
Der Eklat war vorprogrammiert. Wir saßen nun halbe Nächte zusammen,
zwei, drei Schüler stießen hinzu, wir sprachen über das Schreiben, lasen,
diskutierten, verwarfen.[4]

Gemeinsam mit seiner Ehefrau Margret schaltete Edwin Kratschmer republikweit Annoncen, in denen sie junge Leute ermunter-
ten, ihnen Gedichte zu schicken. So wurden sie zu den Begründern
jener Jugendpoetenbewegung, die 1970 sehr rasch von der FDJ
vereinnahmt wurde. Die von ihnen parallel ins Leben gerufenen
Lyrikanthologien *Offene Fenster* (neun Bände) galten als wichtigste
Podien für junge Autoren, um voneinander Kenntnis zu erlangen.
Zwischen 1964 und 1990 legte das Ehepaar eine einzigartige Sammlung mit 100 000 Gedichten von 15 000 jungen Poeten an. Als Schen-

---

4 Edwin Kratschmer: Gespräch mit Udo Scheer Oktober 2001 (Vorarbeit für das
   Feature »Das mehrfache Leben des Habakuk«, MDR 05. 05. 2002).

Jürgen Fuchs liest in der Johannes-R.-Becher-Oberschule Jena aus der Lyrik-anthologie »Offene Fenster 4«, 1973

kung der Universität Jena übereignet, stellt dieses Archiv einen einmaligen Fundus zur Erforschung der Mentalitätsgeschichte ganzer Generationen DDR-Jugendlicher dar.

Am 29. Juni 1971 erreichte mich per Brief die erste Kunde eines Jürgen Fuchs aus Reichenbach / Vogtland. Und er stellte sich so vor: »Seit etwa zwei Jahren betrachte ich meine künstlerische Betätigung als literarische Arbeit, was bei mir u. a. heißt: meine Zeilen nicht als strenge Geheimnisse in unterirdischen Reservaten zu belassen, sondern gesellschaftsoffensiv zu versuchen, wichtige Probleme und Konflikte mit den Mitteln der Kunst zu erhellen und mich damit politisch konkret zu engagieren.« Beiliegend vier Texte ...

Da meldete sich also ein ketzerischer Aufklärer und Belehrer vehement zu Wort, und im Visier hatte er Karrieristen, Etablierte und Pseudokommunisten, eine kotzüble Gesellschaft von Über- und Untertanen, die er in Schule, Armee und sonst noch wo kennen gelernt hatte. Und er schrieb eine auf unerbittliche apodiktische Kürze getrimmte sarkastische Lyrik, nutzte eine ganz auf Ratio gestellte freche Intellektuellensprache, und es entstanden lyrisch und rhetorisch versetzte Klartexte zu operativem Einsatz. Da meldete sich zweifelsfrei eine furiose Begabung zu Wort.

Daher mein Vorschlag an den FDJ-Zentralrat: Diesen F. unbedingt noch zum 2. Zentralen Poetenseminar nach Schwerin einladen und meinem Seminar zuteilen.

F. kurz darauf: »Fahre zur Zeit Quarkfässer und Zuckersäcke aus, anschließend Hegel-Lektüre mit Hilfe von Lenin.« Und er jubelte: »Bin nach Schwerin eingeladen! Darf ich Sie vorher in Unterwellenborn besuchen?«[5]

Edwin Kratschmer erzählt, wie Jürgen Fuchs zunächst mit der Zurückhaltung des Jüngeren anfragte, ob er sie besuchen dürfe, dann aber in ihr Leben platzte:

5 Edwin Kratschmer: Tagebuch-Notizen, in: Jürgen Fuchs: Schriftprobe, Weimar 2001, S. 6.

Die Lyrik-Anthologie »Offene Fenster 4« (Hg. Edwin Kratschmer, 1973) mit
20 Gedichten von Jürgen Fuchs

Er erweist sich als das, was Günter Kunert einen Unruhestifter nennt: ein Erreger, Beweger, Mitreißer, der auf Tempo drückte, ein Pyromane, der zu entflammen vermag. Er bringt in unsere nach [dem Band] »und Mut gehört zum Wort« bereits voller Unruhe dahinschlingernde Existenz hochgradige Aufregung. Die Gespräche geraten sofort zu eindeutigen Kundgaben gegen den hierzulande praktizierten Sozialismus. Wir sind einig über unsere Haltung pro Dubček und Prager Frühling. Fuchs ist vollgestopft mit Hegel-, Marx- und Leninzitaten, die er gegen die dogmatische Praxis zu Felde führt. Seine Sprache ist prononciert rational, marxistischer Slang. Damit bringt er meine eben eroberte allgemeinhumanistische Position – Prinzip Menschlichkeit, das mir Halt gibt gegen ideologische Vereinnahmung – in Bedrängnis und provoziert sie. Er duldet kein Ausweichen, Abweichen, Aufweichen, verlangt sofortige radikale Entscheidungen. Er sprüht vor Selbstbewusstsein und Besserwissen und gibt arrogant zu verstehen: »Du, schul dich gefälligst, bevor wir weiter reden.« Er ist 21 und gebärdet sich als ultralinker Linksintellektueller. Seine erklärten Feinde sind Spießer, Mitläufer, Gestrige, Leisetreter, Duckmäuser, Heuchler, »Kleingärtner« und Opportunisten in und außerhalb der Partei, und das im Privatesten wie im Offiziellen.

Als er dann zum ersten Mal an unserem Lyrikclub teilnimmt, ist er sofort wirbelnder Rotor, der alles Metaphorische als »sklavensprachlich« ablehnt, der überhaupt alles ablehnt, was an subjektiv-privaten Befindlichkeiten in die Texte eingeflossen war. Von der ersten Stunde an dominiert er alle anderen durch seine Ausdrucksfähigkeit. Geübt im Sprechen, zieht er die Diskussion sofort in seine Richtung. Er verlangt klartextliche Aussagen, zumindest outende Passagen. Schreiben bedeutet ihm Bekenntniskundgabe.

Es kommt zu interessanten Diskussionen. Er lädt dazu eine Seminargruppe der mathematischen Sektion der Uni Jena ein. Thema: Der (Un-)Sinn und (Un-)Wert von Metaphern. Oder er lädt Hanns Cibulka ein. Die Diskussion wird nach der Lesung von dessen melancholischem »Lichtschwalben«-Manuskript sofort aggressiv. Er beschuldigt Cibulka der Opportunität, des »Metapherngeraunes und -geklingels«: »Und wo bitte bleibt Ihre Stimme zu den Verrissen und Schweigegeboten in den Fällen Kunze und Biermann? In Zeiten der Repression habe Literatur bitte Vorreiter- und Haftungsfunktion!« Cibulka wird zum Blitzableiter unseres Zorns. Er verlässt uns betroffen.

Beim 2. Zentralen Poetenseminar gehört Jürgen Fuchs zu meiner Seminargruppe. Sein »hoher« Ton heizt sofort eine streitbare Arbeitsatmosphäre an. Er polemisiert unduldsam gegen »private«, selbstzufriedene, opportune oder hymnische Texte, fordert klare Aussagen, er streut Passagen aus verbotenen Biermannliedern ein, Gedichte von Kunert und Kunze.

Ich hatte bis zu dieser Zeit keinen jungen Menschen in diesem Alter kennengelernt, der die Dinge mit so einer Intellektualität anging wie Jürgen Fuchs, der ständig bestimmte Zitate im Munde führte und darauf wartete, dass man sie akzeptierte oder, noch besser, dass man Argumentationen dagegen aufbaute. Das führte zu offenen, ungesicherten, explosiven Aussprachen. Und er schuf sich von vornherein eine Art Überlegenheit. Die ging so weit, dass man sagte: Mensch, du musst dich tatsächlich schulen, damit du ihm auf diesem Sektor Paroli bieten kannst.

Wofür er sehr dankbar war, waren alle Hinweise, die mit dem Schreiben zusammenhingen. Da nahm er nicht nur gern Lehren an, sondern er war begierig, Meinungen zu erfahren, die nicht unbedingt mit der seinen übereinstimmen mussten.

Unser Altersunterschied war bedeutungslos. Die Staatssicherheit hatte von einem Vater-Sohn-Verhältnis gesprochen. Altersmäßig war das zutreffend, aber tatsächlich war er dazu bereits zu selbständig. Wir saßen oft bis in die Nacht zusammen, wenn er durchreiste, meist kam er per Anhalter aus Jena. Er hat möglichst keine Zusammenkunft unseres Zirkels versäumt, las gern seine Texte vor und wartete mit sprühendem Blick auf Meinungen. In öffentlichen Lesungen im Kulturpalast, in Schulen – wir wurden bis nach Berlin eingeladen – lehnte er von vornherein ab zu sagen, was er lesen würde. Er würde aus der Situation heraus lesen. Dadurch gab es mit manchen Veranstaltern Komplikationen. Das ging so weit, dass sie verlangten, die Texte sollten vorher eingereicht werden. Wir lehnten das prinzipiell ab.

Es waren ja meist junge Leute, die zuhörten, und die hatten schon ein Gespür für politisch diffizile Dinge. Wenn die rhythmisch klatschten, zog er noch etwas hervor und noch etwas ... Es sprach sich herum: Wenn der Lyrikklub liest, das ist eine Attraktion.

Fuchs war nicht darauf aus, Lösungen anzubieten, ihm ging es darum, seine radikale Unzufriedenheit mit dem Vorgefundenen, das der marxistischen Idee nicht entsprach, zu artikulieren. Er suchte immer nach Beweisen für Fehler zwischen der heiligen Lehre und der gesellschaftlichen Praxis.

Mitunter goss er auch seine Häme über kritikwürdige gesellschaftliche Zustände aus.[6]

Pensionsangebot
Genossen umstürzler
Ihr seid im urlaub?
Vor zeiten klassenschranken zerschlagend
Werdet ihr jetzt angetroffen
Beim einzäunen eurer erdbeeren
Genossen umstürzler
Ihr seid aus der übung?
Keine kämpfer aber kleingärtner?
Wir sind für kleine gärten
Und große beeren
Ehren urlaub und erholung
Aber
Im interesse eurer gesundheit
Und unseres gesundens:
Verwaltet nicht länger die MACHT VON KÄMPFERN
Als kleingärtner.[7]

Dieser Ton – unduldsam und für DDR-Verhältnisse ketzerisch – ist angeschlagen. Selbstbewusst und mit frech revolutionärem Pathos arbeitet Jürgen Fuchs in seinem Gedicht seine Verachtung des miefigen Spießertums, des Kleingeistes und der anonym bleibenden Bonzen ab – Anfang der '70er eine beliebte Zielscheibe für jun-

6 Edwin Kratschmer: Gespräch mit Udo Scheer vom 18. 10. 2006.
7 Jürgen Fuchs: Textsammlung Mai 1970, unveröffentlicht, Privatbesitz Utz Rachowski.

ge Aufmüpfige, denen die revolutionären Veränderungen kaum schnell und weit genug gehen konnten.

Plötzlich gab es Bücher unter den Ladentischen, die einer Sensation gleichkamen. Stefan Heym zeigte in seinem Roman *Der König David Bericht*[8] David als Speichellecker und Lustknaben im Dienste der Priester. In *Die Schmähschrift oder Königin gegen Defoe*[9] erzählte er von einem Schriftsteller, der wegen einer Satire von den herrschenden Dunkelmännern eingekerkert wurde und auf Druck der Massen wieder freigelassen werden musste. Die Anspielung auf die restriktive Kulturpolitik der letzten Ulbrichtjahre war unübersehbar. In *Die neuen Leiden des jungen W.*[10] schuf Ulrich Plenzdorf mit dem jungen Anti-Helden Edgar Wibeau den populärsten Aussteiger der DDR-Literatur. Auch Wolf Biermanns revolutionäres Pathos in *Commandante Che Guevara* und dem *Kameramann* in Santiago wäre wahrscheinlich salonfähig geworden, hätte er nicht mit gleicher Inbrunst seinen *Soldat, Soldat in Uniform* vorgeführt – und damit auch das wahre Wesen der Nationalen Volksarmee. Erste Warnsignale waren von Kurt Hager, dem obersten Ideologiewächter, bereits auf der 6. Tagung des ZK im Juli 1972 zu vernehmen. Schriftsteller, Bildende Künstler und Filmemacher wurden den Herrschenden zu kreativ in ihrer Kritik. Hager drohte mit der großen Keule: Derartige Machwerke würden dem Klassenfeind in die Hände arbeiten. Der »große Spielraum des schöpferischen Suchens« schließe »jede Konzession an bürgerliche Ideologie und imperialistische Kunstauffassung« aus.

Später vertraute Jürgen Fuchs Edwin Kratschmer an, wie froh er gewesen sei, seine frühen Texte nie veröffentlicht zu haben. Dabei unterscheiden sich diese Arbeiten bereits durchaus vom Frühwerk des Gros der Jungen Poeten. Eine ansehnliche Zahl findet sich heute im Archiv Jugendlyrik an der Jenaer Universität. Noch suchte Fuchs nach den ganz eigenen Themen, nach dem eigenen,

8 Stefan Heym: Der König David Bericht, Roman, Berlin 1973.
9 Stefan Heym: Die Schmähschrift oder Königin gegen Defoe, Erzählung, Leipzig 1974.
10 Ulrich Plenzdorf: Die neuen Leiden des jungen W., Rostock 1973.

unverwechselbaren Stil, nach seiner Identität. Bei aller nach außen getragenen Selbstsicherheit schrieb er Anfang 1972 als Student im ersten Studienjahr auf die Rückseite des Blattes mit dem Gedicht *Zugfahrt*:

Lieber Dr. Kratschmer,
vielleicht stimmt das von mir: ohne schale und verwundbarkeit. aber umsteigen werde ich nicht, es sei denn, da wäre ein ziel erreicht, oder die fahrt als ziellos erkannt. noch nicht angekommen bin ich, gut so, ich komme schon zu mir.
mit herzlichen grüßen! Ihr j.f.

ZUGFAHRT
Bequem
Zwischen zwei Schienenschlägen
Oder Aussteigen auf freier Strecke
Dann fährt weiter nur
Die Kippe
Im Aschenbecher
Und mein Spiegelbild
Dort
In der Fensterscheibe
Leer nun
Und verloren
Die Stadt im Haar
Und ihre Lichter als Augen
Suchen mich
Auf leerem Platz:
Du schuldest dir noch
Dein Gesicht
Ich weiß schon, ich weiß[11]

11 Archiv Jugendlyrik an der FSU Jena. Jürgen Fuchs: Unterwegs, Gedichtzyklus, Briefzusendung an Edwin Kratschmer, 07. 02. 1972.

»Du schuldest dir noch / Dein Gesicht.« Diese an sich selbst wie an den Leser gerichtete Aufforderung, aus dem bequemen Zug umzusteigen auf eigenes Denken und Handeln, fand keinen Eingang in *Offene Fenster 4*.[12] Mit 20 Fuchs-Gedichten war bereits der Rahmen einer ausgewogenen Anthologie gesprengt. Nach ihrem Erscheinen 1973 war Fuchs überaus glücklich, sah sich als Lyriker bestätigt. Mit diesem Band konnte er nach je einem Gedicht im *Poesiealbum Sonderheft Poetenseminar 1971*[13] und *Offene Fenster 3*[14] 1972 seine erste gewichtige Publikation vorweisen.

Edwin Kratschmer erinnert sich, wie es um die Textauswahl für *Offene Fenster 4* ging:

Uns war klar, dass aus Fuchs' umfangreichem Zyklus »Schriftprobe« nur eine Auswahl möglich sein konnte. Ein Beharren auf alles oder nichts hätte zu nichts geführt. Als es darum ging, welche Texte gedruckt werden sollten, wussten wir, dass wir das Aussortieren nicht dem Verlag oder der Stasi überlassen konnten, und wir waren uns mit Jürgen Fuchs darüber erfreulich schnell einig. Wir wussten, einige Texte kämen nie durch die Zensur. Als Herausgeber ahnten wir aber auch, dass wir mit jedem allzu kritischen Text den Autor ans Messer liefern konnten oder dass wir damit die Stasi zumindest aufmerksam machten. So hat Stasi-Oberstleutnant Müller später bei meinen Vorladungen auch mehrfach betont, die Staatssicherheit habe die Funktion eines Chirurgen, brandige Stellen beizeiten herauszuschneiden.

Am Ende blieben von Jürgens »Schriftprobe«-Zyklus elf Gedichte in »Offene Fenster«. Doch da der Band auch seine Folge »Straßenzustandsbericht« enthält, ist er darin präsent wie kein anderer Autor.[15]

---

12 Edwin Kratschmer (Hg.): Offene Fenster 4. Schülergedichte, Berlin 1973.

13 Jürgen Fuchs: »... Aufgebrochen lang / Der Warnung Wort / Wollt hören / Und bitte leben.«

14 Jürgen Fuchs, 19: »MEIN FENSTER, alt und gebrechlich / Läßt auch ein den Wind / – ES ZIEHT – / Und weist nicht ab den Regen / – ALLES SCHWIMMT – / Weil doch hier einer wohnt / Der ist ruhelos und unterwegs / Wie Regen und Wind«. In: Offene Fenster 3, Berlin 1972, S. 82.

15 Vgl. Anm. 6.

Jürgen Fuchs selbst maß dieser Veröffentlichung rückblickend bemerkenswerte Bedeutung bei:

»Schriftprobe« und »Nicht hinauslehnen« waren Gedichte, für die ich mich auch heute nicht schämen muss. Die hinterließen bei Lesungen eine starke Wirkung. Und dank Kratschmer rutschten sie bei den Weltfestspielen 1973 in »Offene Fenster«. Man kann auch darüber lachen: Ha, ha! »Offene Fenster«! Jugendlyrik! – Überhaupt nicht. Sie hatten eine große Auflage und eine große Wirkung unter jungen Leuten. Das war eine ganz wichtige Angelegenheit mit politischer Klarheit. Ihm war das natürlich bewusst.[16]

Zu seinem 27 Gedichte umfassenden Zyklus *Schriftprobe* inspiriert haben dürfte Jürgen Fuchs Reiner Kunze mit seinem 1969 in der Bundesrepublik erschienenen Zyklus 21 *Variationen über das Thema: DIE POST*[17], der poetisch verdichtet von den Schwierigkeiten eines Briefes erzählt, die deutsch-deutsche Grenze zu überwinden.

Ähnlich assoziativ wie Kunze den Brief, aber noch klarer in der Kritik, macht Fuchs das Papier zu seinem Vertrauten und Verbündeten in der Auseinandersetzung mit machtvollen Feinden und eigenen Ängsten. In *Das Fach Schönschreiben* führt er sie vor, die verordnete, belobigte Gleichmacherei. Wiederholt ging während seiner Lesungen staunendes Raunen durch die Zuhörerschaft: »Das traut der sich! Das haben sie gedruckt?«

DAS FACH SCHÖNSCHREIBEN
Aber gewiß doch:
Nach Schablone
Und in Schönschrift
Tanzt kein Buchstabe
Aus der Reihe
Liegt kein Wort
Schief

---

16 Jürgen Fuchs: Gespräch mit Udo Scheer vom 24. 10. 1998.
17 Reiner Kunze: Sensible Wege, Reinbek 1969.

Halten alle
Den Rand
Ein
Und erhalten
Ein Lob
Nur
Die Wahrheit
Fällt immer auf
Als sehr schwer
Erziehbar[18]

Um die Zensur nicht unnötig herauszufordern, hatten die Herausgeber mit Fuchs' Billigung unter anderem folgendes Gedicht nicht für den Druck eingereicht:

PAPIER, WIR HABEN FEINDE
Sie blättern nur
Flüchtig
Aber ihre Fingernägel
Graben sich tief ein
In dein Gesicht
Und sie erstatten
Anzeige
Gegen meine Worte
Wegen
Feindlicher Gruppenbildung
In Form von Gedichten
Papier
Wen auch immer sie
Anklagen:
Ich bezeuge deine Unschuld
Unter Eid[19]

18 Vgl. Anm. 12, S. 62.
19 Jürgen Fuchs: Schriftprobe, Weimar 2001, S. 26.

Reizworte wie »Anzeige«, »Anklage«, »Feindliche Gruppenbildung«, »Unschuld« sprachen einen Klartext, wie Jürgen Fuchs ihn
bei Helga M. Novak gefunden hatte. Den Schutz der Metapher für
seine Aussage lehnte er in diesen im Frühjahr 1972 geschriebenen
Gedichten bereits ab.

Ebenfalls zur Veröffentlichung nicht eingereicht hatte Edwin
Kratschmer Jürgen Fuchs' Vorahnung davon, was es bedeuten
konnte, sich mit den Mächtigen anzulegen:

DIESE ANGST
Auf halber Zeile
Daß mein Stift
Zerbricht
Bevor alles gesagt
Und
Wer hört mich
Wenn ich schweige[20]

Das war kein Kokettieren. Die Gefahr des Redeverbotes stand real.
Um ihr zu begegnen, verkündet das Gedicht *Scheinwerfer* aus der
Gedichtfolge *Straßenzustandsbericht* programmatisch, wie das Ich
sich den zu erwartenden Angriffen entgegenzustellen gedachte:
nicht im verdeckten Widerstand, sondern mit den stärksten ihm
zur Verfügung stehenden Waffen, mit überlegener Ruhe und Offenheit.

Scheinwerfer
Die mich anfallen
Bis sie vorüber sind
Und mich blaß sehen
Und geblendet
Verstehe ich gut
In ihrer Wut:

20 Ebenda, S. 38.

Denn ich leuchte
Zwar matt
Aber sie durchleuchten mich nicht
Und ich nehme ihnen die Sicht
Ein wenig:
Nicht unsichtbar
Nicht zu übersehen
Mit mir müssen sie rechnen[21]

Dieses Ich hatte die Stirn, einen eigenen Standpunkt einzunehmen, und der wurde sogar gedruckt. Für manchen war das bereits eine Provokation.

Im Herbst 1974 ließ Jürgen Fuchs' Wortmeldung in einer kontrovers geführten Debatte zur neueren DDR-Lyrik Funktionäre und Staatsicherheit hellwach werden. Ausgelöst wurde der Streit durch den Lyriker Andreas Reimann, der in der DDR-Literaturzeitschrift *Sinn und Form* pauschal den Niedergang der Form und das idealistisch abgehobene Pathos in den Gedichten der Nachwuchslyriker beklagte.[22] Auf diesen Text, der ideologische Einflussnahme und Selbstzensur bewusst aussparte, antwortete Jürgen Fuchs:

Wie aber, wenn dieser verkommenen Form ein verkommener Inhalt entspricht ... Somit verweist die Klage, daß Schüler keine eigene Handschrift besitzen, auf die von Lehrern und anderen Amtspersonen verteilten und in ihrer Anwendung überwachten Schablonen ... Die subjektiven Ursachen für den Verschleiß der Lyrik liegen ... vielfach am mangelnden Mut, das auszusprechen, was ist. So wichtig und dringlich zum Beispiel die Entlarvung der verfeinerten Form der Unterdrückung ist, so wichtig und dringlich ist die völlige Entlarvung des bürokratischen Zentralismus im eigenen Erlebnisbereich.[23]

---

21 Jürgen Fuchs in: Auswahl 74, Berlin 1974, S. 62.
22 Andreas Reimann: Die neuen Leiden der jungen Lyrik. In: Sinn und Form 3 / 1974, S. 439 ff.
23 Jürgen Fuchs: Umschau und Kritik. In: Sinn und Form 5 / 1974, S. 1091 ff.

Der Begriff »Bürokratischer Zentralismus« kam in den Augen der öffentlichen Meinungswächter einer Diffamierung des realen Sozialismus gleich. Allein schon Fuchs' Forderung, diesen Auswüchsen eine Abfuhr zu erteilen, reichte im Grunde für ein Parteiverfahren gegen den Junggenossen: »Damit erreicht Gen. Fuchs als Wirkung ... Stimmungsmacherei, die die bürgerliche Diversion des Gegners unterstützt ... tritt gegen die führende Rolle der Partei, gegen Machtorgane und gegen den Staat auf. Damit wirkt Gen. F. parteifeindlich.«[24] Weil sein Aufsatz zudem auszugsweise im *RIAS* verlesen worden war, sollte er zugleich die letzte kulturpolitische Einmischung sein, die von Jürgen Fuchs bis Ende 1989 in der DDR veröffentlicht wurde.

24 ThStA Rudolstadt, SED-Universitätsparteileitung der Friedrich-Schiller-Universität Jena, Nr. 1978, Bl. 95 ff. Stellungnahme der Parteileitung zum Parteiverfahren, 23. 04. 1975.

Verschärfte Gangart

Jürgen Fuchs kam nach Jena, um ab September 1971 Sozialpsychologie zu studieren. Wie auch in anderen Wissenschafts-
einrichtungen war die innere Situation der kleinen Sektion an der
Friedrich-Schiller-Universität geprägt durch ein Spannungsver-
hältnis zwischen Wissenschaftsanspruch und Unterordnung unter
marxistische Maximen. Sektionsdirektor Professor Hans Hiebsch,
ein anerkannter Psychologe, strebte an, in Jena ein DDR-Zentrum
für sozialpsychologische Forschung und Lehre mit dem Schwer-
punkt Wechselwirkungen zwischen Individuum und Gruppe aufzubauen. Damit geriet er besonders in den 60er Jahren in Konflikt
mit den Verfechtern einer marxistischen Psychologie und ihrer
Forderung, das »Verhältnis von Sein und Bewusstsein« habe im
Mittelpunkt zu stehen. Allerdings fand die moderne sozialpsychologische Studienausrichtung bald auch das Interesse jener Kräfte
im Staatsapparat, die psychologische Erkenntnisse für ihre Zwecke
anzuwenden gedachten. Rund ein Viertel der jährlich 40 bis 50 vom
Ministerium für Hoch- und Fachschulwesen zugelassenen Studien-
plätze waren offiziell reserviert für Offiziere der Nationalen Volksarmee (NVA), tatsächlich aber gingen sie vorrangig an Mitarbeiter
des MfS. Diese Staatssicherheitsoffiziere unterrichteten später als
Diplompsychologen auch Stasi-Vernehmer in der MfS-eigenen Juristischen Hochschule in Potsdam-Eiche in neuen Techniken der
»Operativen Psychologie«.

Jürgen Fuchs gehörte zu den besten Studenten der beiden Semi-
nargruppen seines Studienjahres. In der vom FDJ-Gruppensekretär
und seiner Seminargruppenbetreuerin Dr. Edith Wolf verfassten
Beurteilung für die Absolventenvermittlung wird hervorgehoben:

Seine Neigung, sich philosophischen Problemen zu widmen, kommt der Lösung fachlicher Aufgaben zugute. Die Aneignung des Lehrstoffs erfolgt nicht unkritisch, vielmehr bemüht er sich um eine geistige Durchdringung der Probleme und um eine schöpferische Auseinandersetzung. Er zeigt gute bis sehr gute Leistungen. Sein Verhältnis zur Seminargruppe ist nicht problemlos, da er sich nicht vor offenem Meinungsstreit scheut, er genießt jedoch das Vertrauen der Gruppe, weil er beweist, daß er in Entscheidungssituationen sich stets für die Belange anderer einsetzt.[1]

Auch die obligatorische »gesellschaftliche Arbeit« bewertete seine Seminargruppenbetreuerin in ihrer Jahresbeurteilung positiv: »Konstruktive Beiträge in der Seminargruppe, die Organisation einer Solidaritätsveranstaltung und einer Diskussionsveranstaltung mit Christa Wolf ...«[2] Sie schätzte diesen Studenten für seine Intelligenz, für seine Bereitschaft, sich für andere ein- und sich in sie hineinzuversetzen, und sie sympathisierte mit seiner kritischen Offenheit.

Fuchs' in der Seminargruppe streitbar vertretenen Positionen wurden aufmerksam registriert und wiederholt von Stasi-Kommilitonen weitergemeldet. So vermerkt ein Auskunftsbericht über eine Diskussion im Vorfeld der Verfassungsänderung vom 7. 10. 1974: »In einer Seminarveranstaltung zur Verfassungsänderung äußerte FUCHS, daß mit Artikel 106[3] die Verfassung angeblich jederzeit außer Kraft gesetzt werden könne. Dabei verkaufte er diese Meinung als ›Stimme des Volkes‹.«[4]

»Sagen, was ist«, darin sah Jürgen Fuchs seinen schriftstelleri-

---

1 BStU, OV (Operativer Vorgang) »Spinne«, Reg.-Nr. XV/3970/76, Bd. 1, Bl. 61, KD Sangerhausen, Abschrift vom 26. 05. 1975: Friedrich-Schiller-Universität, Beurteilung Fuchs, Jürgen (undatiert).

2 BStU, Jürgen Fuchs, Reg.-Nr. XV/5171/76, Bd. 7, Bl. 92.

3 Verfassungsänderung vom 07. 10. 1974, § 106 (gleichlautend mit § 108 der Verfassung vom 06. 04. 1968): »Die Verfassung kann nur von der Volkskammer der Deutschen Demokratischen Republik durch Gesetz geändert werden, das den Wortlaut der Verfassung ausdrücklich ändert oder ergänzt.«

4 BStU, OV »Spinne«, Reg.-Nr. XV73970/76, Auskunftsbericht vom 26. 07. 1976, Bl. 7.

schen Auftrag . Während Wolf Biermann in seinen Liedern frech und munter auf die »Bonzen« zeigte und erklärte, diese Funktionäre seien gar keine waschechten Kommunisten, während er im *Radleierlied Nr. 1* reimte: »Wo wird das Volk wie Vieh regiert, / verdammt, entwürdigt und kastriert ...«, um dann doppeldeutig allgemein zu befinden: »In China, in China hinter der Mauer«[5], besaßen Fuchs' Texte Sprengstoff anderer Art. Wer die las, spürte, hier erzählt einer nachprüfbare, nicht zugelassene Wahrheiten. Die ließen sich nicht mehr mit einem Lacher abtun.

Zugleich war Jürgen Fuchs bestrebt, sein Studium an der sozialistischen Universität nicht zu gefährden. Dieser Balanceakt gelang ihm dreieinhalb Jahre.

Wie andere kritisch Eingestellte auch, verfolgte er die Entwicklung der '68er Studentenbewegung in Westdeutschland und Frankreich und fragte sich: Warum sollte eine Erneuerung der Gesellschaft, ein sozialistischer »Marsch durch die Institutionen«, in der DDR eigentlich nicht möglich sein? Während der gemeinsamen Fahrt zu einer von Fuchs organisierten Lesung Christa Wolfs diskutierten Edwin Kratschmer und er diese Frage:

»Soll / darf / muß ich in die SED eintreten?« Meine Antwort: »Ja, denn erstens wer, wenn nicht solche wie Du, können die Partei von innen her reformieren / humanisieren? Solche Einmengung bedeutet Aufweichung verhärteter stalinistischer Strukturen hin zu einer potentiellen Vermenschlichung des Systems. Wir brauchen massenweise trojanische Pferde. Zweitens, Du mußt Karriere machen, um auf möglichst hohem Hierarchieniveau wirksam werden zu können.«[6]

Optimismus war angesagt. Nach Honeckers Machtantritt war es leicht zu glauben, Mitgliedschaft in der Partei bedeute nicht nur bessere Information und leichtere Karriere, sondern als Genosse

5 Samisdat-Abschrift im Archiv des Verf.
6 Edwin Kratschmer: Texte zu Jürgen Fuchs: »1972«, in: Zwiegesicht. Stationen und Spiegelungen. Ein Tagebuch, Unterwellenborn / Jena 2000.

könne man die Zukunft der Gesellschaft weit besser mitgestalten, sie vom Zentrum her mitbestimmen. »Auf jeden Einzelnen kommt es an«, diese Formel überzeugte.

Ich wollte in die SED. Gründe: MfS hatte Macht und Mehrheit dort bei den Psychologen. Ich wollte erleben, was sie machen. Und auch was schreiben. Ab '72 aktive Vorstöße. Wurde als Kandidat »zurückgestellt«. Dann Kandidat, aber »es tauchten Probleme auf«. Dann Vorladung MfS und UPL[7]: »Änderst Du Dein Verhalten als Genosse?« Aus den Akten: MfS wollte, daß ich Mitglied werde. Ziel Zersetzung.[8]

Am 14. Mai 1973 stellte Jürgen Fuchs seinen Antrag auf Mitgliedschaft in der SED. Nur wenig später, im Vorfeld der Weltfestspiele der Jugend in Berlin, lud ihn sein Leipziger Freund Gerulf Pannach, einer der politisch aufsässigsten Liedermacher im Land und Texter der Renft Combo, ein, mit zu Wolf Biermann in dessen Wohnung in der Chausseestraße zu kommen. Jürgen Fuchs erschien dieser Besuch wie eine Sternstunde:

Pannach hatte damals das Lied »Eigene Leute sind keine Meute, mit denen man machen kann was man will«. Es ging um bessere Tonband-Aufnahmen für die RenftCombo mit Biermanns Technik. Biermann fragte mich: »Und, was machst'n du?«– »Ich schreib auch 'n bisschen.« Da habe ich ihm »Schriftprobe« vorgetragen. Ich sehe ihn noch in seinem Sessel, sehr forsch in seinen Meinungsäußerungen, fast arrogant. Er las einiges durch, sagte: »Das ist sehr gut. Wie heißt du? Aha.«

Hinterher war ich wie berauscht, dachte: Wo führt das alles hin? Stimmt das, was er sagt? War das wirklich Biermann? Er hat mir sofort eine Veröffentlichung der Kurzprosa angeboten, die er noch besser fand, zu der er den Zusatz machte: »Das kann ich nicht.«[9]

7 UPL = Universitätsparteileitung.
8 Jürgen Fuchs: Brief an den Verfasser vom 06. 07. 1998.
9 Jürgen Fuchs: Gespräch mit Udo Scheer vom 24. 10. 1998.

Diese Berliner Begegnung mit Biermann sollte der Beginn einer lebenslangen, engen Freundschaft werden und einer der entscheidenden Schritte für Jürgen Fuchs' literarischen Weg in die Opposition. Der verbotene Liedermacher gehörte zum engsten Freundeskreis der Familie Havemann in Grünheide. Angesichts des mitunter raubeinigen Polterers Biermann war Fuchs von der ruhigen Überlegenheit Havemanns doppelt fasziniert.

Als ich ihn [Havemann] in Grünheide kennenlernte im Herbst '73, traf ich einen freundlichen, eher zurückhaltenden Menschen, der zuhören konnte, Fragen stellte, von sich erzählte, ein Glas Kognak trank, Lieder seines Freundes Wolf Biermann vom Tonband vorspielte und eine Fähigkeit hatte, die mein Leben veränderte: Er nahm die Angst, ermutigte, stärkte das Selbstbewußtsein anderer Menschen, verspottete die Geheimpolizei, erzählte von seinen Gesprächen mit Hager und Ulbricht. Er entzauberte diese Götter ...[10]

Robert Havemanns Tochter Sibylle begann im September 1973, zwei Jahre nach Jürgen Fuchs, ebenfalls ihr Studium der Sozialpsychologie in Jena. Ihm war es inzwischen gelungen, vom Stasidurchsetzten Wohnheim in Jena-Zwätzen weg in eine kleine Dachwohnung in der Lutherstraße 25 umzuziehen. Zeitweilig wohnte Sibylle Havemann bei ihm zur Untermiete. Biermann kam gern nach Jena, besuchte dort seine Freundin Sibylle und seinen Freund Jürgen. Später, als sie bei Lutz Leibner, einem talentierten Holz- und Metallplastiker, und dessen Frau in deren etwas größeren Wohnung in der Jenaer Kollwitzstraße untergekommen war, blieb der Liedermacher kaum je ohne Begleitung, wenn er zwischen Lutherstraße und Kollwitzstraße pendelte. Und so sang er in seinen gelegentlichen »Hauskonzerten« auch den »Jenaer Memfis-fanclub-blues«:

---

10 Jürgen Fuchs: Und nicht auf verlorenem Posten, Frankfurter Rundschau vom 28. 04. 1982.

Jürgen Fuchs, mit Richard Pietraß Gedichte lesend auf den Jenaer Bergen, 1974

Mann, hab ich 'ne Masse Fans! Allein
In Jena verehrt mich ein ganzer Verein.
Kaum mache ich 'ne Biege im Auto, dann
Lassen die Fans ihre Motoren an.
Sie scheuen die Kosten nicht, keine Mühn
Verkutschen für mich das Super-Benzin.
Die Fans fahren WARTBURG und SHIGULI
...

Jetzt sing ich den Freunden in Jena zum Gruß
– den Jenaer Memfis-fan-club-blues:
ND 73-66, SX 32-54, NC 42-33, NW 61-10
NN 68-43, ND 25-75, NX 80-67, SX 76-57
NW 25-95, NS 11-29
Und wenn das schon alle warn
Dann kannst du dich freun! ...[11]

Aus Grünheide brachte Fuchs Bücher mit nach Jena. Darunter streng vertraulich Alexander Solschenizyns *Archipel GULAG* und *Ein Traum, der nicht entführbar ist* von Heinz Brandt. Mit Solschenizyn erschlossen sich Abgründe des Stalinismus und mit Brandt das Fortwirken dieses Systems in der DDR. Brandts Biographie war beredtes Zeugnis beider deutscher Diktaturen: seit 1931 Mitglied der KPD, Auschwitz-Häftling, SED-Funktionär, Solidarisierung mit den Arbeitern des 17. Juni 1953, vor drohender Verhaftung 1958 Flucht nach West-Berlin, dort 1961 als Redakteur der Gewerkschaftszeitung der IG Metall von der Staatssicherheit gekidnappt und in der DDR zu 13 Jahren Zuchthaus verurteilt, blieb er dennoch ein ungebrochener Kritiker des sowjetischen Kommunismus.

Fuchs verlieh die Bücher auch an vertrauenswürdige Freunde. Wäre das bekanntgeworden, hätte es zumindest seine Exmatrikulation bedeutet. Denn wer diese auf der schwarzen Liste ganz oben stehenden Titel gelesen hatte, für den bekam die sozialistische Fassade Risse.

11 Samisdat-Abschrift, im Besitz des Verf.

Katja Havemann, seit 1974 mit Robert Havemann verheiratet und in den 80er Jahren selbst eine der bekanntesten DDR-Bürgerrechtlerinnen, erzählt:

Auch ich habe Solschenizyns »Archipel GULAG« bei Robert gelesen. Das war für mich noch mal so 'n Knüppel auf den Kopf. Aber andererseits auch die Frage: Was ist hier möglich? Wo kann man hier ansetzen?

Im Gespräch kamen einige immer wieder mit der Frage: Können wir hier nicht konspirativ etwas machen? Robert war in dieser Zeit ein entschiedener Gegner solcher Ideen. Er hatte eher die These, in der Nazizeit musste man es tun, da ging es ums Leben. Wenn man aber jetzt und hier Reformideen hatte, sollte man den Untergrund möglichst meiden, sollte sich Sympathisanten und Bundesgenossen suchen und nicht vorschnell Exmatrikulation oder Gefängnis riskieren.

Robert hat ja oft in der Verfassung der DDR geblättert und gesagt: »Man kann. In der Verfassung steht es. Wenn man dennoch etwas nicht kann, muss man es mit List ausprobieren. Lasst euch nicht zu schnell kaltstellen. Und wenn ihr nicht anders könnt, als auszureisen, dann sagt, so laut ihr könnt, möglichst über die westlichen Medien, warum!«

Robert war ja Anfang der '70er schwerkrank. Wolf und andere dachten, er wird nicht überleben. Dann hat er sich gesundheitlich sehr erholt. Wir haben hier noch ein Kind bekommen und haben richtiges Familienleben gelebt, die Bylle bekam ihren Felix, dann kamen Lilo und Jürgen mit ihrem Baby dazu. Die Familie wurde plötzlich groß und war jung, und das hat Robert gutgetan. Die Gespräche mit den Jüngeren haben ihm sehr gefallen. Und auch er hat davon profitiert, obwohl er durch die Neugier der Jungen meist in die Position des Erzählers kam. Er hatte ja ein anderes Leben auf dem Buckel. Auch Jürgen hat ihn sehr intensiv befragt, vor allem über die Nazizeit.

Robert, da kann ich mich noch genau erinnern, war überaus interessiert an Jürgens Denken, daran, was Jürgen schrieb. Und Jürgen wollte auch immer gern seine Meinung hören.[12]

---

12 Katja Havemann: Gespräch mit Udo Scheer vom 08. 11. 2006.

Havemann, erzählte Jürgen Fuchs, habe ihn sehr bestärkt, seinen Antrag auf SED-Eintritt aufrechtzuerhalten. Er habe regelrecht den journalistischen Auftrag von Havemann und Biermann erhalten, in die Partei reinzugehen und die Sache von innen zu beschreiben.

Ich habe ja die »Gedächtnisprotokolle« schon 73/74 angefangen und hab das publiziert, das kann man nachweisen, die haben ja schon den Wallraff aufgefordert, mal so ein bißchen in die DDR-Strukturen einzudringen, aber da war er doch zu gehemmt, und da mußten solche Typen wie ich herhalten. Ich hab's ja auch gemacht. Und da hatte ich überhaupt keine Illusionen.[13]

Die Aufnahme in die Partei erfolgte gewöhnlich nach einjähriger Bewährung als Kandidat nach festem Ritual mit Bürgen und Treuegelöbnis im Rahmen einer Parteiversammlung. Bei Jürgen Fuchs unterschied sich dieser Akt vom üblichen Procedere. Im Mai 1974 wurde er zu einer »Aussprache« mit dem Sekretär der Universitätsparteileitung, Genosse Erich Tennigkeit, und weiteren Genossen der Grundorganisation Psychologie bestellt. Er sollte Stellung nehmen zu Kritikpunkten an seiner Kulturarbeit als Kulturverantwortlicher der FDJ-Sektionsleitung. Man wollten wissen: »Wie schätzt Gen. Fuchs die Arbeit der Singegruppe ›Idem aliter‹ ein?« Warum unterstütze er diese FDJ-Singegruppe der Universität nicht?

Im konspirativen Auftrag der Staatssicherheit hatte der Leiter der Gruppe, der Medizinstudent IMV »Klaus Bronsky«[14], versucht, Fuchs für das Schreiben von Liedtexten zu gewinnen und sich so in sein Vertrauen einzuschleichen. Jetzt interessierte sich die Partei für das Motiv seiner Verweigerung. Dass Fuchs vorgewarnt

13 Jürgen Fuchs: Gesprächsfragmente. Doris Liebermann, in: europäische ideen, Jg. 1999, Heft 114, S. 6.
14 BStU, OV »Pegasus«, Reg.-Nr. X/66/75, Bd.II, Operativ- und Maßnahmeplan vom 23. 08. 1975, Bl. 24: IMV »Bronsky«: Inoffizielle Einflußnahme auf den Aufbau der Gruppe »Idem aliter«: »Bronsky« sieht eine Möglichkeit, auch Werke von FUCHS in sein Programm mit einzubeziehen, um damit das Vertrauensverhältnis zu festigen und damit die Verbindung zu FUCHS aufrechtzuerhalten. IMV = Inoffizieller Mitarbeiter/Verdacht Feindtätigkeit.

war, »Bronsky« sei wahrscheinlich ein IM (Inoffizieller Mitarbeiter des MfS), behielt er für sich. Doch indirekt vermerkt das Protokoll seine diplomatische Vorsicht:

Genosse Fuchs hat auf die Fragen in ruhiger, sachlicher Weise geantwortet. Zu der Mehrzahl der Fragen zeigte er eine selbstkritische Position und akzeptierte auch Kritik ... Unklarheiten zeigte er jedoch in der Bewertung einzelner Künstler wie z. B. Biermann, Pannach und Kunze.

Parteisekretär Genosse Tennigkeit legte fest, dass die »Diskussion zu offenen Fragen weitergeführt und das Übernahmeverfahren für die Mitgliederversammlung Juni gründlich vorbereitet wird«.[15]

Im Juni 1974 wurde der Kandidat in die »Reihen der Partei« aufgenommen. Jürgen Fuchs schrieb dazu:

Ich glaubte, dasselbe wie in all den Jahren zuvor tun zu können, nun aber auf einem weniger aussichtslosen Weg ... Eintritt in die Partei: es sozusagen von innen heraus versuchen. Ich habe dann zwar auch diese Entscheidung getroffen, aber die bestand schon zu drei Vierteln in der Absicht, die ›Gedächtnisprotokolle‹ zu schreiben ... Wenn man das machte, mit einem Rest von »Mal sehen, was da rauskommt« und: »Es muß ja nicht unbedingt schief gehen«, vor allem aber mit dem Vorsatz: »Das muß unbedingt dokumentiert werden!«, dann war das schon mehr eine Entscheidung zur Tat. Ich wußte nicht, was das für die Freunde heißt, von den Eltern hatte ich mich weitgehend zurückgezogen; eine persönliche Beziehung zu einer Frau ging in die Brüche, so habe ich ein Kind, das ich noch nie gesehen habe. Es sind also Entscheidungen gefallen, wo es wirklich heiß und hart wurde. Auch gab es nun die Freundschaft mit Havemann, mit Biermann. So war für mich der Konflikt ... kaum einer.[16]

---

15 ThStA Rudolstadt, SED-Universitätsparteileitung der Friedrich-Schiller-Universität Jena Nr. 199, Bl. 59–60, Kurzinformation der UPL über eine Aussprache mit Jürgen Fuchs.
16 Jürgen Fuchs, Gerhard Hieke: Dummgeschult. Ein Schüler und sein Lehrer, Berlin 1992, S. 52.

Zur Liebe seines Lebens wurde Lilo Uschkoreit, eine Kommilitonin im selben Studienjahr. Sie und die Anerkennung durch Havemann und Biermann boten Jürgen Fuchs einen entscheidenden Rückhalt. Die Universitätsparteileitung, die bereits durch die geforderte Rücknahme der Studienzulassung auf den Studenten aufmerksam geworden war, sah aus ihrer Sicht in seiner SED-Mitgliedschaft die Möglichkeit besserer Einflussnahme und Integration. Ähnliche Bemühungen gab es seitens des MfS. Am 1. November 1971 hatte die Kreisdienststelle Jena eine OPK »Fuchs« eröffnet. Das Ziel: Erarbeitung eines umfassenden Persönlichkeitsbildes und Anwerbung als Inoffizieller Mitarbeiter. Jürgen Fuchs:

Im Studium gab es auch wieder diese Stasi-Geschichte: »Geh mal in die Uni-Gewerkschaftsleitung. Man möchte über Kultur reden.« Dort klappten sie ihre Ausweise auf. Ich kannte das ja aus der Schule. Aber jetzt ging das alles weiter. Jetzt hattest du im Studium all diese Typen sitzen.

Dann kam es zur Entscheidung, mich als IM zu werben. Dieses Strickmuster: Kriegen wir ihn an die Leine oder nicht? Das galt auch für andere »Pegasus«-Leute[17]. Oftmals versuchten sie es ja nicht bei den sogenannten Positiven. Ihr Ansinnen hatte auch den Charakter von Disziplinierung. Sie wollten Leute im kritischen Milieu exponieren, sie an sich binden oder auch brechen. Das hieß ja nicht gleich IM-Verpflichtung. Das hieß: »Führen Sie mit uns Gespräche. Tauschen Sie sich mit uns aus über die Probleme, die Sie haben. Ihre Meinung ist gefragt.« So ein Gespräch fand statt in der Universitätsparteileitung und eins im Gästehaus der Uni. Mit Zuschließen des Zimmers, Abnehmen des Schlüssels. Es ist in »Magdalena«[18] beschrieben. Das Ergebnis: Nichteignung.[19]

Mehrfach, zuletzt in seinem Roman *Magdalena*, diskutierte Jürgen Fuchs die Frage: Wie sich verhalten beim Versuch einer Stasi-An-

17 OV »Pegasus« (vgl. Anm. 14), eröffnet zur Operativen Bearbeitung des Arbeitskreises Literatur Jena und der Jungen Gemeinde Jena-Stadtmitte.
18 Jürgen Fuchs: Magdalena. MfS Memfisblues Stasi Die Firma VEB Horch & Gauck – ein Roman, Berlin 1998, S. 347 ff.
19 Vgl. Anm. 9.

werbung? Mit welchen Konsequenzen war zu rechnen? Im *Kursbuch*, Themenheft »Kollaboration« (1994), entwickelte er dazu einen fiktiven Dialog:

Zwei Herren warteten. Der eine freundlich, der andere fies. Man wollte ab und zu mit mir sprechen und sich beraten ...
Du hast abgelehnt?
– Ja. Sofort. Ich hatte die Armee hinter mir, den Grundwehrdienst, das Rumkriechen auf dem Kasernenhof, das Rumbrüllen und Anschnauzen. Nicht mehr mit mir. »Sie müssen mich als Zeugen vorladen oder ein Verfahren gegen mich eröffnen.« Da waren sie still. Einer von ihnen sagte noch: »Wenn Sie einmal Schwierigkeiten haben sollten, dann hängen die nicht mit uns zusammen.« Das war mir dann klar. Sie drohten. Und machten ihre Drohungen auch wahr ...
Was ist das Wichtigste?
– Nichts Heimliches mit ihnen machen. Widersprechen. Nicht taktieren. Öffentlich werden.
Das ist gefährlich!
– Das andere ist gefährlicher. Dann kriegen sie dich. Dann wird die »Werbung vollzogen«.[20]

Erstmals öffentlich machte Jürgen Fuchs dieses unsittliche Ansinnen 1974 in der Kurzgeschichte *Das Interesse*. Er kannte und schätzte Günter Wallraffs sozialkritische Reportagen, darunter *Ihr da oben, wir da unten*. Inspiriert von dessen verdeckten Recherchen und aufsehenerregenden Erfahrungsberichten, fand er zu seinem in der DDR einzigartigen dokumentarliterarischen Stil. Nach *Das Fußballspiel* schrieb er in *Das Interesse* über das Tabuthema einer Stasi-Anwerbung und den dabei ausgeübten psychischen Druck. Indem er die Methoden der MfS-Mitarbeiter darstellte und diesen Text auf Lesungen vortrug, brach er zugleich die ihm im Gespräch auf-

---

20 Jürgen Fuchs: Ich du er sie es wir ihr sie. Eine Kontaktierungs-Revue. In: Kursbuch, Heft 115, Berlin 1994, S. 43.

erlegte »Schweigeverpflichtung«. Für Partei und Staatssicherheit war das Verrat.

Das Interesse

Angesichts unserer hilfreichen Unterstützung. Angesichts der fortgeschrittenen Zeit. Angesichts der Reinheit unserer Reihen. Angesichts der erdrückenden Beweise ...

Wir sind wachsam, zeigen Sie uns Ihre Gedichte, bevor sie gedruckt werden, bevor sie gelesen werden, bevor sie gehört werden, bevor sie gelobt werden, bevor sie kritisiert werden, bevor sie geschrieben werden. Zeigen Sie uns Ihre Gedanken, Ihre Gefühle interessieren uns sehr, fragen Sie uns, wenn Sie Fragen haben, aber wie kommen Sie denn auf so was, auf solche Ansichten, auf solche Abwege, auf solche Kapriolen, wer hat Ihnen das gesagt, wann haben Sie wo etwas gesagt, Sie haben zehn Minuten Zeit, antworten Sie in Stichpunkten, Sie können sich Notizen machen, Bedenken?

Diskutieren Sie nicht, es geht um unsere Sicherheit, es geht um unsere Ordnung, unsere Gesellschaftsordnung, kurz: um den Staat. Über gewisse Grundsätze diskutieren wir nicht mehr, die müssen klar sein ...

WENN SIE MIT DEM TERMIN EINVERSTANDEN SIND, BENACHRICHTIGEN SIE BITTE MEINE SEKRETÄRIN TEL. 245.[21]

Die Staatssicherheit verschärfte ihre Gangart. Reiner Kunze hat die Geschichte, die auch im Freundeskreis umging, in der Erzählung *Besuch*[22] festgehalten: Darin fährt Jürgen, ein junger Mann, mit dem Zug von Grünheide nach Jena. Ein attraktives Mädchen sucht seine Bekanntschaft, sagt, sie studiere, male, schreibe, interessiere sich für seinen Malerfreund, sie erfragt seine Adresse. Ein paar Tage später kreuzt sie in ebenjenem Moment auf, als er mit Freunden kommt:

---

21 BStU, Jürgen Fuchs: Reg-Nr. XV/5171/76, Bd. 7, Bl. 128; s.a. Fuchs: Gedächtnisprotokolle, Reinbek 1977, S.16.
22 Reiner Kunze: Die wunderbaren Jahre, Frankfurt / M. 1976, S. 69 ff.

Jürgen registriert bloß, daß sie ... sich für nichts zu interessieren scheint, zum Beispiel überhaupt nicht für seine Gedichte, die er doch immer ans Regal zweckt. Sie sagt auch kein Wort zu den Bildern, die er an der Wand hat – dabei Bilder von dem Maler, den sie unbedingt kennenlernen wollte ... Als die anderen gehen, geht sie nicht, und weil Jürgen bloß eine Schlafgelegenheit hat, rückt er für sich zwei Sessel zusammen und bietet ihr sein Bett an ... Und sie knallt sich auch nackt aufs Bett. Jürgen hat aber keine Lust, mit ihr zu schlafen, und sagt ihr's auch, weil er sie überhaupt nicht kennt – ist doch ein Grund. ... Am nächsten Morgen ist die Sache klar für ihn ... Er macht Kaffee und legt dann von Biermann die Stasi-Ballade auf. Sie erschrickt, daß er ihre Halsschlagader sieht, aber sie hat sich schnell unter Kontrolle und sagt, na, über dieses Thema gäb's ja viele Lieder, das sei wohl eins von Wolf Biermann. Jürgen spielt alle Strophen ab und stellt ihr dann eine Frage nach der anderen. Und sie redet auch: Sie hat nicht studieren dürfen, hat in der Maxhütte gearbeitet und war dann in Dresden in einen Fall von Medikamentenmißbrauch mit tödlichem Ausgang verwickelt, und als Jürgen sie fragt, wie lange sie schon bei der Firma arbeitet, die ihr unter solchen Umständen einen Studienplatz und eine Wohnung in Berlin besorgt hat (von der hatte sie ihm erzählt), sagt sie: Warum? Wieso? Und: Du mußt mir helfen! Da müßte er ihre Firma umstrukturieren, sagt Jürgen, und das könne er nicht ... Jürgen fordert sie auf zu packen ... begleitet sie zum Bus, und sie sagt fast drohend, er müsse ihr helfen, sie sei in einer schlimmen Situation. Jürgen bittet sie, ihn nie wieder zu besuchen, und noch in der Bustür sagt sie, offenbar könne er anderen Menschen überhaupt nichts geben, nicht einmal helfen könne er ... (Sie hätte unheimlich zupackende Augen gehabt, richtig nagend, sagt Jürgen.)

Reiner Kunze:

Diese Geschichte hat mir meine Tochter Marcela damals erzählt, und sie ist vom Inhalt her genau so wiedergegeben worden. Später in Berlin habe ich mit Jürgen noch mal darüber gesprochen, und er hat sie 100-prozentig bestätigt. Ich musste das natürlich so schreiben, dass Jürgen keinesfalls erkennbar war. Es hätte ihn ja furchtbar gefährdet, wenn herausgekommen wäre, dass er mir das erzählt hat.[23]

Im 1976 gegen Fuchs eröffneten Operativen Vorgang »Spinne«[24] wird die Stasi-Bearbeitung während seines Studiums zusammengefasst:

Im Jahr 1972 wurde ein solcher Bearbeitungsstand der OPK erreicht, daß es zum Vorschlag kam, Genannten als IM zu werben. Am 8. 9. 1973 schrieb FUCHS eine Schweigeverpflichtung. Der weitere Verlauf der Gewinnung verlief erfolglos. Auf Grund der immer negativeren politischen Entwicklung des FUCHS wurde die Bearbeitung der OPK eingestellt. Fuchs wurde im OV »Revisionist«[25] weiter bearbeitet und mit der Eröffnung des OV »Pegasus«[26] als eine der Vorgangspersonen in diesen umregistriert. Die Weiterbearbeitung des FUCHS im OV »Pegasus« erfolgte auf Grund seiner lyrischen Tätigkeit, wobei er in diesem Rahmen als Hintermann der Zielpersonen [Arbeitskreis Literatur] in Erscheinung trat.[27]

Die Zuordnung zum Gruppen-OV »Pegasus« hatte für die Staatssicherheit durchaus ihre Logik, war doch Lutz Rathenow sehr daran gelegen, Fuchs' Unterstützung für den Arbeitskreis zu gewinnen:

Als ich Jürgen Fuchs kennenlernte, war da schon das Bewusstsein, dass es junge, ähnlich gesinnte Dichter gibt, ungestüm, gegen Spießer, gegen Missbrauch des Sozialismus, eigentlich von Anfang an gegen die real existierenden Verhältnisse in der DDR, mit sozialistisch-anarchistischer Perspektive. Ich glaube, mich an die erste Begegnung erinnern zu können. Es war auf der Straße. Es war sofort ein freundlich abtastendes Gespräch. Er

23 Reiner Kunze: Gespräch mit Udo Scheer vom 12. 10. 2006.
24 BStU, OV »Spinne«, Reg.-Nr.: XV/3970/76.
25 BStU, OV »Revisionist«, Reg.-Nr. X/39/74.
26 BstU, OV »Pegasus«, Reg-Nr.: X/66/75.
27 Vgl. Anm. 24, Auskunftsbericht vom 26. 7. 1976.

war zwei Jahre älter. Er hatte zwei Jahre Veröffentlichungsvorsprung. Ich sah zu ihm auf. Ich fand seine ersten, in »Offene Fenster« veröffentlichten Gedichte beeindruckend. Außerdem hatte mich Edwin Kratschmer auf ihn als wichtigen Mann aufmerksam gemacht. Damals liefen ja solche Geheimtipps blitzschnell um.

In meiner Umhängetasche hatte ich einige Exemplare unserer ersten Gedichtsammlung aus dem Arbeitskreis: »Gedichte gegen die Gleichgültigkeit«. Mein Vater hatte sie in seinem Betrieb illegal vervielfältigt. Und ich verteilte sie nun, steckte sie auf Verdacht auch schon mal in Briefkästen. Einer der ersten Sätze von Jürgen war: »Na, ihr verbreitet doch mehr die Texte.« Ein bisschen spöttelnd hat er das schon gesehen. Ich hatte den Eindruck, er betrachtete sich als den reinen Dichter und mich als jemanden, der im Arbeitskreis Literatur moderiert. Aber da war auch sofort eine gewisse Sympathie.

Es kam sehr rasch zu einem recht engen Kontakt, der nach anfänglichen Lehrer-Schüler-Momenten zunehmend kollegialer wurde. Mit der Gründung des Arbeitskreises Literatur Ende 1973 hatte er nichts zu tun. Aber wir unterhielten uns über die Tätigkeit des Kreises, und ich habe häufiger seinen Rat gesucht. Jürgen versuchte sich etwas neutral zu verhalten gegenüber dem latenten Konflikt zwischen der radikaleren Polit-Fraktion um Bernd Markowsky und Gerd Lehmann und der moderateren Nicht-Fraktion, die ich wollte. Ich dachte, dass man wie Stefan Heym, Ulrich Plenzdorf die Räume in der DDR nutzen müsse, dass wir mit kleineren Frechheiten unseren Einfluss ausweiten könnten.

Diese Überzeugung wurde mir Punkt für Punkt entzogen. Daran hatte Jürgen großen Anteil, indem er mir beispielsweise Solschenizyns »Archipel GULAG I« auslieh oder Heinz Brandts »Ein Traum, der nicht entführbar ist«. Darin fand ich Haltungen, Sätze, die mir deutlich machten, Stalinismus ist keine ferne Sache, sondern wir leben, ohne das so zu nennen, in einem stalinistischen System. Ich kann mich erinnern, dass alle unsere Gespräche von diesem Bewusstsein geprägt waren. Gleichzeitig wollten wir nicht über eine andere als eine sozialistische Perspektive nachdenken. Dabei haben wir im Grunde auf etwas hingeredet, das nicht auf sozialistische Perspektiven hinausgelaufen wäre. Wir, das bedeutete der Kreis um Jürgen, zu dem Sibylle Havemann gehörte.

Dazu gehörte Wolf Biermann, der häufiger nach Jena kam, besonders,
als er mit Sibylle Havemann enger befreundet war. Dazu gehörte Robert
Havemann, der seltener nach Jena kam, der mit seiner Frau Katja in
einer Veranstaltung des Arbeitskreises, bei einer Lesung von Jürgen, als
Ehrengast in der ersten Reihe saß. Wir trafen uns bei Jürgen oder Lutz
Leibner, dem Bildhauer und Freund. Frank Rub, der Maler, gehörte dazu.
Gerulf Pannach sang, von Jürgen eingeladen, im Arbeitskreis. Zu uns
kamen verschiedenste Leute, auch Spitzel, die mitunter als Fremdkörper
sofort erkannt wurden. Wir führten Gespräche mit einem imaginären
Parteibewusstsein, wir redeten uns ein, wir seien die Avantgarde der
Gesellschaft.[28]

Das war die Atmosphäre. Lutz Rathenow, zurück vom Grundwehrdienst und Student für Geschichte und Germanistik im ersten
Jahr, hatte es verstanden, die neuen kleinen Freiräume zu nutzen.
Ein frischer Wind in der Kultur schien spürbar. Über die FDJ und
unterstützt von einer Mitarbeiterin des neuerbauten Kulturhauses in der wachsenden Plattenbaustadt Jena-Neulobeda, durfte er
im Untergeschoss des Hauses den Arbeitskreis Literatur etablie-
ren. Der wurde zu einer festen wöchentlichen Größe und stellte
zugleich ein Novum dar. Studenten, Lehrlinge aus den Lehrlings-
wohnheimen von Carl Zeiss und junge Arbeiter diskutierten eigene literarische Versuche, Liebesgedichte, freche Satiren und
provozierende Aphorismen. Werke von Marquez bis Mrożek,
von Kafka bis Kunert wurden vorgestellt. Eine radikalere Gruppe
rieb sich in Auseinandersetzungen mit dem Programm der SED,
mit der NVA als Angriffsarmee, trug Diskussionen über Zensur
in den Kreis und nahm das Recht auf freie Meinungsäußerung in
Anspruch. Bernd Markowsky, der bewusst als Wäschereiarbeiter
tätig war, um möglichst nah an der »Basis« zu leben, baute ein
Tonbandgerät vor dem Lehrlingswohnheim auf, ließ laut Biermann-Lieder laufen und warb: »Heute Abend ist Lesung!« Jürgen
Fuchs und Sibylle Havemann sprachen Rainer Kirschs mit Auf-

28 Lutz Rathenow: Gespräch mit Udo Scheer vom 22. 10. 2006.

führungsverbot belegte, den Ton der Zeit meisterhaft treffende Sozialismuspersiflage *Heinrich Schlaghands Höllenfahrt* auf Band, spielten es im Arbeitskreis vor und luden Rainer Kirsch nach Jena ein.

Wenn Fuchs im großen Mehrzweckraum des Kulturhauses Neulobeda las, reichten meist die Plätze nicht. Die Zuhörer bildeten eine Traube im Eingangsbereich und saßen auf dem Heizungssims. Er las Gedichte aus seinen Zyklen *Schriftprobe, Straßenzustandsbericht, Zeit der Zäune.* Er plädierte für Gespräche in Augenhöhe, für den aufrechten Gang und wusste um den möglichen Preis.

ABER VOR ALLEM
Möchte ich arbeiten
Wenn sie kommen
OFFEN UND EHRLICH
Und meinen stift
Weglegen
ENTSCHEIDEN SIE SICH
Wie ein Arbeiter überrascht, doch
Ohne Hast
WIR STELLEN DIE FRAGEN
Seinen Hammer
Neben das eingespannte Werkstück legt
WIR WISSEN ALLES
Wenn er vor Arbeitsschluß
Ins Büro gerufen wird[29]

Die klare Trennung zwischen dem »Ich« und »ihnen« war vollzogen, der Charakter des herrschenden »Wir«, passend in Großbuchstaben gesetzt, in vier Zeilen vorgeführt.

Auf Lesungen im Jahr 1974 stellte Jürgen Fuchs auch seine erste szenische Arbeit vor: *Der Mustermai.* Inspiriert von Sławomir Mro-

---

29 Jürgen Fuchs: Aber vor allem, Original, ca. 1974, im Besitz des Verf.

żeks Grotesken, überhöhte dieses Stück die Absurdität der Realität und traf ein verbreitetes Lebensgefühl diffuser Ablehnung. Bei Mrożek produzierte die Polizei Staatsfeinde, weil sie diese für den Nachweis ihrer eigenen Existenzberechtigung brauchte. Bei Fuchs lässt die Führung im Januar die 1.-Mai-Parade proben, mit Tribüne im »hohen Schnee« und »ganzen Menschenmassen«. Nur der Schüler 1B fällt auf, hat sein Lächeln vergessen, kippt beinahe die Probe, erhält deshalb die Erlaubnis, sich ein Ersatzlächeln zu borgen. Schüler 3 zeigt den gewünschten Einsatz: »Heute ist Mustermai, wenn ich demonstriere und im Gleichschritt marschiere, kenne ich keine Verwandten mehr.« Die Leitung spornt aus dem »oberen Gebäudefenster an: Als Anerkennung für die Übenden, die heute so einsatzbereit zur Verfügung stehen, gebe ich bekannt, daß sie vom zweiten Mustermai befreit sind.« Doch zwei »Volksfreunde« sehen wachsam auch die Renitenz, sehen einen mit kurzen Haaren, »heute Lehrer, morgen Briefkastenleerer«. Er habe die Schüler einen Aufsatz schreiben lassen: »Der Mustermai – Kampf oder Krampf ?« Die Hälfte der Schüler hätte sich für Krampf entschieden, wäre für Abschaffen, jetzt werde der Lehrer abgeschafft. Damit kommt alles wieder in die rechte Ordnung, und Polizist I kann zufrieden feststellen: »Überall planmäßiger Aufbau der Begeisterung.« Ein Kind aus der Menge wünscht sich: »Wenn ich groß bin, will ich auch auf der Tribüne stehen.«[30] Für nachwachsende Opportunisten scheint gesorgt.

Angeregt durch absurde Stücke wie dieses, fand das Schwarze Theater mehrfach seinen Niederschlag im Arbeitskreis.[31] Für Jürgen Fuchs war diese Groteske auch ein Test des eigenen dramatischen Talents. Doch es sollte für anderthalb Jahrzehnte der einzige Ausflug in dieses Genre bleiben.

---

30 Jürgen Fuchs: Gedächtnisprotokolle, Reinbek 1977, S. 47 ff.
31 U. a.: Lutz Rathenow: Das Spiel: Zimmer 312, Boden 411, in: Boden 411, München 1984. Ders.: Feiertag, in: Lutz Rathenow: Die lautere Bosheit, Remchingen 1992. In Letzterem marschieren am 1. Mai die Regierenden unter dem Volk auf seinen Tribünen vorbei. Von Volker Braun gelesen, fand dieses Motiv wiederum Eingang in dessen Hinze-Kunze-Roman.

Als für ihn geeignetste Darstellungsform dessen, was jenseits der öffentlich zugelassenen Wahrheiten geschah, entwickelte er seine unverwechselbare Form dokumentarisch-protokollierender Prosa. Damit wurde er zum streitbarsten und angreifbarsten Schriftsteller in der DDR.

Als die »Organe« am 18. Januar 1975 in der Jenaer Gartenstraße 7 ein Exempel gegen die Jugendszene der Stadt statuierten, antwortete Jürgen Fuchs mit *Eintragung 14. Februar* in emotionaler Empörung, wie man sie bislang aus seinen Texten nicht kannte. Bei diesem Einsatz hatten Kräfte der Bereitschaftspolizei Methoden angewandt, wie einschlägige Filme über die Nazizeit es zeigten. Eine ganz normale Verlobungsfeier im Freundeskreis war, bis in die Details durchgeplant, durch ein Rollkommando unter Schlagstockeinsatz brutal beendet worden. Junge Frauen und Männer wurden verletzt. Spontaner verbaler Protest – »Schweine«, »wie bei den Faschisten« – gab den Einsatzkräften die Handhabe, ein Dutzend junger Leute in Knebelketten auf bereitstehenden Mannschaftswagen abzutransportieren, wegen »Widerstands gegen die Staatsgewalt« strafrechtlich gegen sie vorzugehen und ihre Wohnungen zu durchsuchen. Vier der in U-Haft Genommenen wurden in einer Justizfarce am 14. Februar 1975 in Schnellverfahren zu Gefängnisstrafen zwischen einem Jahr und sechs Monaten verurteilt, weitere drei zu Geldstrafen.

Eintragung 14. Februar
Sie schlagen auch zu,
wenn sie wollen, zerren sie die Auserwählten an den Haaren
auf einen bereitstehenden LKW und fahren sie weg.
Ausheben nennen sie es, ein feindliches Nest ausheben,
in dem gerade Verlobung gefeiert wird.
Gartenstraße 18. Januar
Wir woll'n nicht nach Gründen fragen,
das wäre schon aufreizend,
denn es gibt keine Gründe,
zumindest keine, die man öffentlich und bei Tage

aussprechen könnte,
das sind diese Nacht- und Nebelaktionen.
Und wem etwas nicht paßt,
der kann das ja sagen.
Einige von den Heimgesuchten haben tatsächlich etwas
gesagt
und eine Beschwerde geschrieben
über die Polizei
und ihre NS-Methoden
beim Einsatz Gartenstraße.
Dann erst kam das juristische Ende dieses gewaltigen Liedes,
das jeder kennt
und keiner mitsingen will,
wenn es zum Prozeß kommt.
Wer eine Beschwerde schrieb,
steht heute wegen Staatsverleumdung
und Widerstand gegen die Staatsgewalt vor Gericht
zur Abgewöhnung,
...
nicht einmal das Tonband lief zu laut.
Aber wenn Langhaarige hinter Wohnungstüren
hocken und feiern,
weiß man nie, welche Bomben gerade gebastelt werden.
...
Heute gehen welche in Knast für ein / zwei Jahre,
und werden von denen abgeführt,
die auf sie eingeschlagen und dabei gerufen haben,
wir sind keine Faschisten,
wir sind keine Schweine.
Das hört man sich an
und bleibt dabei im Sessel sitzen.
Bei Katharina Blum kann man nachlesen,
wie im Westen Gewalt entsteht.
Ein kleines Inselbuch aufzuschlagen für Zweimarkfünfzig
ist angenehmer

als mitzubekommen,
was paar Straßen weiter geschieht.[32]

Ein Gutachten des MfS während Fuchs' Untersuchungshaft kommentiert diesen Text:

Lange Haare, Gruppensex und staatsfeindliche Äußerungen bilden eine Einheit bei diesen Subjekten. Sie sind primitiver als ihre literarischen Wortführer, aber nicht weniger gefährlich, weil sie als Arbeiter und Lehrlinge die Betriebe verseuchen, in Gruppen auftreten und immer unverschämter werden.[33]

Lutz Rathenow schätzt die Situation rückblickend ein:

Jürgen hatte Dinge in Aussicht, die durch seine rasche Entwicklung zum Dissidenten, auch durch seine Nähe zu Havemann gestoppt wurden. Wir hatten die Aufmerksamkeit bekannter Schriftsteller durch den Kontakt zu Gerhard Wolf, zu Christa Wolf, zu Volker Braun. Unser Selbstverständnis war anfangs durchaus getragen von: Wir werden uns mit unserer Haltung durchsetzen, und der Staat wird erkennen, dass er im Irrtum ist, dass er uns braucht. Dieser Impuls wurde bald überlagert von einem anderen Impuls: Man muss in dieser Situation Zeichen setzen, muss andere Formen finden als die Etablierten.

Manches am offiziell verbreiteten Sozialismusbild glaubten wir schon nicht mehr. Dazu hatten wir bereits zu viele interne Informationen. Das lief alles parallel, Informationsgewinnung, Informationsverbreitung, Organisieren von Veranstaltungen, von Büchern, von Kontakten, Austausch über eigene Sachen. Jürgen war für mich in Jena immer eine ganz wichtige Bezugsperson. Wir trafen uns mehrfach bei ihm zu Hause. Der Kontakt riss dann etwas ab durch seinen Rausschmiss und Wegzug zu Robert Havemann. Dort war ich nur zweimal. Ich habe mir überlegt, ob ich

32 MfS-Ermittlungsverfahren Jürgen Fuchs, Reg.-Nr. 11554/78, Bd. 1, Blatt 728 f., Gutachten, Exp.-Nr. 761.709 vom 25. 01. 1977 [Zeilenumbruch MfS].
33 Ebenda, Bl. 729.

wirklich hinfahre. Denn ich war ja noch Student, und das Aussprachen-karussell drehte sich bereits. Aber ich habe mir gesagt, du musst jetzt auch Mut zeigen. Havemann hat das sehr wohlwollend registriert. In Grünheide hat mich Jürgen auch in seine Pläne eingeweiht. Veröffentlichungen im »Deutschen Allgemeinen Sonntagsblatt«, erstes Buch im Westen, das war Herbst '75, Anfang '76, und er hat mir klargemacht, dass das auch eine Perspektive für mich sein könnte. Es war sein Weg, gleichzeitig mit solidarischen Momenten.

Wir haben uns noch ein-, zweimal in Jena gesehen, der Kontakt war nach wie vor freundschaftlich. In den Aussprachen an der Universität begleitete er mich permanent. In fast jedem Gespräch war von Jürgen Fuchs die Rede, und man forderte meine Distanzierung von ihm. Da war Jürgen schon der Feind, und ich erst auf dem Wege, einer zu werden.[34]

Jürgen Fuchs ging bewusst seinen literarischen Weg, ihm war klar, welche Konsequenzen das haben konnte.

Christa Wolf hat in Jena gelesen, war mit Gerhard Wolf in der Wagner-gasse. Ich habe ihnen Sachen gegeben, und Gerhard Wolf sagte: »Das ist alles sehr gut. Die Prosa führt direkt ins Gefängnis. Machen wir erst mal einen Gedichtband.« Eine sehr schöne Haltung. Auch von Günter Kunert Lob.[35] Die Staatssicherheit hat mitgekriegt: Jetzt geht er den anderen Weg. Da forcierten sie die Konfrontationsschiene.[36]

---

34 Vgl. Anm. 28.
35 »Bei mir war dann auch sofort in den Akten drin ... ein Brief von Kunert, den er an mich geschickt hat, noch in Jena: ›Hab Ihre Kurzprosa gelesen, konnte sie nicht beantworten, weil ich gerade auf Reisen war, möchte Ihnen aber mitteilen, ich habe Ihnen nicht zu raten und zu sagen; Sie können das selber sehr gut. Sie sind für mich der herausragendste jüngere Autor der letzten Jahre, den ich gelesen habe. Sie wissen selbst, in welche Gefahr Sie sich begeben. Ihr Kunert.‹« Jürgen Fuchs: Gesprächsfragmente. Protokolliert von Doris Liebermann, in: europäische ideen, Jg. 1999, Heft 114, S. 29.
36 Vgl. Anm. 9.

Der Rausschmiss

Den äußeren Anlass bot ein Lieder- und Leseabend anlässlich der Gemäldeausstellung des jungen Jenaer Malers Gerd Sonntag am 7. Februar 1975 in der Galerie »Die Gucke« in Bad Köstritz. Die Einladung kam vom Sekretär des Kulturbundes Gera-Land, und es war vertraglich vereinbart worden, dass Jürgen Fuchs zu den Auftritten der Liedermacher Bettina Wegner und Gerulf Pannach eigene Texte vortragen sollte – für ihn Gelegenheit, erstmals außerhalb des Freundes- und Fankreises deren Resonanz zu testen.

Ich hatte meine Prosaarbeiten bis zu diesem Zeitpunkt nur hin und wieder im kleinen Kreis von Freunden vorgestellt und war aus diesem Grund sehr interessiert an der Meinung gerade der ... Vertreter des öffentlichen Lebens in der DDR. Die Reaktion des Publikums bestand in Beifallsbekundungen. Als ich mehrfach zur Diskussion aufrief, meldete sich jedoch keiner.[1]

Gerulf Pannach erzählte später, diese Veranstaltung hätte für ihn den Charakter einer geschlossenen Weiterbildungsveranstaltung für SED-Funktionäre und Stasi-Mitarbeiter in Sachen Staatsfeinde gehabt. Er selbst hätte einen Mitarbeiter der für ihn zuständigen Leipziger MfS-Dienststelle im Publikum erkannt.

Einem größeren Kreis aus Jena Angereister wurde der Zutritt verwehrt: Alle Eintrittskarten seien ausverkauft. Die für den nächs-

---

1 BStU, Fuchs, Jürgen: Reg.-Nr. XV/5171/76, Bd. 3, Bl. 037, Vernehmungsprotokoll vom 26. 05. 1977.

ten Tag angekündigte Wiederholung wurde vom Veranstalter aus
»technischen Gründen« abgesagt.

Den tatsächlichen Grund nennt Genosse Gustl Paczulla, Sekretär
der SED-Bezirksleitung, in einer »Information« über die »Vorkommnisse« an den Ersten Sekretär der SED-Bezirksleitung, Her-
bert Ziegenhahn:

Auf Grund von Hinweisen der Abteilung Wissenschaft / Volksbildung / Kultur der Bezirksleitung erfolgte am Freitag, dem
7. 2. 1975, durch die staatlichen Organe in der Kleinen Galerie »Die
Gucke« eine Überprüfung eines Chanson-Abends mit den »Liedermachern« Bettina Wegner, Berlin und Gerulf Pannach aus Leipzig. Im
Programm wirkte weiterhin der Student Jürgen Fuchs aus Jena als
Rezitator mit ... Nach Einschätzung der Mitglieder der Kontrollgrup-
pe und anwesender Genossen richtete sich der Inhalt durchgängig
eindeutig gegen unseren Staat und die Ziele unserer sozialistischen
Kulturpolitik ...

Folgende Maßnahmen wurden eingeleitet:

1. Durchführung einer Sondersekretariatssitzung der Bezirksleitung des Kulturbundes ...

2. Durch das Sekretariat der Kreisleitung Gera-Land sind Maßnahmen einzuleiten, um die Leitungstätigkeit der Kreisleitung des
Kulturbundes politisch zu qualifizieren, sowie die sich erforderlich
machenden kadermäßigen Veränderungen im Zusammenhang mit
den Wahlen des Kulturbundes herbeizuführen.

3. Durch das Sekretariat der Kreisleitung Jena-Stadt ist in der Universitätsparteileitung der Friedrich-Schiller-Universität eine prinzipielle Auswertung der Vorkommnisse in Bad Köstritz vorzunehmen
und die erforderlichen Maßnahmen abzuleiten.

Paczulla

Sekretär der Bezirksleitung.[2]

2 ThStA Rudolstadt, SED-Bezirksleitung, Nr. 165/1996, Bl. 199–203.

Daraufhin liefen die universitären Disziplinarmühlen an. Am 12.
März 1975 hatte Jürgen Fuchs zu einer Aussprache in der Universitätsparteileitung zu erscheinen, anwesend waren Universitäts-
parteisekretär Dr. Erich Tennigkeit, Prorektor Prof. Heinz Keßler
und zwei weitere Parteisekretäre. Aus handschriftlichen, teilweise
stenographierten Protokollnotizen[3] geht hervor, dass das Gremium
sehr wahrscheinlich bereits zu diesem Zeitpunkt die Entscheidung
für ein Parteiverfahren mit dem Ziel des Ausschlusses und der Exmatrikulation getroffen hatte.

Gegen die von Fuchs vorgetragenen literarischen Zustands-
beschreibungen griffen die versammelten Funktionäre zu Vo-
kabeln des politischen Strafrechts wie »staatsverleumderisch«
und »konterrevolutionär«. Eine Diskussion über die in den Texten
thematisierten Auswüchse des bürokratischen Zentralismus, über
Meinungsmanipulation und Unfreiheit ließen sie nicht zu. Sie
wussten genau: Sich auf diese Position einzulassen, lief auf die In-
fragestellung des Machtmonopols der SED hinaus.

Mit Hilfe seines außergewöhnlichen Gedächtnisses rekonstru-
ierte Jürgen Fuchs den Gesprächsverlauf in einem achtseitigen
Gedächtnisprotokoll. Auf Schreibmaschinendurchschlägen in Um-
lauf gebracht, führte es vor, wie die innere Einheit der Partei gegen
Kritiker gesichert wurde. Diese dokumentarliterarische Moment-
aufnahme bot einen bis dahin einmaligen Einblick in die Methoden
der Macht.

aussprache in der universitätsparteileitung der friedrich-schiller-universität jena am 12. 3. 1975, 17 uhr, uni-hauptgebäude.

...

tennigkeit: wir wurden durch die staatliche leitung der universität
davon in kenntnis gesetzt, daß in bad köstritz eine veranstaltung
durchgeführt wurde, an der du teilgenommen hast. wir betrachten

---

3 ThStA Rudolstadt, BPA SED Gera, SED-Universitätsparteileitung der Friedrich-
   Schiller-Universität, Nr. 1978: Protokolle zu Mitgliederversammlungen und
   Leitungssitzungen der GO Psychologie 1975, Bl. 21–22.

diese veranstaltung als einen ernsten und gravierenden politischen vorfall, der außerordentlich negative tendenzen zum ausdruck bringt. du hast der uni dabei keinen guten dienst erwiesen. ganz im gegenteil, der partei und der uni wurde großer schaden zugefügt. wir sind hier zusammengekommen, um diese vorkommnisse parteilich aufzuklären ... du sagst, daß alles in ordnung war. ich möchte bloß ein paar titel anführen: vertrauensmann, 1. mai, das schillerdenkmal ...

hier werden die vertreter der partei- und staatsorgane in unverschämter weise durch den dreck gezogen. BRÜLLT: das sind machwerke. wir werden diese beleidigungen nicht länger zulassen, das kann ich ihnen sagen. hier ist die grenze erreicht. hier hört der spaß auf und der blutige politische ernst beginnt. in klarer sprache ausgedrückt: du stehst auf drei fehlpositionen: 1. du begibst dich hier auf die position der kritiker am real existierenden sozialismus und begünstigst damit die ideologische diversion des gegners, arbeitest ihm direkt in die hände. 2. du forderst freiheit der kritik, kritisches engagieren. du stehst damit auf der position der 2000 worte in der ČSSR von 1968 ...

fuchs: die ich nicht einmal kenne ...

tennigkeit: das spielt keine rolle. damit hilfst du mit, die konterrevolution vorzubereiten. milde gesagt ist das die position des pluralismus. 3. ist es eine absolut unmarxistische betrachtungsweise, den staat und die gesellschaft so zu betrachten, wie du es tust. das ist eine kritische position. der sozialismus ist für dich eine kette von fehlleistungen ... so, jetzt hast du die drei punkte gehört, die deine fehlpositionen beschreiben. diese fragen wollen wir jetzt diskutieren.

fuchs: welche fragen? das waren nur behauptungen, anschuldigungen, beleidigungen. welche fragen sollen denn diskutiert werden? PAUSE. wer kennt denn, was ich in köstritz gelesen habe? ich meine jetzt nicht diese halben mitschriften. vielleicht wäre es gut, das einmal zu hören. ZUSTIMMUNG. ich werde drei kleine prosastücke lesen: das interesse, die vorladung, das fußballspiel ...

tennigkeit: NACH LANGEM BETROFFENEN SCHWEIGEN. eine richtung ist erkennbar; der menschenfeindliche moloch staat. der sozialismus drangsaliert den einzelnen, der wehrloses opfer der institutionen ist. das ist ein bild unserer gesellschaft ... das ist ungeheuerlich!

m: darstellung der gestapo.

keßler: ich kannte ja nur dieses fußballspiel. aber das war noch ziemlich der einzelfall. aber hier diese ersten beiden sachen so allgemein auf das typische aus, warum beleidigen sie uns. das ist ein schlag mitten ins gesicht des sozialismus. ZEIGT AUF SEINE GOLD-RANDBRILLE.

tennigkeit: wo spielt denn das? hier bei uns? was haben sie sich eigentlich dabei gedacht, als sie das geschrieben haben?

fuchs: ich habe dabei auch an sie gedacht.

SCHWEIGEN.

herr professor, sie sagen, diese verhöre sind ein schlag ins gesicht des sozialismus und zeigen dabei auf ihr gesicht. sie sind aber nicht der sozialismus, sondern die vertreter einer bürokratie, die den sozialismus fürchten, auch wenn sie vorgeben, ihn aufzubauen ... ihr sorgt euch um die wirkung dieser biographischen mitschriften. in köstritz, in greiz, in weimar gab es durchaus wirkungen, da kamen junge leute und sagten: das kennen wir, genauso ist es und erzählten dann von sich und ihren problemen ... daß hier keine resignation ausgedrückt wird, daß du nicht stillhältst, das freut uns, das ist gut. solche stellungnahmen habe ich gehört. und in köstritz waren doch die organe anwesend. ich rief zwei mal zur diskussion auf, warum meldete sich niemand, es waren doch alle da: rat des bezirkes, bezirksvorstand des kulturbundes, partei – und am nächsten tag waren es »technische gründe«.

tennigkeit: nun sag mal deine politischen ansichten. wie würdest du sie verallgemeinern, ich meine, auf einen nenner bringen?

fuchs: auf ihren nenner bringen, der sich leicht mitschreiben läßt, so wie sie ihre anklage in drei punkten formulierten, knapp und falsch, meinen sie das?

tennigkeit: ich meine die theorie, die dahinter steckt.

fuchs: das gedankengebäude, aus dessen oberstem fenster (rechts) der klassenfeind lugt? ...

tennigkeit: wie du willst, nenne es, wie du willst ...

m: was willst du eigentlich erreichen, sollen deine zuhörer am anschluß der lesung die ämter dieses bürokratischen staates stürmen, oder was?

fuchs: wenn dieser ganze staat so aussieht, wie du ihn gerade beschrieben hast, dann müssen wir uns etwas einfallen lassen, das ist richtig ...

tennigkeit: du machst dich damit zum handlanger des imperialismus, der wartet doch nur auf solche signale.

fuchs: die handlanger sind doch die, die solche vorladungen inszenieren, solche interessen vertreten und auf diese art verhindern, daß sich der sozialismus in der ddr von seiner bürokratischen sklerose befreit. das sind die handlanger und helfershelfer, nicht die, die mit künstlerischen mitteln diese misere zu entlarven versuchen ...

tennigkeit: also gut, die zeit ist vorgerückt, es ist schon 19 uhr, eine einigung konnte nicht erzielt werden, im gegenteil, es wurde sichtbar, daß es zwischen unseren standpunkten keine versöhnung geben kann. hier müssen wir eine prinzipielle entscheidung treffen. SIEHT DEN PROFESSOR AN. DER NICKT. so, das wär's.

fuchs: was heißt das? wird ein parteiverfahren eröffnet?

tennigkeit: z.b., die partei der arbeiterklasse ist kein sammelsurium von irgendwelchen auffassungen und theorien. ein mitglied der partei schreibt solche sachen ... gegen die partei, gegen den staat, gegen das statut, das ist ungeheuerlich.

fuchs: was auch immer sie jetzt sagen, diese vorladung war nur eine peinliche bestätigung meiner prosatexte, niemand wird mich daran hindern können, auch diese abendliche großtat literarisch zur diskussion zu stellen. ich habe mir auch heute vieles notiert, ich werde nichts vergessen.[4]

---

4 Samisdat-Abschrift 1975, im Archiv d. Verf.; s.a. Jürgen Fuchs: Gedächtnisprotokolle, Reinbek 1977, S. 13–27.

Der dem Junggenossen in dieser Vorladung neben *Das Interesse* und *Das Fußballspiel* als »Schlag mitten ins Gesicht des Sozialismus« zur Last gelegte Kurzprosatext *Die Vorladung*[5] schildert die kafkaeske Situation eines Vorgeladenen, dem keine Gründe hierfür mitgeteilt wurden. Hautnah erlebt der Leser die Verunsicherung des Betroffenen und seine Ohnmacht.

Gewidmet ist dieser Text »R. L., meinem Freund«. Darin nimmt der Autor die Parteiverfahren gegen sich und den am 23. April 1975 zeitgleich mit ihm aus der SED ausgeschlossenen Parteigruppensekretär der GO (Grundorganisation) Psychologie beinahe prophetisch vorweg.

Mit seinen literarischen Wortmeldungen begab Jürgen Fuchs sich in klaren Widerspruch zum DDR-Literaturkanon. Er griff bewusst politische Tabuthemen und Missstände in der sozialistischen Universität, der Armee, der Partei auf.

Im »Parteiverfahren gegen Genossen Jürgen Fuchs«[6] enthält das Protokoll der einberufenen SED-Mitgliederversammlung zunächst die von der Parteileitung erhobene Anklage:

Genosse Fuchs geht davon aus, daß es zwischen Staat und Gesellschaft, Individuum und Gesellschaft, zwischen Parteimitglied und Parteimitglied prinzipiell Reibungspunkte gibt ... Das Individuum ist einer brutalen Gesellschaft machtlos gegenüber gestellt: »Da sind immer ganze Mächte gemeint, Parteien, Regierungen, Körperschaften mit vielen Armen und Beinen, die sehr weit greifen und sehr tief treten können.« So sieht Gen. Fuchs unseren Staat und die führende Rolle der Partei, der er selbst angehört.

Der Widerspenstige erhielt danach Gelegenheit zur Erwiderung, bekräftigte seine Haltung und erklärte: »Wenn ich Kritik übe, dann, weil ich zum Besseren helfen will.«[7]

---

5 Jürgen Fuchs: Gedächtnisprotokolle, Reinbek 1977, S. 19 f.
6 ThStA Rudolstadt, BPA SED Gera, SED-Parteileitung der Friedrich-Schiller-Universität Jena, Nr. 1978, Bl. 111–114.
7 Ebenda, Bl. 112.

In der sich anschließenden »Diskussion« bezeugten mehrere Genossen ihre Linientreue mit vorbereiteten scharfen Angriffen:

Genosse E.: ... Hätte ich nicht den Verfasser gekannt, hätte ich diese Prosatexte als Texte von Hetzsendern eines imperialistischen Landes gewertet ... Kritik muß helfen und uns weiterbringen. Diese Art Kritik von Jürgen Fuchs ist beleidigend und zerstörend.« ...

Genosse H.: Gen. Fuchs hat Positionen des Klassenfeindes bezogen. Er identifiziert unsere real existierende Gesellschaftsordnung mit dem Faschismus. Das ist eine Beleidigung für alle die Antifaschisten, die für die Befreiung vom Faschismus gekämpft haben ... Wer eine solche Position einnimmt, gehört nicht in die Reihen der Partei.

Genosse R.: Gen. Fuchs, wie stehst Du zu Solschenizyn? ... Ich fordere den Ausschluß des Genossen Fuchs aus der Partei ...

Genosse Fr.: Gen. Fuchs macht uns Genossen zu Verbrechern, und die er nicht dafür hält, fordert er auf, sich zu sammeln. Das ist Vorbereitung der Konterrevolution ...

Genosse Fuchs: Was ich jetzt sagen werde, ist ohne Einfluß auf das Ergebnis des Parteiverfahrens. Ich wundere mich, daß ich noch frei herumlaufe ...

Genosse M.: Gen. Fuchs, werde bitte nicht frech.[8]

Wer politische Disziplinarverfahren in der DDR erlebt hat, der kennt diesen Ton, diese Art einer Kollektivinszenierung. Und wer im Bekanntenkreis Jürgen Fuchs' kursierendes Gedächtnisprotokoll gelesen hatte, der bewunderte seine Courage. Es war klar, dieses Parteiverfahren bildete nur den Auftakt. Der Ausgang des Ausschlusstribunals war beschlossene Sache.

Beschluß zur Erteilung einer Parteistrafe wegen:
Verstoß gegen die Einheit und Reinheit der Partei durch parteifeindliches Verhalten.

8 Ebenda, Bl. 112–114.

Stärke der GO: 60, anwesend 53, 50 Stimmen für den Beschluß, 2 Gegenstimmen, 1 Enthaltung.[9]

Während seiner U-Haft schilderte Jürgen Fuchs in einer siebeneinhalbstündigen Vernehmung unter anderem sein Parteiausschlussverfahren. Dem Vernehmer ging es dabei vor allem um belastende Aussagen, die eine Anklage als Staatsfeind erhärten konnten – ohne Erfolg.

Ich verließ die Vollversammlung tief deprimiert und ich möchte noch einmal hervorheben, was mich am meisten bedrückte: In der darauffolgenden Zeit kam mindestens die Hälfte der Genossen, die gegen mich stimmten, zu mir und bezweifelten die Richtigkeit der Entscheidung. Sie sagten mir, daß ich unbedingt die Partei-Revisionskommission anrufen sollte. Für mich entstand der Eindruck, daß diese Vollversammlung dem Ablauf nach keine Parteiversammlung war, sondern eigentlich Ausdruck einer inszenierten Ausschlußfarce. Ich habe in der Folgezeit zwei Briefe an den Ersten Sekretär des ZK der SED geschrieben, in der Hoffnung eine Wende der Ereignisse herbeiführen zu können.[10]

In diesen Briefen erklärte Jürgen Fuchs seine literarische Absicht, erlebte Wirklichkeit darzustellen und dabei Konflikte nicht auszusparen. Und er erklärte sein gesellschaftliches Selbstverständnis: »Weil ich möchte, daß sich unsere Gesellschaft entwickelt, interessiere ich mich für ihre Gegensätze. Auch bin ich sehr dafür, daß wir uns alle kräftig einmischen in unsere eigenen Angelegenheiten. Aus diesem Grund wurde ich vor zwei Jahren Mitglied der Partei. ... ich wollte als Genosse mithelfen, den Sozialismus in der DDR [zu verwirklichen].«[11]

Der Lohn dafür: Parteiausschluss.

---

9 ThStA Rudolstadt, BPA SED Gera, SED-Universitätsparteileitung der Friedrich-Schiller-Universität Jena, Nr. 1978, Bl. 94.
10 BStU, Jürgen Fuchs, Reg.-Nr. XV/5171/76, Bl. 40–44.
11 Vgl. Anm. 5, S. 35–38.

Er bat – durchaus üblich in der DDR – den ersten Mann im Staat um seine »Meinung zu diesen Problemen«. Dieser Brief blieb unbeantwortet, ebenso seine Ergänzung vom 2. Juni, in der er über die Verschärfung seiner Situation – Eröffnung eines Disziplinarverfahrens – berichtete und Honecker um Unterstützung bat: »Ich bin einfach nicht bereit zu glauben, daß all das, was ich erlebe, mit Deiner Billigung und Deinem Wissen geschehen kann.«[12]

Statt einer Antwort erhielt Jürgen Fuchs einige Wochen später Gelegenheit zu einem Gespräch mit einem Genossen der SED-Bezirksleitung. »Ergebnislos. Ich solle meine Fehler einsehen.«[13]

Im für politische Exmatrikulationen üblichen Procedere wurde zunächst die FDJ-Leitung der Seminargruppe beauftragt, in einer FDJ-Versammlung den Ausschluss aus der Jugendorganisation zu beschließen. Wer im Vorfeld eine Gegenstimme andeutete, wurde in Einzelgesprächen unter Druck gesetzt. War die Disziplinierung der Mitstudenten so weit durchgesetzt, dass die übergroße Mehrheit für den Ausschluss stimmte, wurde die Seminargruppe in einem zweiten Schritt aufgefordert, auch den Exmatrikulationsantrag zu stellen. Damit wahrte die Universitätsleitung den Schein einer demokratischen Mehrheitsentscheidung und unterband zugleich möglichen Widerspruch aus den Reihen der Studenten.

Für Fuchs' Exmatrikulation drängte die Zeit, sein Studium stand kurz vor dem Abschluss. Die Diplomarbeit zum Thema »Leitertraining – Management« hatte der angehende Psychologe bereits mit dem Prädikat »sehr gut« verteidigt. Nur noch eine Hauptprüfung stand aus. Deshalb wartete der Sektionsdirektor Prof. Hans Hiebsch die übliche Reihenfolge nicht ab. Am 20. Mai 1975 stellte er selbst den Antrag an den Direktor für Erziehung und Ausbildung (E/A):

Da sich der Student Fuchs in seinen öffentlich vorgetragenen Prosastücken Argumente der Feinde des Sozialismus, z. B. die Verleumdung der sozialistischen Ordnung in der DDR als eine Art fa-

12 Ebenda, S. 42–43.
13 Ebenda, S. 43.

schistischer Ordnung, zu eigen gemacht hat, verfügt er nach unserer Meinung nicht mehr über die Voraussetzungen, die von einem Studenten unserer Universität ... gefordert werden müssen. Wir bitten Sie deshalb, ein Disziplinarverfahren einzuleiten.[14]

Lilo Fuchs, die diese Entwicklung direkt miterlebte, bewertet das Verhalten ihres Sektionsdirektors als ausgesprochen widersprüchlich:

Einerseits war Professor Hiebsch ein ausgezeichneter Psychologe, dem wir viel verdanken, der uns Studenten außerordentlich gefördert hat. Andererseits diese Unterwerfung. Er war kein Funktionär. Aber er war wohl in Bedrängnis und hat auch aus Angst so reagiert. Es hieß, er sei in den 60er Jahren in ihre Mangel geraten.[15]

Die Aufforderung, den Exmatrikulationsantrag zu stellen, war vermutlich vom Direktor E / A an den Sektionsdirektor ergangen. In einer Vernehmung während seiner U-Haft erklärte Jürgen Fuchs:

Zum Thema meines Ausschlusses aus der Universität möchte ich noch anmerken, daß es sich hierbei um eine gezielte und abgesprochene Aktion handelt. Die kann ich beweisen. Ende Mai erfuhr ich von der [geschwärzt] des Direktors für Erziehung und Ausbildung der Universität Jena, [geschwärzt], daß bereits zu diesem Zeitpunkt meine Exmatrikulation feststand. Sie nannte mir eine Äußerung ihres [geschwärzt]: »Jetzt müssen wir uns aber beeilen, sonst macht er noch seine Prüfungen.«[16]

Um ein Exempel, auch zur Disziplinierung anderer unangepasster Studenten, zu statuieren, ließ Prof. Bolck, der Rektor der Universität, das Disziplinarverfahren wegen »Schädigung des Ansehens

---

14 BStU, Jürgen Fuchs, Reg.-Nr. XV/5171/76, Bd. 7, Bl. 123.
15 Lilo Fuchs, Gespräch mit Udo Scheer vom 1. 5. 2005.
16 BStU, Jürgen Fuchs, Reg-Nr. XV/5171/76, Bd. 3, Bl. 46.

der Universität in der Öffentlichkeit« – d.h. wegen literarischer Texte, die Fuchs außerhalb des universitären Raumes vorgestellt hatte – eröffnen und im gleichen Schreiben seine Beurlaubung verfügen.[17]

Das Verfahren wurde für den 17. Juni 1975 anberaumt und endete wie erwartet.

Nach geheimer Beratung verkündete der Vorsitzende den Beschluss des Disziplinarausschusses:

Der Student der Sektion Psychologie Jürgen Fuchs wird wegen Schädigung des Ansehens der Universität in der Öffentlichkeit zeitweilig vom Studium an allen Universitäten und Hochschulen der DDR ausgeschlossen. Der Beschuldigte wurde über das ihm zustehende Rechtsmittel belehrt.

Prof. Dr. Paul[18]

Neben diesem knappen »Protokoll«, das in seinem Begründungsteil ausschließlich die schon im Parteiverfahren erhobenen Anschuldigungen auflistet, existiert ein Gedächtnisprotokoll von Jürgen Fuchs, in dem er das Makabre dieser Inszenierung öffentlich machte:

Nachdem mich der Vorsitzende des Disziplinarausschusses, Prof. P. aufgefordert hat, auf einem Stuhl in der Mitte des Raumes Platz zu nehmen, eröffnet er die Sitzung, indem er seine »persönliche Meinung« zu meinen Arbeiten bekannt gibt: »Als ich das gelesen hatte, stand für mich fest: Das reicht für eine Anklage wegen Staatsverleumdung.«

Ich antwortete ihm, daß die Vorgehensweise der Universität für eine Anklage wegen Verfassungsbruch ausreicht: »Sie verletzen in meinem Fall fortgesetzt Artikel 27 der Verfassung, in dem jedem Bürger das Recht auf freie Meinungsäußerung zugesichert wird.«

17 BStU, Jürgen Fuchs, Reg.-Nr.: XV/5171/76, Bd. 7, Bl. 129.
18 Ebenda, Bl. 150.

Er unterbricht mich mit der Erklärung, daß »hier kein Ort für politische Erklärungen sei«.[19]

Lilo Fuchs erinnert sich:

Ein Teil der Seminargruppe war durch dieses Urteil richtig verschreckt. Sie kannten Jürgen ja seit Jahren, hatten ihn heimlich bewundert für sein Wissen, es machte Spaß, mit ihm zu diskutieren. Als der Ton plötzlich so hart wurde, war da auch Angst, und sie verhielten sich still. Sie wollten ja in ihren Beruf.[20]

1978 erhielt Jürgen Fuchs durch den Wissenschaftssenat Berlin (West) das Diplom als Sozialpsychologe zuerkannt. 1990 wurde er als einer der ersten politisch Exmatrikulierten an der Jenaer Universität rehabilitiert. Danach dauerte es vier Jahre, bis er am 20. 01. 1994 seine Diplomurkunde von der Friedrich-Schiller-Universität Jena nachgereicht bekam.

19 Vgl. Anm. 5, S. 84–86.
20 Vgl. Anm. 15.

D I P L O M

Die Psychologisch- Pädagogisch- Sportwissenschaftliche Fakultät
verleiht im Zuge einer Rehabilitation

Herrn Jürgen F u c h s

geb. am: 19.12.1950   in: Reichenbach

den akademischen Grad

Diplom - Psychologe

auf Grund seines an dieser Universität in den Jahren 1971 - 1975
durchgeführten Diplomstudiums Psychologie. Die Verleihung der
Urkunde wurde auf Grund politischer Repressionen damals
verhindert.

Jena, den *20. 1. 94*

Dekan der Fakultät   Direktor des Institutes

Diplomurkunde, nach Fuchs' Rehabilitierung 1990 an der Friedrich-Schiller-Universität Jena im Jahr 1994 ausgehändigt

Gäste im Holzhaus

Etwa 14 Tage vor Jürgen Fuchs' Exmatrikulation traf sich der Kern des Arbeitskreises Literatur in seiner Wohnung in der Jenaer Lutherstraße. Die Einrichtung war recht spartanisch und bestand aus zufällig zusammengetragenem Mobiliar. Beeindruckender waren die selbstgebastelten, die Wände ausfüllenden Bücherregale, Bücherstapel, denen man ansah: Hier wird nachgeschlagen, gelesen. An die Regalbretter gezweckt, luden Zettel mit Zitaten, mit eigenen Gedichten dazu ein, jederzeit über sie zu reden.

Die Diskussion an diesem Tag kam schnell auf die demonstrative Überwachung des Arbeitskreises, sich häufende Disziplinierungsgespräche, plötzlich nicht verfügbare Räume für Veranstaltungen, willkürliche Hausverbote. So gegängelt, das war die Mehrheitsmeinung, sei der Kreis in der gewohnt offenen Weise nicht mehr fortführbar. Lutz Rathenow hatte die feste Absicht, als Leiter zurückzutreten. Jürgen Fuchs widersprach, es sei falsch, freiwillig Positionen zu räumen. Über eigene Probleme, über das laufende Exmatrikulationsverfahren verlor er kein Wort. Stattdessen beriet er sich mit den Gästen über künftige literarische Aktivitäten, auch über die Verlagerung des Kreises in die Junge Gemeinde Stadtmitte. Der Arbeitskreis beschloss seine Selbstauflösung.

Kurz zuvor, am 22. Mai, hatte Lilo Fuchs, die mit ihrem Mann im selben Studienjahr Sozialpsychologie studiert hatte, ihr erstes Kind entbunden, ihre Tochter Lili. Die Hochzeit im Dezember 1974 war auch ein bewusster Entschluss gewesen, sich gegenseitig zu stärken, zu zeigen: Wenn gegen Jürgen Fuchs vorgegangen wird, wird zugleich gegen eine Familie vorgegangen.

Es war ein Schock, als nach dem 17. Juni der Brief mit dem Exmatrikulationsbescheid eintraf, der Mann damit definitiv ohne Studienabschluss war, ohne Beruf, die Familie ohne Geld. Lilo Fuchs hatte die Verteidigung ihrer Diplomarbeit auf Anraten ihres Professors vorerst ausgesetzt, sollte ihr Diplom erst ein Jahr später erhalten. Doch jetzt trugen sie Verantwortung für drei.

Jürgen Fuchs erhob in einem Brief an das Ministerium für Hoch- und Fachschulwesen förmlich Einspruch gegen seine »Exmatriku- lation (sprich Berufsverbot), auch im Interesse des Ansehens der Universität ...«.[1] In der Antwort teilte ihm Dr. Pijur, der zuständige Ministeriumsmitarbeiter, exakt einen Monat später, vor Ablauf der üblichen Bearbeitungsfrist, mit, das Exmatrikulationsverfahren sei zu Recht durchgeführt worden: »Die zeitweilige Exmatrikulation ist die notwendige Konsequenz der Tatsache, daß Sie aus den mit Ihnen geführten Auseinandersetzungen keine Schlußfolgerungen gezogen haben.«[2]

Noch einmal versuchte Jürgen Fuchs, seine Stimme in die Kul- turpolitik der DDR einzubringen. In einem »offenen Brief an die Kulturkonferenz der FDJ in Weimar (11./12.7.)«[3] zitiert er das Zen- tralorgan *Neues Deutschland*, demzufolge »bei allen Erfolgen, auf die wir verweisen können, auch die Probleme in der Kulturarbeit nicht verschwiegen werden«.[4] Wenn dem so sei, forderte er die Konferenzleitung auf, so müsse sie auch diese Fragen diskutieren: Warum werde der Arbeitskreis Literatur »an seiner Arbeit gehin- dert, obwohl er ein Zentrum für viele Talente wurde und eine breite Öffentlichkeit besonders unter der Arbeiterjugend fand? ...Warum werden Bettina Wegner-Schlesinger, Gerulf Pannach und ich unter Auftritts- und Leseverbot gestellt?«[5]

Dieser Brief sorgte für Aufsehen. Als »Sofortmaßnahme« ord- nete Leutnant Schmidt, in der MfS-Kreisdienststelle Jena zustän-

1 BStU, OV »Spinne«, Reg.-Nr. 3970/76, Bd. 1, Bl. 56. Brief vom 22. 06. 1975.
2 BStU, Jürgen Fuchs, Reg.-Nr. XV/5171/76, Bd. 7, Bl. (ohne Angabe).
3 Jürgen Fuchs an Zentralrat der FDJ ... vom 04. 07. 1975, Privatarchiv Edwin Kratschmer.
4 Christel Zillmann, in: Neues Deutschland vom 01. 07. 1975.
5 Vgl. Anm. 3.

dig für die operative Bearbeitung des OV »Pegasus« und für Jürgen Fuchs, an: »Einleiten von Maßnahmen über die Bezirksleitung der FDJ, die Diskussion und Beratung über den ›Offenen Brief‹ zu unterbinden, bzw. einzuengen. Durch Ref. XX/2 der BV.«[6]

Etwa zeitgleich gab Jürgen Fuchs einige seiner Gedächtnisprotokolle und Prosaarbeiten mit Bitte um Abdruck an die Chefredaktion von *Sinn und Form*. Dort lehnte man eine Veröffentlichung der brisanten Texte erwartungsgemäß ab. Die Begründung: Man habe derzeit keine Verwendung. Wie andere Schriftsteller, deren Arbeiten an den Zensurhürden scheiterten, leitete auch Jürgen Fuchs aus der Ablehnung die Legitimation ab, diese Texte in der Bundesrepublik veröffentlichen zu dürfen.

Eingeladen von Katja und Robert Havemann, zog die kleine Familie im Sommer 1975 nach Grünheide. Es war auch ein demonstrativer Schritt. Jürgen Fuchs:

Hier brauchen sie ein paar Vollmachten mehr, um einen zu verhaften. Wolf Biermann, er hat uns richtig rausgeholt aus Jena, die Stasi stand vor dem Haus, hatte eine konspirative Wohnung angelegt, unten, das war eine richtige Volltime-Beobachtung, wie in so einem Irrenhaus, kann ich sagen, da ist er hingegangen zu dem Auto und hat gesagt: »Wenn ihr den angreift, oder die angreift, dann müßt Ihr mich mitnehmen. Das war natürlich sehr stark für mich. Ein Schutz, ein Aufschub der Verhaftung um ein Jahr ...[7]

Die Familie bezog das kleine Holzhaus auf dem Grundstück. Dank der Fürsprache des mit der Familie Havemann befreundeten Pfarrers Johannes Meinel konnte Jürgen Fuchs ab Oktober 1975 als Erzieher für Sonderschüler in einem Heim der kirchlichen Stephanus-Stiftung arbeiten. Gleichermaßen wichtig wie diese Arbeit, die ihn vor § 249 StGB – asoziales Verhalten – schützte, waren für

---

6 BStU, OV »Spinne«, Reg.-Nr. XV/3970/76, Bl. 27. BV = Bezirksverwaltung des MfS.

7 Jürgen Fuchs: Gesprächsfragmente. Protokolliert von Doris Liebermann, in: europäische ideen 1999, Heft 114, S. 9.

Lilo und Jürgen Fuchs mit Töchterchen Lili im Holzhaus in Grünheide, 1976

Familie Biermann und Familie Fuchs 1998 vor dem legendären Holzhaus,
von dem 1989 die Gründung des »Neuen Forums« ausging

ihn die Kontakte von Robert Havemann mit westdeutschen Journalisten, darunter der *SPIEGEL*-Korrespondent Jörg Rainer Mettke,
später Ulrich Schwarz, zu Dieter Bub vom *stern* und zur Dokumentarfilmerin Margret Frosch, die Teile seiner Manuskripte in den
Westen schmuggelte.

Für Jürgen Fuchs war das der literarische Durchbruch:

*Ich hatte im »Literaturmagazin« bei Rowohlt einige Prosatexte plaziert.
Daraufhin kamen Anrufe. Karl Corino vom Hessischen Rundfunk meldete
sich. Heinz Klunker vom »Deutschen Allgemeinen Sonntagsblatt« kam
über Ost-Berlin zu Havemann raus: »Wohnt der Fuchs hier? Ich habe von
dem etwas gelesen.« Über Lektüre stellten sich Kontakte her. Es waren
kleine Nachfragen. Die gab es in diesem Milieu.*[8]

Katja Havemann erzählt:

*Sie kamen ja mit ihrem Baby und wurden von uns, auch von Robert,
sehr freundlich, neugierig und hilfsbereit aufgenommen. Unbekannt war
Jürgen uns ja nicht mehr. Sibylle und er hatten zusammen studiert. Wir
waren zu seiner Lesung in Jena gewesen. Wir waren bemüht, sie hier im
Holzhaus so unterzubringen, dass es für sie erträglich war. Jürgen war
immer zurückhaltend, er wollte alle familienorganisatorischen Probleme
am liebsten selber lösen. Er konnte Hilfe annehmen, aber er wollte niemanden belasten. Robert gegenüber war er sehr respektvoll. Er hat ja auch
erlebt, welche gesundheitlichen Probleme Robert hatte. Die beiden haben
sich ausgezeichnet verstanden. In der ersten Zeit waren es ja auch ganz
praktische Lebensfragen.*

*Biermann kam in dieser Zeit oft zu uns und zu Sibylle. Und bei Lilo und
Jürgen waren häufig jüngere Leute zu Besuch. Robert hat sich darüber
gefreut, denn wir lebten hier in relativer Isolation, und durch Jürgens
Zuzug sind interessierte Leute, zum Beispiel aus Jena, zu uns gekommen.
Das war eine lebendige, interessante Gesprächsatmosphäre. Allein hätten
sich Bernd Markowsky und die anderen sicher nicht so hergetraut. Jürgen*

8 Jürgen Fuchs: Gespräch mit Udo Scheer vom 24. 10. 1998.

hat sie ermutigt. Sie hatten keine Angst, dass es Folgen haben könnte. Sie hatten nur eine natürliche Scheu, »den Havemann« zu stören.

Einmal wurde Jürgen von Wolf im Holzhaus, da war ich selber Zeugin, sehr hart kritisiert, was seine dichterische Kraft betraf. Ich bin zu Robert gegangen und habe gesagt: »Wolf zerreißt dort den Jürgen in der Luft.« Das hat Robert mächtig geärgert. Er sagte: »Das macht der Wolf immer. Der kann es nicht verknusen, wenn auch andere und Jüngere gute Gedichte schreiben.« Robert war in meinen Augen ein viel sanfterer, ermutigenderer Kritiker an Jürgens Texten. Allerdings hat er ihm, wenn er anderer Meinung war, auch nichts erspart. Den Wolf hat er sich dann vorgeknöpft, hat ihm gesagt: »Wie kannst du so was machen? Wenn du ihn so zerreißt, dann schreibt der nie mehr eine Zeile. Und das wäre ein Verlust.«[9]

Unter den jungen Leuten, für die Grünheide eine magische Anziehungskraft besaß, war auch Siegfried Reiprich. Im Frühjahr 1975 vom Grundwehrdienst zurück, bekam er bereits gegen Ende des ersten Semesters im Januar 1976 als Student der marxistisch-leninistischen Philosophie in Jena größte Probleme. In einem klugen fünfseitigen Essay *Wie können Widersprüche bewältigt werden* plädierte der gerade 20-jährige glühende idealistische Sozialist vehement dafür, die »Widersprüche in der Wirklichkeit ... ohne Schminke und Schönfärberei« zu benennen. Nur so seien Probleme lösbar. Als Beispiel führte er Jürgen Fuchs' literarische Arbeit an. Er verteidigte den ein halbes Jahr zuvor politisch Exmatrikulierten und rüttelte mit seiner Logik an den Grundfesten der realsozialistischen Herrschaft: »Staatsbewußtsein kann sich nur gut entwickeln im Mitverfügen über den Staat, es wird mächtiger, je mehr die Bürger direkt und dadurch bewußt Macht ausüben (Entscheidungen mit finden und mit vollziehen).«[10]

Reiprich begann ebenfalls, Gedächtnisprotokolle über die mit

9 Katja Havemann: Gespräch mit Udo Scheer vom 08. 11. 2006.
10 Siegfried Reiprich: Der verhinderte Dialog. Meine politische Exmatrikulation. Schriftenreihe des Robert-Havemann-Archivs 3, Berlin 1996, S. 25.

ihm geführten »Aussprachen« an der Universität zu verfassen. Über Sibylle Havemann reichte er sie an Jürgen Fuchs weiter.

Ich sah das auch als Lebensversicherung für mich. Im Februar '76 bin ich dann nach Grünheide eingeladen worden. Das war der Ritterschlag! Ich hatte im Westfernsehen einen Bericht von Ralph Giordano über sowjetische Dissidenten gesehen – solchen Menschen wollte ich zugehören … Unsere Gespräche waren intensiv, Wolf war da, sang mir stundenlang Lieder vor, und die Quasi-Parteigruppe Havemann, Biermann, Fuchs bereitete mich auf den bevorstehenden Rausschmiss vor.

Robert meinte, ich würde in den Knast gehen, und gab Ratschläge, wie man sich im Verhör verhalten sollte, die er unbefangen von seiner Gestapoerfahrung ableitete. Jürgen war optimistischer. Er schrieb an den ihm bekannten Parteigruppenorganisator meiner Seminargruppe, berief sich auf Artikel 27 der Verfassung und forderte, nicht zuzulassen, »daß die hysterische Verteuflung eines suchenden jungen Menschen, der sich zum Marxismus bekennt, zuwege bringt, ihn existentiell zu bedrohen und politisch zu erpressen. Sie werden nicht vergessen … daß es, im Gegensatz zur Stalinzeit, nicht mehr möglich ist, solche Taten im Verborgenen zu begehen.«[11] *Dieser Schuss vor den stalinistischen Bug konnte auch nach hinten losgehen, wurde doch meine Verbindung zum Staatsfeind Havemann offenbar, aber es klappte: Ich flog zwar im hohen Bogen raus, wurde jedoch, trotz der Hetze einiger SED- und IM-Kommilitonen, nicht eingesperrt.*

Mit Jürgen stärker zusammengearbeitet hatte ich seit Sommer '75, als ich auf einer der letzten Sitzungen des Arbeitskreises gegen das Hausverbot Wolfgang Hinkeldeys und Bernd Markowskys im Kulturhaus Neulobeda protestiert hatte. Seither war Jürgen zu meiner wichtigsten Informationsquelle geworden, und ich war sehr durstig. Er brachte beispielsweise aus Grünheide Bücher, aber auch abgeschriebene Interviewauszüge von Santiago Carrillo zum Eurokommunismus mit, die ich verschlang. Ich war stolz, ausgerechnet Robert Havemanns Exemplar des »Archipel Gulag« lesen zu dürfen.

11 Brief von Jürgen Fuchs an Hans-Joachim Obst vom 21. 2. 1976, in: Reiprich: Der verhinderte Dialog, Berlin 1996, S. 35.

Von Jürgen gehört hatte ich zuerst in der Lyrikszene. Im November '74 lernte ich in der Wohnung von Leibners in Jena in der Kollwitzstraße Wolf Biermann im Kreis um Sybille Havemann kennen. Jürgen war auch dabei. Ich empfand ihn als sehr interessanten Gesprächspartner, nicht gerade ein Beispiel südländischen Temperaments und Humors, eher protestantisch. Aber er war permanent interessiert am Meinungsaustausch, redete lange, klar und strukturiert und war sehr auf seine Thesen konzentriert. Das beeindruckte mich, den fünf Jahre Jüngeren, gerade 19-Jährigen.

Aber er hatte auch etwas Leninistisches. Als Lilo und Jürgen im Dezember '74 heirateten, waren wir eingeladen in die kleine Wohnung in der Lutherstraße. Es war rappelvoll. Beim Treffen mit Biermann ein paar Wochen zuvor hatte ich auch etwas vorgesungen. Ich spielte ja Gitarre, hatte mal auf der Penne einen Singeclub gegründet und war oft aufgetreten. Biermann gab gern Tipps. Doch als ich begeistert Franz Josef Degenhardts Antikriegslied »Von den guten alten Zeiten« vorsang, rastete er fast aus. Er ließ an ihm und seinen Liedern, die ich für unsere »Songs & Lyrik«-Veranstaltungen schwer durchkämpfen musste, kein gutes Haar und schimpfte über »diesen Kretin«. Das verwirrte. War nicht »Spiel nicht mit den Schmuddelkindern« ein klasse Song gegen die Spießer? Nix da, Biermann hatte eine, wie ich heute sagen würde, narzisstische Wut auf Degenhardt, die sich mit einer politischen auf diesen »blöden DKPisten« vermengte. Ich brauchte später nicht lang, um Letzteres zu verstehen. Aber den Jüngling, der ich damals war, hat es doch hart getroffen, als Wolf sich dazu verstieg zu behaupten, ich hätte mich mit »der Syphilis der Singebewegung infiziert«. Eine grandiose Metapher, aber falsch. Was verstand der eigentlich von unserer Situation?

Und über diese Geschichte habe ich mit Jürgen auf der Hochzeit diskutiert. Das bekam schnell einen inquisitorischen Anstrich. Jürgen verlangte, darüber nachzudenken, ob Biermann nicht recht gehabt hätte. Ich kann mich vor allem an seine Körpersprache erinnern – er drängte, fixierte mit Blicken.

Natürlich habe ich nachgedacht. Das Gute war, mir wurde noch klarer, dass man für alle seine Handlungen verantwortlich ist. Das hat meinen schon begonnenen Ablöseprozess beschleunigt. Aber meine Freundin Christine und ich fanden Jürgens und Biermanns Verhalten auch etwas

anmaßend. Ich machte mir erst im Nachhinein richtig klar: Widerstands-
bewegungen in einer übermächtigen Diktatur neigen zu einer Art innerer
Polizeiarbeit, die die Logik des Regimes mit umgekehrten Vorzeichen ab-
bildet. Sie kompensieren ihre Ohnmacht und Schwäche gegenüber dem
eigentlichen Feind, indem sie vermeintliche Abweichler in den eigenen
Reihen besonders hart anfassen.

Nach der Hochzeit, kurz vor Weihnachten 1974, wurde ich bei der Ar-
mee von der Stasi verhört und sollte angeworben werden. Ich habe hart
und klar »Nein!« gesagt und bin sofort im ersten Ausgang unerlaubt nach
Jena gefahren, um mich zu dekonspirieren, es allen Freunden zu erzählen,
Jürgen voran. Wären alle mit ihren erzwungenen Stasi-Kontakten so offen
umgegangen, wäre uns einiges erspart geblieben.[12]

In den Jenaer Jahren hatte Jürgen Fuchs ein starkes, mitunter auch
verletzendes Misstrauen entwickelt. Leute, denen er nicht voll vertraute, verdächtigte er sehr schnell der Stasi-Zuträgerschaft. Einmal, im Frühjahr 1975, hatten er und der Verfasser sich im Foyer
des Jenaer Uni-Turmes verabredet. Er sah immer wieder prüfend
um sich, ob sie jemand beobachten würde. Statt seinem gewohn-
ten halb spöttischen Lächeln trat er, ähnlich wie Reiprich es erlebt
hatte, mit einem harten, forschenden Blick bedrängend nah heran
und baute damit eine unerwartete, irritierende Distanz auf. In den
1990ern, nach Einsicht in die Stasi-Akten, sagte er:

Ich kann mich daran erinnern. Es war eine hektische Begegnung, weil
sofort so ein Druck darüber lag. Das klingt jetzt paranoid, aber das war
ganz naheliegend. Schon 1974 ist dieses elende Klima gegen uns gerichtet
worden. Und, wollen wir ehrlich sein, das war immer so: »Ist der echt,
oder wird mir da was untergejubelt?«[13]

Auch Lutz Rathenow, der häufiger mit ihm zusammenkam, der
nach Fuchs' Ausbürgerung eine der wichtigsten Verbindungsper-

12 Siegfried Reiprich: Gespräch mit Udo Scheer vom 31. 10. 2006.
13 Vgl. Anm. 8.

sonen in der konspirativen Ost-West-Arbeit werden sollte, berichtet über ähnliche Erfahrungen mit Fuchs' schon chronischem, auf Selbstschutz ausgerichtetem Misstrauen:

Wir gingen zusammen in die Wagnergasse zu einer Lesung mit Stephan Hermlin. Unvermittelt sagte er: »*Lutz, ich will dir glauben, dass du nicht dabei bist. Wenn nicht, gnade dir Gott!*«

Es gab da ein kleines Prüftribunal, den Versuch, mich als Spitzel zu entlarven, weil sich jemand als Spitzel enttarnt hatte: »*Wir haben auch unsere Genossen bei der Staatssicherheit, Lutz Rathenow. Es ist überhaupt nicht schlimm, mit ihnen zu reden. Du musst uns das jetzt nur sagen.*« *Bei diesem Versuch in einer parteitribunalähnlichen Situation unter Biermanns wachsamem Blick spielte Jürgen eine gute Rolle, die eines Menschen, der sehr genau weiß, was er will, der aber doch sensibel genug ist, seinem Gefühl nachzugehen und auch zu spüren, dass nicht jeder, der ein Spitzel sein könnte, ein Spitzel sein muss. Das war ja ein Grundproblem.* »*Staatsicherheit*« *war von Anfang an negativ besetzt.*

Wenn Biermann sagte, wir haben auch unsere Genossen, war das rhetorisch. Er meinte ja, er könne am Biertisch jeden Stasi-Mann entlarven. Dabei hatte ihn sein bester Nachbar, dem er noch nach 1990 ein Leumundszeugnis ausstellte, nach allen Regeln der Kunst ausgehorcht.

Jürgen habe ich da als einen sehr wachen, fordernden Menschen erlebt, durchaus mit autoritären Momenten, aber gleichzeitig differenziert urteilend, an dem mir das Antibürgerliche sehr sympathisch war, eine Zeitlang auch mit Elementen der Anpassung, um studieren zu dürfen, um Zugang zu Wissen zu erhalten, um später umso mehr Eigenwilligkeit ausleben zu können.[14]

Siegfried Reiprich:

Wenn Jürgen in der Grünheider Zeit nach Jena kam und Material mitbrachte, konnte in Wohnungen nicht offen geredet werden. Deshalb

---

14 Lutz Rathenow: Gespräch mit Udo Scheer vom 22. 10. 2006.

unternahmen wir ausgiebige Spaziergänge durch Jena. Wir besprachen die Lage, Jürgen berichtete von Roberts Sicht und gab Hintergrundinformation und Impulse. Als hochsensibler Künstler versuchte er, die Totalität des Geschehens auch außerpolitisch zu erfassen; in den besten Momenten hatte seine Sprache literarische Dichte. Wir verstanden uns als marxistisch inspirierte, demokratische Revolutionäre und glaubten nicht – wollten nicht glauben – an die Überlebensfähigkeit dieses öden DDR-Stalinismus. Die innersozialistischen Widersprüche würden sich zuspitzen, die reaktionären Bürokratien Osteuropas auch durch den Eurokommunismus unter Druck geraten. Havemann hatte nach der Berliner Konferenz der Kommunistischen Parteien 1976 gesagt: »Die Eurokommunisten werden die Grundsatzfragen auch für den Osten mit stellen. Sie werden im Westen an Boden gewinnen, und der Osten wird sich reformieren müssen.« Wir rechneten natürlich mit moralischer Unterstützung, mit Solidarität von außen. Und da Havemann in Weiterentwicklung marxistischer Lehrsätze meinte, der Hauptwiderspruch bestehe zwischen Staat und Volk, hatten wir die Triebkräfte der Revolution schon im Auge. Ich hatte in meiner als konterrevolutionäre Plattform eingestuften Stellungnahme »Wie können Widersprüche bewältigt werden?« auf ebendiesen Widerspruch zwischen Staatspartei und Arbeiterklasse hingewiesen. Wir glaubten, dass das Regime noch höchstens 10 bis 15 Jahre überleben könnte. Dabei stand die DDR wirtschaftlich und sozial scheinbar gut da und befand sich auf dem Höhepunkt ihrer internationalen Anerkennung. Wir aber waren echt hochmütig, hohen Mutes – junge Männer eben.[15]

Nach dem 1971 auf dem VIII. Parteitag verkündeten innenpolitischen Kurswechsel hin zu einer »Einheit von Wirtschafts- und Sozialpolitik« erschien die Konferenz der 29 überwiegend westeuropäischen kommunistischen und Arbeiterparteien in Ost-Berlin Ende Juni 1976 wie ein außenpolitisches Aufbruchsignal. Der Konferenzort konnte kein Zufall sein. Im Jahr zuvor hatte die DDR-Führung in Helsinki die Schlussakte der Konferenz für Sicherheit

15 Vgl. Anm. 12.

und Zusammenarbeit in Europa unterzeichnet und damit für wirtschaftliche Vorteile de facto die Einhaltung der Menschenrechte gegenüber der eigenen Bevölkerung akzeptiert.

Jetzt schien eine realistische Chance für die Verwirklichung von Robert Havemanns These gegeben, »daß wir in der DDR – wie auch in anderen Ländern des Warschauer Paktes – den entscheidenden zweiten Schritt der sozialistischen Revolution noch vor uns haben, den Schritt in die freie sozialistische Demokratie, den unsere tschechoslowakischen Freunde im Jahr 1968 schon unternommen hatten«.[16]

Das eurokommunistische Modell erschien attraktiv. Es versprach nicht nur soziale Gerechtigkeit angesichts der Wohlstandsschere im kapitalistischen System, es versprach auch eine Alternative zum poststalinistischen System in den sowjetisch besetzten Ländern Osteuropas. Der sowjetkommunistische Vorherrschaftsanspruch wurde durch die Führer der spanischen, italienischen und französischen Kommunistischen Parteien, Santiago Carrillo, Enrico Berlinguer und George Marchais, ebenso abgelehnt wie die »Diktatur der Arbeiterklasse«. Stattdessen warben sie für einen reformkommunistischen Weg hin zu einem demokratischen Sozialismus. Sie setzten durch, dass ihre Berliner Reden im *Neuen Deutschland* zu lesen waren, für viele das Signal einer sich abzeichnenden Öffnung.

Aber neben der Hoffnung standen bedrohliche Zeichen. In Polen streikten die Arbeiter und wurden brutal niedergeknüppelt, in Zeitz verbrannte sich Pfarrer Oskar Brüsewitz öffentlich aus Protest gegen die Politik der SED und wurde deshalb in der Parteipresse als geistig verwirrt verleumdet. Die SED-Führung entschloss sich zu präventiver Gefahrenabwehr. Potentielle Unruheherde sollten gar nicht erst entstehen. In diesem Zusammenhang entstand der Plan zur Biermann-Ausbürgerung.

Doch vor diesem November 1976 lag der Sommer. Zu den Erwar-

16 Robert Havemann: Ich bin ein Freund der DDR und überzeugter Sozialist, in: DIE ZEIT vom 11. 05. 1973.

tungen, die die Konferenz der kommunistischen und Arbeiterparteien in Grünheide geweckt hatte, sagt Katja Havemann:

Die Idee des Eurokommunismus war auf ihrem Höhepunkt. Die Protokolle der Konferenz der Kommunistischen Parteien 1976 in Ost-Berlin mussten in der SED-Presse abgedruckt werden. Das war in unseren Kreisen eine Sensation, und das hat Hoffnungen geweckt.

Robert trat ein für Pressefreiheit, Reisefreiheit, für alles, was zur Stärkung der bürgerlichen Rechte beitragen konnte. Er ermutigte, diese Debatte auf allen Ebenen zu führen. Keine Angst zu haben, dass da Spitzel zuhörten, sondern so zu reden, dass es jeder hören konnte, und zugleich zu versuchen, keine billigen Vorwände für Verhaftungen zu liefern.

Bei seinem eigenen Vater stand Robert ja im Verruf, junge Leute zu unbedachter Opposition zu überreden, die sie dann nur ins Gefängnis bringen würde. Das Gegenteil war der Fall. Er hat gern praktische Unterweisungen gegeben: Man darf den Kontakt zu Journalisten aus dem Westen nicht scheuen. Wenn man ein Schriftsteller, ein Publizist ist und wenn man verboten ist, muss man versuchen, im Westen zu veröffentlichen. Als Jürgen, Gerulf Pannach und Christian Kunert verhaftet waren, sagte Robert, von ihnen müsse drüben sofort ein Buch erscheinen, ihre Lieder müssten auf Platte erscheinen: »Sie müssen bekannt werden, das ist ihr bester Schutz.« Damit hatte er einen großen Erfahrungsvorlauf. Er hat auch immer betont, der heftigste Vorwurf der Partei sei »Nestbeschmutzung«, sei, dem Klassenfeind in die Hände zu arbeiten. Dazu hat er viel aus seinem Nähkästchen geplaudert und, als es notwendig wurde, auch praktisch geholfen.[17]

Über Margret Frosch und den Soziologen und Kommunismusforscher Manfred Wilke gelang es Jürgen Fuchs, Kontakte zu verschiedenen Redaktionen und zum Rowohlt-Verlag zu knüpfen. Die Dokumentarfilmerin Frosch weilte wiederholt bei Havemann, um einen nicht genehmigten Film über den kritischen Sozialisten zu drehen. Bei der Gelegenheit hatte sie den jungen Schriftsteller

17 Vgl. Anm. 9.

kennengelernt und Gedichte von ihm an Heinz Klunker vom *Deutschen Allgemeinen Sonntagsblatt* gegeben. Deren Abdruck, der erste in der Bundesrepublik, war nicht zuletzt deshalb wichtig, weil er entgegen der SED-Zensur bewies: Fuchs ist ein Schriftsteller. Für die *Gedächtnisprotokolle* stellte Manfred Wilke die Verbindung zu Freimut Duve bei Rowohlt her. Margret Frosch schmuggelte das Manuskript. Im Verlag war man zunächst zögerlich, wollte prüfen. Die Textzusammenstellung des bislang kaum bekannten jungen Schriftstellers erschien zu unkonventionell, enthielt sie doch nicht nur jene Kurzprosa, die zur Kollision mit dem SED-Apparat geführt hatte, sondern – für einen Erzählband unüblich – auch Gedächtnisprotokolle, Briefwechsel und offizielle »Stellungnahmen«, die den authentischen Charakter verstärkten. Diese Zusammenstellung dokumentierte nicht nur eine politische Exmatrikulation, sie zeigte auch, wie radikal die Störfaktoren eigenständiges Denken und Kritik unter der scheindemokratischen Oberfläche des SED-Staates bekämpft wurden. Nach Fuchs' Verhaftung am 19. November 1976 setzte Freimut Duve, der Hamburger Publizist und Leiter von »rororo aktuell«, sich für das sofortige Erscheinen des Buches ein. Im Februar 1977 bereits auf dem Markt, machten die *Gedächtnisprotokolle* Jürgen Fuchs schlagartig bekannt. Im Mai 1977, noch während seiner U-Haft, erhielt er dafür den internationalen Pressepreis in Nizza.

Schon im Herbst '76, so berichtet Lilo Fuchs, wurde in Grünheide zunehmend spürbar, wie die Staatssicherheit ihren Druck erhöhte. Zeitgleich wurde Jürgen Fuchs vom westdeutschen Literaturbetrieb entdeckt. Heinz Klunker brachte eine Auswahl im *Deutschen Allgemeinen Sonntagsblatt*.[18] Karl Corino stellte den jungen Schriftsteller im Hessischen Rundfunk vor, der Deutschlandfunk[19] brachte im »Literarischen Atelier« eine halbstündige Sendung mit seinen Texten, darunter die *Gartenstraße*.

Auf Havemanns Empfehlung – Westveröffentlichungen seien

18 Deutsches Allgemeines Sonntagsblatt, Nr. 38 vom 19. 09. 1976.
19 Deutschlandfunk, 11. 11. 1976.

die beste Rückversicherung gegen drohende Verhaftung – produzierten Jürgen Fuchs und die Liedermacher Gerulf Pannach und Christian Kunert am 17. Oktober 1976 zusammen mit Musikern der RenftCombo ein Masterband mit ihren Texten und Liedern. Wolf Biermann brachte es bei CBS unter, wo die Schallplatte[20] 1977 erschien, während die drei in U-Haft einsaßen. Lilo Fuchs hat die abenteuerliche Entstehungsgeschichte von Grünheide aus miterlebt:

Es war das Gefühl, wir müssen etwas aufzeichnen, damit es im Falle einer Verhaftung im Westen ist. Sie nahmen die Musik und die Texte, glaube ich, im Kirchengemeindehaus, jedenfalls in einem Raum unweit von Gerulfs Wohnung, in Leipzig auf. Die an den Aufnahmen beteiligten Renft-Musiker waren zugleich der kleine Kreis Publikum. Auf der Straße standen mehrere Stasi-Pkw und ein Abhörwagen. Einer der Renft-Leute war Krankenwagenfahrer. Der trickste die aus, fuhr Jürgen mit Blaulicht zum Bahnhof. Dort lief er mit dem Band unter dem Hemd zum erstbesten Zug, der Richtung Norden fuhr. Unterwegs hatte er den Eindruck, dass da Stasi-Leute mit im Zug waren. Deshalb sprang er, damit sie ihn nicht auf dem Bahnsteig in Empfang nehmen konnten, bei der langsamen Einfahrt in den Bahnhof Schöneweide ab und rannte über die Gleise zur S-Bahn nach Erkner. Das Band ist dann auf dem »kleinen Weg« in den Westen gelangt.[21]

Während seiner Vernehmungen verweigerte Jürgen Fuchs Aussagen zu den Aufnahmen. So sahen die Ermittler sich für die vorgesehene Anklage genötigt, von der MfS-eigenen »Technischen Untersuchungsstelle« ein »Gutachten« anzufordern. Der Abteilung lagen »das Ausgangsmaterial im Zweikanal-Viertelspurverfahren mit einer Aufzeichnungsgeschwindigkeit von 9,35 cm/sec.«[22] und Vergleichsaufnahmen vor. Die Mitarbeiter konnten bestätigen, Fuchs

20 Pannach, Fuchs und Kunert. Für uns, die wir noch hoffen. CBS Records 1977.
21 Lilo Fuchs: Gespräch mit Udo Scheer vom 08. 10. 2006.
22 BStU, Reg.-Nr XV/5171/76, MfS-Ermittlungsverfahren Jürgen Fuchs, Bd. 1, Bl. 702 f.

habe für die Schallplatte 13 Texte eingelesen, darunter *Eintragung 14. Februar*, Kunert habe das Lied *Glaubensfragen* und Pannach acht Lieder gesungen. Darunter auch das bei jedem seiner Liederabende Begeisterung auslösende »Überholen ohne einzuholen«:

Mensch, wir werden fettgefüttert
Mit Kampagnen, immer neu
Und ich krieg das große Kotzen
Mensch, ich fraß schon massig Heu
Pappkartons voll leerer Worte
Mann, der Fraß macht mich kaputt
Gestern noch die große Losung
Heute nur noch Phrasenschrott

Überholen ohne einzuholen
das ist DDR konkret
Idioten macht man zu Idolen
wenn sie loben, was besteht
...[23]

Die Kosten für dieses zehnseitige Gutachten, die die »Technische Untersuchungsstelle« des MfS hausintern in Rechnung stellte, betrugen:

1. Lohnkosten für Gutachter:	3324.– M
2. Lohnkosten für wissenschaftlich-technisches Personal:	808.– M
3. Gemeinkostenzuschlag (300 %):	12 396.– M
4. Schreibgebühren:	30.– M
Kosten der Expertise:	16 558.– M[24]

23 Gerulf Pannach: Überholen ohne einzuholen, auf: Pannach, Fuchs und Kunert. Für uns, die wir noch hoffen, CBS 1977, sowie in: Als ich ein Vogel war. Gerulf Pannach: Die Texte, Berlin 1999, S. 96.
24 Vgl. Anm. 22, Bl. 183.

Im Herbst 1976 hatte Jürgen Fuchs noch einmal den Versuch unternommen, sein Studium abschließen zu dürfen. Nach einem
Vorgespräch an der Jenaer Universität stellte er den Antrag an
den Direktor für Studienangelegenheiten, die letzte »noch aus-
stehende Prüfung im Fach Sozialpsychologie im Externstudium
abzulegen«.[25] Seine Verhaftung am 19. November 1976 entband die
für seine Exmatrikulation Verantwortlichen vom beabsichtigten
Negativbescheid.

Zur gleichen Zeit wurde Reiner Kunze für seine vom Büro für Ur-
heberrechte der DDR in der Bundesrepublik genehmigte Veröffentlichung *Die wunderbaren Jahre* abgestraft. Im Auftrag des ZK zog der
Parteisekretär des Schriftstellerverbandes Gerhard Henninger die
Fäden: Der Verbandsvorsitzende Hermann Kant erhielt den Auf-
trag, einen Artikel im *ND* zu plazieren, der »die feindlichen Aktivi-
täten von KUNZE mit behandelt«.[26] Dem Bezirksvorsitzenden des
Schriftstellerverbandes Weimar-Erfurt Harry Thürk wurde von der
Abteilung Kultur des ZK »mitgeteilt, daß er ... den Vorschlag unter-
breitet, KUNZE aus dem Schriftstellerverband auszuschließen. Als
Diskussionsredner werden die Schriftsteller Martin Viertel, Armin
Müller, Wolfgang Held, Inge von Wangenheim vorbereitet.«[27] Die
Inszenierung lief reibungslos. Am 3. 11. 1976 konnte das Präsidium
in Berlin auf Antrag des Regionalverbandes Weimar-Erfurt Reiner
Kunze aus dem Verband ausschließen.

Jürgen Fuchs fuhr nach Greiz, wollte Kunze beistehen, besprechen, welche Unterstützung möglich sei. Im Gespräch berichtete
er über den Besuch:

*Es war eine unglaubliche Situation. Ich bin zu Kunze raufgelaufen, hatte
von Andreas Mytze[28] eine schöne Zusammenstellung von Ausschnitten
und Stimmen über »Die wunderbaren Jahre«. Kunze freute sich sehr, sagte, das ist noch ein zweiter Schlag nach den »wunderbaren Jahren«. Kunze*

25 Ebenda, Bl. 134.
26 BStU, OV »Lyrik«, Reg.-Nr. X/514/68, HA XX/7, Information 13. 10. 1976.
27 Ebenda.
28 Herausgeber der »europäischen ideen«, London.

wohnte am Berg. Da hinauf sind ihre Autos neben mir im Schritttempo gefahren. Ich fuhr dann nach Grünheide zurück, wunderte mich, dass die mich überhaupt laufen ließen.

Vor dem Hintergrund dieser Ereignisse war ich bereit, den Konflikt aus-zutragen und nicht zu sagen: Jetzt zurück! – Wohin zurück? Ins Verbot?[29]

In genau dieser Zeit hatte Wolf Biermann die freudige Aussicht, auf eine IG-Metall-Einladung hin eine Konzerttournee in Nordrhein-Westfalen unternehmen zu dürfen. Sein halblegaler Auftritt in der Prenzlauer Nikolaikirche am 12. September nach elf Jahren Berufs-verbot schien ohne Folgen geblieben zu sein. In einem offenen Brief an seine Mutter in Hamburg schilderte er das Konzert in euphori-schen Tönen, bat, die Zeilen an »*SPIEGEL*-Mettke« weiterzugeben, und meinte augenzwinkernd und in Verkennung der Lage:

Immerhin ist es doch ein ermutigendes Zeichen, daß mir unsere Genossen diesen Auftritt in Prenzlau ermöglicht haben, denn ver-hindern hätten sie ihn ja leicht können. Vielleicht kommt nun doch einiges in Bewegung. Die »Berliner Konferenz« hat vielleicht doch manchen alten Genossen nachdenklich gemacht.[30]

Die äußeren Zeichen stimmten optimistisch. Eine linke Initiativ-gruppe hatte im September bundesweit eine große Unterschrif-tensammlung für die Reiseerlaubnis des Liedermachers initiiert. Heinrich Böll und Günter Grass hatten gegenüber Erich Honecker ihre Bürgschaft erklärt.

Jürgen Fuchs:

Schon in Vorbereitung der Reise haben wir eingeschätzt, das kann schief-gehen. Aber Havemann und Biermann waren der Meinung, er solle es machen. Ich habe stärker gewarnt, kam ja gerade aus Greiz von Kunze.

29 Vgl. Anm. 8.
30 Wolf Biermann: Brief. Samisdat-Abschrift, September 1976, im Archiv d. Verf.

Ich habe gesagt, wenn die Ausbürgerung stattfindet, bricht sehr viel zu-
sammen. Andere und ich gehen vielleicht ins Gefängnis. Das ist sehr zu
überlegen. Da hat Havemann wörtlich zu mir gesagt: »Wenn du recht
hast, bist du eine Unke, die recht hat, wenn das geschieht. Das andere,
hast du das mitbedacht?« Ich: »Das bedenke ich schon mit. Aber was ist,
wenn Wolf nicht mehr nach Grünheide kommen kann?« Robert: »Dar-
über reden wir jetzt nicht.« Das war die Stimmung.[31]

Bei aller Skepsis hoffte Fuchs, dass Havemann mit seinem Optimismus recht behielte. Biermann im Westen mit der Möglichkeit,
seine Stimme über westdeutsche Medien zurück in die DDR zu
tragen, das war eine einmalige Chance. Im Gespräch sagte Jürgen
Fuchs später, damals hätte er gedacht, Robert Havemann habe für
den Fall, dass der Staat zum Mittel der Ausbürgerung greifen würden, tatsächlich etwas in der Hinterhand.

Katja Havemann:

Ich war mit meiner Tochter Franzi gerade für ein paar Tage in Berlin bei
meiner Schwester. Die Gespräche mit Wolf über seine Ausreiseerlaubnis
und mögliche Absichten der SED-Leute fanden bei uns schon vorher statt.
Da herrschte von Robert ausgehend ein Hochgefühl vor. Jürgen war eher
skeptisch, aber Robert meinte: »Sie können sich nicht erlauben, daraus
eine Falle zu bauen.« Da hat er wieder seine berühmte Verfassung und das
Staatsbürgerschaftsgesetz bemüht. Robert hat sich so gefreut, dass Wolf
diese Gelegenheit bekam. In den letzten Gesprächen bei Wein und ein paar
Cognac meinte er auch: »Wolf, die könn' ja gar nicht, und wenn, legste
dich in den Kofferraum des erstbesten Diplomatenwagens und steigst bei
uns in der Burgwallstraße 4 wieder aus.« Robert war da im Vergleich zu
Wolf ein ziemlich abenteuerlicher Typ. Als Wolf seinen Pass abholte, kam
er bei mir in Berlin vorbei und hat ihn mir ganz glücklich gezeigt.
  Dann von Jürgen der Anruf: »Komm ganz schnell raus!« Meine Schwes-
ter hatte Radio gehört, und ich war schon im Aufbruch. Als ich nach Grün-

---

31 Vgl. Anm. 8.

heide kam, waren hektische Tage angesagt. Es hieß, sich auf Hausdurchsuchung, auf Verhaftung einstellen. Als ich kam, war Robert schon das
erste Mal mit Material zu meinen Eltern ins Oderbruch gefahren. Dann
bin ich noch mal gefahren und hatte schon demonstrative Begleiter. Aber
die kannten die Schleichwege nicht, und ich konnte sie abhängen. Als ich
von meinen Eltern mit meiner Schwester im Auto zurückkam, standen
zivile Posten vor unserem Eingang und wollten mich nicht reinlassen. Da
kam Robert raus: »Lassen Sie meine Frau durch.«

Das relativ freie Leben hier war abrupt zu Ende. Wer konnte sich vorher
vorstellen, dass da welche kommen, die ganze Straße absperren und rund
ums Grundstück und in ganz Grünheide rumlauern würden und jeden
Menschen kontrollieren? Der Haftbefehl für Robert war ja unterschrieben. Den zu vollstrecken haben sie sich wegen der unerwarteten Proteste
nicht getraut. Anstelle von Robert haben sie junge, nicht so bekannte Leute eingesperrt. Die waren mutig. Am liebsten wären sie mit Demo-Trans-
parenten losgezogen.[32]

Seine eigenen und Havemanns erste Irritationen und Reaktionen
nach der Ausbürgerung Biermanns hat Jürgen Fuchs um 1997/98 in
einem Dialogstück festgehalten. Wie andere, ähnlich strukturierte
Entwürfe aus dieser Zeit über markante Situationen betrachtete er
es als Vorarbeit für etwas Größeres, möglicherweise dachte er die
Stücke als Hörspieldialoge.

Zwo!
Empfang einer Nachricht.
Grünheide, Burgwallstraße vier / sechzehnter November neunzehn-
hundertsechsundsiebzig / Ein milder, fast warmer Tag / Zwei Per-
sonen, die unter operativer Kontrolle stehen / unterhalten sich
F Hast du gehört?
H Was denn?
F Wolf ausgebürgert!
H Was?

32 Vgl. Anm. 9.

F Ausgebürgert!

H Das kann doch

F Im Radio

H Wann?

F Rias, halb fünf ...

H Ausgebürgert? Haben sie ausgebürgert gesagt?

F Hörte was von »entzogen« ... die Staatsbürgerschaft entzogen

H Das gibt's nicht! Ausbürgerungen von DDR-Bürgern sind nicht vorgesehen gesetzlich! Es gibt ein Gesetz! Sie können es nicht wie die
Nazis machen ...

F Aber sie haben es gemacht, ich hab's gehört ... und befürchtet!

H Du hast geunkt!

F Ich war bei Kunze in Greiz, es wimmelte von Stasi-Autos ... Da
dachte ich, Wolfs Reise geht nicht gut.

H Er mußte es riskieren! Es gab die Konferenz der Kommunisti-
schen- und Arbeiterparteien, die Spanier, die Italiener, die Fran-
zosen ... alle forderten mehr Freiheit, auch Tito ... wir dürfen jetzt
nicht zurück!

F Sie werden die Grenze dichtmachen, ihn nicht mehr reinlassen

H Wie spät?

F Sechsundvierzig nach meiner Uhr ... Ob ich Lili wecke?

H dreht am Radio / Rockmusik / Geigen

H Wenn es stimmt ... Ich glaube es noch nicht ... Kann es mir recht-
lich nicht vorstellen ... Es gibt ein Staatsgesetz ... Wir haben nach-
gesehen

F Vor der Reise?

H Ja, ich habe mit einem Rechtsanwalt gesprochen ... Götz Berger ...
Nur wer einen ständigen Wohnsitz im Westen hat, dem kann es pas-
sieren ...

H Wie spät?

F Dreiundfünfzig

H. sucht Radiosender ab / Musik / auch im Fernsehen findet er keine
Nachrichten

H Versuch Katja zu erreichen! Wann kommt Lilo?

F Gegen halb sechs

H Ruf' bitte sofort Katja an! ...

F Hört keiner

H Hast du lange rufen lassen?

F Ja

H Wie spät?

F Sechsundfünfzig ... Ich sehe nach Lili

H SFB ... Welche Frequenz?

F 92, UKW ... Was wird mit uns? Was denkst du?

H Du fragst

F Bin gleich wieder da!

H Wie spät? Gleich siebzehn Uhr

H Mich bringt hier keiner weg

F Und wenn sie verhaften? ...

Nachrichtensprecher: »... zuständige Behörden der DDR haben Wolf
Biermann, der 1953 aus Hamburg in die DDR übersiedelte, das Recht
auf weiteren Aufenthalt in der DDR entzogen ...«

F ... weiteren Aufenthalt ... so drehen sie es

H Ruhig!

»Entscheidung wurde auf Grund des Gesetzes über die Staatsbürgerschaft der Deutschen Demokratischen Republik – Staatsbürgerschaftsgesetz – vom 20. Februar 1967, Paragraph 13, nach
dem Bürgern wegen grober Verletzung der staatsbürgerlichen
Pflichten die Staatsbürgerschaft der DDR aberkannt werden kann,
gefaßt. Biermann befindet sich gegenwärtig in der Bundesrepublik
Deutschland. Mit seinem feindseligen Auftreten gegenüber der
Deutschen Demokratischen Republik hat er sich selbst den Boden für die weitere Gewährung der Staatsbürgerschaft der DDR
entzogen. Sein persönliches Eigentum wird ihm – soweit es sich
in der DDR befindet – zugestellt ... Die Planerfüllung in der Land-
wirtschaft ...« H. schaltet aus / im Sessel, gebeugt / dem Weinen
nahe ...

H Wolf

F Verbrecher!

H Das übersteht er nicht

F Es sind Verbrecher.

H Entzogen ... sie werden einen Aufwasch machen ... Wolf ...

F Ich hole Lili ... wenn sie aufgewacht ist ...

H. sucht Sender ...

F Was wird jetzt?

H Es kann Verhaftungen geben. Ich muß was wegbringen ... flüstert
... nach Neubarnim, zu Katjas Eltern ... in das Oderbruch.

F Jetzt?

H Ja.

F Und ich? Lili ist klein, Lilo noch nicht da.

H Ich muß!

F Gut. Ich bleibe hier ...

F Und wenn sie kommen?

H Wenig reden.

F Lili?

H Zu den Nachbarn. Brigitte ist zuverlässig.

F Weggeben?

H Keine Angst. Noch ist alles ruhig. Vielleicht kommen sie
nicht ...

H Nicht einschüchtern lassen! Das ist vielleicht ihr schwerster Fehler.

F Du fährst?

H Nein, wohin soll ich fahren? Ich bleibe hier!

F Gut ... verstehe

H (im Gehen) Keine Aussagen, ruhig bleiben. Du weißt nichts ...

H Zeit gewinnen. Vor allem nichts einreden lassen. Nicht verhan-
deln

F Und Wolf?

H Muß zurück

F Wie?

H flüstert Wir haben was besprochen ... Später!

...

F Hallo? Ja, das ist der Anschluß Havemann, ja. Wer? Nachrichten-
agentur dpa? Ich? Gehöre zum Freundeskreis ... Ja, das kann ich tun,
natürlich: Wir protestieren gegen die Ausbürgerung, das ist eine

Menschenrechtsverletzung erster Güte ... wir fordern freie Reise für
Wolf Biermann zurück in die DDR ... bestimmt ... so denken viele ...
Hallo? Hallo? Lili ... warte ... ich komme ...[33]

Am Schluss dieses Textes hämmert jemand gegen die Tür. Eine
Stimme ruft: »Zwo!« Das Gefängnis pocht an.

33 Jürgen Fuchs: Zwo! Empfang einer Nachricht, Manuskript, Privatarchiv Prof.
   Edwin Kratschmer, auszugsweise veröffentlicht in: Die Welt vom 10. 11. 2001.

Zellenkrieg

Man rechnete mit einer kurzzeitigen Protestwelle im Westen, vielleicht mit leichten Protesten im Osten. Wer kannte schon Biermann! Ein Problem konnte mit Stephan Hermlin als Delegierter des Internationalen P.E.N. entstehen. Reaktionen aus dieser Richtung waren einzukalkulieren. Einen weiteren potentiellen Unruheherd sahen SED-Führung und MfS in Grünheide. Noch bevor die Meldung der Ausbürgerung am 16. 11. 1976 über die Ticker lief, wurde vor Ort die Präsenz der Staatssicherheit verstärkt und Havemann demonstrativ offen beschattet. Mit größeren Problemen schienen die Verantwortlichen nicht zu rechnen. Diese Fehleinschätzung sollte sich als eine der gravierendsten in der SED-Herrschaftsgeschichte erweisen.

Die Dynamik, die prominente Schriftsteller und Künstler mit ihrer »Erklärung der Berliner Schriftsteller vom 17. 11. 1976«[1] zur Biermann-Ausbürgerung auslösten, traf die SED-Spitze kalt. Bestärkt durch das über westdeutsche Rundfunk- und Fernsehsender verbreitete Bittgesuch, Biermann die Wiedereinreise zu gewähren, solidarisierten sich in mehreren Städten der DDR vor allem junge Leute mit dem Liedermacher. Als die ARD am 19. November zudem

---

1 Erklärung der Berliner Schriftsteller vom 17. 11. 1976 an den Staatsrat der DDR, initiiert von Stephan Hermlin und Stefan Heym, mit der Forderung, sie im Zentralorgan *Neues Deutschland* abzudrucken – sie wurde nach Ablehnung durch das *ND* über AFP in der Bundesrepublik verbreitet. Der Kernsatz lautete: »Wir protestieren gegen seine Ausbürgerung und bitten darum, die beschlossene Maßnahme zu überdenken.« Erstunterzeichner: Erich Arendt, Jurek Becker, Volker Braun, Fritz Cremer, Franz Fühmann, Stephan Hermlin, Stefan Heym, Sarah Kirsch, Günter Kunert, Heiner Müller, Rolf Schneider, Christa und Gerhard Wolf.

sein Kölner Konzert ausstrahlte, konnte sich jeder ein eigenes Bild machen, wie der Barde die DDR »verunglimpft« hatte. Die SED startete sofort eine republikweite Versammlungskampagne in Betrieben, Studieneinrichtungen und Schulen, um Kritik an der staatlichen Maßnahme und weitere Solidarisierungen mit Biermann zu unterbinden. Dabei standen die Genossen vor dem Dilemma, dass mancher nicht verstehen wollte, womit Biermann die DDR diffamiert habe. Das *Neue Deutschland* räumte für Tage mehrere Seiten frei, um Zustimmungsbekundungen und, noch besser, Widerrufe von Petitionsunterzeichnern abzudrucken.

Allein in Jena erfolgten in einer ersten Welle zwischen dem 19. und 21. November mindestens 45 Zuführungen durch die Staatssicherheit, fanden mindestens 15 Hausdurchsuchungen statt, kamen acht »Hauptträdelsführer« für neun Monate in U-Haft. Eine Verhaftung von Jürgen Fuchs in Grünheide war nicht vorgesehen.

Es war vorgesehen, mit mir als einem der jungen Autoren Gespräche zu führen in Berlin, um mir ihre Umgangsweise mit dem schon traurigen Problem darzustellen. Da hatte ich aber bereits unterschrieben auf der Liste und in Telefoninterviews für den »Deutschlandfunk« und für dpa gesagt, dass das ein Verbrechen ist, dass die Ausbürgerung eine Waffe der Nazis war. Ich habe gesagt: »Wir sind entsetzt, dass unser Freund Wolf Biermann ausgebürgert wurde. Ich fordere seine sofortige Wiedereinreise, und im Übrigen muss die Waffe der Ausbürgerung ein für alle Male in allen Staaten der Welt geächtet sein.«

Das passte nicht in ihr Konzept. Als diese Interviews gesendet wurden und Havemann seinen Brief, in dem er auch Honecker ansprach, an den »SPIEGEL« gab, wurde es einen Zacken schärfer: Hier wird ja argumentiert!

Dann kam Pannach aus Leipzig nach Grünheide, dann Christian Kunert. Die Staatssicherheit darauf: »Was machen wir denn jetzt?«

Dann rief Lutz Leibner aus Jena an: »Was is'n jetzt zu tun?« Und ich sagte zu Lutz: »Jetzt ist so ein Punkt gekommen, wo man handeln muss.« Das haben sie alles mitgehört.

In dieser Situation muss die Entscheidung gefallen sein: Wir sind mit einer neuen Situation konfrontiert, in verschiedenen Städten passiert was, da kommt die Renft Combo, und Markowsky kommt angefahren.

Der Haftbefehl gegen Havemann lag ja vor. Dann gab es ein hartes Gegengutachten, er könne bei der Verhaftung oder in U-Haft versterben. Hohes Risiko für Kreislaufkollaps.

In dieser Lage wurde die Vollmacht gegeben, ein Signal zu setzen, erst mal mich zu verhaften. Es war ja zunächst eine Einzelverhaftung, um niederzuklopfen. Gegen Havemann wurde der Haftbefehl ausgesetzt. Das wollten sie nicht riskieren: Havemann, der bei den Nazis in der Todeszelle saß, wurde heute durch die Sicherheitskräfte der DDR abgeführt. Er ist krank.[2]

Am Abend des 18. November wurde Havemanns Telefonanschluss gesperrt. Jürgen Fuchs erzählte, wie er am Vormittag des 19. November mit Gerulf Pannach, Christian Kunert und Havemann in dessen Auto unterwegs zum *SPIEGEL*-Büro in Ost-Berlin war, um ein weiteres Interview zu geben. Er hatte die Schriftstellerpetition mit einer Reihe von Unterschriften dabei. Danach wollten sie in Biermanns Wohnung in der Chausseestraße 131, sehen, ob die bereits ausgeräumt worden sei, ob etwas zu retten wäre. Noch bevor sie das *SPIEGEL*-Büro erreicht hatten, wurde Jürgen Fuchs gegen zehn Uhr aus Havemanns Auto heraus festgenommen.

Zeigen Sie Ihren Personalausweis. Steigen Sie aus. Schließen Sie die Wagentür. Folgen Sie uns zu diesem Fahrzeug. Steigen Sie ein. Die Wagentür wird zugeschlagen und von innen verriegelt. WER SIND SIE? Ministerium für Staatssicherheit. Gegen Sie liegt eine Anzeige vor. WAS FÜR EINE ANZEIGE? WER HAT MICH ANGEZEIGT? Alles weitere erfahren Sie in unserer Dienststelle. WARUM BEHALTEN SIE MEINEN AUSWEIS? Das ist bei uns so üblich, sagt er, das ist das Recht des Gastgebers.[3]

2 Jürgen Fuchs: Gespräch mit Udo Scheer vom 24. 10. 1998.
3 Jürgen Fuchs: Vernehmungsprotokolle, Reinbek 1978, S. 7.

Für die Erstvernehmung wurde er zu einem Stasi-Objekt gegenüber dem Gefängnis Magdalenenstraße gefahren.

»Steigen Sie aus. Kommen Sie mit. Jeder Fluchtversuch ist sinnlos.«
Aber ich will doch gar nicht fliehen, ich habe doch zwei Beine, die jetzt gehorsam in einen Hausflur gehen und vor einer Wohnungstür Aufstellung nehmen. Der eine klingelt und die anderen warten, bis die Tür geöffnet wird. Das ist keine Wohnung, in der eine Familie lebt. Das ist kein Haus mit Mietern und Mülltonnen und Kindergeschrei. Ein Korridor und Türen.[4]

In seiner kurz nach der Ausbürgerung geschriebenen fünfteiligen *SPIEGEL*-Serie *Du sollst zerbrechen* und, geringfügig gekürzt, in *Vernehmungsprotokolle*, seinem im Gedächtnis aufbewahrten Hafttagebuch, schildert Jürgen Fuchs die neunmonatige U-Haft, analysiert der genaue Beobachter und Psychologe die hinterhältig subtilen Methoden und Zermürbungstaktiken, mit denen Vernehmer versuchen, belastende Aussagen zu erzielen.

Gleich im ersten Gespräch wird Druck aufgebaut, dann wieder herausgenommen, um die Reaktion des Festgenommenen zu testen, um die für seine Person effektivste Vernehmungsmethode herauszufinden. Psychologie spielt in diesem Duell ohne Zeitbegrenzung von Beginn an die entscheidende Rolle.

Zunächst wird der Festgenommene über die Absichten der Vernehmer bewusst im Unklaren gelassen. Ein, zwei Stunden allein in einem vergitterten Raum – mal sehen, ob er unruhig wird, sich verunsichern lässt, danach um so bereitwilliger redet? Dann erscheint Vernehmer I, gibt den freundlichen Typ, scherzt:

»Guten Tag, warum hat man denn Sie weggefangen? DAS FRAGEN SIE MICH? SIE HABEN MICH DOCH VERHAFTET. I: »Sie wurden vorläufig festgenommen. Das ist ein Unterschied.«[5]

4 Jürgen Fuchs: Du sollst zerbrechen, in: DER SPIEGEL Nr. 43/77, S. 70.
5 Vgl. Anm. 3, S.9.

Scheinbar um sein Wohl bemüht, fragt I, ob Fuchs schon zu Mittag gegessen habe, beobachtet, ob der in dieser Situation in der Lage ist zu essen. Jürgen Fuchs kann essen. Er hält sich an Havemanns Rat, keine Nahrung zu verweigern, auch später tritt er in keinen Hungerstreik – den Körper nicht schwächen, möglichst wenig Auskünfte, vor allem keine Aussagen, mit denen er sich oder andere belasten würde. Bei diesem ersten Abtasten lehnt Fuchs Auskünfte zu seiner Person kurz angebunden ab, antwortet auf die Frage, was er zusammen mit Havemann, Pannach und Kunert in Berlin wollte: »Gemüse einkaufen.« Er verlangt zu erfahren, welches Vergehen ihm vorgeworfen werde. I kommt nicht weiter, verlässt den Raum. Vernehmer II übernimmt 20 Minuten später, gibt den scharfen Stasi-Mann:

Nach dem ersten Taxieren: Is was? Nein? Was gibt's denn dann zu glotzen? ... Wenn Sie hier nur rumhocken und nicht klar sagen, was Fakt ist, und heute Abend geht irgendwas los, Gnade Ihnen Gott, da werden wir eklig. Den Wolf holt ihr nicht zurück. Und illegal kommt der nicht, so mutig ist er nicht, siehe '68. Jetzt ein bißchen Wirbel und dann Schluß, aus. Was wollten Sie in Berlin? Gemüse holen? Das können Sie ihrer Großmutter erzählen, wenn die noch lebt. Sie spinnen wohl, sie wollen uns wohl verscheißern. Remmidemmi machen wollten Sie auf dem Alex oder im ARD-Studio. Robert voran und ihr jungen Spunde hinterher. Nee, nee, daraus wird nichts, jetzt ist Schluß. Einmal ist der Ofen aus. Ja, ja, der Robert, Robbi, der Pantoffelheld. Und immer noch feste bumsen mit Schwindsucht und jungen Weibern, der große Philosoph, Ihre Frau macht da wohl auch mit, was?[6]

Nach II führt sich der dritte seiner künftigen Vernehmer ein, auch er will sich ein erstes Bild von seinem Widerpart machen. Er kehrt den Kunstkenner heraus, er habe von ihm schon viel gelesen, aber den Autor persönlich zu treffen, sei etwas anderes, er finde seine Prosa besser als die von Kunze. »Über Reiner Kunze und vor allem

6 Ebenda, S. 11 f.

über Ihre Arbeiten werden wir noch ausgiebig sprechen können. Zeit haben wir, wir nehmen sie uns.« Er reicht den Ausweis herüber. Der kleine, aufblitzende Hoffnungsschimmer: Vielleicht doch nur Gespräche? »Darf ich bitten, hier hinaus.«[7]

Diese erste Vernehmung, sagte Jürgen Fuchs später, sei recht locker abgelaufen. Dann führen ihn zwei Uniformierte zum Hinterausgang, dann klicken Handschellen, dann fährt ihn, in eine der sechs fensterlosen Minizellen gepfercht, ein Barkas-Kastenwagen in die etwa zehn Minuten entfernte Stasi-U-Haft Berlin-Hohenschönhausen. Er sieht nicht die Eingangsschleuse, das hohe graue Blechschiebetor in der noch höheren, oben stacheldrahtbewehrten Betonmauer, nicht das innere Gittertor. Gleißend grelles Licht empfängt ihn in der Garagenschleuse. »Vorwärts! Hopp, hopp! Komm' Se, geh'n Se! Da lang!« Ein trister Flur, dann links ein Raum wie eine Pförtnerloge für die Aufnahmeprozedur. Rechts gegenüber hinter Gitterstäben eine völlig kahle Zelle. »Da rein!« Hinter dem Milchglasfenster ist nur ein massives Gitter zu erkennen. Adieu, Blick nach draußen. »Nackt ausziehen. Alles! Bücken. Arschbacken auseinander. Anziehen.« Die eigenen Sachen, wenigstens das. Ein besonderes Privileg: »Sie bekommen Hausschuhe. Die Lederjacke brauchen Sie nicht. Bei uns ist geheizt. ... Gehen Sie rechts, Mann! Halt, hier rein.«

Zelle 117. Der Schließer öffnet eine dreifach verriegelte Stahltür, dick wie an einem Panzerschrank. Dahinter gibt es keine Farben mehr, nur Weiß, Grau und Holzbraun. Glasziegel brechen das Tageslicht.

Borchert hast du gelesen. Du weißt also, wie eine Tür von außen verriegelt und verschlossen wird. Borchert hast du gelesen. Aber jetzt wird wirklich eine Tür verriegelt und verschlossen. Und der da in der Zelle steht, bist du selbst. Und das ist eine richtige Zelle und ein richtiger Spion, der dich immer ansieht, auch wenn niemand vor der Tür steht, und da eine Pritsche und ein Wasserhahn und ein Klobecken.

7 Ebenda, S. 13.

Doppelte Eingangsschleuse der ehemaligen Hochsicherheits-Untersuchungs-haftanstalt des MfS in Berlin-Hohenschönhausen

Borchert hast du gelesen, aber jetzt denkst du gar nicht an ihn und hältst nur deinen Mund über dieses Klobecken und erbrichst, grünes und gelbes Zeug. Das ist nämlich die Wirklichkeit. Das ist die Einzelzelle 117 und das in ihr befindliche Klobecken. Mit Wasserspülung. Und außerdem ist das keine Zelle, sondern ein Verwahrraum, laut Anstaltsordnung.[8]

Gegen 19 Uhr wird der Untersuchungshäftling das erste Mal in den angrenzenden Vernehmertrakt geführt, ein endlos lang erscheinender Flur, links und rechts Vernehmertür an Vernehmertür. Vernehmer I setzt die Befragung fort, zu seiner Person, zu seiner »ausgeübten Tätigkeit«:

»Tragen Sie ein, was Sie für richtig halten. Ich beschreibe Papier.«
I: »...wollen Sie damit sagen, daß Sie Schriftsteller sind? Als Psychologe waren Sie nicht tätig, also: ohne Beschäftigung, nicht wahr?«
»Was Sie aufschreiben oder für sich notieren, ist mir völlig gleichgültig. Schreiben Sie meinetwegen Schmierfink oder Straßenkehrer.«[9]

Fuchs boykottiert wiederholt die Versuche, ihn zu Auskünften zu bringen, eine Verhaltensweise, die er, angeregt durch Havemann, bereits mit dem Jenaer Freundeskreis trainiert hatte. I kommt an Fuchs so nicht heran, er versucht Tricks, verlässt den Verhörraum, kehrt zurück, versucht es mit neuen Ansätzen, liest etwa zwei Stunden in seinen literarischen Arbeiten. Dazu Zwischenbemerkungen: »Ein dreckiger, kleiner Schwindler, nein, so was!« Der auf dem Vernehmungsstuhl soll zu spontanen Erwiderungen provoziert werden. Doch der durchschaut den hinter seinem Schreibtisch. II übernimmt, zieht andere Seiten auf, schiebt sein Gesicht ganz nah an den Festgenommenen, durchbricht unangenehm die Distanz, übt Druck aus. Abbruch.

8 Vgl. Anm. 4, S. 77.
9 Ebenda, S. 78.

»Unterschreiben Sie das Protokoll?«

»Nein.«

II: »Wie sie wollen. Das werden Sie aber bereuen.«[10]

Der seit der Übersiedlung zu Havemanns gegen Jürgen Fuchs angelegte Operative Vorgang mit dem bezeichnenden Decknamen »Spinne«[11] wird aus Sicht der Bearbeiter erfolgreich abgeschlossen durch ein »Ermittlungsverfahren mit Haft«[12]. Im OV »Spinne« wird der Bearbeitete charakterisiert als intelligent, sehr selbstbewusst, von seinen Ansichten überzeugt, zur Überheblichkeit neigend, mit kritischer Haltung, die auf reformistisch-linksradikaler Haltung basiere, wobei er überzeugend wirke. In Diskussionen erkenne er nur Partner an, die geistig auf seinem Niveau stünden. In seinen Schriften verfälsche er den realen Sozialismus, vertrete revisionistische und trotzkistische Positionen und stärke so den Klassenfeind.

Mit diesem Steckbrief und den von Jürgen Fuchs für dpa und DLF gegebenen Interviews, in denen er die Ausbürgerung Biermanns indirekt mit der bis 1939 betriebenen Ausweisungspraxis der Nazis gegenüber Juden gleichgesetzt hatte, war der Straftatbestand nach § 106 Strafgesetzbuch der DDR (Staatsfeindliche Hetze) erfüllt. Das politische Strafrecht der DDR ließ der Staatssicherheit fast freie Hand.

20. 11. 76

I: Guten Morgen, Herr Fuchs, haben Sie gut geschlafen? Ich habe Ihnen einiges mitzuteilen. Also, wir haben uns überlegt, daß Sie als schwerer Fall zu betrachten sind. Gestern sprach ich von § 220.[13] Der findet ab heute keine Anwendung mehr. Der geht bis zwei Jahre. Wir haben uns gedacht, daß der § 106, »Staatsfeindliche Hetze«, für Sie das Angemessene ist. Ich darf mal vorlesen:

10 Ebenda. S. 79.
11 BStU, OV »Spinne«, Reg.-Nr. XV/3970/76, insg. 291 Blatt.
12 BStU, Fuchs, Jürgen, Reg.-Nr. XV/5171/76.
13 §220 StGB der DDR: Staatsverleumdung, Geldstrafe oder Haftstrafe bis zu zwei Jahren.

Fotoraum zur erkennungsdienstlichen Behandlung im zentralen Stasi-Untersuchungsgefängnis Hohenschönhausen

(1) Wer mit dem Ziel, die sozialistische Staats- und Gesellschafts-ordnung zu schädigen, oder gegen sie aufzuwiegeln,

1. Schriften, Gegenstände oder Symbole, die die staatlichen, politischen, ökonomischen oder anderen gesellschaftlichen Verhält-nisse in der DDR diskriminieren, einführt, herstellt, verbreitet oder anbringt;

2. Verbrechen gegen den Staat androht oder dazu auffordert, Wi-derstand gegen die sozialistische Staats- und Gesellschaftsordnung zu leisten;

3. Repräsentanten oder andere Bürger der DDR oder die Tätig-keit staatlicher oder gesellschaftlicher Organe und Einrichtungen diskriminiert;

4. den Faschismus oder Militarismus verherrlicht, wird mit Frei-heitsstrafe von einem Jahr bis zu fünf Jahren bestraft.

(2) Wer zur Durchführung des Verbrechens Publikationsorgane oder Einrichtungen benutzt, die einen Kampf gegen die DDR führen, oder das Verbrechen im Auftrag derartiger Einrichtungen oder plan-mäßig durchführt, wird mit Freiheitsstrafe von zwei bis zehn Jahren bestraft.

Ja, für Sie trifft der zweite Abschnitt zu, also von 2 bis 10 Jahren. Sie werden vielleicht heute noch dem Haftrichter vorgestellt. Dann haben Sie es schriftlich.

Ich: Meine literarischen Arbeiten, die zum Teil in der DDR gedruckt wurden, sind also ab heute »staatsfeindliche Hetze?«[14]

Lilo Fuchs:

Die Wochen davor lag schon etwas in der Luft. Wir wussten natürlich nicht, wann sie zuschlagen würden. Unsere prinzipielle Verabredung war, egal was sie machen, wir bleiben hier. Wir halten das aus. – Ohne dass uns wirklich klar war, was kommt.

Nach der Inhaftierung gab es zwei Wirklichkeiten. Die eine im Gefängnis für Jürgen, die wir nur ahnen konnten. Wir wussten nicht, was sich dort

14 Jürgen Fuchs: Du sollst zerbrechen, in: DER SPIEGEL Nr. 44/77, S. 206.

Verwahrraum 117, Inneres der Zelle, in der Jürgen Fuchs sich vier Wochen lang in Einzelhaft befand

abspielte. Und er wusste nicht, was sie sich für uns draußen überlegt hat-
ten. Die Trennung wurde auch ausgenutzt, um uns in die Enge zu treiben.
Sie hatten gemerkt, dass wir ziemlich stur waren. Es hätte ihnen gefallen,
wenn wir schon eher das Land verlassen hätten. Aber genau das wollten wir
eben nicht. Stattdessen hatten wir die Frechheit besessen, uns mit Familie
Havemann, die sie besonders isolieren wollten, zusammenzutun.

Zwei Tage nach Jürgen wurden Gerulf Pannach und Christian Kunert
auf dem Weg zu einer westdeutschen Redaktion auf dem Alexanderplatz
festgenommen. Sie waren nach Biermanns Ausbürgerung sofort aus Leip-
zig zu uns gekommen, weil sie dachten, wir müssten uns beraten. Niemand
wusste ja, was noch losgehen würde. Jeder war wie elektrisiert. Erst haben
wir befürchtet, sie würden Havemann inhaftieren. Das haben sie sich nicht
getraut. Für ihn holten sie die nicht so bekannten jungen Männer.

Die Inhaftierung wurde mir von einem Polizisten mitgeteilt. Der kam
mit dem Motorrad nach Grünheide raus, hatte einen Sturzhelm auf: Jür-
gen sei verhaftet worden, weil er »Dadn gägn dä DäDäR« begangen habe.

Lili und ich sind dann weiter in Grünheide geblieben. Denn seit Herbst
hatte ich eine Anstellung in der Klinik Samariteranstalten für behinderte
Kinder in Fürstenwalde. Wir hatten ja kein Geld.[15]

Das Gebiet um Havemanns Grundstück war von der Staatssicherheit zum Sperrgebiet erklärt worden. Besuche aus dem Inland und
Kontakte zu westlichen Besuchern und Journalisten wurden rigoros unterbunden.

Die Vernehmungen der seit dem 21. 11. 1976 in Hohenschönhausen inhaftierten Liedermacher Gerulf Pannach und Christian
Kunert ergaben für die Ermittler[16], dass sie zusammen mit Katja
Havemann Manuskripte, Notizzettel und Tonbänder, auch von
Fuchs, in Koffern verpackt hätten. Einen dieser Koffer habe der akkreditierte *SPIEGEL*-Korrespondent Ulrich Schwarz an sich genommen. Ihm war es gelungen, noch rechtzeitig vor der Blockade nach

---

15 Lilo Fuchs: Gespräch mit Udo Scheer vom 03. 11. 2006.
16 BStU, Ermittlungsakte IX/469/77, Vorschlag zur Durchführung von Beweisauf-
    nahmen in den Ermittlungsverfahren. Fuchs, Jürgen, P [geschwärzt], Gerulf
    und K [geschwärzt], Christian, 20. 06. 1977.

Grünheide zu gelangen. Einen anderen Koffer, erfuhren die Vernehmer, hätte das befreundete Pfarrer-Ehepaar Edda und Johannes Meinel verwahrt. In Abstimmung mit der MfS-Hauptabteilung II (Spionageabwehr) wurde vorgeschlagen, den *SPIEGEL*-Korrespondenten zeugenschaftlich zu vernehmen und ihn zur Herausgabe des Koffers aufzufordern, um damit weiteres Belastungsmaterial für das Strafverfahren gegen Fuchs zu erhalten. Falls Schwarz sich weigere, seien strafrechtliche Maßnahmen einzuleiten. Im Januar 1978 wurde der Journalist aus der DDR ausgewiesen.

Grünheide erlebte nach der Biermann-Ausbürgerung bis 1979 eine Belagerung durch die Staatssicherheit, die in der DDR ihresgleichen sucht. Mitunter waren bis zu 200 Kräfte im Einsatz. Katja Havemann erzählt über die Demonstration des Machtapparates:

Weil sie Robert nicht gut verhaften konnten, kam jemand auf die Idee: Wir deklarieren das zu Hausarrest. Die Stasi hatte ihn abgeholt, Jürgen war schon verhaftet, und wir dachten, jetzt holen sie Robert auch. Aber dann haben sie ihn wiedergebracht. Er wurde nach Fürstenwalde zum Kreisgericht vorgeladen. Der Richter hatte den »SPIEGEL« aufgeschlagen und fragte: »Haben Sie diesen Protestbrief veröffentlicht?« Da sagte Robert: »Ja, selbstverständlich. Ich bin der Meinung, die Ausbürgerung ist ein illegaler Akt. Er schadet der DDR.« Darauf sagte der Richter, das wolle er nicht hören. Und: »Sie werden hiermit nach Paragraph 249 Strafgesetzbuch der DDR, Gefährdung der öffentlichen Ordnung und asoziales Verhalten, zu Arrest auf Ihrem Grundstück verurteilt.«

Nach diesem Urteil ist der Hofstaat hier richtig aufgezogen. Die Stasis standen in Polizeiuniformen da, die Absperrung wurde perfektioniert. Robert durfte nicht aus Grünheide raus. Wenn er raus wollte, haben sie ihn angehalten, er musste sagen, wohin. Daraufhin haben sie ja oder nein gesagt, und nur in ihrer Begleitung. Nur durch Austesten haben wir erfahren, was er durfte und was nicht. Vorschriften wurden ihm ja nicht ausgehändigt. Manchmal konnte er in seine Wohnung nach Berlin fahren. Als sie herausbekamen, dass er sich dort mit Westdeutschen traf, die lange vor ihm in die Wohnung gekommen waren, haben sie auch diese Fahrten verboten. Manchmal konnten wir zu seinen oder meinen Eltern fahren. Zu

bestimmten Zeiten hatte er dann wieder völliges Ausgangsverbot, meist
zu Partei- oder Feiertagen. Das Perfide war, dass Lilo und ich, die wir nicht
unter Hausarrest standen, in der ganzen Zeit Begleitung hatten. Wer uns
nur grüßte, bei dem wurden die Personalien kontrolliert.

Zum Glück gab es Leute, die uns halfen, die beispielsweise Briefe wei-
tergaben. Wir hatten ja kein Telefon mehr, aber über Freunde und Bekann-
te, über Pfarrer Meinel und im Notfall über unsere Nachbarin war das
Telefonieren möglich, auch wenn sie häufig mitgehört haben.

Eine ganz wichtige Hilfe war Roberts uralte Freundin Lotte Frank, eine
Professorenwitwe. Sie war Robert und Wolf in großer Freundschaft ver-
bunden. Die wohnte in Berlin-Pankow und war zu allem bereit, irgendwie
auch schon jenseits von Gut und Böse. Durch ihre Freundschaft mit dem
französischen Kulturattaché, mit vielen diplomatischen Vertretern hatte
sie Verbindungen zum Transportieren von Manuskripten und Briefen. Da
habe selbst ich meist nicht nach dem Weg gefragt. [17]

Egal, wohin Lilo Fuchs ging oder fuhr, ob zu ihrer Arbeit in die
Rehabilitationsklinik oder an jedem Wochenende nach Jena zu ihren Eltern und ihrer Schwester, zu denen sie ihre Tochter gegeben
hatte, oder zu »Sprechern« nach Hohenschönhausen, fast immer
hängten sich ihr Stasi-Schatten an. Im Zug nach Jena hatte sie die
Begleitung meist schon im Waggon. Auf dem Bahnhof angekommen, übernahm ein Jenaer MfS-Mitarbeiter und brachte sie zunächst zum Volkspolizei-Kreisamt, wo sie regelmäßig zum Zweck
ihres Aufenthalts befragt wurde und belehrt, dass ihr jeder Kontakt
außerhalb der Familie verboten sei. Die Genossen kamen mit bis in
die Wohnung der Eltern, inspizierten sogar das Kinderzimmer, ob
sich eine »unbefugte Person« darin aufhielt. In der Stadt folgten
ihr penetrant dicht zwei oder mehr Gestalten wie in einem absur-
den Theaterstück. Es war Teil der Zersetzungsstrategie. In ihrer
verschmitzten Art machte sich die junge Frau mitunter einen Spaß
daraus, die Verfolger vorzuführen. »Zum Beispiel sind wir in einem
Laden plötzlich zur Seite getreten und haben gesagt: ›Nehmen Sie

---

17 Katja Havemann: Gespräch mit Udo Scheer vom 8. 11. 2006.

mal den Herrn vor, der will sich ein paar Brötchen kaufen oder ein bißchen Wurst.«"[18]

Der Stasi-Bezirk in Berlin-Hohenschönhausen war auf den Stadtplänen der DDR nur als rosa Fläche, als Terra incognita, dargestellt. Die Häftlinge, die in Gefangenentransportern in überaus engen, fensterlosen Zellen zur Erstvernehmung und später zu »Sprechern« oder Anwaltsterminen in die Magdalenenstraße gefahren wurden, wussten nicht, dass sie im Stasi-Sperrbezirk Hohenschönhausen, Genslerstraße 66, einsaßen. Die U-Haft, das Herzstück der verbotenen Stadt, ein Hochsicherheitstrakt, umgeben von vier Meter hohen grauen Mauern, oben mit umlaufender Stacheldrahtbewehrung, dazu Postentürme und Kameraüberwachung, ist heute Gedenkstätte.

Der alte, vom sowjetischen Geheimdienst und in den frühen Jahren vom MfS als zentrales Untersuchungsgefängnis genutzte Backsteinbau, das Kellergefängnis mit Dunkelzellen, Kältekarzer und Wasserfolter, genügte nicht mehr den Erfordernissen. 1959 wurde U-förmig um diesen Bau ein dreigeschossiger Gefängnisneubau errichtet, der einer modernen Diktatur mit ihren psychologischen Foltermethoden[19] weit besser entsprach. Auf 102 Häftlingszellen kamen in den langen Gängen des Vernehmertraktes 120 Vernehmungszimmer hinter gepolsterten, schallgedämpften Doppeltüren. In dieser zu einer dämonischen Wirklichkeit ausgewachsenen Orwellschen Welt betrieben ganze Vernehmerkollektive quasi-industrielle Geständnisproduktion. Selbst die in allen Vernehmerzimmern identische Einrichtung zielte darauf ab, den Häftlingen ihre Schwäche zu suggerieren. Der Vernehmer auf einem beque-

18 Gespräch Lilo Fuchs / Doris Liebermann in: europäische ideen 2000, Heft 121, S. 13.
19 Die Anti-Folter-Konvention der UN stuft die in der MfS-U-Haft angewandte Isolationshaft, den Einsatz »Operativer Psychologie«, die systematische Erzeugung von Ohnmachtsgefühlen, das gezielte Auslösen von Angst, Schlaf- und Reizentzug als Folter ein. Die psychische, sogenannte »Weiße« oder auch »Schwarze Folter« wurde als staatliches Gewaltmittel der DDR seit den 6oer Jahren perfektioniert, um die Missachtung der Menschenrechte nach außen besser kaschieren zu können.

men Sessel hinter seinem großen Schreibtisch, im Rücken das für den Häftling einzige Fenster mit Glasscheiben im Trakt, konnte die Übergardine zur Seite ziehen und den Blick freigeben auf das Grün der Bäume, auf die Siedlungshäuser außerhalb der Mauer. Nach permanentem Reizentzug war das ein überaus wirksames Mittel zur seelischen Destabilisierung. Das Tonbandgerät auf dem Tisch konnte der – in MfS-Sprachgebrauch – Untersuchungsführer abschalten: »So, jetzt sind wir ganz unter uns.« Das zweite Gerät im Wandschrank und das Abhörmikrophon für die Vorgesetzten liefen weiter. Der Untersuchungshäftling saß auf einem Schemel neben der Tür. Wurde die geöffnet, blieb jeder, der in den Raum schaute, für den Vernommenen unsichtbar. »Verschärfung« hieß Hände unter die Oberschenkel, stundenlanges qualvolles Sitzen ohne Rückenlehne. Der Vernehmer las inzwischen Akten oder Zeitungen und konnte sein Gegenüber ohne eine einzige Frage irgendwann abholen lassen. Da war es eine außerordentliche Vergünstigung, am Beistelltisch vor dem Vernehmerschreibtisch auf einem Lehnstuhl sitzen zu dürfen, Tee, Kaffee oder Zigaretten angeboten zu bekommen.

»Verschärfung« konnte heißen: Entzug des täglich halbstündigen Ganges in den »Freiganghof«, unter den Häftlingen »Tigerkäfig« genannt, ein zehn Quadratmeter großes, in vier Meter Höhe mit Maschendraht überspanntes, tristes Mauergeviert mit Postenbrücke oben. Und dennoch, sagte Jürgen Fuchs, »wenn Du lange genug in den Himmel schaust, siehst du die Gitter nicht mehr.«

In der Zelle war es verboten, sich tagsüber auf die Pritsche zu legen, Sport zu treiben, laut zu sprechen oder zu singen. Nachts war es verboten, die Hände unter die Decke zu nehmen. Kontrollen erfolgten meist im Viertelstundentakt. Auch jede andere Haltung als Rückenlage bedeutete: Zellenlicht an, Lärm, Angeschnauzt-Werden, Schlafentzug, auch für die Häftlinge ringsum.

Auf dem Weg zur Vernehmung oder zum wöchentlichen Duschen hieß Ampellicht auf Rot: »Halt! Gesicht zur Wand!« So bekam der U-Häftling weder anderes Personal noch Mithäftlinge zu sehen.

In diesem tristen Bau isoliert, verunsichert, elementarster

Rechte und Freiheiten beraubt, kamen bohrende Fragen: Was wissen die? Wie lange halten die dich fest? Was steht am Ende? In solchen Drucksituationen konnte der Vernehmer mit Angeboten kommen:

21. 11.
I: Heute ist Sonntag. Da wollte ich eigentlich zu Hause sein ... Ach so, wenn Sie rauchen wollen ...
Ich soll Sie also um eine Zigarette bitten?
I: Zieren Sie sich doch nicht. Immer heraus mit der Sprache.
Rauchen Sie Ihre Zigaretten selbst, ich bin kein Kettenraucher. Es macht mir nicht viel aus, auf Nikotin zu verzichten.[20]

Den Häftling dazu zu bringen, den Vernehmer zu bitten, diese kleine Unterwerfung, funktioniert also nicht. Er versucht es mit dem *ND*, weiß, wie begierig Fuchs nach Informationen ist:

Lesen Sie mal ... Überschrift: »Wir sind es gewohnt mitzudenken« – Stellungnahmen zur Aberkennung der DDR-Staatsbürgerschaft Biermanns.
I: Na, was sagen Sie dazu?
Moment ...
I: Ist das nichts? Ernst Busch, Hermann Kant, Willi Sitte, Fritz Cremer, Ekkehard Schall, Franz Josef Degenhard. Ist das nichts, Herr Fuchs?
...
I: ... ich meine es gut, überdenken Sie Ihre Position zu Biermann. Das könnte Sie vielleicht retten.
Wie denn retten?
I: Ja, nun, wie wäre es zum Beispiel, wenn Sie auch eine Stellungnahme abgeben würden? Wenn Sie gut ist, würden wir sie dann ans *Neue Deutschland* weiterreichen.
Das ist wohl ein Witz ...
I: Sagen Sie jetzt nichts, überlegen Sie sich das Ganze. Ich lasse Sie

20 Vgl. Anm. 14, S. 210.

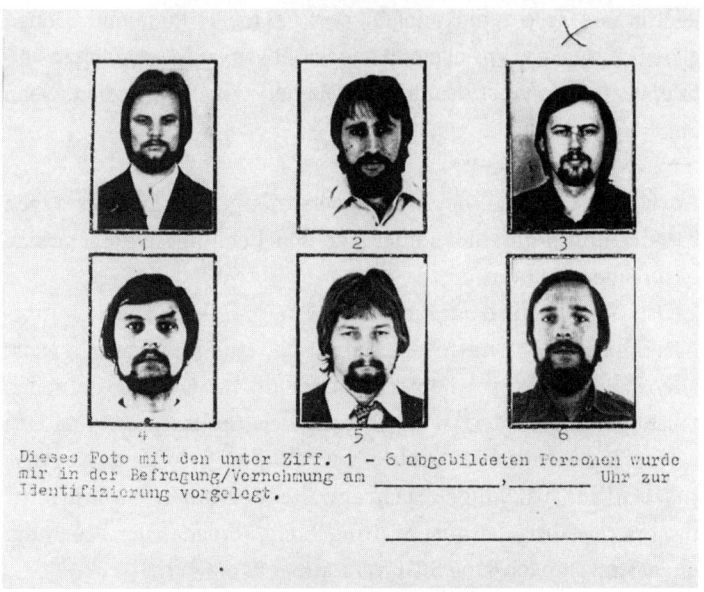

Diese Foto mit den unter Ziff. 1 - 6 abgebildeten Personen wurde
mir in der Befragung/Vernehmung am _____,_____ Uhr zur
Identifizierung vorgelegt.

_____

Identifizierungsfoto der MfS-Abteilung Strafermittlung

Eines von 120 nahezu identischen Vernehmungszimmern zur Geständnisproduktion im Untersuchungsgefängnis Hohenschönhausen

jetzt in Ihre Zelle zurückbringen, dort haben Sie Ruhe und können alles überdenken. Vor allem, wenn wir etwas im ND von Ihnen veröffentlichen, dann ist das ja nur glaubhaft und überzeugend, wenn Sie draußen sind.[21]

Auch dieser Versuch des Vernehmers missglückt. Doch es nagen Zweifel, und es gibt niemanden, mit dem der Eingeschlossene sich besprechen könnte.

Drei Tage nach seiner Einlieferung nimmt der Untersuchungshäftling das Rechtsmittel der Haftbeschwerde in Anspruch, weist »den schweren Vorwurf einer staatsfeindlicher Hetze entschieden zurück«[22] und fordert seine sofortige Haftentlassung. Noch am selben Tag, dem 22. November, wird ihm der stereotype Negativbescheid des zuständigen Staatsanwaltes übermittelt: »Die Ermittlungen ... haben den bisher dringenden Verdacht der Begehung einer Straftat nach § 106 StGB verstärkt.«[23]

Die ersten Tage wird er täglichen Verhören unterworfen, acht Stunden, auch mehr. Jürgen Fuchs bleibt äußerlich abweisend, innerlich in höchster Anspannung. Dann drei Tage keine Vernehmung. Unberechenbarkeit ist eines ihrer wichtigsten taktischen Mittel.

Da du nicht weißt, wann sie dich zum Verhör holen, bist du in ständiger Erwartung. Heute holen sie dich nicht, aber das wissen nur sie. Du mußt davon ausgehen, daß sie dich holen. Plötzlich kann die Tür aufgeschlossen werden, plötzlich kann irgend jemand in der Tür stehen und irgend etwas sagen oder tun. Auf dieses »plötzlich« kommt es ihnen an.[24]

Am 30. 11. wird Jürgen Fuchs in ein anderes Zimmer geführt, sieht sich zwei Stasi-Offizieren, diesmal nicht Abteilung IX, Strafermitt-

21 Ebenda, S. 212.
22 Jürgen Fuchs: Landschaften der Lüge, in: DER SPIEGEL Nr. 47/91, S. 287.
23 Ebenda, S. 290.
24 Vgl. Anm. 14, S. 225.

lung, gegenüber, auffällig unauffällige Einheitsdienstjacken, schwarzes Leder. Die Führungsoffiziere in spe kommen mit einem klaren Angebot:

III: Ja, wir sind der Meinung, daß Sie in Kürze wieder dem kulturellen Leben der DDR zurückgegeben werden müßten. Wir hoffen, das kann schnell geschehen.
IV: Es wird auch an Ihnen liegen, Herr Fuchs. Sie geben uns einige Informationen, und wir sagen Ihnen, vor welchen Leuten Sie sich in acht nehmen müssen, wenn Sie ungestört künstlerisch arbeiten wollen.[25]

Sie sind gut präpariert, wollen wissen, worüber Robert Havemann in seinem neuen Manuskript schreibe, was Fuchs über die publizistischen Arbeiten des Soziologen Manfred Wilke in West-Berlin wisse, was über den Gewerkschafter Heinz Brandt, was Havemann mit Mettke vom *SPIEGEL* in Grünheide besprochen habe ...

IV: Schenken Sie uns reinen Wein ein, erst dann wird eine positive Entscheidung in Ihrem Fall möglich sein. Nun, wir haben einen ersten Themenbereich abgesteckt, möchten Sie Aussagen machen? ...
Ich habe in den letzten Tagen sehr genau hingehört, eines kann ich mit Sicherheit sagen: Wir sprechen keine gemeinsame Sprache ...
IV: ... Schade, Herr Fuchs, dann wird es lange dauern. Ich soll Sie von Pannach und Kunert grüßen, die sitzen ein paar Zellen weiter.
(Wartet)
IV: Havemann geht es so leidlich im Haftkrankenhaus. Und Ihrer Frau, ach so, darüber sprechen wir später ...

Der wie beiläufig hingeworfene Satz, Havemann läge im Haftkrankenhaus, soll treffen, trifft. Für den von der Außenwelt Abgeschnittenen ist nicht nachprüfbar, ob wahr ist, was sie sagen, ob

25 Jürgen Fuchs: Du sollst zerbrechen, in: DER SPIEGEL 45/77 vom 31. 10. 1977, S. 206.

der befürchtete schlimme Fall eingetreten ist. Dazu der »Gruß«, ein Wink? Denken Gerulf und Christian, von ihm hänge es ab, ob sie freikämen oder verurteilt würden? Und: Was ist mit Lilo? Er wird auf Zelle geschickt, das soll nachwirken, zermürben, brechen.

JETZT BIN ICH RAUS, JETZT
Kann ich erzählen
Wie es war
Aber das
Läßt sich nicht erzählen
Und wenn
Müßte ich sagen
Was ich verschweige
Zum Beispiel
Daß ich am 17. 12. 1976 in meiner Zelle saß
Mit dem Rücken zur Tür
Und weinte
Weil ich am Vormittag das Angebot abgelehnt hatte
Mit Ihnen zusammenzuarbeiten
Und du weißt
Was es heißt, mit ihnen zusammenzuarbeiten[26]

Während der Vernehmungen beobachtet er, plötzlich klingelt mal das Telefon, mal wird der Vernehmer aus dem Verhörraum gerufen oder ein Zweiter taucht auf, wechselt die Taktik. Das geschieht auffällig häufig, wenn die Situation aus ihrer Sicht verfahren ist. Er ist sich sicher: »Der Krisenstab hört mit und greift ein. Operativ.«[27] Später beobachtet er, unter der Schreibtischplatte des Vernehmers muss sich ein Knopf befinden, mit dessen Hilfe der jederzeit eine Auszeit nehmen, die Vernehmung von außen beeinflussen lassen oder sich am Telefon selbst anrufen kann, um dann selbstinszenierte dunkle Andeutungen zu machen: »Wo? In Reichenbach?

26 Jürgen Fuchs: Tagesnotizen, Gedichte, Reinbek 1979, S. 23.
27 Vgl. Anm. 25, S. 217.

Liegt das nicht im Vogtland (Wohnort meiner Eltern), ja, verhaftet, mußte denn das sein? Ach so, ja, schön, also bis nachher.«[28]

Als Gefangener ist Jürgen Fuchs den Anordnungen absolut unterworfen, zugleich gelingt es ihm in den Vernehmungen wie nur wenigen, selbstbestimmt aufzutreten. Er macht sich ein Stück weit unangreifbar, indem er die Ausnahmesituation bewusst nutzt, um möglichst genau zu beobachten, was in diesem höchsttabuisierten Bereich der SED-Diktatur geschieht. Knast wird zur konsequenten Fortsetzung seiner Diktaturrecherche, die mit Kasernenhofdrill und Parteiausschlussverfahren begann.

Seine nach außen getragene kompromisslose Entschiedenheit zieht ihre fast übermenschliche Kraft vor allem aus der festen Absicht, die Vernehmungsmethoden, Manipulationsversuche und hinterhältigen Tricks der Gegenseite zu analysieren, um sie später zu dokumentieren. Seine Intelligenz und sein überlegtes Verhalten bringen die Vernehmer wiederholt an ihre Grenzen. Fuchs reizt sie so stark, dass ihm einer von ihnen auf den Kopf zu erklärt:

7. 12.
IV: Ihre Strategie ist uns klar. Sie sagen sich: »Warum soll ich mich an einem Verfahren beteiligen, das gegen mich gerichtet ist. Also verhalte ich mich passiv.« Aussagen kann man das ja wohl nicht nennen, was Sie hier von sich geben ...[29]

Der Stab versucht es mit einem weiteren Griff in die Trickkiste. Der Anstaltsleiter persönlich führt den Untersuchungshäftling am 17. 12. in den »Verwahrraum« 332 und zeigt freundlich auf eine der drei Pritschen: »Ab jetzt sind Sie ›Zwo‹.«

Ende der Einzelhaft, nach vier Wochen zum ersten Mal ein Zellenkumpel. Der bietet ihm Schokolade an, Nescafé, sagt, aus dem ersten Paket seiner Frau, er sitze seit dem 24. Oktober hier in U-Haft. Er stellt sich vor, sei Bundesbürger, Fluchthelfer aus

28 Jürgen Fuchs: Du sollst zerbrechen, in: DER SPIEGEL 46/77, S. 224.
29 Vgl. Anm. 25, S. 217.

Überzeugung, nicht für Geld, sein Vater, ein alter Sozialdemokrat, aus der DDR geflüchtet, betreibe ein großes Fuhrunternehmen, habe Verbindungen in höchste Ebenen der Politik. Er redet etwas zu eifrig, setzt alles daran zu dominieren, ein kräftiger Typ, bemerkt wie nebenher, wie gefürchtet er sei – in Norddeutschlands Kneipen.

In den nächsten Tagen wirst du entdecken, daß sein Trinkbecher seit langer Zeit benutzt wurde (Belag), jedenfalls nicht erst seit Oktober (Verhaftete erhalten bei der »Einlieferung« neues Geschirr). Auch seine Filzlatschen verraten eine jahrelange Benutzung ... Das »Untersuchungsorgan« hat eine »zweite Front« eröffnet: das erzwungene Zusammenleben, die Konfrontation oder das Miteinander in der Zelle ... Offenbar, wenn auch für dich nicht sofort einsehbar, zielen sie auf einen »Zellenkrieg« ... Sie kalkulieren aber auch eine andere Möglichkeit ein: Weil so vieles für den Spitzelverdacht spricht, könntest du auf die Idee kommen, daß dieser Mensch gerade aus diesem Grunde »in Ordnung« ist, daß erzeugtes Mißtrauen und Zellenkrieg zu ihrer Strategie gehört. Eine Folge könnte sein: Vertrauen.[30]

Jürgen Fuchs misstraute dem Mithäftling und sollte recht behalten. Bei seiner Akteneinsicht Anfang der 90er Jahre fand er einen der seltenen Stasi-Vermerke, in dem die Mitarbeiter ihre Methoden offenlegten. Auf die Anfrage einer anderen Diensteinheit hin wird der von Fuchs in seiner *SPIEGEL*-Serie *Du sollst zerbrechen* geschilderte Einsatz von Abhörtechnik und des Zellenspitzels bestätigt:

Es entspricht den Tatsachen, daß er während des gegen ihn durchgeführten Ermittlungsverfahrens unter operativer Kontrolle durch Technik und ZI[31] stand. Auf diese Weise gelang es von Dezember 1976 bis 30. 3. 1977 eine Reihe wertvoller Hinweise über Aktivitäten feindlich negativer Kräfte ... zu erarbeiten. Begünstigt durch

30 Vgl. Anm. 25, S. 220.
31 ZI = Zelleninformant.

vernehmungstaktische Fehler des Untersuchungsführers entstand zum vorgenannten Zeitpunkt bei Fuchs der Verdacht, daß er »abgehört« wird. Eine eindeutige Dekonspiration des ZI konnte jedoch nicht festgestellt werden. Beim ZI handelt es sich um einen im September 1976 wegen Verbrechen des staatsfeindlichen Menschenhandels zu 8 Jahren Freiheitsentzug verurteilten Bürger der BRD, der mehrfach überprüft eine zuverlässige und gewissenhafte inoffizielle Arbeit leistete und durch die HA VIII für eine inoffizielle Nutzung im Operationsgebiet[32] vorgesehen ist. Die von Fuchs angeführten Angaben über dessen Person stimmen im wesentlichen mit der Legende des ZI überein ... Es muß jedoch eingeschätzt werden, daß im Ergebnis von Überprüfungen und Bildvorlagen durch den Verfassungsschutz der BRD der ZI eindeutig identifiziert werden kann.[33]

Gewöhnlich wurde Untersuchungshäftlingen erst nach einem Vierteljahr einmal im Monat der Besuch eines Familienangehörigen zugestanden, mitunter auch wieder verwehrt, um den Druck auf ihre Aussage- oder Kooperationsbereitschaft zu erhöhen. Lilo Fuchs erhielt bereits nach einem Monat das »Privileg« zugesprochen, ihren Mann besuchen zu dürfen. Die Besuchserlaubnis war Teil der Taktik. Der Ermittlungsstab wusste, Jürgen Fuchs war Familienmensch, ein sorgender, jetzt zutiefst besorgter Familienvater und Ehemann. Sein schwächster Punkt war die Familie. Vielleicht, so ihr Kalkül, ließ sich sein Widerstand ja über den Kontakt zu seiner Frau brechen?

Zunächst bekam Lilo Fuchs einen Termin bei dem zuständigen Staatsanwalt:

Der hat mich von den Gesetzen her aufgeklärt, was ich zu tun und zu lassen hätte und dass ich im Monat 30 Mark auf ein Konto für seine Haftein-

32 Operationsgebiet = Bundesrepublik Deutschland.
33 Jürgen Fuchs: Magdalena MfS, Memfisblues Stasi Die Firma VEB Horch & Gauck – ein Roman, Berlin 1998, S. 106; Untersuchungsvorgang 85/86 Band 2, Bl. 431 f.

käufe schicken könne. Nicht gesagt hat er mir, wo sie Jürgen hingebracht hatten.

Jürgen wollte ja eigentlich den Rechtsanwalt Götz Berger, der auch Havemann vertreten hatte, als seinen Anwalt. Aber der war zwischenzeitlich aus der Anwaltskammer ausgeschlossen worden. Er war, als die Belagerung losging, zu Havemann hinausgekommen und hat gesagt: »Robert, hier muss ich dir zur Seite stehen.« Ein paar Tage darauf hatte er Berufsverbot. Er arbeitete im gleichen Büro wie der junge Gysi. Der übernahm dann Havemanns Vertretung. Für Jürgen blieb nur noch einer, Wolfgang Vogel, der mir auch alle Besuchstermine mitteilte.

Besuche fanden immer in der Magdalenenstraße in Lichtenberg statt. Vier, fünf Monte lang habe ich nicht gewusst, dass Jürgen dort gar nicht inhaftiert war, sondern in Hohenschönhausen, in der Genslerstraße.

Die Besuche, die sogenannten »Sprecher«, liefen so ab, dass man in der Magdalenenstraße in einer Straße, die für normale Autos gesperrt war, zu Fuß hineinging. Dort parkten nur Stasi-Fahrzeuge. Wir hatten es so eingerichtet, dass mich Robert Havemann fast jedes Mal hingefahren hat. Wir hatten da immer einen langen Korso als Begleitung von Grünheide bis zur Magdalenenstraße. Er hat gesagt: »Eigentlich darf ich hier nicht reinfahren, aber ich gehöre ja schon fast dazu.« Er hat sich mitten zwischen die Stasi-Autos gestellt und gewartet, bis ich wieder rauskam. Die eigentlichen Gesprächzeiten waren auf ungefähr 20 Minuten begrenzt. Ich musste den Ausweis abgeben, kam in einen Warteraum, wurde abgeholt, um ein paar Ecken herumgeführt. Dann kam ich in ein kleines Büro. Dort saß in der Regel einer hinterm Schreibtisch, und einer oder zwei hatten sich auf Sesseln postiert. Sie versuchten mit mir, halb plump, halb nett, zu sprechen. Ich wurde eingewiesen: Keine Berührung, nicht über Dinge reden, die das Verfahren betreffen, nur Persönliches war erlaubt.

Ich hatte etwas Kaffee und Kuchen mitgebracht, wusste nicht, ob ich das durfte. Das Mitgebrachte musste ich auch jedes Mal auf dem Tisch ausbreiten. Das war ein Privileg. Vor Aufregung haben wir natürlich überhaupt nichts essen können. Aber ich wollte das ausprobieren, und sie haben es gestattet. Wir haben über Privates gesprochen und dabei immer auch ein bisschen verdeckt geredet. Über die Verhafteten habe ich eben gesagt: Der und der ist auch nicht mehr auf Arbeit.

Die saßen selbstgefällig daneben, haben sich ziemlich zurückgehalten.
Nur wenn ihnen etwas nicht passte, haben sie sich eingeschaltet.[34]

Jürgen Fuchs schrieb über den ersten Besuch seiner Frau in der
U-Haft:

Am 20. 12. der erste »Sprecher«. Eine halbe Stunde saß ich unter
fremden Augen meiner Frau gegenüber, dann wurden wir getrennt,
dann wurde ich abgeführt … Zwei Herren sahen zu. Ich wollte sprechen, ohne Krampf und Pathos. Aber dann habe ich nur gestammelt
und auf ein Zeichen gewartet, auf irgendein Wort, das alles erklärt,
eine Frist, ein Datum, ein Ende der Haft, irgend ein Zeichen, das keiner geben konnte. Zwei Herren sahen zu.

III: Herr Fuchs, das schätze ich an Ihnen, der erste Sprecher, und
ohne Tränen, Sie sind auf dem besten Wege, ein Held zu werden.
Gratuliere. Auch wenn es nur Krampf war, einmal Schluchzen kostet
nichts. Wir sehen nicht hin. Vielleicht hätten wir doch anordnen sollen, daß ihr Kind mitkommt.[35]

Die Verhöre der kommenden Wochen drehten sich vorrangig um
Fuchs' literarische Arbeiten. Der Vernehmer forderte, er solle sich
von ihnen distanzieren. »Niemals!« Gut, dann solle er zu ihnen
Stellung nehmen. Vielleicht ließ dieser Untersuchungsgefangene
sich ja doch zu Aussagen verleiten, die für die Anklage nach § 106,
»Staatsfeindliche Hetze«, brauchbar waren. Seine Antworten fie-
len für die Vernehmer ärgerlich einsilbig aus. In *Magdalena*[36] zitiert
Jürgen Fuchs aus erhalten gebliebenen Vernehmungsprotokollen,
hier vom 5. Januar 1977. Auf wiederholte Fragen, wie die Texte an
das *Deutsche Allgemeine Sonntagsblatt* gelangt seien: »Ich habe dazu
Aussagen gemacht und verweise auf sie.«[37] Auf Fragen, ob er die
Texturheberschaft anerkenne und wie er sich zu seinen Arbeiten

34 Vgl. Anm. 15.
35 Vgl. Anm. 25, S. 208.
36 Vgl. Anm. 33, S. 55–70.
37 Ebenda, S. 56.

stelle: »Ich verweise auf die Gesamtheit meiner zu diesem Problem gemachten Aussagen.«[38] Zu einem Interview Robert Havemanns für das *Deutsche Allgemeine Sonntagsblatt* vom 11. 7. 76: »Zu diesem Vorhalt kann ich mich nicht äußern, da ich das vorgenannte Interview nicht kenne ...«[39] Der Vernehmer versuchte, ihn in Widersprüche zu verwickeln, zitierte früher gemachte Aussagen, verschärfte den Druck. Jürgen Fuchs bot die Stirn, blieb bei seiner Linie, erklärte stereotyp: »Ich habe dazu Aussagen gemacht und verweise auf sie ... Ich habe diesen Aussagen nichts hinzuzufügen.«[40] Es wurde Mitte Januar, ein Ende war nicht absehbar.

Wie lange noch?
»Bis Sie es einsehen.«
   In der Zelle geht es weiter. Dieser Mensch entpuppt sich ...
   Wir werden in eine kleine Zelle geführt (306) – stickig, überheizt, etwa 40 Grad. J. raucht verstärkt, Atembeschwerden, Gleichgewichtsstörungen. Sie wollen »den Durchbruch erzielen«.[41]

Der Vernehmer kam mit seinen langen, unergiebigen Protokollen zu Fuchs' literarischen Texten nicht weiter, wurde ausgewechselt. Ab Mitte Februar durfte der Nächste seine Fähigkeiten testen.
   Am 16. Februar, exakt mit Ablauf der in der DDR festgeschriebenen Dreimonatsfrist für Ermittlungsverfahren mit Haft, erhielt Jürgen Fuchs Gelegenheit zu einem ersten Gespräch mit Wolfgang Vogel[42], seinem laut Gesetz zu bewilligenden Verteidiger. Und Fuchs erfuhr von ihm, auf die vom Gesetz vorgeschriebene Zeitbegrenzung für Ermittlungsverfahren mit Haft sollte er sich besser nicht versteifen. Ergänzende Paragraphen ermöglichten es General- und

---

38 Ebenda, S. 61.
39 Ebenda, S. 56.
40 Ebenda, S. 71.
41 Vgl. Anm. 25, S.208.
42 Prof. Dr. Wolfgang Vogel, seit 1973 »Persönlicher Beauftragter des Staatsratsvorsitzenden für die Lösung humanitärer Probleme«, MfS-Erfassung als IM »Georg«.

Bezirksstaatsanwalt jederzeit, einer von der Abteilung Strafermittlung des MfS beantragten Verlängerung zustimmen.

Über wesentliche Punkte des Ermittlungsverfahren war es Anwalt und Mandat verboten, sich auszutauschen, das könne, so die Begründung, die laufende Untersuchung gefährden. Der immer anwesende Vernehmer bestimmte, was erlaubt und was verboten war. Verteidiger Vogel bat Fuchs um Verständnis, er müsse sich an die Auflagen halten, sonst verliere er sein Mandat. Auch das Recht auf Einsicht in die Strafakten erhielt ein DDR-Strafverteidiger nicht vor Abschluss des Ermittlungsverfahrens und bei politischen Strafprozessen häufig erst kurz vor deren Eröffnung. Alles rechtmäßig, alles gesetzlich. Und Rechtsanwalt Vogel spielte das Doppelspiel mit, wie nahezu jeder Anwalt im politischen Metier in der DDR.

Das Schutzkomitee

Ein sehr wichtiger Haftbesuch fand im Februar 1977 statt. In Grünheide hatte Lilo Fuchs die Nachricht erhalten, dass die *Gedächtnisprotokolle* bei Rowohlt erschienen waren.

Ich habe die ganze Zeit gegrübelt, wie ich Jürgen das mitteilen könnte. Am Ende, als er schon rausgeführt werden sollte, bin ich in der Sekunde, so schnell konnten die gar nicht reagieren, aufgesprungen, habe ihm nur den einen Satz ins Ohr geflüstert, und dann hatten sie mich schon gepackt. Das war eine meiner guten Taten in dem Besuchsraum. Später hat er mir erzählt, er habe nur »Buch« verstanden. Er wusste damit, es war erschienen. Das hat ihm genügt, alles Weitere auszuhalten.[1]

Die *Gedächtnisprotokolle* erregten Aufmerksamkeit, Rezensionen erschienen auch außerhalb der Bundesrepublik. Andreas W. Mytze schrieb im *Tages-Anzeiger Zürich*:

Hier schreiben Leute, die ihre Existenz radikal aufs Spiel setzen. Hier gibt es keine Tabus, alles kommt zur Sprache. Jürgen Fuchs verletzt gleich eine ganze Anzahl von bisher totgeschwiegenen Themen: wie es in der Nationalen Volksarmee zugeht, wie die Parteimitglieder ein privates und ein öffentliches Gesicht haben (was Fuchs als Heuchelei empfindet).

Fuchs kämpft bei jeder Gelegenheit gegen die von ihm als tödlich empfundene Anpassung, gegen den Kadavergehorsam (in der Armee), gegen jegliche gesellschaftliche Normen in der DDR, die frei-

---

1 Lilo Fuchs: Gespräch mit Udo Scheer vom 03. 11. 2006.

heitliches Denken unterdrücken. Dabei beruft sich Fuchs auf den in der DDR stets missachteten Paragraphen der Verfassung: Recht auf freie Meinungsäußerung … wobei hier das Dokument zur »Literatur« wird – zu einer Literatur freilich, die den DDR- und wortkritischen Fuchs nun ins Gefängnis gebracht hat.[2]

Nach diesem Artikel erhielt Andreas W. Mytze Einreiseverbot in die DDR. So wichtig Westöffentlichkeit für politisch Verhaftete in der DDR war, ihre Wirkung hing immer vom Engagement Einzelner ab.

Einmalig in der jüngeren Geschichte deutsch-deutscher Beziehungen und in seiner Wirkung werden sollte das »Schutzkomitee Freiheit und Sozialismus«. Bis 1979 hatte das Komitee maßgeblichen Anteil an der zumeist vorzeitigen Freilassung von mindestens 40 politischen Häftlingen in der DDR, unter ihnen Jürgen Fuchs, Christian Kunert und Gerulf Pannach[3], und es bewahrte eine größere Anzahl meist unbekannter, jüngerer Leute vor der Verhaftung.

Zur Vorgeschichte: Am 10. November 1976 hatten die Dokumentarfilmproduzentin Margret Frosch und der Soziologe Manfred Wilke in Grünheide Robert Havemann und Jürgen Fuchs besucht. Zuvor waren die beiden noch bei Biermann in der Chausseestraße gewesen. Der, erzählt Wilke, sei überaus glücklich gewesen über seine bevorstehende Konzerttournee und überzeugt, die IG Metall würde seine Rückkehr garantieren. Wilke fand es recht merkwürdig, warum ausgerechnet deren stark DKP[4]-unterwanderte Jugendabteilung, die ihn eingeladen hatte, dafür bürgen sollte. In Grünheide sprach man über dieses alle bewegende Ereignis, aber auch über Fuchs' Exmatrikulation und seine ersten literarischen Erfolge.

2 Tages-Anzeiger Zürich vom 25. 03. 1977: Die andere Spielart des »Sozialismus« vorgelebt.
3 Andreas W. Mytze (Hg.): europäische ideen, Sonderheft 1995 »Das Schutzkomitee Freiheit und Sozialismus«, S. 50: »Ursprünglich vom Schutzkomitee betreute Personen … 1977 und 1978 übernommne neue Fälle«.
4 DKP = Deutsche Kommunistische Partei.

Nach Fuchs' Verhaftung trafen sich aus einem Impuls heraus Margret Frosch, der im Hintergrund wirkende, im Herbst 1976 aus der DDR ausgewiesene erste *SPIEGEL*-Redakteur Jörg Rainer Mettke und der Vorsitzende des West-Berliner Schriftstellerverbandes Hannes Schwenger bei Manfred Wilke in dessen Steglitzer Wohnung und legten, so Wilke, ihre Telefonbücher nebeneinander. So sei das Schutzkomitee entstanden, von vornherein mit der Selbstbeschränkung, Leute aus dem Knast zu holen, aber keine Kampagnen für eigene politische Ziele zu betreiben.

Mit Fuchs war ein Schriftsteller verhaftet worden. Eine Solidaritätskampagne für ihn und die anderen mußte seine Berufskollegen aktiv mit einbeziehen, sollte sie öffentliche Wirkung haben ... Wilke und Schwenger kannten sich flüchtig aus gemeinsamer gewerkschaftlicher Arbeit, und Schwenger war sofort bereit, ein solches Komitee mit zu gründen und es mit dem VS in West-Berlin zu assoziieren.[5]

In einer für den 10. Dezember 1976 einberufenen Pressekonferenz stellte sich die Initiative vor mehr als 200 Journalisten vor. Den Gründungsaufruf »zum Schutz der aufgrund ihrer Meinungsäußerung beruflich, politisch und persönlich bedrohten DDR-Bürger« unterzeichneten mehr als 100 Persönlichkeiten aus Politik, Wissenschaft, Kirche und Kultur, unter ihnen Heinrich Albertz, Heinrich Böll, Heinz Brandt, Friedrich Dürrenmatt, Hans Magnus Enzensberger, Max Frisch, Helmut Gollwitzer, Robert Jungk, Alexander Mitscherlich, Yves Montand, Otto Schily, Peter Schneider, Romy Schneider, Alice Schwarzer ... Günter Grass u. a. erklärten sich zu korrespondierenden Mitgliedern. Der West-Berliner Schriftstellerverband übernahm symbolisch die Patenschaft für Jürgen Fuchs.[6]

5 Manfred Wilke: Die Gründung des Schutzkomitees, in: Gerbergasse 18, Sonderausgabe zum Fuchs-Symposium 08.–10. Dezember 2000, S. 47. VS = Verband Deutscher Schriftsteller.
6 Andreas W. Mytze (Hg.): europäische ideen, Sonderheft 1995 »Das Schutzkomitee Freiheit und Sozialismus«.

Die Initiatoren des Schutzkomitees, Prof. Manfred Wilke, Hannes Schwenger,
Margret Frosch (v. l. n. r.), während des Jürgen-Fuchs-Symposiums 2000 in Jena

Zwölf Biermann-Sympathisanten in der DDR noch in Haft

Zahlreiche fristlose Entlassungen von jungen Leuten in Ost-Berlin und Jena — Mitteilung des „Schutzkomitee Freiheit und Sozialismus"

Berlin (dpa/epd). Noch immer sind mindestens zwölf nach der Ausbürgerung Biermanns festgenommene DDR-Bürger in Haft, teilte gestern das Anfang Dezember von mehreren Schriftstellern gegründete „Schutzkomitee Freiheit und Sozialismus" in Berlin mit.

Die Schriftsteller und Liedermacher Jürgen Fuchs, Christian Kunert und Gerulf Pannach befinden sich der Mitteilung zufolge im Ost-Berliner Stadtgefängnis, ohne daß bisher Anklage gegen sie erhoben wurde. Erst jetzt sei bekannt geworden, daß Ende November in Erfurt der 24jährige Bühnenarbeiter Thomas Wagner verhaftet worden sei, weil er Unterschriften im Freundeskreis für die Protestresolution gegen die Biermann-Ausbürgerung gesammelt habe. Auch der in Jena festgenommene Schriftsteller Wolfgang Hinkeldey sei wie die übrigen in Jena Festgenommenen noch ohne Anklageschrift.

Unter ihnen ist auch der Jenaer Jugenddiakon Thomas Auerbach, der Ende November festgenommen worden war. Weitere festgenommene Personen sind der Hilfspfleger Uwe Behr, die Krankenschwester Kerstin Graf, der Elektronik-Facharbeiter Merian Kirstein, der Wartungstechniker Gerd Lehmann, der Zerspaner Bernd Markowsky und der Hilfspfleger Walfried Meyer.

In Ost-Berlin und Jena, aber auch in anderen Städten der DDR häuften sich nach Angaben des Komitees fristlose Entlassungen von DDR-Bürgern, meist jungen Leuten, die eine Protestresolution gegen Biermanns Ausbürgerung unterzeichnet hätten.

Dem Schutzkomitee haben sich inzwischen nach dessen Angaben 100 korrespondierende Mitglieder angeschlossen, darunter die Schriftsteller Amery, Grass und Bienek und der Wissenschaftler Professor Flechtheim.

Presseausriss zur Gründung des Schutzkomitees »Freiheit und Sozialismus«
im Dezember 1976

Es war keineswegs üblich, dass Teile der bundesdeutschen Linken sich gegen den »besseren deutschen Staat« für politisch Verfolgte dort einsetzten. Ihr Selbstverständnis sei es gewesen, so der Komiteevorsitzende Hannes Schwenger, das System nicht grundsätzlich in Frage zu stellen, sondern »solidarische Kritik« am Sozialismus zu üben.

Weil diese überaus erfolgreiche Initiative nicht glaubhaft als »Kalte-Kriegs-Fraktion« zu diskriminieren war, inszenierte die DDR-Seite vor allem gegenüber Schwenger eine Rufmordkampagne. Zum Einsatz kamen vor allem Stasi-mobilisierte Kräfte innerhalb der IG Druck und Papier und Genossen der SEW, des West-Berliner Arms der SED, und im Schriftstellerverband.[7] Im Juni 1978 trat Schwenger entnervt zurück, das Komitee stellte ein Jahr später seine Arbeit weitgehend ein, löste sich aber nie auf. Seine Geschichte blieb eine einzigartige Form westlinker Solidarität mit DDR-Oppositionellen.

Lange Zeit nutzte Hannes Schwenger auf Beschluss des Schutzkomitees seine Kontakte in Ost-Berlin zu Gesprächen mit einem »DDR-Journalisten«, der ihm glaubhaft versicherte, in Verbindung mit dem ZK zu stehen, der allerdings, wie Schwenger bald vermutete, vor allem für die Staatssicherheit arbeitete. Diese Gespräche entwickelten sich zu regelrechten Verhandlungen, Schwengers Position dabei war: Freilassung der Inhaftierten oder verstärkter Medienfokus auf Haftbedingungen und Menschenrechtsverletzungen in der DDR, damit internationaler politischer Druck. Seine Forderungen wurden, wie er später den Stasi-Akten entnehmen konnte, im ZK diskutiert.

Durch die professionelle Öffentlichkeitsarbeit des Schutzkomi-

---

7 Operative Vorgang zu Hannes Schwenger OV »Kanzel«, Reg.-Nr.: X/18/78, Bd. 1, Bl. 108: »Beratungsprotokoll zur Beratung bei der HA XX am 22. 3. 1978: ... Die gegenwärtig angewiesene Linie der weiteren operativen Bearbeitung besteht darin, die Aktivitäten zu kriminalisieren, eine kriminelle Fehlverhaltensweise bei Schwenger herauszuarbeiten, beweiskräftig zu gestalten und damit anzustreben, daß Schwenger von der SPD und dem DGB fallen gelassen wird.« [Schwenger wurde u. a. auf hinterhältige Weise Veruntreuung von Spendengeldern und anhand lancierter Annoncen Homosexualität unterstellt.]

tees, das seine Informationen über die Verhafteten hauptsächlich aus einem Netzwerk oppositioneller Freundeskreise und Familienangehöriger in der DDR bezog, gerieten Staatssicherheit und DDR-Justiz unter erheblichen Druck. Das räumte am 17. Februar indirekt auch Jürgen Fuchs' fünfter Vernehmer ein, wenn auch aus ermittlungstaktischen Erwägungen. Nachdem er scheinbar achtungsvoll erwähnt hatte, die *Gedächtnisprotokolle* seien bei Rowohlt erschienen, »das ist schon was ... für mich sind Sie ein Literat, das muß gesagt werden, auch wenn es schwerfällt«, fuhr er fort:

Ja, dann wurde noch ein Komitee gegründet, schon im vergangenen Jahr, das nennt sich »Freiheit und Sozialismus«, wahrscheinlich in Abgrenzung zum Wahlslogan der CDU/CSU[8] ... Die »Gesellschaft für Menschenrechte« ist das nicht, auch nicht die Gruppe »13. August«. Solidarität von links mit DDR-Häftlingen, das ist neu. Auf ihr Ermittlungsverfahren hat das natürlich keinen Einfluß, wir lassen uns nicht erpressen. Gewiß macht es einen Unterschied, ob da Böll steht oder Lieschen Müller, aber es gibt Fälle, wo man einfach nicht nachgeben darf. Nachgeben ist immer ein Zeichen von Schwäche.

Sie sagen nichts, innerlich werden Sie jetzt sicherlich triumphieren. Vielleicht fragen Sie sich auch: Warum erzählt er mir das? Aus Menschenfreundlichkeit sicher nicht. Das ist allerdings richtig ... Aber was ist denn, wenn Sie dennoch in Haft bleiben, wenn Tage, Wochen, Monate in dieses geteilte Land gehen und sich nichts tut? Trotz Buch und Komitee und allem Drumherum? ... Ich greife jetzt mal vor, dabei weiß ich, daß Sie alles, was ich sage, in Zweifel ziehen werden, aber ich sage es trotzdem: Sie kommen hier nicht raus. Wir brauchen ein Exempel. Diese Nach-Biermann-Generation, zu der auch ich gehöre, braucht einen Denkzettel.[9]

8 CDU-Slogan im Bundestagswahlkampf Herbst 1976: »Freiheit statt Sozialismus«.
9 Jürgen Fuchs: Du sollst zerbrechen, in: DER SPIEGEL Nr. 46/77, S. 216.

Jürgen Fuchs sollte den Eindruck gewinnen, Vernehmer V bevorzuge offene Karten, er sollte sehen, sie könnten sich das leisten, sie hätten die Macht und sie hätten Zeit, viel Zeit. Denn irgendwie musste doch auch dieser Häftling zu fassen sein. Und V tat eine im Nachhinein bemerkenswerte Äußerung:

Entweder Sie an der Laterne oder wir, bildlich gesprochen. (... sein Gesicht ist leicht gerötet).
Daß für mich bereits ein Laternenplatz vorgesehen ist, wußte ich nicht.
V: Nehmen Sie es nicht so wörtlich ...[10]

Jürgen Fuchs entschloss sich in dieser Situation zu einem der außerordentlichen Wagnisse in der finsteren DDR-U-Haft-Geschichte. Die gesetzlich vorgeschriebene Frist für sein Ermittlungsverfahren mit Haft war abgelaufen, seine bisherigen Aussagen enthielten kein hinreichendes Belastungsmaterial zur Eröffnung eines Strafverfahrens, und nun erklärte der Vernehmer unverblümt, fortan setzten sie auf den Faktor Zeit. Was aber, wenn die Zeit entgegen allen Drohungen für ihn lief? Im Westen gab es Leute, die Öffentlichkeit herstellten, die sich für ihn einsetzten! Das war die entscheidende Hoffnung.

Bei der nächsten Vernehmung am 22. 2. las der Vernehmer in einem Buch, nahm zwei Stunden lang demonstrativ keine Notiz von dem U-Häftling auf dem Schemel in der hinteren Zimmerecke.

Seine heutige Strategie: Warum soll ich sprechen und als Unterhalter fungieren, ich lese ein Buch, dann wird er schon munter werden.
(Gegen 10 Uhr legt er seine Lektüre beiseite.)
V: So, beginnen wir mit der heutigen Vernehmung, Herr Fuchs, Sie können Ihre Entspannungsversuche jetzt beenden ... Schildern

10 Ebenda, S. 219.

Sie ihren persönlichen Werdegang, Elternhaus, Schule und so weiter.

Schweigen.

V: Wie soll ich das verstehen, jetzt sagen Sie wohl gar nichts mehr?

Schweigen.

Er gerät in Verwirrung, greift zu seinem Buch, legt es beiseite, wiederholt die Protokollfrage. Dann der rettende Einfall:

V: Ich stelle Ihnen jetzt Fragen und warte jeweils zehn Minuten. Wenn Sie nicht antworten, vermerke ich das im Protokoll. Ihr provokatorisches Verhalten muß dokumentiert werden. (Gegen Mittag) ... das halten Sie ohnehin nicht lange durch. Ich lasse Sie täglich holen, ob Sie reden oder nicht.[11]

Später berichtete Jürgen Fuchs:

Es gab dann lange Phasen, in denen ich überhaupt nicht mehr gesprochen habe, zweieinhalb, fast drei Monate. Ständig zu Vernehmungen bestellt zu werden und nicht zu sprechen ist schon sehr schwierig. Ich hatte auch eine psychische Krise. Und wenn dann Nescafé-Gläser auf die Zelle geraten – Glas im Sinne der Suizidvorsorge –, da sind schon Register gezogen, wo ich sagen muss, dass da eine Entscheidung jeder Art in Kauf genommen wurde.[12]

Bis zum 10. Mai breche ich jegliche Kommunikation mit den Vernehmern ab. Ich arbeite, konzentriere mich auf das »Beschreiben der Tischplatte«. Dabei geht es nicht darum, sichtbare Schriftspuren zu hinterlassen, sondern über diese Art des »simulierten Schreibens« zu erreichen, daß Gedanken zuende gedacht, Gefühle beschrieben werden, Gehörtes notiert wird. Auch wenn es nicht schwarz auf weiß nachzulesen ist (in der Zelle schreibe ich mittlerweile mit Silberpapierstiften auf den Kunststoffbelag der Tisch-

---

11 Ebenda, S. 224
12 Jürgen Fuchs: Gespräch mit Udo Scheer vom 24. 10. 1998.

platte), was da formuliert wird: »Im Kopf« steht es. Zumindest zu einem großen Teil. Ich reproduziere auch Gedichte, stelle kleine Anthologien zusammen, aktualisiere bisher Geschriebenes. Mitunter singe ich leise.[13]

Dank seines außergewöhnlichen visuellen Gedächtnisses und zusätzlich durch die wieder und wieder praktizierte Mnemotechnik gelang es Jürgen Fuchs wie keinem Schriftsteller vor ihm, in *Vernehmungsprotokolle* seine über neun Monate während Untersuchungshaft tagebuchartig weitgehend authentisch zu rekonstruieren und zu dokumentieren. Später sagte er, er habe sich diesen Auftrag gegeben: »Achte darauf: Was geschieht hier? Wenn du raus bist, sprich von der Gefährdung des Menschen in der Haft. Sieh zu, dass du von ihren Sauereien sprichst.«

Heute liegen die Vernehmungsakten der Abteilung Strafermittlung vor. Der Vergleich mit Fuchs' Darstellung ist möglich. Nach seiner Ausbürgerung streuten beauftragte IM auf Lesungen und gegenüber Verlagsmitarbeitern Gerüchte: Dieser Mann sei ein paranoider Spinner, *Pappkameraden*, *Tagebuchnotizen* seien nicht von ihm, die *Vernehmungsprotokolle* erfunden. Gezielte Diskreditierungsversuche und schwer nachprüfbare Falschinformationen zur Irreführung der Westöffentlichkeit gehörten zu den bewährten Methoden des MfS und seiner Hauptverwaltung Aufklärung. Schon während der U-Haft von Jürgen Fuchs, als Gegenreaktion zu den Aktivitäten des Schutzkomitees, hatte der Hamburger Schriftsteller und Genosse der DKP Peter Schütt im *Extra-Dienst* behauptet, Fuchs sei nicht wegen seiner Literatur inhaftiert worden. Als gäbe es eine einheitliche, DDR-offizielle Darstellung, äußerte auch der Stellvertretende Kulturminister, Zensurminister Klaus Höpcke, auf einer Pressekonferenz der Leipziger Buchmesse 1978 die gleiche Behauptung.[14]

13 Vgl. Anm. 9, S. 224.
14 Klaus Höpcke: »was Fuchs angeht, so lagen hier außerliterarische, antisozialistische Aktivitäten vor, die ihn ins Gefängnis brachten, von wo er auf Grund von Petitionen ... dorthin gelangte, wo er jetzt ist ... das ist der Vorgang.«

Die Ermittler mussten zusätzliche Wege gehen, um Belastungsmaterial für die vorgesehene Anklageerhebung beibringen zu
können. Sie bestellten ein Gutachten über 63 ihnen vorliegende
Texte von Jürgen Fuchs und erhielten am 5. April 1977 eine 18-sei-
tige Einschätzung, unterschrieben von Prof. Max Walter Schulz,
Direktor des Literaturinstitutes Leipzig, Ruth Glatzer, Chef-
lektorin des Aufbau-Verlages Berlin, und Prof. Anneliese Löffler,
Sektion Germanistik/Literaturwissenschaft an der Humboldt-
Universität Berlin. Einleitend beschreiben die Unterzeichner ihren Auftrag: »Für die Gutachter war einzuschätzen, inwieweit in
diesen Texten unter dem Deckmantel der Literatur Auffassungen
und Konzeptionen vertreten werden, die gegen die Staats- und
Gesellschaftsordnung der DDR gerichtet sind.«[15] Und sie kommen
zu dem Ergebnis:

Die Art der Niederschrift läßt erkennen, daß der systematische
Aufbau einer Gegenposition vorausgegangen sein muß ... Sein Ausgangspunkt ist die totale Negation der bestehenden gesellschaftlichen Organisationsformen der DDR ... Die Bürokraten, der Apparat,
die Funktionäre – das sind die immer wiederkehrenden Worte, die
in Verbindung mit Bezeichnungen wie Seelenlosigkeit, Unmensch-
lichkeit, Heuchelei, Brutalität usw. zur Diffamierung der gesellschaftlichen und staatlichen Organe dienen.[16]

Das Gutachten klassifiziert die Arbeiten in drei Kategorien, in gerade noch zulässige, in strafrechtlich bedenkliche und in »schwerwiegende, im wesentlichen auf Verleumdung und Diffamierung
bzw. Aufwiegelung gegen den Staat und gegen gesellschaftliche
Organe«[17] gerichtete Texte. Wie auch in anderen Fällen von Begut-
achtungen lag es durchaus im Ermessen der im offiziellen DDR-Li-
teraturbetrieb anerkannten Persönlichkeiten, wie handhabbar sie

15 Jürgen Fuchs: Der Stasi-Staat, in. E. Conze, G. Metzler (Hg.): Deutschland nach
    1945, München 1987, S. 236.
16 Ebenda.
17 Ebenda.

ihre Einschätzung für die Staatssicherheit machten. Sie machten es schriftlich: Fuchs ist ein Staatsfeind.

Rückblickend schrieb Jürgen Fuchs über den aufreibenden, fast übermenschlichen Nervenkampf in diesen zweieinhalb Monaten: »Schweigen und Zellenkrieg sind riskante Waffengattungen ...«[18]

Bei den ersten »Sprechern« hatte Lilo Fuchs ihren Mann sehr konzentriert, in seinem Auftreten den Stasi-Leuten gegenüber auch sehr abweisend erlebt.

Später hatte ich den Eindruck, dass er ziemlich fertig war, vielleicht auch krank. Er war wie gedämpft, hat auch wenig geredet. Ich konnte den Druck ja erahnen und habe gedacht, vielleicht will er auch nicht reden, wenn die immer daneben sitzen. Aber das Wahrscheinlichere ist, dass sie ihn an den Tagen etwas sediert hatten. Die ganze Zeit, in der er nicht mit ihnen sprach, blieb nicht spurlos. Da war er auch psychisch verändert. Es war schon eine irre Situation.[19]

Jürgen Fuchs:

Ich habe mich vorbereitet auf eine Haftstrafe, habe erwartet, dass ein Prozess stattfindet, habe um Papier gebeten, das ist mir verweigert worden, habe eine Anklageschrift gefordert, damit ich mich vorbereiten könne: Die habe man noch nicht. Ich habe gefordert, dass ich einen Verteidiger aus dem Ausland hinzuziehen könne ... Das sind alles Sachen, über die gelacht wurde. Im Prozess hatte ich vor, keine Richterfragen zu beantworten, sondern knapp meine Meinung zu sagen. Ich hatte mir vorgenommen, was ich sagen wollte, zusammenhängend zu sagen, unabhängig von der Form des Ablaufs, auch wenn ich gegebenenfalls aus dem Verhandlungsraum entfernt würde. Nach dem Erscheinen der »Gedächtnisprotokolle« musste ich mit drei Jahren rechnen, mit »Gruppenbildung« vielleicht auch mit zehn.

18 Jürgen Fuchs: Magdalena. MfS Memfisblues Stasi Die Firma VEB Horch & Gauck – ein Roman, Berlin 1998, S. 71.
19 Vgl. Anm. 1.

Jürgen Fuchs auf dem Weg zu den Sprecherräumen im Innenhof des Stasi-
Gefängnisses Magdalenenstraße, 1991

Ein Mitglied des Bürgerkomitees, Bärbel Bohley und Jürgen Fuchs 1991 im inneren Bereich des ehemaligen Untersuchungsgefängnisses Hohenschönhausen

Ulrike Poppe, Mechthild Günther, Jürgen Fuchs, Matthias Storck mit Wolf Biermann und Elena Demke (v. l.) im »U-Boot«, 1991

Parallel dazu habe ich gedacht: Wie verhältst du dich zur Ausreise? Ich musste unbedingt klären, was die Familie darüber dachte, auch weil sie es von außen ja politisch einschätzen konnte.[20]

Am 10. Mai 1977 brach Fuchs dem Vernehmer gegenüber überraschend sein Schweigen. Anwalt Wolfgang Vogel hatte ihm bei seinem Termin am Vortag mitgeteilt, nach Rücksprache mit dem Staatsanwalt könne sein Verfahren erst nach Klärung einiger offener »Probleme« abgeschlossen werden. Fuchs verlangte:

Ich fordere Sie auf diese Probleme zu benennen. Ich fordere Sie auf, meinem Ersuchen auf Einzelhaft stattzugeben. Falls dies abgelehnt wird, wäre es meines Erachtens an der Zeit, daß Ihr Mitarbeiter den gegen mich gerichteten Zellenkrieg beendet.

Ich fordere Sie auf, die seit einiger Zeit in der Zelle befindlichen Glasgegenstände entfernen zu lassen, um den Empfehlungen Ihres Mitarbeiters, Suizid zu begehen, jede Grundlage zu entziehen. Auch ein tatkräftiges »Nachhelfen« von seiner Seite würde damit zumindest erschwert.[21]

Mit dieser Wendung war das Verhör für diesen Tag beendet, Fuchs und sein Zellennachbar wurden in die größere Zelle 328 verlegt. Abgesehen von ein paar Tagen »Krankenhaus« für den Zellenspitzel gegen Ende der U-Haft, blieb der weiterhin Pritschennachbar.

In der Vernehmung vom 27. Juni fragte der Vernehmer V, ob Jürgen Fuchs im – den Häftlingen unregelmäßig zugestellten – *Neuen Deutschland* den Nachdruck der sowjetischen Position zum Eurokommunismus und zum spanischen KP-Chef Santiago Carillo gelesen hätte.

V: ... Ihre Äußerungen zum Eurokommunismus haben wir schwarz auf weiß. Wie hieß doch gleich die Überschrift im »Neuen Deutsch-

---

20 Vgl. Anm. 12.
21 Jürgen Fuchs: Du sollst zerbrechen, in: DER SPIEGEL Nr. 47/77, S. 183.

land«: »Entgegen den Interessen des Friedens und des Sozialismus in Europa«. Ja, Sie sind ein Feind des Friedens und des Sozialismus. Die Stunde der Wahrheit ist gekommen.[22]

In einer Vernehmung kurz zuvor zu seiner Bewertung der westeuropäischen kommunistischen Parteien befragt, hatte Jürgen Fuchs erklärt, es wäre klug, die SED würde ihre Politik nach den eurokommunistischen Zielen ausrichten: »Sie fordern die Pluralität der politischen und gesellschaftlichen Kräfte, die Gedanken- und Redefreiheit...«[23]

Die Zeit in U-Haft, sagte Jürgen Fuchs später, habe es ihm zunehmend schwerer gemacht, die politischen Verhältnisse draußen abschätzen zu können.

Unmittelbar nachdem sie mir den Artikel über Carillo vorhielten, habe ich einen Brief an Vogel geschrieben, dass ich gern mit ihm über die Möglichkeit sprechen möchte, die DDR zu verlassen. Ich höre noch den Vernehmer sagen: »Ach, jetzt komm' Se wohl so!«

Vogel kam recht bald.

Ich: »Ich bin hier in der Lage, dass mir auch DDR-Veröffentlichungen vorgehalten werden und dass mir der Hinweis gegeben wird: Leute wie Sie ändern sich entweder, oder – raus und weg. Was heißt das für mich konkret?« Dann habe ich gefordert, dass ich mit meiner Frau darüber sprechen kann.

Beim »Sprecher« hat sie mir gesagt, dass sie unbedingt möchte, dass ich in der DDR bleibe. Sie hat fast geweint und gesagt: »Halte durch, das wird nicht mehr lange dauern.« Ich habe ihr erklärt, für mich könne das mehrere Jahre Gefängnis heißen.

Dann hat das sozusagen angehalten. Ich habe keinen Antrag gestellt, gar nichts. Dann gab es drei oder vier Tage vor der Ausbürgerung ein Gespräch mit Vogel und Rechtsanwalt Starkulla. Vogel sagte, er sei hier als Vertreter der DDR-Regierung. Es gibt die einmalige Möglichkeit der Ausreise

22 Ebenda, S. 192.
23 Ebenda, S. 190.

in die Bundesrepublik. Ich hätte unter Beweis gestellt, dass ich mich nicht ändern wolle. »Es gibt nur diese einmalige Möglichkeit. Und wenn Sie nicht wollen, dann dürfen die anderen, die sehr bereit sind, auch nicht. Und im Übrigen, Herr Pannach und Herr Kunert haben auch zugestimmt.«

Das Erste, was ich gesagt habe, war: »Das ist Erpressung. Das ist ganz klare Erpressung.«

Vogel: »Nennen Sie es, wie Sie wollen, ich nenne es: Im Sinne von Frieden und Verständigung und Konfliktlösung. Glauben Sie nicht, dass Sie etwas erzwingen können, wenn ein Prozess stattfindet.«[24]

Lilo Fuchs:

Das Angebot kam unter extremen Bedingungen. Ich wurde plötzlich im August von Anwalt Vogel zu einem Termin außer der Reihe in sein Büro bestellt. Die Frauen von Kuno und Gerulf auch. Wir kamen nicht wie sonst in sein Wartezimmer, sondern gleich ins Büro. Dann kamen Vogel und sein Ko-Anwalt Starkulla herein und haben gesagt: »Wir möchten Ihnen mitteilen, dass Ihre Männer jetzt entlassen werden können. Sie haben heute die Möglichkeit, Ihre Männer zu sehen, mit ihnen zu sprechen. Von Ihnen wird es abhängen, ob sie in die DDR entlassen werden oder in den Westen.« Und Vogel hat zu mir dann noch gesagt: »Sie kennen Ihren Mann ja am besten. Ich sage Ihnen nur eins: Wenn Sie sich für den Osten entscheiden, noch einmal verteidige ich Ihren Mann nicht.«

Das war im Grunde Nötigung: Entscheiden Sie sich für den Westen. Zugleich war es eine Lüge, wir könnten uns für Ost oder West entscheiden.

Wir saßen da wie geprellt. Robert Havemann, der uns reingefahren hatte, stand vor der Rechtsanwaltsvilla. Wir waren wie benommen: Was können wir denn da mitentscheiden? Gerulfs Frau ist noch über den Balkon rausgestiegen, um sofort Robert zu informieren, auch damit er wusste, dass wir mit Vogel ins Gefängnis fahren würden. Dann wurden wir mit gedämpfter Musik in Vogels Wagen in die Magdalenenstraße gefahren. Dort wurden wir getrennt und in die Gesprächsräume geführt. In dem Raum, in den ich gebracht wurde, waren zwei Stasis, Vogel und Jürgen:

24 Vgl. Anm. 12.

»Es geht um die Ausreise in den Westen. Sie haben jetzt die Möglichkeit, zu diesem Thema miteinander zu sprechen.«

Jürgen sagte sinngemäß: »Im Verlauf des Verfahrens wurde mir nahegelegt, das Land zu verlassen. Du weißt, wie wir angetreten sind. Aber unter den gegebenen Umständen sehe ich mich zu diesem Schritt gezwungen. Ich weiß, wie schwer das für dich sein muss.«

Da habe ich nur gedacht: Was ist denn jetzt los? Da war keine Rede mehr von Ost oder West. Da hieß es nur: Raus!

Während der Haftzeit hatten wir uns mit Havemanns auch immer überlegt: Was für einen Plan haben die? Ohne dass wir konkret wussten, was sich da abspielte, vermuteten wir, die werden alles tun, um uns loszuwerden. Und genau dem müssen wir entgegentreten. Das war auch so eine Widerspruchshaltung.

Ich habe immer noch gesagt: »Du weißt, dass wir doch hierbleiben wollen.« Da wusste ich überhaupt noch nicht, was sie da drinnen veranstaltet hatten. Ich habe nur gedacht: Was haben die gemacht? Und vor allem, ich durfte nicht mit ihm alleine sprechen.

Ich dachte, jetzt bloß nicht flennen, und habe gesagt: »Egal, was geschehen ist, ich möchte das Land nicht verlassen, aber ich gehe dorthin, wohin mein Mann geht.« Unmittelbar nach dem Gespräch musste Jürgen schon die Ausbürgerungsurkunde unterschreiben.

Es dauerte nicht lange, ein oder zwei Tage, da kamen zwei Stasis bei mir in die Burgwallstraße in Grünheide und brachten die Ausreiseformulare, ganz scheißfreundlich, sie wollten mich unterstützen. Ich habe sie weggeschickt. Bevor ich das ausfüllte, wollte ich erst wissen, ob Jürgen wirklich im Westen war. Ich habe tatsächlich gedacht, wenn das mit seiner Ausreise gar nicht stimmt, bin ich im Westen, und dann sagen sie ihm: Ihre Frau ist in den Westen gegangen. Die hat das nicht mehr ausgehalten.

Zu der Zeit hatte die Frau des Gemeindepfarrers aus Grünheide aus gesundheitlichen Gründen die Möglichkeit, in den Westen zu reisen. Sie haben die Frau tatsächlich fahren lassen, und sie hat sich kurz mit Jürgen getroffen. Jürgen hat dann übermittelt, wir sollten uns beeilen, weil sie eine Erklärung abgeben wollten. Bevor wir nicht da wären, wollten sie es nicht machen, weil es eine harte Stellungnahme würde. Wir haben uns beeilt und die anderen beiden Frauen auch, die mussten nach Leipzig zu den Familien, das war schon ganz schön extrem. Ich bin noch mal kurz nach Jena gefahren. Alles in drei Tagen. Die Frage: Was nehmen wir mit? Alle beruhigen, meine Eltern, Jürgens Eltern waren da, meine Schwester. Einerseits große Freude über die Haftentlassung, andererseits vielleicht ein endgültiger Abschied. Das war hart.[25]

Jürgen Fuchs:

Am 26. August, einen Tag nach dem Gespräch mit Vogel und Starkulla, hat man mir die Ausbürgerungsurkunde gegeben, ich habe den Empfang quittiert und unterschrieben, dass Einvernehmen zwischen Rechtsanwalt Vogel und mir hergestellt sei über diesen Weg. Man hat mich rausgeführt auf einen Gang, da sagte ein Schließer zu mir: »Jetzt sind Se staatenlos« und lachte.

Etwas später wurde ich hingeführt zu einem Pkw, der stand im Innenhof der Haftanstalt, Pannach und Kunert saßen im Wagen, ich sah sie das erste Mal wieder. Der Wagen fuhr uns zum Haus von Vogel. Dort habe ich einen Wutanfall bekommen und gesagt: »Das ist eine umfassende erpresserische Sauerei.«

Zeitgleich sind sie zu Lilo nach Grünheide gekommen. Ich will jetzt nicht erzählen, was das für sie bedeutet hat, was sich an Tränen abgespielt hat. Ich fasste danach den Entschluss, mit den »Vernehmungsprotokollen« meine Situation zu dokumentieren und gerade auch Robert Havemann mitzuteilen, wie die wirkliche Lage gewesen war.

Zu Vogel sagte ich in seinem Haus: »Sie sind sich doch im Klaren darüber, dass ich darüber sprechen werde?« Er: »Ich bin Anwalt. Mein Anliegen war, Sie aus dem Knast zu holen.« Ich: »Gut, Sie holen uns aus dem Knast raus, aber Sie nehmen uns auch das Zuhause, Sie zerreißen unsere Familien, besiegeln die Zensur und das Berufsverbot in der DDR.« Er: »So sind die gegebenen Umstände.«

Ich schildere das so ausführlich, denn so waren die Fakten. Keiner kann verlangen, dass einer als Märtyrer den Knast wählt. Vielleicht hätte es noch einen anderen Weg gegeben, vielleicht hätte ich ihn erzwingen kön-

25 Vgl. Anm. 1.

Zellentür der kleinen, gezielt überheizbaren Doppelzelle 332, in die Jürgen Fuchs am 16. Dezember 1976 zu einem Zellenspitzel verlegt wurde

nen. Zu welchem Preis, weiß ich nicht. Ich glaube nicht, dass man eine
Entlassung in die DDR zugelassen hätte, und ich kenne auch kein Doku-
ment, das diese Möglichkeit vorsah.

So hat uns Frau Vogel, auch um die »Freizügigkeit« zu demonstrieren,
in ihrem Mercedes ohne Halt – man hat uns durchgewunken – bis kurz
hinter den Grenzübergang Invalidenstraße gefahren. Auf der Brücke sind
wir raus. Da standen wir da.[26]

Sie waren nicht die Letzten, die wegen ihrer literarischen Arbeiten
in die zentrale Stasi-U-Haft verbracht wurden. Thomas Erwin kam
als 18-Jähriger im Oktober 1980 für drei Monate nach Hohenschönhausen, er hatte Robert Havemann aufgesucht, um über ihn einen
Gedichtband im Westen vorzubereiten. 14 Tage später wurden
Frank-Wolf Matthies und Lutz Rathenow verhaftet, weil Bücher
von ihnen ungenehmigt in der Bundesrepublik erschienen waren.[27]
Die beiden kamen schon nach zehn Tagen wieder frei. In der DDR
hatten unter anderem Christa Wolf und Franz Fühmann gegen ihre
Verhaftung protestiert. In West-Berlin organisierte Jürgen Fuchs
einmal mehr Aufmerksamkeit und Solidarität.

Ohne den Druck westlicher Öffentlichkeit, ohne den maßgeblichen Anteil des Schutzkomitees wäre es auch Ende August 1977
nicht zur Freilassung und Abschiebung von Jürgen Fuchs, Christian
Kunert, Gerulf Pannach und den acht weiteren Inhaftierten aus Jena[28]
gekommen. Ihre Ausbürgerung wurde erpresserisch und mehrheitlich gegen den Willen der Betroffenen durchgesetzt. Wer sich
sträubte, dem wurde von Stasi-Vernehmern oder auch von seinem
Anwalt auf den Kopf zu erklärt, dieses Angebot abzulehnen hieße
Verurteilung wegen staatsfeindlicher Gruppenbildung. Und wer
nach acht oder zehn Jahren rauskäme, sei ein gebrochener Mann.

---

26 Vgl. Anm. 12.
27 Frank-Wolf Matthies: Unbewohnter Raum mit Möbeln, Prosa, Reinbek 1980;
    Lutz Rathenow: Mit dem Schlimmsten wurde schon gerechnet, Prosa, Frank-
    furt/M., Berlin 1980.
28 Thomas Auerbach, Uwe Behr, Kerstin Graf, Wolfgang Graf-Hinkeldey, Marian
    Kirstein, Gerd Lehmann, Bernd Markowsky, Walfred Meier.

Viele wehrten sich monatelang gegen die Abschiebung, aber die Rutschbahn funktionierte, war eingebaut in diesen miesen Finanzhaushalt dieses Regimes. »KoKo«[29], diese Abkürzung kannten wir noch nicht, spürten aber das »politisch-operative Zusammenwirken« von Einheitspartei, Gerichten, Staatsanwaltschaft, Rechtsanwälten, West-IM und Stasi.

Mit einer Tüte schmutziger Wäsche auf der Bundesallee stehen, wenige Tage später mußten Frau und Kind nachkommen – sie sollten und wollten: Wer lebt schon gern getrennt, wenn einer aus dem Knast kommt und im Politbüro die Würfel gefallen waren. Wer redet schon gern in Fernsehkameras in der Niederlage. Was ist das für eine Befreiung, wenn das Zuhause verloren ging? Und doch: Wie enorm, nicht mehr im Knast zu sein! Wie zärtlich die Umarmung des Kindes, der Tochter Lili: »Ist er das?« fragte sie mit ihren zwei Jahren. Der Riß war da. Die »Zersetzung« durch das MfS ging weiter bis '89.

Dieses Schutzkomitee war eine Hilfe. Es war Solidarität im besten Sinne. Die enorm wichtige Akteneinsicht beweist seine Wirksamkeit. Auch wenn sich IM eingeschlichen hatten und bald das alte Gefühl der »organisierten Unübersichtlichkeit« wieder da war: Gut, daß sich so viele und auch prominente Bundesbürger zusammenfanden, um der DDR-Staatlichkeit zu signalisieren: Alles könnt ihr nicht machen! Es war ein Zuruf und eine praktische Hilfe für Häftlinge und Ausgebürgerte. Es war auch der Versuch, aus der Schieläugigkeit westlicher Intellektueller auszubrechen, die Menschenrechtsverletzungen in östlichen Breiten aus unterschiedlichen Gründen übersah ...

Danke Hannes Schwenger. Manchmal habe ich Dir mißtraut, sah ich nicht mehr durch. Ich bin froh, daß Du echt warst, Danke.[30]

Für jeden, der nur das Draußen kennt, ist es nicht wirklich vorstellbar, was hinter den verschwiegenen Mauern, in den tristen Trakten, in den Zellen, immer im Blick des »Spions«, des gläsernen Auges,

---

29 KoKo = Kommerzielle Koordinierung.
30 Jürgen Fuchs: Nachwort, in: Andreas W. Mytze: europäische ideen, Sonderheft 1995: Das Schutzkomitee Freiheit und Sozialismus.

*Lilo und Jürgen Fuchs 1991 in einem Freiganghof, dem sogenannten
»Tigerkäfig«*

vor sich ging, was die Köpfe der Schließer, der Ermittlungsführer, des Anstaltsleiters ausheckten.

Andersdenkende waren die Feinde. Und Feinde waren auszuschalten, zu »zersetzen«, zu »liquidieren«, so der Sprachgebrauch des MfS. Die Mittel waren verfügbar und wurden geheiligt vom Zweck, von der »historischen Mission«. Die Vernehmer kannten alle psychologischen und sonstigen Tricks, um die ihnen Ausgelieferten zu brechen, sie zum kleinen oder großen Verrat zu bringen, auch um sie nachwirkend vor sich selbst zu demütigen, um sie in den langen verhörlosen Tagen und Nächten ihrer Selbstachtung zu berauben.

Jürgen Fuchs hat sie erlebt, diese Methoden, über neun Monate lang, der erste Tag, der dritte Tag, 90 Tage, 281 Tage. Indem es ihm gelang, wie die Figur der »Knaststimme« in seinem Roman *Magdalena* neben sich zu treten, gelang es ihm, die Taktik der Vernehmer zu durchschauen, ihre Ziele zu durchkreuzen: Distanzieren Sie sich von Ihren literarischen Arbeiten! – Negativ. Distanzieren Sie sich von Ihren Freunden! – Negativ. Konspirative Zusammenarbeit? – Negativ. Selbstbelastende Aussagen. – Negativ. Im Gegenteil, bis zu einem gewissen Grad gelang es dem Untersuchungshäftling sogar, den Vernehmern seinen Willen aufzuzwingen. Der Preis dafür war ein Nervenkrieg, der Ausgang lange Zeit ungewiss.

Diese Zeit habe ich erlebt als eine sehr harte Zeit, und jetzt, aus dem Abstand heraus, wurde mir ... erst richtig klar, daß ich ja der Hauptbelastungszeuge gegen Havemann sein sollte. Denn ich wußte genau, was er wie gemacht hat, und welche Wege er auch nach dem Westen hatte über Journalisten und Diplomaten. Ich hätte sehr, sehr viel belastendes Material für solche Prozesse liefern können. Und ich denke, daß auch aus diesem Grund dieser harte, extreme Druck auf meiner Person lag.[31]

31 Jürgen Fuchs: Gesprächsfragmente. Protokolliert von Doris Liebermann, in: europäische ideen 1999, Heft 114, S. 11.

Ohne den Erfahrungshintergrund U-Haft und die anderen Erlebnisse Exmatrikulation, Parteiausschluss, Kasernenhof, Schule,
ohne die ihm außerordentlich wichtige Freundschaft zu Havemann
und Biermann, ohne das Wissen um die totalitären Auswüchse des
Kommunismus, ohne die eigene Erfahrung in dessen Vorhölle wäre
Jürgen Fuchs wohl kaum ein so kompromissloser Gegner des SED-
Staates geworden. Sein Freund Biermann hatte den Anspruch ange-
meldet: »Wir sind die richtigen Kommunisten und ihr die falschen.
Wir sind die Revolutionäre und ihr alten Verbrecher im Politbüro
der SED, ihr seid im wahrsten Sinne des Wortes Konterrevolutionäre«[32]. Jürgen Fuchs hatte den Preis für dieses Ethos gezahlt. Es gab
nur zwei Alternativen. Fuchs hatte sich entschieden für unbedingte
Aufklärung. Die programmatische Frage: »Wo zeigt sich der Staat
nackt?«[33] und der Anspruch *Einmischung in eigene Angelegenheiten*[34]
erreichten von West-Berlin aus eine neue Dimension.

32 Wolf Biermann: Ich bin hier mehr in Freundes- und in Feindesland, Interview
   in: Thüringische Landeszeitung, 19. 05. 2006.
33 Jürgen Fuchs/Gerhard Hieke: Dummgeschult. Ein Lehrer und sein Schüler,
   BasisDruck Verlag Berlin 1992, S. 5.
34 Jürgen Fuchs: Einmischung in eigene Angelegenheiten. Gegen Krieg und verlogenen Frieden, Essays, Reinbek 1984.

West-Berlin: Etwas tun!

Die Grenze lag hinter ihnen. Am 1. September 1977 hatte Hannes Schwenger – mit Erkennungszeichen rote Nelke – Lilo Fuchs und ihre kleine Tochter am Grenzübergang Friedrichstraße erwartet. Schwenger führte den Journalistenpulk geschickt in die Irre. Die junge Frau mit Kinderwagen und Koffern fuhr weiter zur S-Bahn-station Yorckstraße. Dort warteten ihr Mann und Manfred Wilke mit seinem Auto. Abgeschirmt von der Medienöffentlichkeit, konnten sie einander in die Arme nehmen.

Jetzt konnte Jürgen Fuchs sich auch öffentlich äußern, ohne seine Frau zu gefährden. Am 3. September gab er im Beisein von Christian Kunert und Gerulf Pannach im Fernsehen eine dreiminütige Erklärung ab. Er sprach ernst, hochkonzentriert, jedes Wort vorbedacht:

Wir sind nicht freiwillig nach West-Berlin gekommen ... Da wir weder bereit waren, unsere künstlerischen Arbeiten zu widerrufen und als Hetze im verschärften Falle zu begreifen, noch Gemeinheiten gegenüber unseren engsten Freunden zu begünstigen, wurde uns eine Haftstrafe bis zu zehn Jahren nachdrücklich versprochen. Wir sind froh, nicht mehr im Untersuchungsgefängnis zu sein, und wir danken allen in Ost und West, die sich mit uns solidarisierten.

Gleichzeitig sind wir in großer Sorge um unseren Freund und Genossen Robert Havemann, weil wir die Abscheulichkeiten und die Absichten des Geheimapparates, der unser Land beherrscht und der es noch fester in den Griff bekommen möchte, unverhüllt kennengelernt haben und der Ansicht sind, daß sein Leben bedroht ist. Ganz besonders deshalb, weil Robert Havemann den gegen ihn und seine Familie gerichteten hektischen und brutalen Schikanen gelassen und kompromißlos entgegentritt und sich keinem Psychoterror beugen wird.

Das gleiche trifft unseres Erachtens für Rudolf Bahro zu, der sich jetzt dort befindet, woher wir kommen, und der in diesen Tagen ein äußerst bedeutungsvolles Buch im Westen veröffentlicht, denn die Alternative der Staatssicherheit besteht möglicherweise in dem Versuch, die Persönlichkeit des Autor mit wissenschaftlicher Akribie zu vernichten.

Wir wissen, wovon wir sprechen. Diese Einschätzung beruht nicht auf der Unkenntnis der Umstände. Wohin treibt unser Land und wer treibt es wohin?

Dabei gibt es doch zu den Absichten der Staatsicherheit nur eine Alternative: eine menschenfreundliche, fortschrittliche, sozialistische Gesellschaft, in der jeder Mensch atmen kann, kein Polizeistaat, der seine Bürger bespitzelt, einsperrt, ausbürgert oder aus ihrem eigenen Lande drängt.[1]

Mit dieser Fernsehpresseerklärung unterlief Fuchs nicht nur die Auflage, über die Haft und die Staatssicherheitspraktiken Stillschweigen zu wahren, er lenkte zudem die öffentliche Aufmerksamkeit eindringlich auf die Schicksale von Havemann und Bahro[2].

In den Tagen danach wurde es rasant. Aus dem Aufnahmelager trafen nach und nach die freigekauften Jenenser ein. Die Wiedersehensfreude, das Bedürfnis nach Gesprächen, sich auszutauschen, waren groß. Jeder hatte in der DDR etwas abbrechen müssen, nicht weiterführen können, jeder hatte seine Hafterfahrungen, Empörung und Erleichterung, und jeder stand vor der Frage: Was nun? Journalisten drängten auf Interviews, Mitglieder des Schutzkomi-

---

1 Jürgen Fuchs: Fernsehpresseerklärung vom 03. 09. 1977, zitiert aus dem Manuskript im Privatbesitz von Edwin Kratschmer.
2 Rudolf Bahro, verhaftet am 23. 08. 1977 wegen auszugsweiser SPIEGEL-Vorabveröffentlichung von *Die Alternative*, im Juni 1978 Verurteilung zu acht Jahren Gefängnis, Freikauf durch die Bundesregierung im Oktober 1979.

tees schirmten ab, leisteten praktische Hilfe, brachten die meisten erst mal unter, bei sich, bei Freunden, versorgten sie mit dem Nötigsten.

Bereits in ihren ersten Gesprächen nach der Ausbürgerung, gleichsam in »kaskadenartigen Ausbrüchen«, erinnert sich Manfred Wilke, sei Jürgen Fuchs zutiefst überzeugt gewesen, die Staatssicherheit entwickle eine »Schwarze Psychologie«, deren Gefährlichkeit auf der Ebene der Atombombe liege. Diese Bedrohung öffentlich zu machen, war ihm eine elementare Herausforderung und auch Ansporn für seine große *SPIEGEL*-Serie *Du sollst zerbrechen* im Oktober/November 1977.

Lilo Fuchs:

Für Jürgen war das Ankommen in West-Berlin die erste Möglichkeit, all das, was er als Komprimat im Kopf hatte, niederzuschreiben. Was er dringend wünschte, war, zur Ruhe zu kommen, einen ruhigen Ort dafür zu finden. Von der Presse haben wir ihn ziemlich abgeschirmt. Da konnte auch ich meinen Teil beitragen. Was wir erlebt hatten, mussten wir selbst erst verarbeiten.

Margret Frosch, die wir von Besuchen in Grünheide kannten, hatte eine größere Wohnung und hat sie als Treffpunkt zur Verfügung gestellt. Ein Bekannter von ihr machte für die Übergangszeit seine Wohnung im Hinterhaus frei, so dass wir mit dem kleinen Kind dort untergekommen sind. Sie halfen uns auch bei der Wohnungssuche. Wir waren hier ja völlig fremd und auch unbeholfen. Nach zwei, drei Monaten haben wir dann die Wohnung in Tempelhof gefunden und sie auch gleich genommen.

Hannes Schwenger stellte die Kontakte zum Schriftstellerverband her. Manfred Wilke und seine Frau Karin luden uns zum Essen ein. Das war sehr nett. Aber wir hatten auch ein großes Bedürfnis nach Ruhe. Wir konnten gar nicht alle Angebote annehmen. Wir waren froh, als wir die eigene Wohnung hatten und selbst entscheiden konnten, wann wir jemanden sehen wollten. Gerade die ersten Monate haben wir uns oft mit Freunden und Bekannten getroffen, um uns über das Erlebte auszutauschen, aber auch: Wie sichert man seinen Lebensunterhalt? Wie lebt man hier? Wir waren ja alle erst mal arbeitslos, bekamen Arbeitslosengeld, wollten uns auch mit der Stadt vertraut machen. Für uns war ja alles neu. Wir hatten schon Zweifel: Schaffen wir das alles? Dann die Fragen: Wie verhält sich die Stasi? Haben wir jetzt Ruhe vor denen? Die erste Zeit ließen sie uns wohl auch in Ruhe – bis auf das Telefonabhören. Das haben wir relativ früh gemerkt.

Unmittelbar nach der Ausbürgerung kamen Helmut Gollwitzer und Heinz Brandt, die uns beide sehr herzlich begrüßten. Bislang waren das nur Namen, und plötzlich standen sie da. Für Heinz Brandt, der wie Jürgen in Hohenschönhausen in U-Haft gesessen hatte, war es sehr interessant, was wir Jüngeren, vor allem die Häftlinge, zu erzählen hatten. Er kam extra von Frankfurt nach Berlin, auch um uns mit seinem Rat zur Seite zu stehen. Er hat Jürgen sehr bestärkt, hat gesagt: »Wer nach seiner Haft noch so eine Presseerklärung formuliert, den haben sie nicht gebrochen.«

Es gibt dieses rührende Foto, auf dem er unsere kleine Tochter Jenka auf dem Arm hält, und man sieht seine Häftlingsnummer. Er war einfach ein Mensch, vor dem wir Hochachtung hatten. Er hatte diese schrecklichen Jahre in den KZ einigermaßen lebend überstanden, seinen Mut nicht verloren und wurde dafür von der Stasi hier in West-Berlin wieder weg- gefangen. Es war ermutigend, einem Menschen zu begegnen, der Schweres überstanden hatte und der sich weiter engagierte.

Für Jürgen speziell war es bedeutsam, jemanden zu sehen, der im selben Knast, nur früher, gewesen war. Beide standen über die ganzen Jahre bis zu Brandts Tod 1986 in Verbindung, telefonisch, postalisch, bei Veranstal- tungen oder Besuchen.

Auch Rudi Dutschke kam gleich in den ersten Wochen. Er hatte uns ja schon in Grünheide besucht. Überhaupt kam er fast jedes Mal, wenn er in Berlin war. Er war nur ein paar Jahre älter als Jürgen, auch er hatte den Weg in den Westen gewählt, weil er sich gerieben hatte an der DDR, er hat sich von West-Berlin aus eingemischt, hat die ganzen Jahre über auch Kontakt zu Wolf Biermann gehalten. Uns empfand er wie eine Ver- stärkung: Jetzt kamen noch ein paar Leute, mit denen man nachdenken konnte: Wie geht das alles weiter? Er hat sich richtig gefreut, war ein herzlicher Mensch. Er wollte viel wissen, hat nachgefragt. Wenn er im Ausland war, rief er plötzlich an: »Hallo, hier Rudi. Ist irgendwas? Ist

Jürgen Fuchs am 27. August 1977 unmittelbar nach seiner Haftentlassung in West-Berlin

Der Freund und Liedermacher Gerulf Pannach 1978 in Fuchs' Wohnung in Berlin-Tempelhof

etwas wichtig? Ich bin jetzt in Oslo. Habt ihr Nachrichten aus Ost-Berlin
über Verhaftete? Ich kann hier was tun, kann es bekanntgeben.« Er hatte
eine sehr praktische Art, war sehr hilfreich und war an den östlichen Ent-
wicklungen interessiert. Gleichzeitig war er durch seine Schussverletzung
Berlin-traumatisiert. Zum Beispiel ist er hier in Berlin nie allein auf die
Straße gegangen.

Die Zeit des Austausches und gemeinsamer Veranstaltungen währte
leider nur zwei Jahre. Am Heiligabend '79 starb er.[3]

Es gab vieles, das Rudi Dutschke und Jürgen Fuchs miteinander verband. Dutschke, in Luckenwalde aufgewachsen, kirchlich geprägt
und bereits auf der Erweiterten Oberschule politisch aufmüpfig,
wegen Wehrdienstverweigerung mit Studienverbot belegt, ging
zwei Tage vor dem Mauerbau nach West-Berlin, studierte an der
FU Soziologie und war immun gegen DKP, SEW, Maoisten und die
einäugige Linke. Das Eintreten für Menschenrechte und der auf-
rechte Gang in die Freiheit waren der gemeinsame große Nenner
des führenden Kopfes der '68er Studentenbewegung und des gerade ausgebürgerten Schriftstellers und Oppositionellen.

Für beide war es selbstverständlich, mit klaren Worten zu »sagen, was ist«, zu entlarven, wie es hinter den glatten Lügen der
Mächtigen aussah.

Herausschreien wollte ich, was in Hinterzimmern geschah, was veranstaltet wurde in dieser real existierenden Gesellschaft, die mich
und so viele andere ausgestoßen hatte, aus Ostberlin, Warschau und
Prag. Die abstoßenden Einzelheiten berichten wollte ich, es war die
Zeit der »Entspannung«, der »friedlichen Koexistenz«, der KSZE-Ver-
einbarungen, die Fakten nennen und auch die inneren Landschaften
beschreiben. Was angerichtet wurde in den Seelen mit dieser An-
mache, dieser Stasi-Präsenz, diesem Abteilen, Sortieren, Ein- und
Ausgrenzen der Menschen.[4]

3 Lilo Fuchs: Gespräch mit Udo Scheer vom 3. 11. 2006.
4 Jürgen Fuchs: Die Ablehnung der Mutlosigkeit. Über Manes Sperber, in: DIE

In wenigen Wochen diktierte Fuchs auf Band, schrieb er aus sich heraus, was er während seiner U-Haft im Kopf als *Vernehmungsprotokolle* schon vorgearbeitet hatte. Bereits am 17. Oktober begann DER SPIEGEL seine Serie *Du sollst zerbrechen* zu veröffentlichen, gab fünf Wochen in Folge Einblicke in die dunkelsten Räume, in die abartige Psyche der Diktatur, in ihre Methoden, Menschen zu brechen, um sie willfährig zu machen. Und Fuchs zeigte auch die andere Seite: das Widerstehen und den Preis dafür. Seine Stimme war unüberhörbar. Mit seiner dokumentarisch-analytischen Darstellung störte er erneut – jetzt vor allem das heile linke Weltbild West.

Dabei war er, gerade 27-jährig, durchaus nicht so selbstsicher, wie es den Anschein haben mochte. Bei aller freundschaftlicher Solidarität und Medienaufmerksamkeit registrierte er zugleich eine allgemeine, ihm fremde und ihn irritierende Gleichgültigkeit und Selbstbezogenheit im Westteil des Landes. Wie andere Ausgebürgerte auch, empfand er die erste Zeit im »Exil« als einen Tiefpunkt in seinem Leben. Engen Freunden wie Katja und Robert Havemann vertraute er an:

Nach wie vor beschäftigt mich die Frage, ob ich mit dieser Überfahrt in eine Falle gegangen bin ... Ein Verbleiben im Gefängnis hätte vielleicht mehr bewirkt, als alle Erklärungen hier ... In meinem neuen Gedichtband, er erscheint im Herbst, steht die Notiz: Wir sind weg / sagt sie / wir können nicht zurück / aber ich bin nicht mehr im Gefängnis / sage ich / ja, sagt sie / das stimmt ... Viele Befürchtungen über »den Westen« haben sich bestätigt. Manches wußte ich nicht, einiges kam noch hinzu. In Stockholm und Paris habe ich aufgeatmet, immerzu aufgeatmet. Ich gebe zu, es gab Augenblicke, ein Gefühl des sinnvollen Lebens, im Gefängnis, in Grünheide, in Jena, das ich hier vergeblich und auch verzweifelt suche. Ja, in der Zelle fühlte ich manchmal weniger Leere als bei Karstadt oder im KaDeWe. Ich klammere mich

ZEIT vom 19. 09. 1991.

Solidaritätsveranstaltung für den verhafteten Rudolf Bahro in West-Berlin mit Wolf Biermann, Rudi Dutschke und Jürgen Fuchs

Heinz Brandt im Sommer 1985 zu Besuch bei Familie Fuchs, mit dem Töchterchen Jenka auf dem Arm

an die Gewißheit der inneren Unfreiwilligkeit bei diesem Staaten-
wechsel.[5]

Und er zitierte Zweifler, Zweifel, die auch ihn anfielen: »›Soll man
sich überhaupt politisch verhalten‹, höre ich einige fragen, ›jetzt
hier in dieser Lage?‹ Laß die ideologischen Verrenkungen, versuche Literatur zu machen.«[6] Dahinter stand eine grundsätzliche
Entscheidung. Jürgen Fuchs entschied für sich: »Der Nebel und das
Gesäusel muß weg.«[7] Und er nahm sie vorweg, die Antwort auf die
Frage, die sich später mancher stellen würde angesichts unglaub-
licher Stasi-Übergriffe in West-Berlin in den kommenden Jahren
gegen ihn und seine Familie: Warum er nicht weggezogen sei?

Raus hier, ja, ich habe schon überlegt, ob es nicht vielleicht besser
wäre, von hier wegzugehen. Vielleicht nach Schweden oder Dänemark. Aber ich werde doch bleiben. Auch und vor allem, um Euch
und allen Freunden näher zu sein. Und damit mir selbst. Ich bin in
Sorge. Sehr herzlich Jürgen. PS.: Manches hier ist auch schön.[8]

Eine seiner großen Sorgen galt dem schwerkranken Robert Havemann, der einem permanenten Druck aus Hausarrest, Kontakt-
sperre und diskriminierenden Gerüchten ausgesetzt war. Zusammen mit Wolf Biermann gewann Jürgen Fuchs den spanischen
Professor und Anwalt Enrique Gimbernat. Dem gelang es tatsächlich, nach Grünheide zu kommen und mit Havemann zu sprechen.
Als Anwalt wurde er zwar erwartungsgemäß nicht zugelassen,
doch allein sein Erscheinen signalisierte: Dieser Fall wird international beobachtet.

Jürgen Fuchs richtete in dieser Zeit alle Energien darauf, eine

5 Jürgen Fuchs: Leben auf der Grenze. Brief an Katja und Robert Havemann (1979),
   in: Einmischung in eigene Angelegenheiten. Gegen Krieg und verlogenen Frieden, Reinbek 1984, S. 29.
6 Ebenda, S. 30.
7 Ebenda, S. 27.
8 Ebenda, S.33.

Aufhebung des Hausarrestes zu erreichen. Die zündende Idee kam ihm, als die Pfarrersfrau Edda Meinel aus Grünheide ihre Reiseerlaubnis in die Bundesrepublik nutzte, um ihn verbotenerweise zu besuchen. In Absprache mit Manfred Wilke entwarfen sie den Plan, bei Rowohlt einen Interviewband mit Havemann herauszubringen. Wilke formulierte quasi über Nacht 150 Fragen, die, von Frau Meinel nach Grünheide geschmuggelt, Havemann als roter Faden dienten für sein Buch »Ein deutscher Kommunist. Rückblicke und Perspektiven aus der Isolation / Robert Havemann«[9]. Aus den dafür auf Tonband gesprochenen Diktaten entstanden zudem Rundfunksendungen für RIAS und NDR, in denen Havemann seine Freiheitsberaubung und den Stasi-»Kessel« schilderte. Die von den Observierern unbemerkt entstandenen Bänder und die wieder ins breite Bewusstsein gerückte Aufmerksamkeit für den Regimekritiker zwangen die SED-Führung gegen weiteren Gesichtsverlust zur raschen Lösung des selbstgeschaffenen Problemfalls. Für das »ohne Genehmigung« veröffentlichte Buch eröffnete die SED-Justiz ein Verfahren wegen Devisenvergehens, in dem Havemann 1979 zu 10 000 Mark verurteilt wurde, und verband mit dieser Justizfarce wie nebenbei die Aufhebung seines Hausarrestes.

Gleichzeitig wurde über Professor Manfred Wilke bis zum 2. Dezember 1989 ein Einreiseverbot in die DDR verhängt. Später, bei seiner Akteneinsicht, las er im Maßnahmeplan der Staatssicherheit, wie seine berufliche Karriere in West-Berlin zu verhindern und sein Ruf systematisch zu diskreditieren gewesen sei.

Wo Jürgen Fuchs Möglichkeiten sah, Öffentlichkeit für Kritiker und Verfolgte des SED-Systems herzustellen, tat er es. Das dabei wiederholt anzutreffende Desinteresse im Westen fand er so absurd, dass er es als literarisches Lehrstück gestaltete. Inspiriert durch eine Fernsehdiskussion mit dem Rechtshistoriker Prof. Uwe Wesel, führte er in seinem bislang unveröffentlichten Dialogstück *In der Tat* an Havemanns Beispiel eine westtypische Unverbindlichkeit fiktiv verfremdet vor.

9 Hg. von Manfred Wilke, Reinbek 1978

Ein »Junger Mann« besucht die Vorlesung eines »Professors W. aus West-Berlin«:

Frage: Wippermann? Wesel? Werweißwer?
Antwort: Werweißwer.
Frage: Und jetzt?
Antwort: Wird referiert.

Der Rechtshistoriker doziert über Treuepflicht des Bürgers und Staatsauftrag und verurteilt auf einen Zwischenruf hin die Ausbürgerung Biermanns, er kenne sich aus im DDR-Recht, sehe in dem Vorgehen Parallelen zur McCarthy-Zeit in den USA und eine Steigerung gegenüber der bundesdeutschen Berufsverbotspraxis. Nach der Vorlesung geht der »Junge Mann« hoffnungsvoll auf den Professor zu:

JUNGER MANN: Ja, ich wollte Sie um etwas bitten.
PROFESSOR: Worum geht es? Ich habe wenig Zeit ...
JUNGER MANN: Ich beeile mich ... Es geht um Havemann, er ist in einer schwierigen Lage. Sechsundsiebzig, als Biermann ausgebürgert wurde, begann ja der Hausarrest gegen ihn und seine Familie. Ich war im Gefängnis ... Jetzt sind einige juristische Fragen zu beantworten, es geht um eine Verteidigung im sogenannten Devisenverfahren. Havemann als Devisenschieber, das ist die neueste Rufmordkampagne ...
PROFESSOR: Das Problem ist schon klar ... die Einreise wäre ein weiteres Problem ... Wir reden hier so ... Zeigen Sie mir doch mal Ihren Ausweis ... Verstehen Sie mich nicht falsch. Das sind ja kitzlige Punkte. Etwas Vorsicht, bei aller Offenheit, habe ich mir einfach angewöhnt ... Und Sie können nicht rein?
JUNGER MANN: Nein, Einreisesperre. Ich war im Gefängnis als politischer Häftling ... Bin jetzt ein Feind.
PROFESSOR: Muß ich mir das als Gruppe vorstellen? Emigrantenorganisation vertriebener DDRler?
JUNGER MANN: Ich telefoniere mit den Havemanns, soweit das mög

lich ist, Nachbarn helfen ... Katja Havemann informierte mich über die jetzige Lage, deutete auch das juristische Problem an ... Da besteht sozusagen Bedarf ... Ich bin keine Gruppe, Organisation oder Partei ... Familie Havemann benötigt Hilfe, das meine ich mit Bedarf. Ein blödes Wort. Ich könnte auch um Solidarität bitten.
PROFESSOR: Bedarf ... so ... Und telefonieren geht? So abgeschottet kann es ja nicht zugehen, wenn das geht.[10]

Der Professor führt die Aussichtslosigkeit ins Feld, sich gegen die DDR-Rechtssprechung zu stellen. Der »Junge Mann« bittet ihn, fleht beinahe, sich per Telefon ein Bild zu machen, gerade bestehe die Möglichkeit für einen Kontakt über Freunde. Der Professor lehnt ab, müsse ins Seminar. Der »Junge Mann« lässt nicht locker, ob der Professor vielleicht nach Grünheide fahren könne, Havemanns zumindest beraten?

JUNGER MANN: Bitte helfen Sie!
PROFESSOR: Ich will sehen ... Auf Wiedersehen!
JUNGER MANN: Werden Sie etwas tun?
Professor: Da muß ich nachdenken.[11]

Am Ende dieses drängenden Appells bleibt ein schaler Beigeschmack – und die Frage, ob der »Junge Mann« seine Hoffnung nicht in einen zu großen Opportunisten gesetzt hat.

Hilfe und Solidarität für Menschen in politischer Bedrängnis, egal wo, waren selbstverständlich für Jürgen Fuchs. Vor allem war er intensiv, in kritischen Zeiten fast fieberhaft bemüht, Kontakte zu vertrauenswürdigen Freunden in der DDR herzustellen. Der Versuch, einen Exilkreis zu gründen, scheiterte an den Integrationsbemühungen der meisten Ausgebürgerten, aber auch am Rückzug einiger und ihrem regelrechten Zerbrechen an den fremden Verhältnissen.

10 Jürgen Fuchs: In der Tat. Unveröffentlicht, Privatarchiv Edwin Kratschmer.
11 Ebenda.

Nach dem Ende der Tätigkeit des Schutzkomitees übernahm er es häufig als Einzelner, Informationen über politisch Inhaftierte in der DDR zu sammeln, den Austausch zu organisieren, Vernetzungen in die DDR, ČSSR und nach Polen, zwischen Ost und Ost und Ost und West zu schaffen. Und immer war er wissbegierig, wie es anderen, auch in anderen Staaten Verhafteten ergangen war. Mit seiner besonderen Herzlichkeit, seiner praktischen Art und seiner Fähigkeit, das im Augenblick Wichtigste anzupacken, gelang es ihm, auch andere mitzureißen. Lilo Fuchs erzählt, wie wichtig ihm die Kontakte waren:

Mit Milan Horaček war er in diesen Jahren häufig zusammen. Milan rief uns aus Dänemark aus Rudi Dutschkes Haus an und teilte uns die Todesnachricht mit. Durch die Parteigründung der Grünen waren sie ja auch eng verbunden. Milan und Jürgen trafen sich zu gemeinsamen Veranstaltungen, es gab Begegnungen. Milan hat berichtet, wie er '68 noch ganz jung in den Westen kam. Im Jahr '89 ging er zurück, um sich in Prag einzusetzen, später hat er lange das Prager Büro der Böll-Stiftung geleitet.

Adam Zagajewski, der polnische Dichter, war einer der Ersten, der zu uns kam. Jürgen hat die Leute gar nicht so oft persönlich getroffen, vieles lief auch über eine sehr rege Korrespondenz. Trotzdem hat er viele zusammengebracht: »Komm doch mal mit« oder: »Hier hast Du ein Buch von dem und dem. Der wohnt da und da.« Das hat ihm auch Spaß gemacht.[12]

Anfang 1979 nahm Jürgen Fuchs wieder Briefkontakt mit seinem Lyrikmentor Edwin Kratschmer in Unterwellenborn auf. Sein erster Lyrikband *Tagesnotizen* war für den Herbst in Vorbereitung. Er wies bescheiden, aber stolz darauf hin, denn vor allem sah er sich als Lyriker. Auch Kratschmers gegenüber hatte er das Bedürfnis zu schreiben, über die nachwirkende fremdverfügte Trennung, über sein Grübeln:

12 Vgl. Anm. 3.

Jürgen Fuchs und der polnische Exil-Schriftsteller Adam Zagajewski 1983 bei einer gemeinsamen Lesung

Der Lyriker Günter Ullmann und Jürgen Fuchs vor einem Aufruf des »Neuen Forums« in Greiz im Januar 1990

... ja, ihr fehlt mir, wir sprechen so oft von euch, lilo hat euch kennengelernt, sie ahnt also, was ich meine: eure toleranz, güte, die schärfe der kritik, all das, was selten ist hier und in der ddr. vielleicht überall. nach unserer letzten begegnung mußte es nur noch geschehen. und also geschah es. gab es einen ausweg, einen umweg, taktische, bessere wege? vielleicht. aber hatte ich, hatten wir die wahl?[13]

Und er schilderte ihre Wohngegend, die Atmosphäre, in der sie jetzt lebten:

vor dem haus, in dem wir wohnen, fahren ohne pause autos auf vier spuren. dann kommt der drahtzaun des flugplatzes, militärmaschinen hin und wieder. in der anderen richtung einfamilienhäuser, gärtchen, fast-idylle, bessere luft, hunde, ältere herrschaften mit hut und pelzkragen, die straßen tragen offiziersnamen aus dem ersten und zweiten weltkrieg. tempelhof ist der wahlkreis von peter lorenz, cdu. in den u-bahndurchführungen hin und wieder parolen »rot front verrecke«, »brandt an die wand«, »ausländer raus«, »npd«. die ist in west-berlin verboten, eine illegale gruppe soll in unserer gegend existieren. manchmal gegensprüche: »nazis, nein danke«. Abgeleitet von »atomkraft, nein danke« ...[14]

Neben der vergleichsweise preiswerten Miete war der Flugplatz Tempelhof direkt gegenüber ein Hauptgrund, weshalb sich die Fuchs' für die Wohnung entschieden hatten. Die Abfertigungshalle, die startenden Flugzeuge so nah, das gab Sicherheit. Für einen politischen Spannungsfall sah Jürgen Fuchs hier die schnellste Fluchtmöglichkeit.

Die Frage, ob diese Überlegung ein nachwirkendes Stasi-Trauma, übertriebene oder begründete Vorsicht war, beantwortete Tho-

13 Jürgen Fuchs: Brief an Margret und Edwin Kratschmer vom 13. 03. 1979, Privatbesitz Kratschmer.
14 Ebenda.

mas Auerbach, Mitarbeiter des Bereiches Forschung und Bildung der Bundesbeauftragten für Stasi-Unterlagen, mit seinen Akten-recherchen.[15] Danach wurden seit 1974 verstärkt »tschekistische Einsatzgruppen« trainiert, um im innerdeutschen Krisenfall mit Terroranschlägen gegen Führungskräfte und mit schweren Sabo-tageakten, dem Zerstören von Kommunikationsnetzen, Vergiften von Trinkwasserreservoirs bis hin zu Super-GAUs in Atomkraft-werken die Zivilgesellschaft der Bundesrepublik zu destabilisieren. Für West-Berlin lagen seit 1985 detaillierte Besetzungspläne in den Tresoren des MfS. Danach wären umgehend zwei MfS-Bezirks-dienststellen und zwölf Kreisdienststellen einzurichten gewesen, geeignete Gebäude, personelle Besetzung und Aufgaben waren durchgeplant. Darunter auch: »Festnahme, Isolation bzw. Inter-nierung der feindlichen Kräfte auf Grundlage der vorhandenen Dokumente … Entfaltung eines wirksamen Fahndungssystems, um untergetauchte Feindkräfte aufzuspüren und unschädlich zu machen.«[16] Die dafür notwendigen »vorhandenen Dokumente«, die Verhaftungslisten, wurden regelmäßig aktualisiert und erfass-ten 1989 unter der Rubrik »Politische Untergrundtätigkeit« 1389 Personen im »Operationsgebiet«.[17] Fuchs' Name stand ganz oben auf den Listen.

Er, gegen den mit Zustimmung der Generalstaatsanwaltschaft der DDR seit 1982 ein für alle sozialistische Staaten gültiger Haft-befehl vorlag, konnte diese Vorbereitungen nur ahnen.

Die Lage war für sie nicht so reizend. Aber gerade das Auf-Veränderungen-Reagieren, Ost-West-Grenzen-nicht-Akzeptieren, sondern Etwas-Tun, auch machtkritisch von links, links im Sinne von authentischer Haltung, nicht einer Haltung, die fordert: »Jetzt will ich einen Posten dafür haben«

15 Thomas Auerbach: Einsatzkommandos an der unsichtbaren Front. Terror-
    und Sabotagevorbereitungen des MfS gegen die Bundesrepublik Deutschland,
    Berlin 1999, S. 30 f.
16 MfS-Bezirksverwaltung Berlin: Linienspezifische Aufgaben der BV Berlin vom
    5. 8. 1985, BStU, ASt Berlin, A 1011/2, Bl. 1.
17 Vgl. Anm. 15, S. 31.

– da war, da ist schon ein Potential da. Diese Einmischung von intellektu-
ell wachen Leuten störte.[18]

Im Sommer 1977, als Fuchs gerade ausgebürgert und Bahro verhaftet worden war, fand Lutz Rathenow sich unvermittelt in einem
Netzwerk von Aktivitäten:

Ich ließ Jürgen Briefe zukommen, mit neuen Texten, auch mit Informa-
tionen, und es pegelte sich etwas ein, das sich in unterschiedlicher In-
tensität bis 1989 fortsetzte. Ich informierte ihn stichpunktartig, manch-
mal ausformuliert über Beobachtungen, Dinge, die ich für wichtig hielt.
Er reagierte darauf selektiv am Telefon. Jürgen verzieh es sich nie ganz,
ausgereist zu sein, als einer, der von der Frage getrieben wurde: Habe ich
damit eigene Grundsätze verraten? Das wollte er auch dadurch wieder-
gutmachen, dass er sich für andere einsetzte, fast aufopferte.[19]

Es überrascht, dass der Eindruck, er opfere sich für andere auf,
selbst bei nahen Freunden entstehen konnte. Tatsächlich war es
für Jürgen Fuchs eine Selbstverständlichkeit, anderen zu helfen.
Er hatte die Möglichkeiten, und es hat ihm Vergnügen bereitet,
andere an seinen Möglichkeiten teilhaben zu lassen, Artikel und
Literatur in den Osten weiterzureichen, konspirativ zugestellte
Briefe, die nie durch die Postkontrolle der DDR gegangen wären –
wie von Havemann und Rathenow –, an Redaktionen, Verlage und
Institutionen weiterzuleiten. Er sah es als Glück an, nach neun
Monaten U-Haft davongekommen zu sein. Er sagte: »Ich muss-
te mich retten, auch als Autor, weil sie mir ans Leben wollten.
Deswegen ist es richtig, dass wir hier leben. Hier kann ich etwas
tun.«
Über ihre grenzüberwindende Zusammenarbeit berichtet Lutz
Rathenow:

18 Jürgen Fuchs: Gespräch mit Udo Scheer vom 24. 10. 1998.
19 Lutz Rathenow: Gespräch mit Udo Scheer vom 22. 10. 2006.

Die Intensität unseres Kontaktes, der 1980 einen neuen Schub bekam, war viel größer als zuvor in der DDR. Plötzlich war ich ein wichtiger Informationspartner. Jürgen war nicht misstrauisch. Stasi-Verdacht tauchte mir gegenüber nie mehr auf, obwohl er zwischendurch immer mal Leute verdächtigte. Manchmal hatte er recht, wie bei Ibrahim Böhme. Zu ihm hatte er mir einmal gesagt, ich sollte vorsichtig sein.

In West-Berlin war Jürgen jemand, der Partner suchte, um auf die DDR einwirken zu können. Damit war er zum Feind geworden. Sein Ziel: Also, wenn sie mich jetzt schon rausgeschmissen haben, dann müssen wir erreichen, dass das Ausbürgern sich nicht einbürgert.

Er hat mich sehr früh mit Fakten konfrontiert, die ich ohne ihn nicht erfahren hätte. Etwa die Rolle von Rechtsanwalt Wolfgang Vogel. Konfrontiert – wie muss man sich das vorstellen? Es gab keinen herkömmlichen Briefwechsel, nur über Kuriere. Also sprachen wir – mitunter fast täglich – am Telefon, häufig nur in Andeutungen. Ich ging dazu zu Telefonzellen. Ab '83, als wir unser Telefon hatten – sie wollten ja wissen, was beredet wurde –, hat er in dringenden Angelegenheiten auch bei uns angerufen. Ich habe mich weiter gezwungen, zu Telefonzellen zu gehen, am besten waren die, deren Münzeinwurf verklemmt war, das hat viel Geld gespart. Unser Kontakt wurde eine Freundschaft über den Telefontropf. Über bestimmte Dinge redeten wir nie, über Transportwege von Briefen, über Geldsammlungen für Familien von Verhafteten.

'78 kam es zu einem Einschnitt, Ulrich Schwarz wurde ausgewiesen. Bis dahin war Jürgen einer seiner Hauptinformanten. Schwarz hat ihm danach nicht mehr voll vertraut. Er hielt ihn für neurotisiert. Es gibt IM-Berichte, in denen Schwarz sich distanziert zu Fuchs äußert.

Über ein Jahr lang war es schwierig, den Kontakt zu halten, weil ich keine Westjournalisten kannte. Dann, durch Frank-Wolf Matthies und die Lesekreise, galt ich plötzlich als einer der Miterfinder des Prenzlauer Berges und bekam so wieder Kontakte zu Westjournalisten. Löhhöffel, Baum, Winters, Jennerjahn von dpa, aber auch Reuters oder AFP brachten Briefe unkontrolliert zu Jürgen beziehungsweise zur West-Berliner Post. Der FAZ-Korrespondent Winters gab die Briefe paketweise persönlich ab.

Überhaupt hat Jürgen sich um ein breites Feld von Kontakten im Osten bemüht, er war bereit, sehr viel Lebensenergie dafür einzusetzen. Meine Verhaftung 1980 war in seinen Augen ein Güte- und Qualitätssiegel. Danach, hatte ich den Eindruck, betrachtete Jürgen mich eine Weile ein bisschen als seine Ersatzexistenz in der DDR, gab ständig Tipps, was man machen könnte. Ich fühlte mich ernstgenommen. Seine Bevormundungsversuche hatten immer auch etwas Anregendes. Seine Hinweise waren immer bedenkenswert, oftmals richtig. Aber wenn ich sagte: »Nee, Jürgen, das mache ich jetzt so«, dann hat er es akzeptiert. Er war gleichermaßen nachsichtig wie unduldsam. Ich hatte das erste Buch geschafft, und er merkte, ich wollte als Dissident im Osten gelten, auch wenn ich das Wort immer noch nicht verwendete. Wir wollten politische Unruhe verbreiten. Wir hatten einen gemeinsamen Grundimpetus, auch wenn wir manche Dinge unterschiedlich beurteilten.

Wenn ich heute die Akten der Staatssicherheit lese, habe ich den Eindruck, dass ihnen seine subversiven Hauptaktivitäten zum Glück entgangen sind. Aus der Sicht der Staatssicherheit haben sie ihre Aufgabe nur halb erfüllt.

Seine Rolle im »Schutzkomitee Freiheit und Sozialismus« war wohl größer, als von ihnen dokumentiert. Sie gingen mechanisch heran und konnten sein besonderes Engagement, seine Rolle als Motor im Hintergrund, etwa beim Vermitteln der Lesung von Günter Grass bei Frank-Wolf Matthies in Ost-Berlin, nicht wirklich ermessen.

Neben seiner Freundschaft zu Robert Havemann vermittelte Jürgen mir das Gefühl, sehr wichtig für ihn zu sein. Es wurde üblich, dass ich Jürgens Bücher verteilte. Es war in jedem Paket ein Stapel Fuchs-Bücher enthalten, auch von Erich Loest, Sarah Kirsch. Sehr viel später kam die »dialog«-Reihe[20], mit den von ihm vervielfältigten Artikeln dazu. Ich habe

20 Von Jürgen Fuchs, unterstützt durch Roland Jahn u. a., Anfang 1986 bis Ende 1989 meist monatlich zusammengestellte Pressesammlung, teilweise auch eigene Texte, überwiegend über Ereignisse in der DDR und Osteuropa, die in DDR-Medien verschwiegen oder verzerrt dargestellt worden waren. Die Auflage von 200 bis 300 Exemplaren dieser »Kopierzeitschrift«, wie Fuchs sie nannte, wurde in Büros der Grünen kopiert und über akkreditierte Korrespondenten in die DDR transportiert. Die Staatssicherheit der DDR besaß seit Dezember 1987 Kenntnis von dieser Reihe, nicht aber davon, wie sie in die DDR gelangte.

auch Briefe von ihm zur Post gebracht, zum Beispiel an seinen Deutschlehrer Gerhard Hieke.

Jürgens West-Ost-Verbindungen sind der Staatssicherheit meist erst
mit Verzögerung und nie in ihrem vollen Ausmaß klargeworden.[21]

Jürgen Fuchs berichtete:

Post konntest du ja nicht einfach so in den Briefkasten werfen. Also hieß
es, akkreditierte Journalisten ansprechen, die Briefträger spielten, Bücher, Briefe mitnahmen und Manuskripte von dort nach hier. Das betraf
nicht nur die DDR, das betraf auch Polen, Tschechien, Ungarn. Relativ
wenige waren richtig bereit, etwas zu riskieren. Sie hatten Diplomaten-
autos mit blauen Nummern, aber man musste das Material ja aus den
Autos herausschaffen, in Wohnungen. Die Übergabe musste organisiert
sein. Dazu die Frage: Mit wem hast du es zu tun? Sind Spitzel darunter?
Außerordentlich mutige Leute habe ich kennengelernt, wie Herrn Winters von der »FAZ«[22], Helmut Lölhöffel von der »Süddeutschen«. Andere
gab es, die vielleicht nicht nein gesagt hätten, wo es sich aber aus der Situation heraus nicht ergab. Oder es waren solche, die Informationen über
Verhaftete oder Gruppen exklusiv verlangten, um sie zum Beispiel nur der
»Rheinischen Post« anzubieten. Wieder andere zogen sich zurück, wie der
Korrespondent der »ZEIT«, die suchten eine andere Art der Verständigung
mit dem SED-Staat.[23]

Über all die Informationen, die bei ihm zusammenliefen, die dann
zum Teil als Nachrichten und Berichte wirkungsvoll nach außen
gingen, sagte Jürgen Fuchs im Gespräch bescheiden, das seien alles
keine riesigen Strategien gewesen. Er hätte weiter Briefe geschrieben, telefoniert. Besonders für Gespräche mit Robert Havemann

21 Vgl. Anm. 19.
22 Jochen Peter Winters, für dessen Wohnung in Ost-Berlin Lutz Rathenow einen Zweitschlüssel besaß, um nachts die Paketsendungen abzuholen, betrieb
diese Kuriertätigkeit so konspirativ, dass sie der Staatssicherheit weitgehend
entging.
23 Vgl. Anm. 18.

war Erfindungsreichtum gefragt. Oft funktionierte die Verbindung so: Freunde riefen kurz in West-Berlin an, an dem und dem Tag sei »jemand« zu Besuch bei den Schwiegereltern. Im Oderbruch klingelte dann das Telefon, und Fuchs war an der Leitung. Etwas einfacher gestalteten sich die Telefonate mit Lutz Rathenow und Rainer Eppelmann, der 1977 als Kreisjugendpfarrer von Berlin-Friedrichshain die legendären Blues-Messen ins Leben gerufen hatte, über den sich ebenfalls ein Kreis zu Havemann schloss. Brisante Informationen liefen immer über Kuriere.

Auch die Verbindung zur Familie in der DDR war für Fuchs enorm wichtig. Die subversive West-Ost-West-Verbindung war möglich, weil Leute auf großartige Weise Courage zeigten. Er wollte möglichst viel von dem erfahren, was im Osten vorging, wo etwas sich polarisierte, wie der Apparat reagierte. Er gab Anregungen, regelrechte Aufträge: Du musst den, die besuchen, diesen Kontakt herstellen! Du musst diese Initiative begleiten, dieses Buch, diesen Artikel lesen und weitergeben. Ganz wichtig ist es, Informationen über Verhaftete zu sammeln! Und immer wieder: »Ich kann hier etwas tun!«

Den vier Jahre älteren Greizer Lyriker Günter Ullmann hatte Jürgen Fuchs durch die DDR-Poetenbewegung kennengelernt. Mit seiner eindringlich dichten, Gesellschaftskritik prägnant auf den Punkt bringenden Poesie war Ullmann ihm sofort sympathisch. Dazu schätzte er vor allem dessen Gerechtigkeitssinn. Selbst mit Veröffentlichungsverbot belegt, hatte Ullmann in Schreiben an den Schriftstellerverband und den Staatsrat spontan gegen die Biermann-Ausbürgerung und die Abschiebung Kunzes protestiert. Seinem Versuch, Lilo Fuchs nach der Verhaftung ihres Mannes in Grünheide zu unterstützen, folgten mehrere Vernehmungen durch das MfS in Berlin und Gera. Auf die dabei offenbar verabreichten »Wahrheitsdrogen« reagierte Ullmanns sensible Psyche mit paranoiden Schüben. Statt durch U-Haft löste sich dieser Fall aus Sicht der Staatssicherheit – zumindest zeitweilig – durch Einweisungen in psychiatrische Kliniken. Seit 1980 standen Jürgen Fuchs und Günter Ullmann in intensivem Briefwechsel, meist mit fingierten oder verschlüsselten Absendern. Fuchs suchte Möglichkeiten, Gedichte von Ullmann in der Bundesrepublik zu veröffentlichen, ihn bekannt zu machen, und er wollte ihn ermutigen, in den späteren Jahren auch von West-Berlin aus mit Informationen über oppositionelle Entwicklungen in der DDR.

1. 6. 80

lieber günter,

heute kam dein brief, das leere weiße blatt außen herum. danke, ich will gleich antworten. was die vorgeschlagene zeitschriftenveröffentlichung angeht noch folgende überlegungen: natürlich wird das einigen herren »nicht passen« ...

das grenzüberschreitende element von kunst und kultur können wir doch nicht ignorieren. das hat über jahrhunderte gehalten, das soll auch jetzt so sein. diese art »frei-machen« sehe ich als notwendig, lebenswichtig an ...

du fragst nach meiner arbeit. hast du die »Tagesnotizen« als buch mal in die hände bekommen? im frühjahr soll noch ein gedichtband folgen »Pappkameraden«. mit einer vorzeile von wolfgang borchert: »wir werden nie mehr antreten auf einen pfiff hin«. die thematik krieg, frieden, schule, armee, auch »ich habe es nicht eilig / die städte / zu vergessen / in denen ich lebte.« ... essayistische arbeiten sind fertig geworden. ein aufsatz zu victor klemperers »LTI« – »Das Erschrecken über die eigene Sprache«, eine kleine analyse des redeverhaltens ... dann sitze ich an prosa, die dauert und dauert. ich will nicht hetzen. und dann studieren lilo und ich im wirklichen sinne: freud, adler, fromm, marcuse, sperber, glucksmann, böll, enzensberger, j. roth ... der gute, angenehme, lehrreiche teil unseres aufenthalts! ich würde ihn euch auch wünschen, ohne an ein weggehen zu denken. aber diese verfluchte isolation ist nicht gut.[24]

24 Jürgen Fuchs: Brief an Günter Ullmann vom 01. 06. 1980, Privatbesitz Ullmann.

lieber günter,
ich habe etwas »gemacht«.[25]

Nur diese Andeutung. Jürgen Fuchs hatte die Gedichtfolge *Aus meinem Bautagebuch* des auf dem Bau arbeitenden Lyrikers – ein Studium in der DDR war ihm verwehrt worden – an die von Heinrich Böll, Günter Grass, Johano Strasser u. a. herausgegebene Literaturzeitschrift *L'80* gegeben. In der Dezember-Ausgabe 1980 kündeten drei Seiten von dieser neuen, klaren lyrischen Stimme:

11

KADERGESPRÄCH
Schreiben sie nur wir
sind zu dritt[26]

Die Staatssicherheit reagierte umgehend mit dem Herauslösen Ullmanns aus dem Gruppen-OV »Medium«[27] seines Greizer Freundeskreises, mit neuen Vorladungen, Strafandrohung im Falle weiterer Westveröffentlichungen, Postkontrolle, Spitzeleinsatz im Arbeitsbereich und Überwachung des Wohnhauses.

7. 12. 81

Lieber Günter, heute kam dein Brief vom 1. 12. 81. Danke für die Gedichte. Ganz besonders gut gefiel mir das Gedicht »Kein Gott spricht mehr«. Und ein Paßbild würde uns freuen. Welche »unerwarteten Veränderungen« stehen bevor? Die Schlimmsten? Sind nicht schlimm, in ihnen läßt die Angst nach, die Gitter werden lächerlich, der Tod verabschiedet sich, Hilfe und Solidarität existieren wirklich!

25 Jürgen Fuchs: Brief an Günter Ullmann vom 15. 09. 1980, Privatbesitz Ullmann.
26 Günter Ullmann: Aus meinem Bautagebuch, in: L'80, Heft 16, Dezember 1980, S. 94.
27 BStU, OV »Medium«, Reg. Nr. X/16/77; ab 1981 bearbeitet in OPK »Schreiber«, KD Greiz; ab 1988 OV »Ring«, Reg.-Nr. X 401/88.

Davon, lieber Günter, kannst Du ausgehen. Herzliche Grüße an unsere Freunde und Deine Familie. Schreib schnell weiter. Du gehörst zu den wichtigsten Stimmen unserer Generation.[28]

Als Jürgen Fuchs erfuhr, wie die Situation um Ullmann tatsächlich stand – demonstrative Überwachung, Hausdurchsuchung und Beschlagname von Ullmanns Gedichten bei einem Freund, Ullmann in eine psychiatrische Klink eingewiesen –, schrieb er absichtlich zum Mitlesen mit vollem Absender und per Einschreiben an die Familie:

... Günter brachte in seinen Ängsten das zum Ausdruck, was andere erfolgreich verdrängen oder nicht wahrhaben wollen ... Warum ich schreibe: Ich frage mich ernstlich, ob es nicht besser wäre, wenn Ihr in den Westen übersiedelt. Hier könntet Ihr leben – Anfangsschwierigkeiten wird es geben, ganz klar – Günter könnte lesen, schreiben, studieren ... Wenn er sich tatsächlich einer weiteren psychiatrischen Behandlung unterziehen muß, dann kann er das hier ebenfalls tun ... Meine Unterstützung ist sicher, ich würde mich an Stellen hier wenden (u. a. auch an den internationalen PEN, da die Gesundheit und das berufliche / persönliche Leben eines Kollegen gefährdet ist). Ihr müßtet ... dann einen Antrag stellen, »Systemwechsel« als Versuch, Günters Gesundheit zu retten ...

Liebe Geli, laßt von Euch hören, redet mit Günter, holt ihn bald wieder nach Hause!

Beste Grüße! jürgen f.[29]

Sein Signal an die Staatsicherheit: Dieser Fall ist bekannt. Ich kann ihn an die Öffentlichkeit bringen.

Günter Ullmann und seine Familie blieben in Greiz. 1984, nach einer zweiten, einiges Aufsehen erregenden Veröffentlichung in

---

28 Jürgen Fuchs: Brief, Privatbesitz Günter Ullmann.
29 Jürgen Fuchs: Brief an Familie Ullmann vom 17. 05. 1982, Privatbesitz Ullmann.

der Anthologie *einst war ich fänger im schnee*[30] erhöhte die Staatssicherheit erneut ihren Druck, drohte Ullmann eine Haftstrafe an und seiner Frau in Sippenhaft den Entzug der Erziehungsberechtigung und Einweisung ihrer beiden Kinder in ein Heim. Angelika Ullmann solle ihren Mann dazu bringen, mit dem Schreiben aufzuhören. In den folgenden Jahren, bis 1989, schrieb Günter Ullmann in größter Zurückgezogenheit.

Unterstützung, wie er sie selbst erfahren hatte, auch anderen zuteilwerden zu lassen, war für Jürgen Fuchs so selbstverständlich, dass er selbst kaum darüber sprach. Einer von denen, denen er seine Hilfe bieten konnte, war Utz Rachowski. Nach seinem Schulrauswurf hatte der als Elektriker gearbeitet und sein Abitur an der Abendschule nachgeholt. 1977 durfte er ein Medizinstudium in Leipzig aufnehmen, wurde jedoch schon im ersten Studienjahr nach einer Stellungnahme für Fuchs und andere Verhaftete exmatrikuliert. Rachowski schrieb weiter kritische Gedichte, führte literarische und politische Diskussionen im Kreis Gleichgesinnter.

Im DDR-Kulturbetrieb rumorte es in dieser Zeit unüberhörbar. Im Mai 1979 hatten acht Schriftsteller[31] in einem offenem Brief an den Staatsratsvorsitzenden ihre »wachsende Sorge« um die »Entwicklung unserer Kulturpolitik« geäußert, »engagierte, kritische Schriftsteller zu diffamieren und mundtot zu machen«. Der Apparat reagierte mit Verbandsausschluss und damit Entzug der Steuernummer als Freiberufler, was Berufsverbot für diese Schriftsteller in der DDR bedeutete.

Auch die MfS-Bezirksverwaltung Karl-Marx-Stadt wollte ihre Wachsamkeit beweisen. Zur Abschreckung für andere potentiell Widerspenstige verhaftete sie Rachowski und mehrere Freunde. Die SED-Strafjustiz maß ihm im Oktober 1979 27 Monate Zuchthaus wegen Verbreitung eigener Gedichte und einiger Lieder und

---

30 Günter Ullmann in: einst war ich fänger im schnee. Neue Texte und Bilder aus der DDR. Herausgegeben von Lutz Rathenow, Berlin 1984, S. 9/–101.

31 Kurt Bartsch, Jurek Becker, Adolf Endler, Erich Loest, Klaus Poche, Klaus Schlesinger, Dieter Schubert, Martin Stade.

Gedichte von Biermann und Kunze zu, im Sprachgebrauch der Ankläger »staatsfeindliche Hetzschriften in Versform«. Im November 1980 wurde er freigekauft und kam nach West-Berlin. Die ersten Wochen wohnte er bei Lilo und Jürgen Fuchs in Tempelhof, »wo sie mich mit Alete-Kindersäften wieder aufgepäppelt haben (meine Hände wurden jeden Morgen blauschwarz wegen der Durchblutungsstörungen).«[32]

Reiner Kunze ist allein sechsmal von Passau nach Bonn gefahren, um mich rauszukriegen. Jürgen hat geschrieben. In dieser Zeit gab es eine interessante Zersetzungsmaßnahme in Reichenbach. Der IM »Paul«, auch ein Elektrikermeister, hat bei seinem Vater das Gerücht gestreut, ich sei entlassen und würde irgendwo in Mecklenburg leben. Die Bedingung für meine Freilassung wäre gewesen, dass ich nicht nach Reichenbach zurückkehre. Jürgens Vater, mein guter alter Elektrikerkollege, gab das natürlich sofort nach West-Berlin weiter. Daraufhin hat Jürgen die von ihm eingeschalteten Rechtsanwälte informiert, der Druck auf die DDR-Seite wurde eingestellt. Später erfuhren sie dann doch, dass ich noch sitze. Aber durch diese Zersetzungsmaßnahme dauerte es eben bis zum Freikauf.

Im Aufnahmelager Gießen gaben sie mir zwei Adressen und Telefonnummern: »Diese Personen haben sich für Sie eingesetzt, Reiner Kunze, Jürgen Fuchs.« Ich rief Jürgen sofort an, kannte ja keinen Menschen im Westen. Am nächsten Tag hat Lilo ihr Zimmerchen geräumt, und sie haben mich bei sich untergebracht. Wir saßen jeden Tag beim Abendbrot zusammen. Sechs Wochen habe ich bei ihnen gelebt. Dann konnte mir Sarah Kirsch im Auftrag von Jürgen ein Zimmer im Literarischen Colloquium Wannsee vermitteln. Bis '83 waren das unsere intensivsten Jahre miteinander. Danach, in der Zeit meiner Trennung, war ich stärker mit mir selbst beschäftigt.

Jürgen hat mir seine neuen Gedichte vorgelesen. Unvergesslich dieser Satz im Dezember '80, ich war gerade aus dem Knast raus: Es wird Krieg geben. Das war aus »Pappkameraden«. Nur diese eine Zeile – auf einer Seite. Er las aus den Korrekturfahnen.

Wenige Tage später wurde das Denkmal für die Solidarność-Opfer in

---

32 Utz Rachowski: Brief an Lutz Rathenow vom 16. 09. 1999, im Archiv d. Verf.

Danzig eingeweiht. Wir schauten uns das bei Jürgen früh um sechs im Fernsehen an. Solidarność, das war das Thema Dezember '80 und '81.

Er hatte Kontakte zu dem Solidarność-Büro in Schöneberg. Adam Zagajewski kam. Während seines halbjährigen Berlin-Stipendiums war er mehr bei Jürgen als bei sich in dem Zimmerchen. Bei Jürgen gab es ein offenes Haus. Es kamen immer Leute vorbei. Sarah Kirsch, Wolf Biermann, Grüne, Leute, die ich gar nicht kannte. Dominierend war die polnische Geschichte. 13. Dezember '81, Kriegsrecht. Zuvor im September hatten wir am großen Tisch im Arbeitszimmer von Jürgen das Gespräch mit Zagajewski gemacht.[33]

Frank-Wolf Matthies und Lutz Rathenow waren inhaftiert. Auch das war ein wichtiges Thema. Jürgen war da ganz eng dran, brachte es an die Öffentlichkeit. Nach zehn Tagen waren sie wieder raus. Matthies kam rüber, ist dann im Auftrag von Günter Grass bei Johano Strasser untergekommen.

Jürgens Arbeit, Öffentlichkeit zu informieren, war unglaublich effektiv. Es waren eigentlich nur wenige Journalisten, vielleicht vier oder sechs und die dpa, mit denen er eng zusammenarbeitete. Ihnen hat er seine Nachrichten übergeben, oft schon formuliert. Die wussten, bei ihm konnten sie sich auf die Richtigkeit verlassen.

Bernd Markowsky tauchte auf, Erfurter Ausgebürgerte. Er schob mich in diesen Freundeskreis. Damals, 1981, hatte er schon die ersten 20 Seiten von »Fassonschnitt« fertig. Mindestens wöchentlich las er mir Sachen vor, Essays, darunter einen über seine Armeezeit[34], einen Brief an Heinrich Böll zum Beispiel, die Auseinandersetzung mit Hermann L. Gremliza von »konkret« zum Kriegsrecht in Polen, »Der strenge Tourist aus Hamburg«[35]. Den haben wir bei mir im Kinderzimmer besprochen.

Er hat mir seine Texte vorgelesen, fragte: Wie findst'n das? Ich gab ihm meine Gefängnisgeschichten, Szenen aus Thüringen, die er sehr schätzte.

---

33 Jürgen Fuchs: Poetisches Prinzip Aufrichtigkeit. Eine polnisch-deutsche Diskussion im Herbst 81, in: Jürgen Fuchs: Einmischung in eigene Angelegenheiten. Gegen Krieg und verlogenen Frieden, Reinbek, 1984, S. 53–80.
34 Jürgen Fuchs: Und die Kasernenhöfe, in: ebenda, S. 25 f.
35 Jürgen Fuchs: Der strenge Tourist aus Hamburg – oder ein Kolumnist rettet Polen, in: ebenda, S. 129–145.

Das ganze Jahr '81 habe ich an einem Hörspiel gesessen. Jürgen hat es un-
tergebracht.

Aus den polnischen Ereignissen, so habe ich es in Erinnerung, ging es
fast übergangslos in die Jenaer Ereignisse, die Friedensbewegung 1982,
Verhaftungen, Demonstrationen, Namen wie Rub, Jahn, Blumhagen, das
wurde alles am Tisch im Arbeitszimmer von Jürgen besprochen: Wie kann
man helfen, sie rauszuholen?

Als Lutz Leibner[36] mit seinen Skulpturen ankam, hat Jürgen einen
Lkw organisiert, eben solche Sachen: »Wer zahlt den?« Dann, als wir den
Güterwaggon aufmachten, gucken wir in einen Trümmerhaufen, alles
zerstört. Wahrscheinlich hatten sie ihn absichtlich so lang hin und her
rangiert, bis alles kaputt war.

Oder als ich in meine Wohnung einzog, da ließ er über den Pfarrer in
Tempelhof in die Predigt einbauen: »Hat nicht jemand noch ein paar
Stühle übrig?« Es wurden 13 Stühle. – Das war eben das Menschliche an
Jürgen.[37]

---

36 Lutz Leibner, Jena, Pädagogik-Fernstudium, 1976 Exmatrikulation wegen
   Nichtdistanzierung von Biermann und Fuchs, Holz- und Metallplastiker, zahlreiche Ausstellungen, Ausreise mit Ehefrau und drei Kindern 1982, lebt in
   Berlin-Kreuzberg.
37 Utz Rachowski: Gespräch mit Udo Scheer vom 11. 10. 2006.

Gleichgesinnte finden

Als Schriftsteller hatte Jürgen Fuchs bereits erreicht, was er vor seiner Ankunft in West-Berlin kaum erhoffen konnte. Interventionen gegen seine Verhaftung, unter anderem durch Heinrich Böll, Max Frisch, Friedrich Dürrenmatt, hatten seinen Namen bekannt gemacht. Havemanns Rat, es sei wichtig, im Westen zu veröffentlichen, war befolgt worden und erwies sich als klug. Fuchs war präsent, man konnte sich ein Bild machen, konnte sehen: Was dieser junge Schriftsteller schrieb, verkörperte er mit seiner Persönlichkeit. Noch während seiner U-Haft im Mai 1977 wurden die *Gedächtnisprotokolle*[1] mit dem internationalen Pressepreis in Nizza ausgezeichnet. Das Buch öffnete Jürgen Fuchs die Türen zum Berliner Schriftstellerverband, dort traf er auf Anna Jonas, Hans Christoph Buch, Günter Grass, Peter Schneider, Johano Strasser, Exilautoren aus Argentinien, Chile, Iran, Pakistan, auf überdurchschnittlich viele engagiert zeitkritische Autoren. Dieser Regionalverband hob sich in seinem Engagement von den Verbänden in Westdeutschland ab. Das war durchaus nach seinem Geschmack. Später sagte Jürgen Fuchs einmal: »Wir Schriftsteller hatten die Freiheit des Wortes zu retten.« Vor dem eigenen Erfahrungshintergrund suchte er dort den Austausch mit politisch Verfolgten aus anderen Diktaturen. Die Menschenrechte weltweit waren sein Thema.

Schon in den *Gedächtnisprotokollen* und in der wie eine Dokumentarinszenierung lesbaren *SPIEGEL*-Serie *Du sollst zerbrechen* zeichnete sich ab: Hier meldet sich ein radikal realitätsbezogener, politischer und zugleich charismatischer Schriftsteller zu Wort. Dafür

---

1 Jürgen Fuchs: Gedächtnisprotokolle, Reinbek 1977.

wurde er nicht nur von Sozialismus-Fraktionären West angegriffen. Ablehnung erfuhr er auch aus bürgerlichen Literaturkreisen und der Boheme. Litérature engagée, das Politische in der Literatur, galt ihnen als verpönt. Über die Ablehnung der dogmatischen Linken konnte Jürgen Fuchs bisweilen lachen, auch wenn sich auf Veranstaltungen und im Verband mitunter so scharfe wie fruchtlose Diskurse entzündeten. Aber wenn man ihn im *Munzinger-Archiv*, einem anerkannten Literaturlexikon, mit dem Etikett versah: »erster erfolgreicher Vertreter der sog. deutschen Betroffenheitsliteratur«[2], dann tat diese Abwertung auch weh. Denn nicht Betroffenheit, eine Haltung, die Opfer und Hilflosigkeit assoziiert, kennzeichnete Jürgen Fuchs' literarische Arbeit, vielmehr ihr Gegenteil: Aufklärung. Er verfügte wie nur wenige über den »doppelten Film« (Heinz Brandt). Er kannte die andere Seite, sagte: »Ich weiß, wovon ich rede«, etwa wenn er gegen die Ignoranz von Westkollegen auftrat, die weder die Bedingungen verstehen wollten, unter denen Literatur in Diktaturen entstand, noch ihren dortigen Stellenwert. Wer Fuchs las, war konfrontiert mit der historischen Perspektivlosigkeit der sozialistischen Ordnung. Doch genau das passte vielen nicht ins Bild.

Mit *Vernehmungsprotokolle*[3], seinen weitgehend authentischen Dialogen, seinen inneren Monologen und psychologischen Analysen der Stasi-Verhörmethoden, wurde er für die Auseinandersetzung mit der DDR das, was Günter Wallraff für Westdeutschland war. Mit diesem Band etablierte er sich als wichtigster Autor einer neuen DDR-Dokumentarliteratur. Joachim-Rüdiger Groth, ein ausgewiesener Kenner und Professor für Neue Deutsche Literatur in Schwäbisch Gmünd, attestierte den *Vernehmungsprotokollen*: »Die präzisen Beobachtungen bestechen und bestätigen die Authentizität der Darstellung. Dieser Text ist mehr als nur ein Dokument der Repression, er erfüllt literarische Ansprüche.«[4]

2 Munzinger Archiv/Internat. Biograph. Archiv 00/00, K 015214-4.
3 Jürgen Fuchs: Vernehmungsprotokolle, Reinbek 1978.
4 Joachim-Rüdiger Groth: Widersprüche. Literatur und Politik in der DDR 1949–1989, Frankfurt/M. 1994, S. 114.

Jürgen Fuchs' literarische Vorliebe galt jedoch weiterhin vor allem der Lyrik. Obwohl seine Gedichte durchaus Aufmerksamkeit fanden, wusste er, bei aller assoziativer Kraft und Ausstrahlung des genau gesetzten Wortes war ihre Wirkung weit geringer als die jeder anderen literarischen Form. Um stärker aufklärend auf die Gesellschaft wirken zu können, nutzte er Essay und Roman, für aktuelle Wortmeldungen die Formen des Artikels, der Stellungnahme, des Interviews.

Die in seinen Gedichten entwickelte Fähigkeit, aus genauen Beobachtungen zwingende Folgerungen und Aufforderungen in eine klare Sprache umzusetzen, prägte ebenso seine Prosa und die *Gedächtnisprotokolle*. Mit seinem charakteristischen Stil, der schnell und prägnant auf den Kern kam, hob er sich von traditionellen Erzählformen ab. Seine Härte konnte irritieren.

Dabei mochte Jürgen Fuchs den leisen, damit umso eindringlicheren Ton. In seinem ersten Gedichtband *Tagesnotizen*[5] richtet er den Fokus vor allem auf die Orientierung in der neuen Umgebung.

26. 8. 78
Auf dem Weg zum Briefkasten
Sah ich zwei große Hunde
Auf den Rücksitz
Eines Autos springen
Sie bellten nicht
Sie saßen sofort still
Ich ging weiter
Als sei nichts geschehen[6]

Diese Begebenheit notiert er auf den Tag genau ein Jahr nach seiner Ausbürgerung. Diese Hunde springen niemanden an. Sie sind wohlerzogen, schätzen Bequemlichkeit. Bedrohlich erscheinen

5 Jürgen Fuchs: Tagesnotizen, Reinbek 1979.
6 Ebenda, S. 34.

sie nicht. Und doch assoziiert die für andere vielleicht banale Beobachtung eine tiefsitzende Erfahrung. Auch wenn kein Wort darüber fällt, kommt DDR-Vergangenheit hoch. Das »Ich« kann nur weitergehen, »Als sei nichts geschehen«. Damit lässt es ahnen, wie viel geschehen sein muss.

Wenn Jürgen Fuchs in diesem Band auch das frühe Motiv des Schweigens wiederaufnimmt, geschieht es von einer anderen Warte aus als 1972, als er schrieb: »... Und / Wer hört mich / Wenn ich schweige«.[7]

Nun kann er durchatmen, kann sagen:

ICH SCHWEIGE NICHT
Ich sitze vor leeren Blättern
Das ist kein Schweigen
Ich sitze vor leeren Blättern
Ich schreie nicht mehr[8]

Der Albtraum des verordneten Schweigens ist vorbei, leere Blätter beruhigen, sie sind bereit aufzunehmen, was er mitzuteilen hat.

Mitunter schwingt Traurigkeit mit, wie in der Tagesnotiz vom 13. 10. 78:

Diese kleine Insel
Aus Flitter und Stein
Könnte die Rettung sein
Wenn ringsum Wasser wäre
Und nicht mein Zuhause[9]

In Momenten des Innehaltens bricht es auf, das Entwurzelungsgefühl des aus der Haft Abgeschobenen, des aus der Heimat Ausgegrenzten.

---

7 Jürgen Fuchs: DIESE ANGST / Auf halber Zeile ..., in: Schriftprobe, Weimar 2001, S. 38.
8 Vgl. Anm. 5, S. 7.
9 Ebenda, S. 60.

Kritiken lobten die *Tagesnotizen* für die Intensität der Beobachtungen, den genauen Blick des Autors für die Details und für seine so einfach scheinende, assoziative Sprache. Herta Müller, die rumäniendeutsche Schriftstellerin, selbst eine meisterhafte Schöpferin assoziativer Sprachräume, hat über Fuchs' Sprachkunst geschrieben, seine Literatur sei »dem Erlebten nicht ohne weiteres abzuluchsen, sie muß durch Sprache erfunden und konstruiert werden. Weil dies Jürgen Fuchs so gut gelingt, glaubt man, die Wirklichkeit hat sich in diesen Texten selbst aufgeschrieben.«[10]

In seinem zweiten Gedichtband *Pappkameraden*[11] nimmt Fuchs den Leser mit in die Vergangenheit. Rückschau und Selbstvergewisserung dominieren, Schule und Fahnenappell, Kasernenhof, die Stadt Jena und Freunde tauchen hier auf. Das vorangestellte Borchert-Motto »Wir werden nie mehr antreten auf einen Pfiff hin« könnte als sein eigenes Credo wieder und wieder zitiert werden. Die Last, den Wehrdienst nicht verweigert zu haben, lässt ihn nicht los.

II
Im Dezember neunundsechzig
In einem Wald bei Plauen im Vogtland
Schoß ich zum ersten Mal
Mit scharfer Munition
Auf Pappkameraden
So nannten wir sie: Pappkameraden
Sie kippten um
Oder blieben stehen
Und hinterher wurden die Löcher wieder zugeklebt
Mit schwarzer Folie[12]

---

10 Herta Müller: Der aktuelle Augenblick zeigte seinen Größenwahn, in: Gerbergasse 18, Sonderausgabe zum Fuchs-Symposium, Jena 8.–10. Dezember 2000, S. 10.
11 Jürgen Fuchs: Pappkameraden. Gedichte, Reinbek 1981.
12 Ebenda, S. 8.

III

Ja, ich habe geschossen
Ja, ich habe mich in die Schützenmulde gelegt
Und losgeballert
Mit Brecht und Biermannliedern im Kopf
Lag ich da
Und die Kumpels haben gelacht und gesagt:
Ist doch nicht ernst
Nur eine Übung
Nicht ernst[13]

Der Selbstvorwurf ist so unüberhörbar wie das Aufbegehren, das mitzudenkende »Aber«: »Mit Brecht und Biermannliedern im Kopf«.

In einem seiner Gedankengedichte besucht er seine Schwester und seinen Schwager bei *Unterwellenborn*[14]. Nicht vergessen sind der Bahnhof und die Dreckschleuder von Stahlwerk: »Wenn Schnee fällt / ist er schwarz in zwei Tagen.« Die Maxhütte mit ihrem Knast, ihren Zuchthausbaracken auf dem Betriebsgelände skizziert er: »Klein-Dachau / Sagen die, die hier wohnen«.

In einer anderen Erinnerung geht er noch einmal die Straßen Jenas ab, »*JETZT TUE ICH SO* / Als wäre ich in Jena«[15], und sucht zurückgebliebene Freunde.

Andere Gedichte erzählen aber auch von Momentaufnahmen, wie er West-Berlin erlebt, darunter drei Amerikaner in Kreuzberg:

AUF EINEM FOTO
Stehen drei Soldaten mit Maschinenpistolen
Vor einem Spielzeugladen
Sie lachen

13 Ebenda, S. 9.
14 Ebenda, S. 42.
15 Ebenda, S. 49 f.

Sie zielen
Stellen sich in Positur
...[16]

Das Ungeheuerliche könnte Bestand haben, könnte sich jederzeit in den Spielarten des Bösen wiederholen. Sie ist nicht gebannt, die Gefahr. Mit Blick auf das jetzige Hier und das frühere Dort verspricht der Dichter:

ICH HABE ES NICHT EILIG
Diese Städte
Zu vergessen
In denen ich lebte
...[17]

In seinen Texten kam Jürgen Fuchs sich selbst sehr, mitunter schmerzhaft nah. Das Prinzip Ehrlichkeit war anders nicht zu haben.

Lutz Rathenow, der sich immer über aktuelle Entwicklungen in der Literaturszene informierte, erinnert sich an die Rezeption von Fuchs in der Bundesrepublik:

In der Literatur galt Jürgen von 1977 bis 1980/81 als Star, neben Thomas Brasch war er die Identifikationsfigur für eine neue unabhängige DDR-Literatur. Später richtete sich die mediale Westwahrnehmung stärker auf die Prenzlauer-Berg-Szene mit Sascha Anderson und auf andere Namen wie Christoph Hein.[18]

Und Jürgen Fuchs erinnerte sich:

In Köln bin ich bei Ralph Giordano vorbeigegangen, der mich in Berlin besucht hatte, der mich mal sprechen wollte. Das war auch nicht unnett.

16 Ebenda, S. 65.
17 Ebenda, S. 66.
18 Lutz Rathenow: Gespräch mit Udo Scheer vom 22. 10. 2006.

Dann die Veröffentlichungen, auch übersetzt ins Dänische, Schwedische, Französische, Englische ... Ich war relativ rasch, pardon, ein akzeptierter Autor, bei dem man zumindest sagte: »Hier ist irgendwas.« Und wenn du so aufgenommen wirst – ich kann mich bis heute, einschließlich »Magdalena«, überhaupt nicht beschweren über mangelnde Aufmerksamkeit –, entsteht da auch eine Verbundenheit.

Da gehört auch rein: Ist das nicht ein großartiges Thema? Du hattest Pläne, Bücher zu machen, über die Armee oder über das und das. Warum machst du es nicht? Weil es viele nicht so wichtig finden, oder auch Freunde, die selbst die Armee erlebt haben, sagen: »Fang doch nicht schon wieder damit an«?

Und dann glücklicherweise eben jemanden haben wie Heinrich Böll, der auch über die Armee geschrieben hat, der sagte: »Fuchs, führen Sie das bitte fort. Es gibt nichts ähnlich Taugliches bisher. Sie müssen unbedingt beschreiben, wie sich die deutsche Armee fortsetzt.« Das war natürlich ein besonderer Antrieb. Und ich habe es gemacht, das Fortsetzen.

Dann sagte er zu Egon Bahr bei einem SPD-Treffen: »Der Fuchs bringt eben das andere zum Ausdruck.« Ich stand daneben, bin rot geworden, es war mir peinlich. Böll als sehr wichtige Person, Literatur-Nobel-Preisträger, diese Verstärkung war da. Das hatte natürlich, wie auch der Zuspruch durch Manés Sperber, einen wahnsinnigen Drive.[19]

Fassonschnitt[20], mit fast 400 Seiten seine erste Langprosa, entzieht sich der literaturwissenschaftlichen Kategorisierung. Das Buch ist angesiedelt zwischen Roman und autobiografischem, quasidokumentarischem Report. Jürgen Fuchs liefert darin den Erfahrungsbericht über die ersten 13 Tage seines Grundwehrdienstes aus dem November 1969. Das Manuskript entstand Anfang der 80er Jahre in einer Zeit, in der die Durchmilitarisierung der DDR mit ihrer Volksarmee, Bereitschaftspolizei, paramilitärischen Kampfgruppen der SED, Wehrerziehung der Jugend und Wehrkundeunterricht an den Schulen ihren Höhepunkt erreicht hatte – einzig die 1982 per

19 Jürgen Fuchs: Gespräch mit Udo Scheer vom 24. 10. 1998.
20 Jürgen Fuchs: Fassonschnitt, Reinbek 1984.

Gesetz verfügte Wehrpflicht für Frauen war nach zahlreichen Protesten, allen voran der Initiativgruppe »Frauen für den Frieden«, ausgesetzt worden.

Im Kasernenalltag des Buches lebt der in der NVA millionenfach durchlebte preußische Kommissgeist fort. Es gibt Vorgesetzte, die Schlimmeres verhindern, es gibt Zyniker, die ihre Macht auskosten, doch alle funktionieren in diesem System des Entindividualisierens und Disziplinierens. Die Maschinerie folgt nur einem Auftrag: junge Männer zu widerspruchslosen Befehlsempfängern zu deformieren. »Ich werde zu etwas gezwungen und erlebe, daß ich mich zwingen lasse«, beobachtet der 18-jährige Rekrut Fuchs sein Verhalten. Das verunsichert, macht ihm Angst. Junge Soldaten sollen die Notwendigkeit des Drills und permanenten Drucks als unabänderlich begreifen. Im Politunterricht und in Manövern wird ihnen wieder und wieder der höchste Zweck ihres Hierseins eingehämmert: »den Gegner auf seinem eigenen Territorium zu vernichten.« Diese Präventivangriffsstrategie schütze den Staat und sie am sichersten. Warum die bis an die physischen Grenzen gehende Ausbildung in ihrem eigenen Interesse sei, darüber belehrt sie Oberleutnant Patsch während einer Schutzübung:

Nicht vom Gegner einreden lassen, alle gehen hops in modernen Kriegen! I wo! ... Jeder hat eine Chance! ... Sehen Sie, Genossen Soldaten, das sage ich immer gleich am Anfang: Sie haben eine Schutzausrüstung. Was glauben Sie, wie die Zivilisten im Ernstfall herumtanzen ... Wir können solche Situationen meistern![21]

Aus der Perspektive des genau beobachtenden Rekruten mit seinen Zweifeln und leise gestellten Fragen schafft Fuchs eine Innenschau, die den Mythos Ehrendienst und einer Volksarmee zum Schutz ihres Volkes gründlich demontiert. Dem Leser erscheint dieser Moloch als das, was er war, als Zuchtanstalt und Machtsäule eines totalitär ausgerichteten Regimes.

21 Ebenda, S. 155 f.

Während der Soldat Fuchs sich 1969 in *Fassonschnitt* beinahe hilflos dem Mahlstrom des Militärs ausgeliefert sah, geht der Student und Erzähler in *Das Ende einer Feigheit*[22] bewusst in das obligatorische sechswöchige Militärausbildungslager im dritten Semester.

Notizen machst du dir. Versteckst Hefte in der Wandverkleidung ... Specht weiß es. Die anderen denken, du schreibst Briefe ... Muß man eine Erfahrung zweimal machen? Ja, bis man es weiß. Bis du weißt, warum du mitmachst. Weil ich muß. Weil ich nicht gegen sie ankomme. Weil ich studieren will. Noch mal von vorn! Bis du begreifst, was sie aus dir machen. Was du aus dir machst. Was du aus dir machen läßt. Was du mit anderen machst.[23]

Die Handlung spielt am letzten Tag vor der Entlassung am 27. Dezember 1972. Sie erzählt in Vor- und Rückblenden, Innen- und Außensichten vom Kleinmachen der Studenten in Uniform und von tonangebenden Berufsoffizieren mit ihren gefährlichen Freund-Feind-Klischees.

Der Erzähler wird nicht auffällig als Rebell, er will seinen Studienausschluss nicht riskieren. Aber er nimmt dieses Dahinkommandiertsein auch nicht einfach hin, er ist angetreten als Chronist.

Nieselregen. Uniform feucht. Trocknet schlecht. Übertreibe ich? Kämpfe an gegen einen psychischen Mechanismus, der wegsteckt, für normal erklärt, für alltäglich, was nicht hingenommen werden dürfte ... Die meisten hier können sich eine andere Zeit, Gesellschaft etc. nicht vorstellen.[24]

Jeder, der das durchlebt hat, kann jeden Satz bestätigen. Wie schon die kurze frühe Erzählung *Das Fußballspiel*, wie *Fassonschnitt* be-

---

22 Jürgen Fuchs: Das Ende einer Feigheit. Reinbek 1988.
23 Ebenda. S. 11 f.
24 Ebenda, S. 210.

schreibt auch dieser Roman das Abnorme im scheinbar Unabänder-
lichen. Indem Jürgen Fuchs den Militarismus in der sozialistischen
Wehrpflichtarmee vorführte, nahm er dieser Armee ihre Legitimation. Damit schrieb er das Thema des sozialistischen Kasernenhofs
in die deutsche Literaturgeschichte ein.

Obwohl er ein bekannter Autor war, obwohl er häufig auf Podien
eingeladen wurde, obwohl er mit verschiedensten Presseveröffent-
lichungen präsent war, lebte die Familie vergleichsweise spartanisch. Das Geld reichte gerade für das Nötigste. Erst 1987 leistete
sie sich ein gebrauchtes, schon älteres Auto. Einmal, in den 90ern
vor seinem betagten Kombi stehend, meinte Fuchs lachend: »Wie
alt, das ist egal. Hauptsache, er ist geräumig und er fährt.« Von den
unregelmäßigen Einkünften als Schriftsteller konnte die seit der
Geburt ihrer Tochter Jenka im März 1985 vierköpfige Familie kaum
leben. Da brachten auch die Literaturfonds-Förderung für *Fassonschnitt* und die Honorare für seine drei Hörspiele[25] nicht mehr als
eine kurzzeitige Entlastung des Familienbudgets. Praktische Hilfe
für politisch Verfolgte, Unterstützung Oppositioneller, Mengen
von Büchern und Materialien, die er in den Osten schickte, waren
Jürgen Fuchs wichtiger als finanzielle Rücklagen. Dieses Engagement, so wie er es leistete, kostete Zeit, Energie und eben immer
auch Geld.

1980 fanden seine Frau Lilo und er Arbeit als Psychologen im
neugeschaffenen sozialen Modellprojekt »Treffpunkt Waldstraße«
in Berlin-Moabit, einem Brennpunkt mit hohem Anteil verein-
samter Menschen, kaum integrierten Ausländern und hoher Kri-
minalitätsrate. Der Mittelstand, viele Ladenbesitzer, zog fort aus
dem Kiez. Dafür wechseln sich in der Waldstraße heute wie damals
kaum verdeckte Bordelle ab mit Restaurants und Bistros, die auch
als Drogenumschlagplätze dienen. Wenn die Polizei Präsenz zeigt,
dann meist in Mannschaftswagenstärke.

Jürgen Fuchs' Hörspiel *Der Heinz* handelt in diesem Milieu. Ein
Junge, vom neuen Freund seiner Mutter vor die Tür gesetzt, wartet,

25 Der Besuch, WDR 1979; Der Alarm, WDR 1985; Der Heinz, WDR 1989.

um wieder in die Wohnung gelassen zu werden, um etwas zu essen zu bekommen. Seine Gedanken und Phantasien werden dabei zunehmend aggressiver.

In diesem sozialen Brennpunkt beherbergt das »Haus Nr. 7« eine der ersten psychosozialen Kontakt- und Beratungsstellen Deutschlands. Die Räume in einer früheren Bäckerei gleichen eher einer alternativen Wohnung mit zusammengetragenem Mobiliar als einer ambulanten Psychiatrie. Neben dem »Film-Club« und der Fahrrad- und Bastelwerkstatt wurde die ehemalige Backstube ein bei Kindern und Jugendlichen beliebter Treff, wichtig waren die Musikanlage und die Spiele, bemerkenswert die gestalteten Fotoausstellungen über das Haus, über Ausflüge und kleine Programme. In der Küche ist kostenlos Marmeladenbrot und Tee zu haben, können die Kinder Kuchen backen. Bei einem Treffen dort sagte Jürgen Fuchs: »damit die Kinder und Jugendlichen keine Blockaden aufbauen«. Er sprach von Traumatisierungen bei Flüchtlingskindern, von der Zusammenarbeit mit amnesty international, von praktischer Hilfe für verwahrloste, misshandelte und drogenabhängige Kinder. 50 bis 60, die Hälfte ausländischer Abstammung, würden die Angebote regelmäßig annehmen, manche kämen auch Jahre später noch zu Besuch. Sozialarbeiter unterstützten das Psychologen-Ehepaar. Gemeinsam waren sie bemüht, den Kindern einen sinnvollen Tagesablauf zu geben, sie von der Straße wegzubringen, kleine Erfolgserlebnisse und Geborgenheit zu vermitteln. Jürgen Fuchs mochte die Vielfalt. Multikulti, das Bunte, fand er »toll«, setzte sich gerade auch im sozialen Bereich dafür ein, dass Vorurteile und Ausgrenzung nicht triumphierten.

Bei unseren wenigen Begegnungen in der Beratungsstelle stand jedes Mal einfacher Kuchen auf dem Tisch. Die Sorte schien egal, nur süß und sättigend musste er sein. Das Telefon klingelte alle paar Minuten.

Zustande gekommen war dieses Modellprojekt »Waldstraße« auf Initiative der Diplompsychologin Dr. Ursula Plog mit Unterstützung des Bundesfamilienministeriums und der TU Berlin. Lilo Fuchs berichtet über die Anfänge:

Ursula Plog kam ja eigentlich aus Westdeutschland. Sie hatte sich mit einigen Kollegen zusammengeschlossen, um in der Psychiatrielandschaft etwas zu bewegen, die alten Psychiatrien zu öffnen und andere Behandlungswege zu suchen. In Hamburg hatte sie eine der ersten Tageskliniken mit aufgebaut. Ende der 70er Jahre ist sie nach Berlin gewechselt, um hier ein ambulantes Psychiatrieprogramm in einem Problembezirk zu verwirklichen. Bis dahin kannten wir sie überhaupt nicht. Aber kurz nach uns kam Hans Joachim Schädlich mit seiner Frau und seinen Kindern in West-Berlin an. Wir haben uns erst hier kennengelernt. Daraus entstand ziemlich schnell eine enge Freundschaft. In seiner Familie wurde es irgendwann kompliziert, mit einer Trennung, die an ihm nicht spurlos vorüberging, auch nicht an seinem Schreiben. Jürgen hat ihn in den schwierigen Wochen begleitet. Unter anderem wurde Ursula Plog um Rat gefragt. Wir kamen ins Gespräch und haben von ihrer im Aufbau befindlichen Beratungsstelle gehört.

Sie sagte: »Wir sind hier in der Forschung. Wenn ihr wollt, könnt ihr mit nachdenken.« So sind wir ein paar Mal als Gäste hingekommen. Die Kinder und Jugendlichen waren in dem Projekt ursprünglich nicht richtig vorgesehen. Aber gerade unter ihnen gab es viele Problemfälle. Wir wurden gebeten, Integrationshilfen für Jüngere zu entwickeln. Daraus ergab sich unsere Arbeit, erst ehrenamtlich, später mit kleinem Honorar, noch später wurden daraus zwei ABM-Stellen, bis wir dann 1987 eine richtige Finanzierung für eine Stelle bekamen. Die haben wir uns geteilt. So entstand im Hinterhof, etwas ausgegliedert vom Erwachsenenteil, eine Kontakt- und Beratungsstelle für Jugendliche.

Für die Kinder, vor allem für die Jungen, war Jürgen eine Identifikationsfigur. Aber er hat manchmal auch darunter gelitten, dass er in seinem Hauptberuf, als Autor, zu wenig Zeit hatte. Wir konnten es finanziell nicht anders schaffen. Sein Tod war für die Kinder ein großer Schock. Die meisten haben es durch die Medien erfahren. Sie hatten zum Teil keine Ahnung, dass er Bücher schrieb, eine bekannte Person war. Für sie war er einfach ihr Jürgen.[26]

26 Lilo Fuchs: Gespräch mit Udo Scheer vom 3. 11. 2006.

Als Schriftsteller und im politischen Diskurs stand Jürgen Fuchs immer wieder auf gegen die »unerträgliche Überheblichkeit« besonders in der dogmatischen Linken, die vorgefasste Meinungen wie Schutzschilde gegen unbequeme Fakten vor sich her trug. Sein vernichtendes Urteil:

Meinungen ersetzen das Wissen. Die Wahrheit wird nicht mehr gesucht ... Die vielen Menschen in West-Berlin, die nicht ihrer Meinung sind, werden für verblödet gehalten. Aber sie sind nicht durch Springer-Zeitungen verblödet. Sie haben Angst, weil linke Intelligenz, so wie sie sich allzu oft hier präsentiert, Angst macht ... Sie begegnen meist ganz schroffen Herren. Von der linken Intelligenz können die meisten ja nicht einmal eins: zuhören.[27]

Ein zentraler Konflikt für ihn in dieser Zeit war die »Polnische Teilung des Verbandes deutscher Schriftsteller«[28]. Mit dem am 13. Dezember 1981 über Polen verhängten Kriegsrecht hatte General Wojciech Jaruzelski nicht nur auf den politischen Machtfaktor *Solidarność* gezielt, sondern es ging um das Verbot jeglicher Form oppositioneller Bewegungen und kritischen Denkens, damit auch des polnischen Schriftstellerverbandes. Der Streit im bundesdeutschen VS entzündete sich an einem Telegramm seines Vorsitzenden Bernt Engelmann kurz nach dem Mainzer Kongress 1983, in dem er die vereinbarte Forderung, »den« polnischen Verband wieder zuzulassen, aufweichte in: »einen polnischen Schriftstellerverband«. Das bedeutete, jeder Zusammenschluss polnischer Hofpoeten hätte dieser Formulierung Genüge getan. Bereits auf dem Kongress war die Atmosphäre aufgeheizt. Auch Jürgen Fuchs hielt es nicht mehr auf seinem Platz.

---

27 Jürgen Fuchs, in: Jürgen Serke: Das neue Exil. Die verbannten Dichter, Frankfurt/M. 1985, S. 74.
28 Manfred Wilke: Die Gründung des Schutzkomitees, in: Gerbergasse 18, Einmischung in eigene Angelegenheiten, Sonderausgabe zum Fuchs-Symposium 8.–10. Dezember 2000, S. 49.

Ich bin aufgestanden: »Ich möchte noch mal was sagen. Wir können das
Verbot des polnischen Schriftstellerverbandes und des polnischen P.E.N.
im Kriegsrecht nicht hinnehmen. Warum? Weil ich Literatur mag, und
weil hier mein Freund Adam Zagajewski sitzt. Und der möchte jetzt auch
einmal sprechen.« Da schrien welche:»Was will der sprechen? Er ist kein
deutscher Delegierter.« Dann ist Böll aufgestanden, er saß neben uns, und
hat gesagt, er solle sprechen. Das war eine wunderbare Begegnung.[29]

Zuvor hatte Jürgen Fuchs als Vorstandsmitglied des Berliner Verbandes in seinem Redebeitrag entgegen dem provozierenden Titel
»Stören Wir«[30] seine Hand ausgestreckt und für ein Aufeinander-
zugehen plädiert:»Der Konflikt ist da ... Wir sollten offen, aus erster Regung miteinander sprechen.«[31] Um das zu erreichen, schlug
er dringend vor, einander zuzuhören:»Wie gibt man weiter, was
man erlebt hat und was andere wissen müssen? Wie begreifen wir,
was euch bewegt? Wie entsteht Solidarität, Brüderlichkeit und, ich
riskiere das Wort: Heimat?«[32]

Einem leicht gekürzten Abdruck dieses Beitrags stellte die *Frankfurter Rundschau* zusammenfassend voran:

Allgemeine Betroffenheit löste auf dem Kongreß des Verbandes
deutscher Schriftsteller (VS) in Mainz am 12. / 13. März die Rede
von Jürgen Fuchs aus, in der er für DDR-Dissidenten-Kollegen wie für
hiesige Autoren verständlich und nachvollziehbar seine Kritik an der
deutsch-deutschen Friedenspolitik des VS-Vorsitzenden Engelmann
formulierte, der nie bei gemeinsamen Auftritten und Erklärungen die
Ostberliner Verbandsoberen auf die Unterdrückung von Bürger- und
Menschenrechten in der DDR hinwies.[33]

29 Vgl. Anm. 19.
30 Jürgen Fuchs: Einmischung in eigene Angelegenheiten. Gegen Krieg und verlogenen Frieden, Reinbek 1984, S. 159 ff.
31 Ebenda, S. 164.
32 Ebenda, S. 165.
33 Mut zur Wahrheit haben – ideologisches Gesäusel überwinden, in: Frankfurter
   Rundschau vom 28. 03. 1983.

Solidarität mit politisch Verfolgten, mit kritischen Autoren aus der DDR und aus Osteuropa, Protest gegen politische Willkür im sowjetischen Herrschaftsbereich waren mit Bernt Engelmann und den hinter ihm stehenden Interessenkreisen nicht durchsetzbar. Der Soziologe Manfred Wilke hatte in dieser Zeit viel publiziert über den Einfluss der DKP auf die IG Druck und Papier, der auch der Verband deutscher Schriftsteller angehörte. Für Jürgen Fuchs war der Freund ein kompetenter Ansprechpartner, wenn es um Fakten zur kommunistischen Unterwanderung und Instrumentalisierung der Gewerkschaft und des VS ging. »Es gab eine Art telepathischen Gleichklang zwischen uns«, meinte Manfred Wilke im Gespräch. »Oft mussten wir gar nicht darüber reden, was zu tun war.«

Nachdem der VS-Vorsitzende Bernt Engelmann auch Manés Sperber wegen dessen systemübergreifender Ablehnung atomarer Aufrüstung und dessen Aufklärung zur östlichen Steuerung von Teilen der westlichen Friedensbewegung bösartig angegriffen hatte, forderte Fuchs ihn in einem offenen Brief zum Rücktritt auf.

Manés Sperber, der Schriftsteller und Psychologe, für seine Totalitarismus-Auseinandersetzung von Hitlers Gestapo wie von Stalins GPU gleichermaßen verfolgt, war für Jürgen Fuchs ein Verbündeter im Geiste, mit dem er fruchtbare Briefwechsel führte, den er in Paris besuchte, dessen Freundschaft er gewonnen hatte. Wohl nicht zufällig trägt Fuchs' zweite Tochter Jenka denselben Namen wie Sperbers Frau. In mehreren Essays[34] über diesen Humanisten setzte Fuchs sich mit ihren korrespondierenden Erfahrungswelten auseinander.

In Paris, bei einem Besuch, fragte mich Sperber unvermittelt, ob ich rentenversichert sei. Ich war irritiert, verneinte, verwies auf die doch

---

34 U. a.: Der Kampf um die Erinnerung. Verantwortung und Lüge. Über Manés Sperber, in: europäische ideen, Sonderheft Jürgen Fuchs, 1996, S. 11 ff.; Der geängstigte Mensch – Ermutigung als Widerstand. Über Manés Sperber, in: Österreichische Nationalbibliothek 3.1989; Die Ablehnung der Mutlosigkeit. Über Manés Sperber, in: Die Zeit vom 19. September 1991.

eher unsichere Lage des »freien Autors«. In Polen wurde gerade das Kriegsrecht ausgerufen, wir sprachen über Solidarität, über die Gefahren und Chancen für die Gründung freier Gewerkschaften in stalinistischen Diktaturen ... Wie abgesichert lebt er, wollte er wissen, vielleicht auch: was riskiert er, was ist das für einer, dieser junge Deutsche aus Berlin ... Wagen sie es, West-Berlin zu besetzen, war z. B. eine diskutierte Frage. Heute wurden die Pläne gefunden, noch 1989 fanden Übungen statt der DDR-Volksarmee und der Staatssicherheit ...[35]

Fuchs' *Verteidigung eines Schriftstellers*[36], sein offener Brief an Engelmann vom 13. Oktober 1983, geriet zur Abrechnung:

Aus ... Ihrer Aufforderung an Sperber, den »irrtümlich angenommenen Friedenspreis schleunigst zurückzugeben«, weil er angeblich jeden Versuch friedlichen Zusammenlebens als Hirngespinst abtut, spricht eine Entwertungsabsicht, eine Grobheit, die mich erschüttert und entsetzt.

Sie haben in der zurückliegenden Zeit auf exilierte DDR-Autoren im westdeutschen Verband der Schriftsteller verzichten können. Mit enormer Kälte des Gefühls haben Sie in Interviews und Stellungnahmen diese Haltung vermittelt. Als die Militärs den polnischen Schriftstellerverband auflösten, plädierten Sie für die »Wiederzulassung eines Verbandes« ... Ich bin nicht bereit, die fortgesetzten Schläge unter die Gürtellinie, ausgeführt vom Vorsitzenden des Verbandes deutscher Schriftsteller, eines Verbandes, dem ich angehöre, widerspruchslos hinzunehmen. Nein, ich werde nicht austreten ... Die Delegierten des letzten Kongresses haben Sie zum Vorsitzenden gewählt. Ich fordere Sie heute auf zurückzutreten.[37]

35 Jürgen Fuchs: Der Kampf um die Erinnerung. Verantwortung und Lüge. Über Manés Sperber, in: europäische ideen, Sonderheft Jürgen Fuchs, 1996, S. 12.
36 Vgl. Anm. 30, S. 167 ff.
37 Ebenda, S. 168 f.

Engelmann musste noch im selben Jahr seinen Vorsitz räumen. Allerdings setzte die hinter ihm stehende Fraktion auf dem in Saarbrücken einberufenen Sonderkongress mit Hans-Peter Bleuel ihren Mann gegen Ingeborg Drewitz durch.

Wie unbefriedigend die neue Konstellation dennoch auch für die DDR-Seite sein musste, zeigte das umgehend arrangierte Strategiegespräch zwischen Bernt Engelmann, Dieter Lattmann und Hermann Kant sowie Gerhard Henninger, dem SED-Parteisekretär des DDR-Schriftstellerverbandes. Sie besprachen »Die Lage im VS der BRD und die Friedensaktivitäten der Verbände«[38] und nicht zuletzt künftige Einfluss- und Unterstützungsmöglichkeiten durch die DDR.

Bereits anlässlich der gesamtdeutschen Schriftstellertreffen zur »Friedensförderung« im Dezember 1981 in Ost-Berlin und im April 1983 in West-Berlin hatte Jürgen Fuchs diesen Konferenzen ihre Kompetenz abgesprochen. Sein Argument: Wenn in der DDR Friedensgruppen kaputtgemacht werden und das ignoriert werde, sei kein Niveau zu erwarten. Für das zweite Treffen hatte das Organisationskomitee West, bemüht um gutes Einvernehmen mit Hermann Kant und 18 weiteren handverlesenen DDR-Schriftstellern, Lew Kopelew sowie polnische und tschechische Exilautoren ausgegrenzt.[39] Heinrich Böll riet, die Veranstaltung aus Solidarität mit den Ausgeschlossenen zu boykottieren. Mehrere Autoren, unter ihnen Sarah Kirsch, Jürgen Fuchs, Hans Joachim Schädlich, lehnten ihre Beteiligung ab. Das sorgte für Aufsehen, ebenso wie Fuchs' Begründung: »Wir ziehen es vor zu sprechen, wo jeder sprechen und jeder zuhören kann.«[40]

In ihrem Gedächtnis war noch bestens, wie Stephan Hermlin die

38 Bericht über die Reise der Genossen Herman Kant und Gerhard Henninger nach München vom 6. bis 9. 3. 1984, BSTU, ZA, ZMA 4130, Bd. 2, Bl. 276–279, zitiert nach: Joachim Walther: Sicherungsbereich Literatur, Berlin 1996.
39 Vgl. Jürgen Fuchs / Hans Joachim Schädlich: Mehrere Gründe, an der Berliner Begegnung nicht teilzunehmen, in: Frankfurter Rundschau vom 22. 04. 1983.
40 Jürgen Fuchs: Ich bin für Dialog ohne Dogma und Heuchelei, in: taz vom 24. 05. 1983.

Einladung zum Marburger Treffen aller vertriebenen Schriftsteller im Oktober 1982 mit der Begründung abgelehnt hatte, mit Kriminellen würde er sich nicht an einen Tisch setzen.

Auch in den Folgejahren versuchte Jürgen Fuchs als Vorstandsmitglied des West-Berliner Schriftstellerverbandes und als Mitglied des bundesdeutschen P.E.N. immer wieder, seine bundesdeutschen Berufskollegen für Ost-West-Dialoge, Solidarität mit kritischen DDR-Autoren und Proteste gegen die restriktive SED-Kulturpolitik zu gewinnen. Der Gegenwind war heftig.

In einem Diskussionsbeitrag auf dem Berliner Schriftstellerkongress im März 1986 ging er einmal mehr in die Auseinandersetzung mit den DDR-Sympathisanten: »Die gewaltfreie Opposition gegen die Einheitsparteidiktatur wird als ›antisozialistische Kraft‹ bezeichnet. So wird entwertet und allein gelassen, wer eine humane Gesellschaft verwirklichen möchte im anderen Land. Diese Haltung spaltet den VS ...«[41]

Die Hauptabteilung XX/5 der Staatssicherheit vermerkt in ihrem zusammenfassenden Überblick zu den Aktivitäten von Fuchs unter anderem:

6. 2. 1988: F. versuchte durch Solidaritätserklärungen des BRD-Schriftstellerverbandes und des PEN-Clubs der BRD gezielt »künstlerisch« tätige Kräfte in der DDR zu beeinflussen. Als Nachweis für ein Aufbegehren auch von DDR-Künstlern führte F. einen von den DDR-Autoren de BRUYN und Christa WOLF verfassten »Appell an die Öffentlichkeit« an, der am 5. 2. 88 in WB veröffentlicht wurde und massive Angriffe gegen DDR-Organe enthält.[42]

Ende Dezember 1988, unmittelbar nach dem Berliner VS-Kongress, trat Jürgen Fuchs aus Protest gegen den Bundesvorstand und jene Fraktion, deren fortwährende Sympathie der SED-Po-

41 Jürgen Fuchs: Diskussionsbeitrag auf dem VS-Kongress in Berlin 14.–16. 3. 86, in: dialog 3/86.
42 BStU, KK-Erfasssung Fuchs, Jürgen, HA XX/5, ZMA: 3154/419.

litik galt und die in der osteuropäischen Demokratiebewegung eine Gefahr sah, aus dem Verband aus. Gleichzeitig mahnte er eine größere Beachtung der Menschenrechte in Osteuropa an. In diesem Verband konnte er seine Heimat nicht finden, wohl aber Gleichgesinnte.

Ein ganz wichtiger Partner war da auch Heinrich Böll.

Wenn eben ein guter Kontakt zu Heinrich Böll hergestellt war, und wenn dann eben Verhaftungen sind in Jena, in Dresden – wenn Böll dann anruft: »*Ich habe in der »taz« gelesen, was Sie geschrieben haben. Kann man irgendetwas machen?*« *Das war das Tolle an ihm. Er fragte:* »*Kann man etwas machen?*«

Das fragte auch Grass zu der Zeit, auch Anna Jonas, Ingeborg Drewitz, englische, spanische oder französische Schriftsteller und Journalisten, André Glucksmann zum Beispiel. Aus dieser Tradition kommen wir doch. Und nicht dieses Zugeriegelte: Nur am Schreibtisch sitzen, und nichts anderes an sich heranlassen.

Da hat Böll eben sofort bei Familie Schlutter in Jena angerufen, nachdem ich ihm die Nummer gegeben habe. Die Frau ist sicher fast in Ohnmacht gefallen: »*Hier Böll. Ich habe gehört, Ihr Mann ist in Haft. Ich möchte ihm viele Grüße ausrichten. Kann ich etwas tun?*« *Sicher haben sie abgehört. Böll hat auch in Dresden bei Christine Schälicke angerufen. Ein paar Tage später waren die Verhafteten frei.*[43]

Lilo Fuchs:

Jürgen hatte dann auch nicht mehr die Hemmungen. Er hat gesagt: »*Es wäre schön, wenn Sie das und das unterstützen*« *oder:* »*Darf ich Ihnen etwas zuschicken? Mich würde Ihre Meinung interessieren.*«

Er hat auch innerlich, weil er alle Bücher Bölls kannte, mit ihm korrespondiert. Er sagte: »*Sie haben sich angelegt. Sie haben mir damit Mut gemacht, zu den Fragen meiner Zeit ehrlich Stellung zu nehmen.*« *1985 war verabredet, dass Böll an einem gemeinsamen Podiumsgespräch zu*

43 Vgl. Anm. 19.

aktuellen Fragen teilnehmen sollte. Jürgen hatte ihn eingeladen. Dazu
kam es dann nicht mehr. Heinrich Böll starb am 15. Juli.[44]

Bei seiner Suche nach Gleichgesinnten blieb Jürgen Fuchs immer
verwurzelt in der politischen Linken. Seine Prüfsteine waren diese
Fragen: »Wie hältst du es mit den realsozialistischen Diktaturen?
Wie hältst du es mit den Menschenrechten?«

Unterstützung für sein Engagement fand er unter anderem in
der »Alternativen Liste«, im »Arbeitskreis für atomwaffenfreies
Europa«, im »Kuratorium Unteilbares Deutschland« und unter
Freunden aus dem früheren »Schutzkomitee Freiheit und Sozialismus«, unter ihnen Hannes Schwenger:

Nach dem Tod Heinrich Bölls, der dem Schutzkomitee angehört und
es mehrfach mit Spenden unterstützt hatte, verabredeten Jürgen
Fuchs und ich eine – nach seinem Vorbild – stille Spendenaktion für
die Familien von rund 150 polnischen Autoren, die seit dem Kriegsrecht und dem Verbot ihres Verbandes in Not geraten waren. Sie
erbrachte mehr als 10 000 DM, die von polnischen Kollegen zu Hause
verteilt wurden.[45]

Jürgen Fuchs:

*Es stimmt schon, dass ich mit anderen zusammen auch illegal gearbeitet
habe, auch mit Widerstandsorganisationen, Chilenen, Argentiniern, die
in Südamerika gegen Diktaturen kämpften. Ich habe auf ihren Kampf
aufmerksam gemacht. Biermann hat Geld gespendet. Teilweise sind, wie
wir dann erfahren haben, davon Waffen gekauft worden. Das war blöd,
kam aber vor.*

*Wichtig ist gewesen, dass ich mit der Charta 77, auch mit Solidarność
enge Beziehungen unterhalten habe. Informationsaustausch, Geldsamm-*

---

44 Vgl. Anm. 26.
45 Hannes Schwenger: Mißtrauen und Solidarität, in: Gerbergasse 18, Sonderausgabe zum Fuchs-Symposium, 8.–10. Dezember 2000, S. 53 f.

lungen für Material, für Druckmaschinen, daran war ich indirekt beteiligt. Vieles lief über das Solidarnośč-Büro in Berlin-Schöneberg. Oder über Milan Horaček wurde vermittelt: Jemand in Prag ist verhaftet worden, wer aus der DDR kann Besuche machen, wer von uns kann dort reinfahren, Informationen sammeln, das öffentlich machen? Unterstützung durch die SPD organisiert, über Akademien wie in Freudenberg, die auch Kontakte zu Osteuropa hielten. Das ist geschehen.[46]

46 Vgl. Anm. 19.

Friedensbewegung:
Verständigen wir uns von unten her

Es war die bleierne Zeit der Aufrüstung, eine Zeit noch nie dage-
wesener Kriegs- und Zukunftsangst in beiden deutschen Staaten.
Als Antwort auf die konventionelle Übermacht der Sowjetarmee
und ihrer einseitigen Stationierung atomarer Mittelstreckenraketen vom Typ SS 20 seit Mitte der 70er Jahre reagierten die
USA und Westeuropa 1979 mit dem NATO-Doppelbeschluss.
Er beinhaltete Abrüstungsverhandlungen mit der Sowjetunion
und, bei deren Scheitern, die Aufstellung von fast 600 atomaren
Mittelstreckenraketen und Marschflugkörpern ab 1983. Gegen die
als äußerst lebensbedrohlich empfundene gegenseitige Abschre-
ckungspolitik der Großmächte und die allgegenwärtige Militarisierung des öffentlichen Lebens in der DDR veranstalteten evangelische Kirchen seit 1981 DDR-weit Friedensdekaden, ihr Symbol:
»Schwerter zu Pflugscharen«.

In der Bundesrepublik wuchsen besonders aus der Öko-
bewegung, der evangelischen Kirche und dem DKP-beeinflussten
Spektrum massenmobilisierende, Millionen zählende Friedensinitiativen. In diesen sahen SED-Strategen ein für ihre Ziele durchaus nutzbares Potential. Von der Westabteilung des Zentralko-
mitees der SED und der Hauptverwaltung Aufklärung des MfS
gelenkten Organisationen wie »Generale für den Frieden« gelang
es, große Teile der Bewegung einseitig antiamerikanisch aus-
zurichten, ohne dass den Friedensfreunden an der Basis bewusst
wurde, wer sie letztendlich steuerte.

Das verbreitete Selbstverständnis bundesdeutscher Friedensaktivisten hat Jürgen Fuchs anhand eines »Koordinationstreffens«
der Friedensbewegung September 1983 in West-Berlin exemplarisch

protokolliert.[1] Einziger Tagesordnungspunkt war die Frage, ob zu einer »Volksversammlung«, wie von mehreren »Alternativen« gefordert, auch Redner aus der DDR eingeladen werden sollten, Christa Wolf, Rainer Eppelmann oder vielleicht jemand von der unabhängigen Jenaer Friedensbewegung. Es dominierten Stimmen, die darauf bestanden, die geplante Protestveranstaltung sei gegen die Nachrüstungspolitik der USA und ihre Folgen für West-Berlin gerichtet.

Ein Pfarrer: »Würden wir einen Redner aus der DDR einladen, würde das die gesamtdeutsche Problematik in dieses Konzept hier hineintragen. Damit würde die Aktionswoche gesprengt ... Die, die aus der DDR kommen, also Ausreiseanträge gestellt haben oder abgeschoben wurden, müssen sich darüber klar sein, daß sie hier nicht ihre Opposition gegen die DDR fortsetzen können, ohne in einer ganz bestimmten Ecke zu landen!«[2]

Ein ÖTV-Kollege: »Ich frage mich ... Was wollen wir eigentlich? Welche Relevanz hat für uns hier in West-Berlin die Friedensbewegung der DDR?«[3]

Ein »Herr mit Fassonschnitt«: »Wir sollten uns auf das konzentrieren, worin wir uns einig sind: Keine NATO-Raketen, keine Nachrüstung! ... wollen wir uns doch einmal klar werden: Was ist denn die sogenannte ›unabhängige Friedensbewegung‹ in der DDR? Irgendwelche Hanseln, die drüben mit Kerzen rumrennen und Gesetze brechen ... Ist denn das Friedensarbeit?«[4] Die Mehrheit beschloss nach dieser Diskussion: Ein Redner aus der DDR wird nicht eingeladen.

Das war die Ausgangssituation, mit der Jürgen Fuchs sich in der Friedensbewegung West konfrontiert sah. Weitgehend auf sich ge-

1 Die strenge Prüfung oder was interessieren uns irgendwelche Hanseln, die drüben mit Kerzen rumrennen. Gedächtnisprotokoll eines Koordinationstreffens (Herbst 1983), in: Jürgen Fuchs: Einmischung in eigene Angelegenheiten. Gegen Krieg und verlogenen Frieden, Reinbek 1984, S. 173 ff.
2 Ebenda, S. 175 f.
3 Ebenda, S. 184.
4 Ebenda, S. 185.

stellt, suchte er Kontakte zu unabhängigen Friedenskräften in der DDR. In der West-Berliner Friedensbewegung brachte er sich wiederholt in den Streit um deren Ausrichtung ein. Dabei sah er sich mehrfach mit der Schlüsselfrage der Linken konfrontiert: »Wie stehst du zur Sowjetunion?« – ihrem Prüfstein zur Ausgrenzung unbequemer Kritiker.

In der hohen Zeit der Friedensaktivitäten räumte Fuchs seiner basispolitischen Arbeit vielfach Vorrang vor dem Literarischen ein. Sein Ziel war es, die tatsächlichen Friedenskräfte in der DDR zu bestärken, Westaufmerksamkeit für sie zu wecken und eine grenzüberschreitende Basisbewegung anzuregen. Klarer als in der Unterdrückung der unabhängigen Friedensbewegung ließ sich die Verlogenheit des »Friedens«-Staates DDR kaum vorführen. Fuchs' Einsatz war ein Stück weit wohl auch Vergeltung für das, was der Apparat sich ihm gegenüber erlaubt hatte. Seine wiederholt geäußerte Haltung war: »Ihr habt mich nicht für umsonst eingesperrt. Jetzt zahlen wir in unserer Währung zurück.« Die Insellage West-Berlins, die Kontakte in die östliche Halbstadt und damit in das weitgehend abgeriegelte Land eröffneten Möglichkeiten, wie sie von München, Köln oder Hamburg aus undenkbar gewesen wären.

In Jena lud die Junge Gemeinde am 5. Januar 1982 zu einem Diskussionsabend »Keine Moneten für Raketen«ein. Weitere Aktivitäten, vor allem der Versuch, einen Abrüstungsappell an Leonid Breschnew und Ronald Reagan zu schicken, führten zu 13 kurzzeitigen Festnahmen. Von Berlin/Grünheide aus veröffentlichten Robert Havemann und Rainer Eppelmann am 25. Januar 1982 ihren »Berliner Appell – Frieden schaffen ohne Waffen« mit dem Vorschlag der Entmilitarisierung Europas durch das Herauslösen der Bundesrepublik und der DDR aus ihren Militärbündnissen und die Schaffung eines blockfreien Deutschlands. Manfred Wilke bringt diesen für viele damals einmalig ermutigenden Impuls auf den Punkt:

Der Berliner Appell war die letzte politische Aktion Robert Havemanns vor seinem Tod im April 1982 und die erste international beachtete Rainer Eppelmanns ... Knapp zwanzig Jahre war Havemann »die Stimme der Opposition« in diesem Land des Schweigens. Mit dem Appell setzte er ein Zeichen dieser Kontinuität und gab zugleich den Stab weiter an die nächste Generation, die sich dem SED-Staat widersetzte und die Diktatur sieben Jahre später stürzen sollte.[5]

Keine drei Wochen nach der Veröffentlichung des Abrüstungsappells kamen zum Jahrestag der Bombardierung Dresdens trotz polizeilicher Abriegelungsmaßnahmen mindestens 5000 Jugendliche zu einem kirchlichen Friedensforum in die Dresdener Kreuzkirche. Aus dem evangelischen Schutzraum heraus formierten sich landesweit kleine unabhängige Friedensgruppen, deren Mitglieder häufig Zersetzungsmaßnahmen, auch Verhaftungen, ausgesetzt waren.

Rainer Eppelmann, damals Pfarrer in der Berliner Samaritergemeinde und Kreisjugendpfarrer in Berlin-Friedrichshain, berichtet über die Anfänge seines Austausches mit Jürgen Fuchs:

Über den regelmäßiger werdenden Kontakt zwischen Robert Havemann und mir kam es auch zur Kontaktaufnahme mit Jürgen Fuchs in West-Berlin. Für mich wurde er schnell zu einem der wichtigsten Partner, einmal für den regelmäßigen Austausch von Informationen: Was denkt man in der unabhängigen DDR-Friedensbewegung? Was denkt man in Kreisen der Ausgebürgerten darüber, was in der DDR passiert?

Zum Zweiten erzählte er mir, was Gleichgesinnte in der Bundesrepublik machten, wodurch zum Teil auch über die Grenze hinweg gemeinsame Aktivitäten möglich wurden.

Das Dritte waren seine vorzüglichen Verbindungen zu westdeutschen Zeitungen wie der »Frankfurter Rundschau«, in denen er Texte von uns im Wortlaut abdrucken ließ. Auf diese Weise wurde eine breite Öffentlichkeit, zumindest in der Bundesrepublik, mit unseren Aktivitäten bekannt.

---

5 Manfred Wilke: Der Berliner Appell 1982. Erinnerungen eines Zeitzeugen, in DeutschlandArchiv 2/2007, S. 284.

Dadurch kamen Journalisten, auch Leute vom westdeutschen Fernsehen, und berichteten.

Bei uns in der Samaritergemeinde war es üblich, dass wir nach dem Gottesdienst noch bei einer Tasse Kaffee zusammensaßen und miteinander redeten. Während solch einer Zusammenkunft habe ich den Berliner Appell verlesen und zur Unterzeichnung ausgelegt. Lutz Rathenow war bei diesem Gottesdienst dabei und hat danach unterschrieben. Zuvor hatte ich mit Jürgen Fuchs darüber gesprochen. Wir haben nicht den Inhalt abgestimmt, allerdings weiß ich nicht, was dazu zwischen Robert und Jürgen beraten worden ist. Der Appell war letztlich eine Absprache zwischen Robert und mir. Wir redeten aber auch mit kirchenleitenden Leuten, zunächst mit Manfred Stolpe und dann – auf seine Vermittlung hin – mit Christoph Demke, Stolpes Nachfolger als Leiter des Sekretariats des Bundes der Evangelischen Kirchen. Demke gab uns den Tipp, wir sollten den Text doch in Frageform formulieren, um uns nicht dem Vorwurf der Überheblichkeit und Besserwisserei auszusetzen.[6]

Lutz Rathenow:

Ich erinnere mich, Jürgen rief an: »Diese Woche, Sonntag, die Predigt bei Eppelmann, ich würde an deiner Stelle unbedingt hingehen.« Und ich bin hingegangen, obwohl das nicht meine übliche Sonntagsbetätigung gewesen ist. So war ich einer der Erstunterzeichner und der einzige Schriftsteller in dem Kreis. Die Staatssicherheit hat in Zusammenhängen wie diesen nicht hinreichend dargestellt, wie intensiv Jürgen auf der einen Seite konspirative Arbeit im Hintergrund betrieb und zugleich öffentlich ansprechbare Partner in der DDR nennen konnte, die für internationale Journalisten und Diplomaten interessant waren. So schuf er ein Gegengewicht zur Medienpolitik der DDR-Staatsführung. Der »Berliner Appell« war ein gewaltiger Schritt in diese Richtung. Jürgen organisierte seine Verbreitung. Die »Frankfurter Rundschau« brachte ihn als Aufmacher.

Ich weiß noch, wie wir mehrfach gemeinsam überlegten, was strategisch zu tun sei, um die größtmögliche Wirkung zu erzielen. Einmal war

6 Rainer Eppelmann: Gespräch mit Udo Scheer vom 01. 11. 2006.

der Termindruck so groß, dass Jürgen direkt anrief. Heinrich Böll brauch-
te für seine Rede im Bonner Hofgarten ein Dokument der unabhängigen
DDR-Friedensbewegung, um daraus zu zitieren. Also verfasste ich im Ge-
fühl, ein fiktives Wir jederzeit zu vertreten, einen anonymen Brief im Na-
men von Angehörigen der Friedensbewegung des Ostens. Mit diesem Brief
bin ich unter einem Vorwand zu einem der Korrespondenten gegangen,
wir redeten über ganz andere Dinge, rechneten damit, dass wir abgehört
würden, ich habe das Couvert rübergeschoben mit einem kleinen Zettel:
Dringend! Der Zettel war so klein, dass ich ihn jederzeit hätte verschlu-
cken können. So ging der Brief an Jürgen, und dann hörte ich, wie Böll
daraus zitierte: Grenzüberschreitende Arbeit. Wer im Westen gegen Nach-
rüstung ist, muss auch im Osten gegen Vorrüstung sein. Es kann keinen
einseitigen Kampf für den Frieden geben.

Wir haben dann private Friedensverträge mit Leuten aus Westeuropa
abgeschlossen und nutzten den »Kampf für den Frieden«, um, wie die
Staatssicherheit richtig feststellte, die DDR vorzuführen. Letztlich ging
es Jürgen darum, über den Friedensgedanken die behaupteten, aber nicht
vorhandenen demokratischen Strukturen des Systems zu beweisen.[7]

Im Oktober 1981 demonstrierten im Bonner Hofgarten mindestens
300 000 Menschen gegen Rüstungswettlauf und die Gefahr eines
Atomkriegs von deutschem Boden aus. Am 10. Juni 1982 kamen
dort abermals – nach unterschiedlichen Schätzungen – 250 000
bis 350 000 zu einer beeindruckenden Friedensmanifestation zusammen. Anna Seghers, Christa Wolf, Stefan Heym und Rainer
Eppelmann waren als Redner aus der DDR eingeladen und lehnten
aus unterschiedlichen Gründen ab. Für Eppelmann erschien die
Gefahr, nicht mehr zurückkehren zu dürfen, wenn er offen über
den Militarismus in der DDR sprechen würde, zu groß. Josef Lei-
nen von der SPD schlug Fuchs vor, nach Beiträgen aus Japan, Ita-
lien, Chile und Frankreich zehn Minuten lang, eher weniger, seine
DDR-Erfahrungen einzubringen.

---

7 Lutz Rathenow: Gespräch mit Udo Scheer vom 22. 10. 2006.

Ich sprach auf der großen Friedensdemo am 10. Juni 1982 in Bonn. Im Vorfeld gab es massive Probleme. Robert Jungk und die Grünen unterstützten mich. Lukas Beckmann kam mit auf die Bühne, sicherte die Treppe und die Lautsprecher. Die DKP war stark vertreten, vor allem mit Infoständen. Eine richtige Kampfsituation. In dieser Auseinandersetzung war jemand wie ich als Einzelperson »auszuschalten«. Die Grünen, auch Biermann, waren gefährlich, in Prag die Charta 77, in Warschau Solidarność keinesfalls besiegt. Wir thematisierten Militarisierung in Ost und West, damit auch Diktatur und Menschenrechte.[8]

Sein vorbereitetes Redemanuskript war Jürgen Fuchs unversehens auf sieben Seiten angewachsen, es hieß kürzen, improvisieren, an diesem sonnigen Tag, an dem die meisten sich auf einem Happening fühlten. Er konnte nicht anders, überzog seine Redezeit, sprach emotional über die begründeten Ängste in West wie Ost, entlarvte die SED-»Friedenspolitik« und ihr Vorgehen gegen unabhängige Friedensinitiativen. Er schloss mit dem Appell:

Verständigen wir uns von unten her, über die ideologischen und militärischen Schützengräben hinweg! ... Warten wir nicht auf Gipfeltreffen und »vertrauensbildende Maßnahmen«.

Und es ist sehr wichtig, daß Ihr, die westdeutsche, die westeuropäische, die internationale Friedensbewegung, das unterstützt, was sich anderswo regt, denn dort kämpfen Menschen wie Ihr gegen die Raketen, die auf Euch gerichtet sind. Sie begeben sich damit in einen Konflikt mit ihren Regierungen.[9]

Später notierte er seine Eindrücke über diese Veranstaltung, auch als Selbstverortung, und ließ sie zunächst unveröffentlicht:

8 Jürgen Fuchs: Gespräch mit Udo Scheer vom 24. 10. 1998.
9 Jürgen Fuchs: Manuskript der Rede zur Friedensmanifestation am 10. Juni 1982.
   Verständigen wir uns von unten her ..., in: taz vom 16. 06. 1982.

Liebe Freunde, ich habe Angst vor euch. Das ist ein Fest, ich habe nichts dagegen. Die Lage ist ernst, ihr wollt etwas tun, das verstehe ich. Ihr seid guter Stimmung, das freut mich. Aber es ist alles fremd. Ich bin ein Fremder, das merke ich. In Jena prügeln sie zehn Leute auf der Straße zusammen, die auch für den Frieden demonstrieren wollen. Sind zehn manchmal wie zehntausend? Ihr seid so viele. Ich sehe eure Gesichter, eure Augen nicht.

Und vorhin, als Isabel Parra von ihrer Mutter sang, die sich in Chile umgebracht hat vor Armut und Allein-Sein, habt ihr euch umgedreht nach einem großen grünen Luftballon. Habt ihr euch weggedreht von ihr. Da ist sie gegangen nach ihrem Lied ... Liebe Freunde, ich weiß nicht, ob ihr meine Freunde seid. Ich bin nicht sicher, es könnte sein, aber ich bin nicht sicher, ob ich euer Freund bin. Ich weiß nicht, wer wirklich an die polnischen und türkischen Gewerkschafter denkt. Und an Kathrin aus Grünheide, die ihren Aufnäher »Schwerter zu Pflugscharen« nicht abtrennte und von der Schule flog. Vielleicht denkt ihr an sie, wenn ihr an »Militärdiktaturen« denkt oder an »Osteuropa« oder an die nächste »Demo«.[10]

Als er Jürgen Fuchs zum ersten Mal traf, so erzählt Lukas Beckmann, der Bundesgeschäftsführer der Grünen, hätte er – wie viele andere auch – nicht das Gefühl gehabt, einem Fremden gegenüberzustehen.

Ich hatte seine »Gedächtnisprotokolle«, später seine »Vernehmungsprotokolle« gelesen. Er hatte an Leib und Seele die Folgen eines Systems erlitten, dessen Lebenswirklichkeit ich nur über Bücher, Briefe und Gespräche kannte und durch meine Arbeit bei amnesty international. Bei der Friedensaktion im Juni '82 stand ich mit Jürgen Fuchs an der Treppe zur Bühne. Davor eine Zugangssperre mit Ordnern der Organisatoren, um die Bühne zu schützen. In der Organisationsstruktur der Bonner Friedensdemonstrationen waren die Vorfeldorganisationen der SED/KPdSU als Friedensaktivisten sehr präsent. Sie konnten gut organisieren und wuss-

10 Vgl. Anm. 1, S. 126.

ten sich pragmatisch einzubringen. Als diese Leute nun das Gesicht von Jürgen Fuchs sahen, kam es zu einem verbalen Schlagabtausch. Es war nötig, deutlich zu machen, dass er jetzt da hochgeht und redet und dass sie das nicht verhindern werden.

Wer in der Friedensbewegung auch für den Osten Demokratie, Menschenrechte und Abrüstung forderte, stand sogleich in der Kritik, vom eigentlichen Problem der NATO-Nachrüstung ablenken zu wollen und sich zum Handwerkszeug der Antikommunisten und Revanchisten zu machen. Zehntausende von Mitgliedern der Friedensbewegung vor Ort wollten einfach keine Atomwaffen, keine Pershings und keine Cruise Missiles und kein weiteres Wettrüsten zwischen Ost und West. Sie engagierten sich aus einer persönlichen, emotionalen Unmittelbarkeit heraus und hatten politisch mit denen, die in vielen Gremien zu dominieren versuchten und sich letztlich für eine Linie der DDR/SU-Außenpolitik verantwortlich wussten, nichts zu tun. Die Friedensbewegung war eine Einpunktebewegung gegen die NATO-Nachrüstung. In ihrem breiten Kern hatte der Zusammenhang von Frieden und Menschenrechten mit Forderungen auch an die Sowjetunion keinen Platz. Solche Forderungen störten, passten nicht ins Bild. Dagegen trat Jürgen Fuchs auf, und das führte zu zahlreichen Auseinandersetzungen.[11]

Die Grünen vollzogen aus der Friedensbewegung heraus ihre Konstituierung als Partei und 1983 den Einzug in den Bundestag. Für Lukas Beckmann, Petra Kelly und einige wenige weitere Grüne, die bereit waren, sich in die Ostpolitik einzumischen, sollte Jürgen Fuchs mit seiner Doppelerfahrung in den kommenden Jahren einer ihrer wichtigen Berater werden.

Innerhalb der westdeutschen Friedensbewegung unterstützte er gemeinsame Ost-West-Aktionen, darunter die populären, von der SED-Führung kriminalisierten »persönlichen Friedensverträge«. Und immer wieder war er bemüht, über die raffinierte Ost-Berliner Fremdsteuerung aufzuklären. Nach einem Beitrag im ARD-Magazin »Panorama« vom 28. September 1982, in dem er auch auf die

---

11 Lukas Beckmann: Gespräch mit Udo Scheer vom 16. 10. 2006.

DKP als verlängerter Arm der SED in der westdeutschen Friedensbewegung hingewiesen hatte, erreichten ihn vehemente Proteste,
darunter von einem Friedensfreund der »Aktion Sühnezeichen«.
Fuchs nahm ihre kontroverse Diskussion zum Anlass, hier eine bei
aller Gutwilligkeit im Westen sehr verbreitete politische Naivität
vorzuführen.

F.: ... Was wird aus dieser Friedensbewegung, wenn sie keine internationale, ehrliche und aufrichtige Bewegung bleibt, die auch das
Machtspiel der Blöcke von unten her überwindet? Wenn sie die ganze Wahrheit über Polen, die Sowjetunion, den »realen Sozialismus«
nicht aushält? Wenn sie nicht auch mit denen geht, die gegen den
falschen Sozialismus und Kasernenhoffrieden kämpfen? ...
S.: Ich muß mich beschränken. Ich kann nicht immerzu mit verschiedenen Schildern um den Hals herumlaufen. Wir müssen uns
beschränken und auf ein Ziel konzentrieren: Keine weiteren Raketen
in diesem Land.[12]

Wie in anderen Diskussionen auch, störte Fuchs den bequem ein-
geengten Blick mit unbequemen Fragen.

F.: Auch keine weiteren Raketen in dem anderen Deutschland, als
Beispiel?
S.: Auch dort keine. Aber das müssen die anderen erreichen!
F.: Und werdet ihr euch mit denen zusammenschließen?
S.: Das kommt darauf an. Die Frage ist doch, ob die sozialistischen
Staaten, auch ihre Staatsmänner, den Krieg wollen. Ich meine nein.
Sie werden abrüsten, wenn wir hier Erfolg haben. Krieg wollen die
nicht.
F.: Vielleicht nicht. Vielleicht will auch Herr Reagan keinen Krieg. Wer
will schon Krieg. Die Frage ist nur, welchen Frieden sie wollen.[13]

12 Vgl. Anm. 1, S. 101 f.; zuerst in: DIE ZEIT vom 23. 10. 1982: Die DKP – das ist
   nicht die Friedensbewegung.
13 Ebenda.

Jürgen Fuchs kämpfte einen Überzeugungskampf, der kaum zu gewinnen war. Die wenigsten wollten hören, mit welcher Kälte der Kalte Krieg in der DDR nach innen gerichtet war, mit welcher Härte Apparat und Staatssicherheit selbst kleinste Proteste und unabhängige Friedensaktivitäten jenseits des Schutzraumes Kirche verfolgten.

Der Tod Robert Havemanns am 9. April 1982 führte Jürgen Fuchs einmal mehr schmerzhaft vor Augen, was es bedeutete, nicht in die DDR reisen zu dürfen, nicht einmal von einem der engsten Freunde Abschied nehmen zu können. Biermann durfte einreisen, Fuchs nicht. Havemanns Vermächtnis als Friedensstreiter und Verfechter einer aufgeklärten, selbstbestimmten Gesellschaft sah Fuchs längst auch als seinen Auftrag. »Nein, ich werde keinen Nachruf schreiben. Ich werde unsere Diskussion fortsetzen«[14], schrieb er und verstand darunter zugleich die Auseinandersetzung in Havemanns Sinn.

Robert Havemann schrieb mir: »Es geht nicht nur um die zahl der raketen und atombomben, nicht nur darum, wann und wo sie stationiert werden. Die stehenden heere müssen weg, das jawohl und zu-befehl. Die heere machen aus jungen leuten untertanen, jährlich gehen hunderttausende durch diese mühle.« ... Die menschen müssen erreichen, daß sie ihr leben und ihre arbeit selbst organisieren, selbst verwirklichen können. Kein boß, kein führer, kein 1. sekretär, keine aufsichtsräte sollen das kommando führen. Die würde der menschlichen arbeit muß wieder hergestellt werden.[15]

Bezüglich seiner Zukunftsvisionen und seines Optimismus gehörte Fuchs in den letzten Lebensjahren Havemanns zu dessen kritischsten Freunden. Beide ärgerten sich, ihre Gedanken nicht

14 Jürgen Fuchs: Und nicht auf verlorenem Posten ... Jürgen Fuchs über Robert Havemann, Briefe, Anmerkungen und Diskussionen, Frankfurter Rundschau vom 28. 04. 1982.
15 Jürgen Fuchs: Im Sinne von Robert Havemann, in: Der Gewerkschafter 5/82, S. 15.

wie früher im Gespräch, auch in freundschaftlichem Diskurs, austauschen zu können, sondern auf umständliche, unregelmäßig beförderte Kurierpost angewiesen zu sein. Im Nachhinein ein Glück, denn so bleibt überliefert, wie vertraut und direkt ihr Umgang war. Im Briefwechsel zu Havemanns letztem Buchmanuskript[16] schreibt Fuchs:

Es bleibt keine Zeit mehr. Du warnst vor Umweltkatastrophen, vor den Gefahren neuer Kriege, wendest Dich gegen die Gleichgültigkeit gegenüber den Verhungernden, verurteilst jegliche Diktatur und Barbarei. Du analysierst die äußeren Bedingungen, die die Existenz des Menschen prägen. Der Wissenschaftler Havemann fordert auf, über Alternativen nachzudenken, beschwört die Umkehr, begrüßt den Fortschritt, der nicht mit Riesenschritten von uns wegeilt. Bis zum 5. Kapitel stimme ich zu. Dann melden sich Zweifel. Dein Text wird dann sehr persönlich ... Jetzt beschreibst Du im neuen Buch über viele Seiten das Land Utopia mit Namen, Orten, technischen Einzelheiten usw. Du entzauberst das Paradies, nimmst ihm seine Faszination, die auch im Fernen, Unbekannten begründet liegt. Das Land Deiner Träume ist nicht das Land meiner Träume. Gerade das Nichteingelöste, die bohrende Ungewissheit, der Zweifel, die Differenz, das produktive Minus ist doch das Interessante.

Havemann antwortet:

... ich denke mir, daß Du nach dieser Lektüre Deine Meinung nicht wesentlich ändern wirst. Ich bin darüber auch gar nicht verwundert. Daß wir sehr verschiedene Menschen sind, beinahe in jeder Hinsicht, wissen wir beide schon lange. Das ist sicher auch einer der Hauptgründe dafür, daß sich einer vom anderen angezogen fühlt ...
Ich hatte damit gerechnet, daß Du meine Ansichten über menschliche Beziehungen, besonders über Liebe und Sexualität, Tabus und

16 Robert Havemann: Morgen. Die Industriegesellschaft am Scheideweg. Kritik und reale Utopie, München/Zürich 1980.

Die unabhängige Jenaer Friedensgemeinschaft am 18. März 1983 in der Jenaer
Innenstadt. In der Bildmitte Roland Jahn mit einem Gemälde

Moral, zwar nicht pauschal ablehnen, aber doch in vielen Aspekten mit Vorbehalten und sachlichen Einwänden kommentieren würdest ... Aber mit der prinzipiellen Schroffheit Deiner Ablehnung hatte ich nicht gerechnet. Mir wurde dann aber verständlich, daß meine optimistische Kommunismus-Utopie in Deine jetzige Situation einfach nicht hineinpaßt. Du wurdest monatelang von der Stasi gequält, gegen Deinen Willen zum Verlassen der DDR gezwungen und ringst nun um einen neuen Lebenssinn. Ich sah es und verstand es, aber es machte mich auch bekümmert. Nicht als Autor.[17]

In Jena hatte der nach der Biermann-Ausbürgerung exmatrikulierte Student und Transportarbeiter Roland Jahn mit mehreren spektakulären Aktionen die Aufmerksamkeit des MfS auf sich gezogen. Im September 1982 wurde er verhaftet unter dem Verdacht, er hätte den Abtransport einer Gedenkplastik vom Grab des in Stasi-U-Haft zu Tode gekommenen Matthias Domaschk durch Mitarbeiter des MfS fotografiert und weiter an den SPIEGEL geleitet. Foto und Bericht waren tatsächlich von ihm aus über Jürgen Fuchs in die Redaktion gelangt. Doch trotz U-Haft und Spitzel in der SPIEGEL-Redaktion gelang den Ermittlern dieser Nachweis nicht. Verurteilt wurde Jahn im Januar 1983 schließlich wegen Fahrens mit einem Solidarność-Fähnchen am Fahrrad: 22 Monate Gefängnis.

Bereits im Dezember war der mit ihm befreundete Fotograf Manfred Hildebrandt zu 18 Monaten verurteilt worden. Er hatte Fotos verbreitet, auf denen unter anderem Jahn mit einer Mundbinde zu sehen war, darauf in Großbuchstaben »Bildungsverbot«. Aus Protest gegen die Verhaftungen bildeten Freunde am 14. November 1982 im Jenaer Stadtzentrum einen Schweigekreis und verabredeten eine weitere Aktion für Heiligabend. Am 15. November stellten sie die »Jenaer Friedensforderungen« auf: Abzug der Besatzungstruppen aus der DDR und der Bundesrepublik, wahlweise sozialer Friedensdienst statt Wehrdienst, Abschaffung des Wehrkundeunterrichts in den Schulen ...

17 Vgl. Anm. 14.

Der Apparat reagierte. Am 24. Dezember riegelten Staatssicherheit und Polizei die Jenaer Innenstadt hermetisch ab, die paramilitärischen sozialistischen Kampfgruppen wurden in Alarmbereitschaft versetzt und im Innenhof des Zeiss-Werkes im Stadtzentrum zusammengezogen. Jürgen Fuchs schrieb in der *taz* vom 3. Januar 1983 über die Courage der Jenenser: »Zehn sind manchmal wie Zehntausend. Jenaer Weihnachten oder: Vom Versuch, eine Minute lang zu schweigen.« In dem Artikel berichtete er auch über den unerhörten Abriss des Wohnhauses des verhafteten Bildhauers und Wehrdienstverweigerers Michael Blumhagen, der die Domaschk-Gedenkplastik geschaffen hatte, und rief dazu auf, sich in Postkartenaktionen mit den Verhafteten zu solidarisieren. In einem »Offenen Brief an die westeuropäische Friedensbewegung« machte Fuchs auf die Willkür gegen die Jenaer Friedensaktivisten aufmerksam: »Bitte gebt diesen Brief auch an CND (Campaign for Nuclear Disarmament) und an die Russel-Peace-Foundation, an den holländischen innerkirchlichen Friedensrat, auch an die Freunde in den USA. Bitte helft diesen DDR-Leuten! Sie treten für unsere gemeinsame Sache ein!«[18]

Jena rückte ins Blickfeld internationaler Öffentlichkeit. Bis Ende Januar kam es zu Stasi-Zuführungen, Hausdurchsuchungen und elf Verhaftungen. Am 31. Januar machte Jürgen Fuchs in einer Presseerklärung[19] auf die Jenaer Verhafteten aufmerksam. Drei Wochen später nahm Dr. Franz Alt sich des Themas in einem ARD-»Report«-Beitrag an. Der Erfolg: Alle in U-Haft Befindlichen und die rechtskräftig Verurteilten Hildebrandt und Jahn kamen auf Bewährung frei. Einen knappen Monat später, am 18. März, organisierte genau dieser Freundeskreis von der Jenaer Jungen Gemeinde Stadtmitte aus eine erste öffentliche Friedensdemonstration mit Plakaten wie »Militarisierung raus aus unserem Leben«, »Schwerter zu Pflugscharen«. Roland Jahn meinte zu der Aktion, noch mal

18 Jürgen Fuchs: Offener Brief an die westeuropäische Friedensbewegung, taz vom 03. 01. 1983.
19 Jürgen Fuchs: Erklärung zur Pressekonferenz am 31. 1. 83, Manuskript im Archiv d. Verf.

Ungenehmigte Friedensdemonstration in Jena am 18. März 1983 von der
»Junge Gemeinde Stadtmitte« aus Richtung Marktplatz

Bereits nach wenigen Metern erfolgte der Zugriff der Staatssicherheit. Der
Maler Frank Rub hält eine zerfetzte Antikriegslosung in die Höhe

einsperren könne man sie ja wohl schlecht, sie wären ja schon eingesperrt gewesen.

Versteckte Fotografen dokumentierten, wie die kleine Gruppe der etwa 30 Männer, Frauen und Kinder von Mitarbeitern der Staatsicherheit überfallen wurde, Transparente zerfetzt und ihre Träger geprügelt wurden. Die Fotos über das wahre Gesicht des »Friedensstaates« gingen durch Fernsehen und Presse der Bundesrepublik. In einer großangelegten Aktion »Gegenschlag« nötigte die Staatsicherheit im Mai allein in Jena 49 Personen zur Ausreise. Roland Jahn, der sich weigerte, wurde in Knebelketten in ein verschlossenes Abteil des Interzonenzuges gesperrt und über Probstzella in die Bundesrepublik befördert. Doch die unabhängige Friedensbewegung in der DDR ließ sich auch mit Knebelketten nicht mehr aufhalten.

Jahn, der zunächst als freier Mitarbeiter des ARD-Magazins »Kontraste« politische DDR-Aufklärung betrieb, profilierte sich in West-Berlin mit und neben Fuchs zum wichtigsten Partner für die unabhängige Friedensbewegung, für Umweltgruppen und Oppositionelle in der DDR. Die Bedeutung dieser beiden ausgebürgerten Oppositionellen für die Initiativen in der DDR ist kaum zu ermessen. Katja Havemann erzählt:

Von West-Berlin aus war Jürgen ganz wichtig für unsere »Initiative Frieden und Menschenrechte«, vor allem, was Informationsweitergabe, Westöffentlichkeit und Kontakte betraf. Und ganz wichtig für uns war später seine Pressesammlung »dialog«. Die ließ er in schöner Kontinuität zu uns rüberbringen.

Mit Jürgen habe ich regelmäßig von Pfarrer Meinel aus unserem Ort aus telefoniert. Meist hatten wir schon beim letzten Telefonat ausgemacht, wann er wieder anrufen würde. Wir haben ziemlich offen gesprochen, aber möglichst wenige Namen genannt. Er sagte beispielsweise: »Der Postillion war da. Danke.« Da wusste ich, dass mein Brief über unseren Kurier angekommen war. Sie wussten damit, dass er Nachrichten erhalten hat, aber sie wussten nicht, welche und über wen.

Ich erzählte ihm, was wir machten in unserer Frauengruppe gegen

Frauenwehrdienst in der DDR, gegen Wehrkundeunterricht, über un-
sere Eingabe an die Regierung. Jürgen hat sich das angehört und gesagt:
»Schreib mir doch bitte einen Brief. Das musst du mir genauer erzählen.«
Als er das sagte, wusste ich, er will keinen Brief von mir, sondern er will
einen Text zum Veröffentlichen.

Und dann stand dieser »Brief« mit der Überschrift »In den Schulen
spielen sie Krieg« im »stern«. Ein paar Tage später tauchte mein Rechts-
anwalt, Dr. Gregor Gysi, bei mir auf: »Frau Havemann, ich mache mir
echte Sorgen. Ich habe bei meinem Vater zufällig den ›stern‹ in die Hand
bekommen und habe gelesen, was von Ihnen da drinsteht.« Ich: »Wieso?
Ich habe Jürgen Fuchs einen Brief geschrieben.« Er meinte darauf, er wolle
mich darauf hinweisen, dass ich beileibe nicht den Schutz genieße, wie
ihn Robert Havemann genossen habe.

In der Stasi-Akte steht, die Generalstaatsanwältin hätte ihn ge-
schickt.[20]

Nach Einschätzung des MfS galt Jürgen Fuchs Anfang der 80er Jahre als einer der gefährlichsten DDR-Staatsfeinde in West-Berlin. Die
über ihn angelegte, mit 26 Blatt außerordentlich lange Karteikartenerfassung – eine Art kurzgefasstes Who's who der Staatssicherheit – weist ihn 1983 unter anderem als »zentrale Führungsperson
der Aktivitäten der Jenaer Friedensgemeinschaft« aus, über die
»alle Unterlagen über politische Programme, Zielstellungen und
Aktivitäten weitergeleitet wurden«, und »nach dem Eintreffen von
Roland Jahn in WB als dessen politischer Berater«. Im selben Jahr
wurde Jürgen Fuchs' operative Bearbeitung im OV »Opponent« in
den höchsten Bearbeitungsgrad, in den Zentralen Operativen Vorgang ZOV »Opponent«[21] umgestuft. Von den 25 Bänden, mit denen
die Staatssicherheit nachweislich noch über den Mauerfall hinaus arbeitete – der letzte Eintrag datiert vom 12. Dezember '89 –,
sind nur drei erhalten. Einige weitere Blatt konnten inzwischen in

20 Katja Havemann: Gespräch mit Udo Scheer vom 08. 11. 2006.
21 BStU, OV »Opponent«, Reg.-Nr. XV/5752/82, Umregistrierung in ZOV (Zentra-
    ler Operativer Vorgang) »Opponent« am 25. 03. 1983.

Zirndorf aus vorvernichteten Aktenbeständen zusammengesetzt werden.

Ein Sachstandsbericht der Hauptabteilung XX/5 (Abwehr Kirche, Kultur, Opposition) begründet die Erhebung des OV in einen ZOV bei der Abteilung XV (Auslandsaufklärung). Darin wird eingeschätzt, dass Fuchs »sich nicht nur aktiv in die von Organisationen, Personengruppen und Einzelpersonen im Operationsgebiet ausgehende Feindtätigkeit gegen die DDR einordnet, sondern sich immer stärker als Organisator feindlicher Untergrundhandlungen im Gebiet der DDR profiliert. Er ist ein wichtiger und ernstzunehmender Inspirator ... einer sogenannten unabhängigen Friedensbewegung in der DDR mit dem eigentlichen Ziel, die negativ-feindlichen oppositionellen Elemente in der DDR zu sammeln, sie als politische Kraft zu formieren, und sie zu Handlungen zu veranlassen, mit denen die staatlichen Organe in zunehmendem Maße unter Druck gesetzt werden sollen.«[22]

Als besonderen Störfaktor sah man an, dass Fuchs sich bei einflussreichen Anhängern der westdeutschen Friedensbewegung für eine Solidarisierung mit der unabhängigen Friedensbewegung und mit politisch Verfolgten in der DDR einsetze und diese damit zusätzlich ermutige. Darüber hinaus versuche er, die westdeutsche Friedensbewegung zu spalten, indem er unterstelle, dass sie »von den Staaten der Sozialistischen Gemeinschaft und der DKP durchsetzt sei und von diesen mißbraucht würde«.[23] Doch der Hauptvorwurf lautete:

Konspirative Nachrichtenbeschaffung und Verbreitung zur Forcierung einer Hetzkampagne gegen die DDR . In der letzten Zeit ging FUCHS sogar so weit, seinen Partnern mit deren Einverständnis ... konkrete Aufträge zur Durchführung derartiger Recherchen in der DDR zu geben wie ...

22 BStU, OV »Opponent«, Reg.-Nr. XV/5752/82, Bd. 1, Sachstandsbericht über die Feindtätigkeit des Jürgen FUCHS, 15. 01. 1983, Bl. 588.
23 Ebenda, Bl. 593.

– über das Vorgehen der staatlichen Organe gegen die Träger von pazifistischen Symbolen,

– über die Ausgabe von PM 12 an DDR-Bürger,

– über Prozesse gegen Personen, die dem Einberufungsbefehl nicht Folge leisteten ...

So beauftragte FUCHS den [geschwärzt], über die Verhaftung zweier Personen aus Jena und weitere nachfolgende staatliche Maßnahmen konkrete Erkundigungen anzustellen und darüber zu berichten.[24]

Ebenfalls nicht entgangen war Fuchs' MfS-Schatten seine Einladung zur Kopenhagener Friedensdemonstration »Nein zu Atomwaffen« Ende Oktober 1984.

... wo er forderte, nicht nur den Zynismus kapitalistischer Rüstung zu entlarven, sondern auch das Anwachsen des Imperialismus auf der anderen Seite. Er rief dazu auf, zwischen dem 11. und 21. November die Hauptstadt der DDR zu besuchen, um an unabhängigen Aktivitäten der unabhängigen Friedensbewegung teilzunehmen.[25]

Als Gast in dem einst deutsch besetzten Dänemark, so sagte Jürgen Fuchs, sei es für ihn nicht selbstverständlich, hier reden zu dürfen, er sprach von seinem Vater, der die Uniform der Eroberer getragen hatte und zusammengeschossen nach Hause gebracht worden war, von seiner Kasernenhofzeit, der Militarisierung im Alltag der DDR mit Kriegsspielzeug, Fahnenappellen und Aufrüstung, und er berichtete:

Liebe Freunde, inzwischen gibt es eine Friedensbewegung. Auch in der DDR. Ich meine jetzt die unabhängigen, nicht beauftragten Gruppen, die gar nicht so gut organisiert sind. Die sich in Gemeindehäusern und Wohnungen treffen. Und die belauert werden von

---

24 Ebenda, Bl. 592.
25 BStU, KK-Erfasssung Fuchs, Jürgen, HA XX/5, ZMA: 3154/419.

der politischen Polizei. Die auch verhaftet werden und im Gefängnis landen ... Es ist wichtig, mit diesen Menschen zu sprechen ... Ich will das ganz deutlich sagen: Ich bin für Dialog, für Gespräch! Und gegen Abschreckung, Ausgrenzung und militärisches Rumgefuchtel ...[26]

Jürgen Fuchs:

Ich habe damals zahlreiche Interviews gegeben, auch international: Was sind das für Gruppen, Hinweise auf den Ostmilitarismus, auf Wehrdienstverweigerer. In Kopenhagen zum Beispiel: Die Deutschen sind vielleicht in der neuen Generation doch keine Nazis mehr. Es war sehr wichtig, dass wir da ein wenig Botschafter waren für ein anderes Deutschland. Das wurde auf einer Pressekonferenz in Kopenhagen genau so gesagt. Auch in Frankreich.[27]

Bereits im Mai 1982, ein gutes halbes Jahr bevor die Staatssicherheit Fuchs in ihrem Sachstandsbericht als Staatsfeind ersten Grades auswies, erließ das Bezirksgericht Berlin-Mitte mit Zustimmung des Generalstaatsanwaltes einen Haftbefehl gegen den Bundesbürger Jürgen Fuchs.[28] Das dazu verhängte internationale »Fahndungsersuchen – Festnahme«[29], unterschrieben durch Erich Mielke, Minister Staatssicherheit, galt an allen Grenzübergängen in die DDR und für alle sozialistische Staaten.

Zudem vermerkt seine Karteikartenerfassung eine Einreisesperre in die DDR bis 12/1999. Fast hätte sein Freund Hans Joachim Schädlich ihn einmal überredet, gemeinsam per Transit nach Prag zu fahren, um dort Freunde aus der DDR zu treffen. Fast hatte Jürgen Fuchs der Verlockung nachgegeben, erzählte er einmal. Letzt-

---

26 Jürgen Fuchs: Rede auf der Friedensdemonstration in Kopenhagen Oktober 1984, Manuskript im Archiv d. Verf.
27 Vgl. Anm. 8.
28 Stadtbezirksgericht Berlin Mitte, Aktenzeichen Hs. C. 61/82 vom 06. 05. 1982: Haftbefehl Fuchs, Jürgen.
29 Ministerium für Staatssicherheit, HA IX/2, Vertrauliche Dienstsache 76/6235 vom 26. 05. 1982: Fahndungsersuchen – Festnahme: Fuchs, Jürgen.

Das Stadtbezirks- gericht Berlin-Mitte

Aktenzeichen: Hs.C. 61/82

Berlin , den   6. Mai 1982

(Bei Eingaben stets anführen)

Fernruf

Haftbefehl

Der **Fuchs, Jürgen**
geb. am 19. 12. 1950 in Reichenbach
wohnhaft: 1000 Berlin(West) 42, TempelhoferDamm ▄

Ist in Untersuchungshaft zu nehmen.

Er .wird beschuldigt, sich derlandesverräterischen Nachrichtenübermittlung und der staatsfeindlichen Hetze schuldig gemacht zu
haben.
Seit 1977, dem Zeitpunkt seiner Entlassung aus der Staatsbürgerschaft der DDR, sammelte er zum Nachteil der Interessen der DDR
zielgerichtet Nachrichten über Aktivitäten feindlich-negativer
Kräfte in der DDR und über Maßnahmen staatlicher Organe der DDR
und übergab sie an westliche Massenmedien.
Außerdem fertigte er zahlreiche durch westliche Verlagsanstalten
und andere Publikationsorgane veröffentlichte Schriften und gab
Interviews, in denen er planmäßig die verfassungsmäßigen Grund-
lagen der DDR angriff und zur Beseitigung der sozialistischen
Staats- und Gesellschaftsordnung der DDR aufforderte.

Vergehen/Verbrechen gem.§§ 99 (1), 106 (1) 2 und 4, (2) StGB

Er/Sie ist dieser Straftaßen dringend verdächtig.

Die Anordnung der Untersuchungshaft ist gemäß § 122 (1) 2 StPO
gesetzlich begründet, weil ein Verbrechen den Gegenstand des Verfahrens
bildet.

Gegen diesen Haftbefehl ist das Rechtsmittel der Beschwerde zulässig (§ 127 StPO).

Sie ist binnen einer Woche nach Verkündung des Haftbefehls bei dem unterzeichneten Gericht zu
Protokoll der Rechtsantragstelle oder schriftlich durch den Betroffenen oder einen in der DDR zugelassenen Rechtsanwalt einzulegen (§§ 305, 306 StPO).

Best.-Nr. 220 16 Haftbefehl – §§ 124, 127, StPO

Vordruckbetrieb Demos Osterwieck

Ag 101/DDR/78/227¢/150.0

*Haftbefehl der DDR-Justiz gegen den Bundesbürger Jürgen Fuchs, gültig, sobald
er das Territorium eines sozialistischen Staates betreten würde*

lich sei er jedoch einer inneren warnenden Stimme gefolgt und habe abgelehnt. Nach seiner Akteneinsicht war er sicher: Er wäre nicht zurückgekommen. Lilo Fuchs berichtet über ihre Ahnung von Anfang an:

Die ersten Jahre haben wir beide instinktiv die Transitstrecke gemieden, weil wir merkten, dass die uns weiter bearbeiteten. Wir mussten immer fliegen, wenn wir aus West-Berlin rauswollten, und die Flüge waren ziemlich teuer. Deshalb hat Jürgen in Bonn beim Innerdeutschen Ministerium angefragt, wie sie die Gefahr einschätzten. Man meinte, wir hätten schon das richtige Gefühl, sie würden ihm raten, weiterhin nicht Transit zu fahren und keine Ostblockländer zu besuchen. Jürgen ist nie mit dem Zug oder Auto gefahren, er ist immer geflogen. Auch ich habe den Transit nur einmal, in der Endzeit, getestet.[30]

---

30 Lilo Fuchs: Gespräch mit Udo Scheer vom 03. 11. 2006.

Ministerium für Staatssicherheit

Bezirksverwaltung ....

Abt./Kreisdienststelle ....HA..IX/2..................

Nr. _76/6235_

Berlin____, den __26. Mai__ . 19&2
_IX/ 387/82_

Über die Abteilung XII der Bezirksverwaltung

An das

Ministerium für Staatssicherheit
— Abteilung XII —

Berlin

> **Zu beachten bei Aufenthaltsermittlungen!**
> Diese sind in jedem Falle bis Ende des nächsten Jahres befristet.
> Bei Notwendigkeit der Verlängerung ist erneut Antrag zur Notierung zu stellen.

Fahndungsersuchen - Festnahme ~~Aufenthaltsermittlung~~

Nachgenannte Person ist im Fahndungsbuch zur .....Festnahme.........................
auszuschreiben.

Name ....FUCHS..........   Vornamen ....Jürgen..........................
                                            (Rufname unterstreichen)

Geburtstag _19. 12. 1950_   Geburtsort _Reichenbach/Vogtl._

Soziale Herkunft ....Arbeiter..........   Nationalität ..deutsch..........

Betriebs- und
Beruf ..Verkehrseisenbahner.............   Familienstand verheiratet..........

Letzte Wohnanschrift _1000 Westberlin 42, Tempelhofer Damm_ ▆

Vorherige Wohn- oder Aufenthaltsorte....1252 Grünheide,...............................

            Burgwallstraße ▆, bei Havemann

Form 40   200 873 5.0   Bitte wenden!

Das »Fahndungsersuchen Festnahme« der DDR-Staatssicherheit gegen Jürgen Fuchs, auf der Rückseite unterschrieben von Erich Mielke

Der Bann ist gebrochen

Ohne den Küchentisch in der Wohnung am Tempelhofer Damm wären die beiden Bürgerbewegungen, die Grünen im Westen und die sich herausbildende DDR-Opposition, vermutlich nie so intensiv zusammengekommen. Jürgen Fuchs war es, der Petra Kelly und andere zu Bärbel Bohley schickte. Zusammen mit Angelika Barbe, Katja Havemann, Eva Quistorp, Ulrike Poppe, Bettina Rathenow und anderen hatte diese den Aktionskreis »Frauen für den Frieden« gegründet. Die Adresse der Bürgerrechtlerin und Malerin hatte Jürgen Fuchs von Lutz Rathenow erfragt. Nach der Verhaftung von Bohley und Poppe im November 1983 und ihrer durch internationale Proteste erzwungenen Freilassung im Januar 1984 entwickelte sich ein grenzüberschreitendes Netzwerk zwischen westdeutschen Menschenrechtlern, Grünen und DDR-Oppositionellen. Jürgen Fuchs forderte die Westdeutschen auf: »Fahrt rüber, besucht die und die Leute. Vergesst das nicht!«

SED und Staatssicherheit sahen die Gefahr, die von dieser Bewegung ausging. Sie reagierten mit Druck, Verhaftungen, Ausbürgerungen und bewirkten so ein bis dahin einmaliges Zusammenrücken der Opposition in der DDR, eine Solidarität, die mit dem Stasi-Überfall auf die oppositionelle Umweltbibliothek in der Ost-Berliner Zionskirche in der Nacht zum 25. November 1987 einen neuen Höhepunkt finden sollte.

Zu Fuchs registrierten die Stasi-Vorgangsbearbeiter in diesem Zusammenhang alarmiert:

28. 11. 87: F. nahm am Schriftstellerkongress in Paris teil, wo dieser auch über die Ereignisse um die Zionskirche gesprochen habe.

MITTERRAND stelle angeblich Überlegungen an, ob die Einladung an Genossen Honecker aufrechterhalten werden kann.[1]

Jürgen Fuchs' Außenwirkung vollzog sich in drei Lebenskreisen, die einander überschnitten: der Literatur, der unabhängigen Friedensbewegung und DDR-Opposition und der undogmatischen Westlinken. Zwischen diesen drei Kreisen bewegten sich seine Netzwerkbildungen, in ihnen war er literarischer und politischer Akteur.

Trotz seiner Intensität und aller Impulse blieben die innerdeutschen Kontakte der Opposition auf eine kleine Gruppe beschränkt. Mitentscheidend dafür war, dass die Mehrheit der Westlinken und Grünen die DDR-Opposition ablehnte. Zu viele fanden es opportuner, für Wandel durch Annäherung, für Annerkennung der DDR und Nichteinmischung zu plädieren. Dieser Riss wirkte bis zur Gründung der Partei Bündnis 90 / Die Grünen negativ nach. Lukas Beckmann berichtet über die Ignoranz grüner Parlamentarier:

Im Januar 1988 wurden in Ostberlin anläßlich der Rosa-Luxemburg-Demonstration zahlreiche Bürgerrechtler verhaftet. Einige von ihnen wurden ausgewiesen und in den Westen abgeschoben. Darunter auch Bärbel Bohley und Werner Fischer. Sie wohnten eine Zeit lang bei mir in der Bonner Wohnung. Die Grüne Bundestagsfraktion lud sie zu einer Sitzung ein. Vorher besuchten sie Petra Kelly in ihrem Büro. Auf den Fluren des Bundeshauses gingen wir an vielen Kopiergeräten vorbei. Bärbel Bohley standen die Tränen in den Augen. Sie konnte die Dimension technischer Ausstattung kaum fassen angesichts der persönlichen Arbeitssituation im Osten und der Notwendigkeit, in der Illegalität Informationen immer wieder einzeln abschreiben zu müssen ... Als Bärbel Bohley und Werner Fischer von der Fraktionsführung begrüßt wurden, verließ etwa die Hälfte der Abgeordneten

---

1 BStU, KK-Erfasssung Fuchs, Jürgen, HA XX / 5, ZMA: 3154 / 419. Die Information bezieht sich vermutlich auf eine Lesung und Diskussion im Goethe-Institut Paris, zusammen mit Hans Joachim Schädlich, Sascha Anderson u. a.

Jürgen Fuchs und Petra Kelly im Gespräch

Bundesdeutsche Grüne bei ihrer Friedensaktion auf dem Ost-Berliner Alexander-platz im Mai 1983. Bis zu ihrer Festnahme blieben ihnen nur wenige Minuten

und Mitarbeiter den Raum. Sie lehnten ein Gespräch ab, wollten mit ihnen nicht politisch identifiziert werden und fanden es »kontraproduktiv«, das seit über einem halben Jahr bestehende DDR-Einreiseverbot für Grüne Fraktions- und Mandatsträger durch diese Geste zu verfestigen.[2]

Beckmann ergänzt im Gespräch:

Seit Mitte der 80er Jahre gab es bei den Grünen eine bundesweite Arbeitsgruppe. Auch Jürgen gehörte zu den regelmäßigen Gästen. Die Arbeitsgruppe war vor allem mit dem Namen Elisabeth Weber verbunden, viele Jahre Ost-West-Referentin der Bundestagsfraktion. Die Kontakte mit Jürgen waren immer sehr persönlich und direkt. Es gab eine politische Verwandtschaft mit einem Teil der Grünen, zu dem neben Petra Kelly vor allem auch Milan Horaček gehörte. Gespräche mit Jürgen waren vor allem Impulsgespräche. Er sprach oft im Imperativ. Typisch seine kurzen Sätze, dieses: »Verstehst Du?« Ich hatte in dieser Zeit verschiedene Aktionen im Kopf – in Moskau, Washington. In Südafrika haben wir die Botschaft besetzt, in Ankara uns angekettet, um für die Rechte der Kurden zu demonstrieren. Mit Aktionspolitik als Methode – eine Einheit von Botschaft, Bild, Ort und Zeit – versuchten wir uns Gehör zu verschaffen für Frieden und Menschenrechte. In diesem Zusammenhang stand auch eine Aktion in Ost-Berlin. Im Mai 1983 lud die END[3] zu ihrer zweiten Konferenz nach Berlin ein. Ich gehörte als Vertreter der Grünen zum Vorbereitungskomitee. Vielen war nicht ganz wohl mit diesem Ort. Man fürchtete, die Nähe der Berliner Mauer könne die »falschen« Themen provozieren. Einige wollten von mir die Zusage, nicht die Ost-West-Frage und nicht die Frage der Menschenrechte zu thematisieren. Das ging natürlich nicht.

Die westeuropäische Konferenz im Berliner ICC begann langweilig. Alles war schon bekannt. Am späteren Abend trafen wir uns im kleineren Kreis in einem italienischen Restaurant an der Clayallee. Meine Ansage »Mor-

2 Lukas Beckmann: Fuchs und die Grünen, in: Gerbergasse 18, Sonderausgabe zum Fuchs-Symposium 8.–10. Dezember 2000, S. 59.
3 END = European Nuclear Disarmament (englische Bewegung für nukleare Abrüstung in Europa).

gen um zwölf Uhr sind wir am Alex und demonstrieren für die Themen, die auf dieser Konferenz keinen Platz haben« löste wenige Nachfragen aus. Die Aktion lag in der Luft. Ich fuhr zu Freunden, holte Bettlaken und Farbe. Am nächsten Morgen, dem 12. Mai 1983, fuhren wir – Petra Kelly, Gabi Potthast, Gert Bastian und Roland Vogt und ich – mit Tagesvisum über die Grenze, um an der Weltzeituhr mit Transparenten für »Schwerter zu Pflugscharen«, »Abrüstung in Ost und West«, »Menschenrechte in Ost und West« zu demonstrieren. Die Aktion begann um 11.55 Uhr und dauerte nur wenige Minuten. Im Nu waren Dutzende Lederjacken da, wir wurden festgenommen und am späteren Nachmittag wieder freigelassen. Noch in den 19-Uhr-Nachrichten dementierte die DDR-Staatsführung die Aktion. Als jedoch die Tagesschau um 20 Uhr die von einem Freund in Sicherheit gebrachten Fotos zeigte, war damit das Thema der zweiten END-Konferenz gesetzt und die Wut der Veranstalter ziemlich groß. Am nächsten Morgen erhielten Petra Kelly, Gert Bastian und ich auf der West-Berliner Konferenz einen persönlichen Brief von Erich Honecker. Er bedauerte, uns nicht getroffen zu haben. Dieser Brief wurde zum Ausgangspunkt für die Einladung zu einer ersten offiziellen Delegationsreise der Grünen nach Ost-Berlin im Oktober 1983. Diesen Besuch haben wir mit Jürgen Fuchs und Roland Jahn in allen wichtigen Details vorbereitet. Eine Liste mit den Namen der uns bekannten politisch Inhaftierten wurde fortlaufend, bis wenige Stunden vor Beginn der Gespräche, aktualisiert und überreicht.[4]

Als die Grünen sich zur Partei ausformten, war Jürgen Fuchs sehr nah dabei. Er sagte zum Beispiel: »Wenn ihr jetzt Partei seid und es gibt Gelder, dann sollten die auch dafür eingesetzt werden, wichtige Gedanken weiterzuvermitteln. Dafür braucht ihr eine Stiftung.«[5]

Lukas Beckmann:

Als wir die Böll-Stiftung aufbauten, war Jürgen am Gründungsprozess, der 1986 begann, unmittelbar beteiligt. 1988 bildete sich in der Stiftung

4 Lukas Beckmann: Gespräch mit Udo Scheer vom 16. 10. 2006.
5 Lilo Fuchs: Gespräch mit Udo Scheer vom 03. 11. 2006

eine Rumänien-Arbeitsgruppe auf Initiative von Herta Müller, Freya Klier, Richard Wagner, Helmuth Frauendorfer u.a. Im selben Jahr kam es zu Kontakten mit Memorial Petersburg. Auch daran war Jürgen beteiligt.[6]

Verbindungen herzustellen war Jürgen Fuchs ein Bedürfnis und etwas Normales, wie Lilo Fuchs aus vielfältigen Begegnungen heraus bestätigt:

Jürgen hat Leute zusammengebracht. Weil er eben viele kannte. Ich weiß noch, wie wir Sachen von Miklós Haraszti[7] *in Jena gelesen hatten. Dann war der hier zu einem Studienaufenthalt.*

Plötzlich sind wir mit ihm bei uns spazierengegangen. Es waren nicht so viele, aber es waren schöne Kontakte mit Leuten aus den östlichen Ländern. Später gehörten dazu auch die rumänischen Ausgereisten. Herta Müller kam 1987 als junge Frau, Helmuth Frauendorfer ... man hat sich hier in der Fremde zusammengeschlossen.[8]

In dieser Zeit geriet die SED-Führung innenpolitisch zunehmend unter Druck. Michail Gorbatschows Perestroika-Politik erschien der übergroßen Mehrheit der DDR-Bürger als einzige Alternative zur Perspektivlosigkeit und Agonie im Land. Das Streben Erich Honeckers und der SED-Spitze nach Akzeptanz und Anerkennung in der Bundesrepublik, die außenpolitische Flexibilität der SED-Führung in der Deutschlandpolitik wirkten geradezu grotesk angesichts der Nichtbereitschaft, den inneren wirtschaftlichen, gesellschaftlichen und politischen Problemstau zu lösen.

Als analytischer Beobachter suchte Jürgen Fuchs verschiedene Ansatzpunkte, um politische Gegenkräfte zu stärken. Eine Möglichkeit dafür sah er im Hinterfragen des von der Grundwertekommission der SPD und Vertretern der Akademie für Gesell-

6 Vgl. Anm. 4.
7 Miklós Haraszti, ungarischer Dissident, Autor u.a. von »Stücklohn« und »Der Staatskünstler«.
8 Vgl. Anm. 5.

schaftswissenschaften beim ZK der SED bis 1987 ausgearbeiteten Ideologiepapiers *Der Streit der Ideologien und die gemeinsame Sicherheit.* Unter Intellektuellen in der DDR hatte dieses erste deutsch-deutsche Papier, das eine gemeinsame Politik zur Friedenssicherung, einen friedlichen Wettbewerb der Systeme zur Überwindung der globalen Probleme und eine neue politische Streit- und Dialogkultur vereinbaren wollte, beachtliche Hoffnungen geweckt, besonders was die Überwindung dogmatischer Verkrustungen im Innern betraf.

Für eine öffentliche Diskussion[9] über dieses Papier in Freudenberg hatten SPD-Veranstalter ganz bewusst auch Jürgen Fuchs eingeladen. Man schätzte dort seine kritische Haltung und rechnete damit, er würde »Klartext« sprechen, wenn er mit Professor Rolf Reißig von der ZK-Akademie im Podium säße. In Reißig habe Fuchs einen der Strategen gesehen, die die Anpassung der SED an die veränderten Verhältnisse betrieben, einen der neuen Kader, auf die es sich einzustellen galt, so erinnert sich Manfred Wilke – verbindlich, freundlich, andere Argumente auch abwägend.

In seinem Eingangsstatement hob Professor Reißig die von SED und SPD erhoffte Bedeutung und Signalwirkung des gemeinsamen Grundsatzpapiers in optimistischen Allgemeinplätzen hervor. Jürgen Fuchs merkte dazu skeptisch an: »Ich musste ... zur Kenntnis nehmen, daß Papier geduldig ist«,[10] und begründete seinen Vorbehalt: Bislang habe in der DDR eine Kultur des Dialoges nicht existiert, was auch der Umgang mit Biermann und Havemann gezeigt habe, aber: »Wenn das, was dort steht – und vieles

9 12. Gustav-Heinemann-Gespräch zum Thema »Der Streit der Ideologien und die gemeinsame Sicherheit. Das gemeinsame Dokument von SPD und SED«, veranstaltet von der Friedrich-Ebert-Stiftung in der Gustav-Heinemann-Akademie Freudenberg/Siegerland am 14. 10. 1987. Teilnehmer: Thomas Meyer, Direktor der Heinemann-Akademie und Mitglied der Grundwertekommission beim Parteivorstand der SPD, Professor Rolf Reißig, Leiter des Instituts für Friedensforschung an der Akademie für Gesellschaftswissenschaften beim ZK der SED, Karl-Franz Lamers, CDU/CSU-Fraktion im Bundestag, Jürgen Schnappertz, MdB Die Grünen, Jürgen Fuchs, Schriftsteller, Johannes Kandel, Diskussionsleiter. Wortprotokoll in: dialog 8/87 (im Archiv d. Verf.).
10 Ebenda, S. 14.

erinnert mich an das, was Havemann gesagt und geschrieben hat –, Wirklichkeit wird, dann bricht eine neue Situation an ... und das wäre enorm.«

Maßstab für die Glaubwürdigkeit der von der SED-Seite erklärten Dialogbereitschaft sei für ihn, dass auch der Dialog mit der osteuropäischen Opposition aufgenommen werde.

Ich sehe auch die Anwesenheit auf dem Podium als einen möglichen kleinen Schritt. Es ist mir schwer gefallen, hier her zu fahren, aber ich habe es getan. Ich erwarte von den kommenden Monaten, daß Sie mit den staatsunabhängigen Friedensgruppen Kontakte aufnehmen, auch in Ihrer Funktion als einer, der sich um die Menschenrechte kümmern will.[11]

Damit hatte Fuchs als Einziger von dem Abgesandten der SED gefordert, auch die demokratische Opposition im Osten einzubeziehen und sie als gesellschaftliche Kraft anzuerkennen.

Professor Reißig konnte nur ausweichen. Ein Gesichtsverlust für ihn war unvermeidlich. Sein Auftrag, die SED nach außen positiv zu präsentieren, war an diesem Abend misslungen. Gleichzeitig wurde der tatsächliche Wert des Ideologiepapiers deutlich. Für die SED-Führung war es vor allem nützliches Agitationsmaterial, um sich souverän und dialogbereit darzustellen. Die Hoffnungen, auch innerhalb der Partei, unter Berufung auf dieses Papier, eine sachliche Fehlerdiskussion und Reformen einleiten zu können, beantwortete bereits die 5. Tagung des ZK im Dezember 1987 mit Warnschüssen wie »ideologische Wachsamkeit« und »klarer, klassenmäßiger Standpunkt«. »Ideologisch Abtrünnige« wurden einmal mehr diszipliniert oder abgestraft. Eine Erneuerung, gar nach sowjetischem Vorbild, war abgeschmettert. Das Ideologiepapier, von der SPD-Grundwertekommission und der SED-Akademie für Gesellschaftswissenschaften über vier Jahre lang erarbeitet, war – abgesehen vom Prestigegewinn für die SED – Makulatur.

11 Ebenda.

Dennoch setzten führende Ostpolitiker der SPD weiter auf ihren partnerschaftlichen Stabilisierungskurs im Schulterschluss mit dem reformunfähigen SED-Politbüro.

Lukas Beckmann erinnert sich an eine denkwürdige Begegnung mit Egon Bahr, dem »Architekten der neuen Ostpolitik« in der SPD. Eine kleine Gruppe von Grünen und Sozialdemokraten traf sich, um Möglichkeiten von Rot-Grün nach der Bundestagswahl 1987 auszuloten. Noch bevor auch nur ein inhaltlicher Punkt ausgetauscht worden war, habe Bahr klargestellt: »Eins will ich Euch gleich zu Beginn sagen: Wenn wir regieren, ist Schluß mit den Kontakten zur Opposition im Osten. Dann gibt es nur eine Gesprächsebene. Und das ist die staatliche.«[12]

Das Paktieren zwischen den SPD- und SED-Eliten hatte offenkundig nicht nur bei Bahr zu einem Realitätsverlust gegenüber dem SED-Unrechtsstaat geführt, weshalb die SPD letztlich 1989/90 unter erheblichem Glaubwürdigkeitsverlust von den Ereignissen überrollt wurde. Die innerhalb der sozialdemokratischen Führung verbreitete Ablehnung der Ost-Opposition[13] sollte man im Blick haben, will man die Bedeutung von Fuchs' Einsatz für Andersdenkende in der DDR ermessen. In letzter Konsequenz war es seine Strategie, durch Stärkung der Opposition in der DDR zum Sturz des Regimes beizutragen. Dieses Ziel verfolgte in Westdeutschland ernsthaft sonst kaum jemand.

Die Karteikartenerfassung der Staatssicherheit über Fuchs' wichtigste »Feindaktivitäten« vermerkt:

---

12 Vgl. Anm. 2, S. 59.
13 Vgl. Daniel Friedrich Sturm: Uneinig in die Einheit, Bonn 2006. Darin: Hans-Joachim Vogels Ablehnung von Kontakten mit der DDR-Bürgerrechtsbewegung, man wollte nicht »destabilisieren«; Gerhard Schröders Plädoyer für die Auflösung der Erfassungsstelle Salzgitter zur Erfassung von SED-Menschenrechtsverletzungen; Heidemarie Wieczorek-Zeul im April 1989, nach dem Überfall auf die Zionskirche, dem Sputnik-Verbot, den Massenfestnahmen nach der Luxemburg-Demonstration: Sie könne keine Verstärkung von Repressionen in der DDR feststellen ...

24. 10. 87: F. als auch JAHN sehen das gemeinsame Dokument »Der Streit der Ideologien und die gemeinsame Sicherheit« [als Grundlage] für die Organisierung DDR-feindlicher Handlungen.

   – Möglicher Dialog mit feindl.-neg. Kräften mit offz. Vertretern des Staates.

   – Liberalisierung der gesellschaftlichen Verhältnisse.

   – Verunglimpfung der SED durch das Konstruieren von Widersprüchen zwischen »Dokument« und gesellschaftlicher Realität in der DDR.

   Diesbezüglich wirken F. und JAHN inspirierend auf die feindl. Kräfte wie TEMPLIN, Ulrike POPPE, BOMBERG, RATHENOW, HIRSCH, EPPELMANN ein.[14]

Im Januar 1988 kam Jürgen Fuchs sich vor wie zurückversetzt in den trüben November 1977. Eine Verhaftungswelle nach dem alljährlich parteiinszenierten Ost-Berliner Luxemburg-Liebknecht-Gedenken am 17. Januar hatte 160 Leute in den Berlin-Rummelsburger Gefängniskeller und andere Verwahr- und Verhörorte gespült. Der Machtapparat hatte dieses Muskelspiel mit voller Absicht inszeniert, um die Euphorie zu brechen, die nach seiner Niederlage bei der Erstürmung der Umweltbibliothek wenige Wochen zuvor aufgekommen war. Bürgerrechtler, Friedensfreunde und Ausreisewillige wurden gleichermaßen weggesperrt, um einzuschüchtern. Der Liedermacher Stephan Krawczyk, der auf sein Berufsverbot in der DDR aufmerksam machen wollte, war bereits auf dem Weg zur »Manifestation« festgenommen worden. Der Luxemburg-Satz »Freiheit ist immer Freiheit des Andersdenkenden« geriet zum geflügelten Protest gegen die Staatswillkür im Land. Krawczyks Frau, die ebenfalls mit Berufsverbot belegte Regisseurin Freya Klier, forderte westdeutsche Künstler in einem Appell auf, nicht mehr in der DDR aufzutreten, bis alle Verhafteten freigelassen seien. Dafür kam sie acht Tage später, zusammen mit führenden Köpfen der Opposition[15], in Haft.

14 Vgl. Anm. 1.
15 U. a. Bärbel Bohley, Werner Fischer, Ralf Hirsch, Lotte und Wolfgang Templin.

In West-Berlin organisierte Jürgen Fuchs zusammen mit Pfarrer Dietmar Linke in der Kapernaumkirche eine Veranstaltung für die Verhafteten, bei der Wolf Biermann, Petra Kelly, Gert Bastian und andere auftraten. Zudem meldete er sich mit drei furiosen Essays zu Wort. Darin kochten sie wieder hoch, die Erinnerungen an die eigene U-Haft, machte er energisch aufmerksam auf die elementare Menschenrechte missachtenden Methoden der Staatssicherheit. Sein Zorn über die ungeheuerlichen Verhaftungen und das Abwiegeln oder Wegsehen mancher westdeutscher »Herren« war so impulsiv wie die Ermutigung für die Festgenommenen und kurz darauf Abgeschobenen.

Wir haben das alles so satt, diese Staatsväter, ihre starren Gesichter: »wir werden uns nicht in schwebende Verfahren der Deutschen Demokratischen Republik einmischen«, die jungen Büttel in Anoraks vor den Haustüren ... Solidarität! Öffentlichkeit! Wieder Stehen! Und erinnern, an all das erinnern und es sagen.[16]

Zu Beginn dieser Woche begann man von der »Lösung« zu sprechen. Der »insgesamt guten Lösung im Interesse der Inhaftierten«. Damit war klar, beim Wörtchen »insgesamt« konnte man es erahnen, daß über den Willen der Inhaftierten erst einmal und nachdrücklich ... hinweggegangen wird ... Es gibt keinen Spielraum, auch nicht für Rechtsanwälte und den Bischof Forck. Der Raum hat das Ausmaß einer Zelle. So bestimmen es die, die Macht haben ...[17]

Was auffiel war das Tempo. In der Zeit davor einige Möglichkeiten, »Kirchentag von unten«, Umweltbibliothek, die Durchsuchung und Verhaftung von Mitarbeitern endete für die »Organe« mit einem Reinfall, Bittgottesdienste für die Inhaftierten, Mahnwachen, internationale Solidarität. Zeitgleich der Schriftstellerkongreß, der mutige

---

16 Jürgen Fuchs: Verdrängtes kommt wieder, in: taz vom 03. 02. 1988.
17 Jürgen Fuchs: Der Spielraum hat das Ausmaß einer Zelle, in: taz vom 06. 02. 1988.

Brief von Christa Wolf wird öffentlich verlesen, »… nie abgefunden mit der Biermannausbürgerung … ich vermisse Kollegen hier, Standpunkte …« Vorher und dabei noch andere Signale: Auffällig der enge Flirt mit Rumänien. Ausgerechnet der Diktator Ceausescu bekommt den Karl-Marx-Orden …

Am Montag, dem 25. 1., die Verhaftung der anderen. Sie kamen zwischen vier und fünf Uhr morgens. Die meisten hatten nachts noch diskutiert, man hatte sich gerade hingelegt, in dieser aufregenden, auch euphorischen Zeit … Sie kamen mit großen Kommandos, brüllten, schlugen an die Tür, hämmerten, drohten, brachen auf, warfen um, packten zu. Die Frauen hatten Hämatome an den Oberarmen, an den Handgelenken: von den Händen der Verhafter, von den Knebelketten. Man zerrte sie weg, schlug, trat nach, vier, fünf Männer stürzten sich über einen, der eine Frau schützen wollte, warfen ihn nackt aufs Bett, zerrten die Frau weg im Unterhemd. Die schrie, auch auf der Straße. Kein Fenster öffnete sich, alle werden es gehört haben.[18]

Mit diesen Essays stärkte Jürgen Fuchs die Außenwahrnehmung der kleinen DDR-Opposition. Gleichzeitig schoben sich Vertreter diffuser sozialistischer Erneuerungsideen ins Blickfeld. Durch sie begann in der Westwahrnehmung spürbar etwas zu kippen. Herangeführte IM wirkten destruktiv im Hintergrund. Mitschwimmende Symbolträger wie Pfarrer Friedrich Schorlemmer[19] passten mit ihrem moderateren Auftreten besser ins Bild einer DDR-Opposition als ein sehr genau beobachtender, hart fragender und klar urteilender Jürgen Fuchs oder ein mit illegalen Reportagen über vertuschte Missstände und Katastrophen in der DDR aufstörender Roland Jahn. Lutz Rathenow meint zu dieser neuen Situation:

---

18 Jürgen Fuchs: Der Wechsel der Zeiten ist sicher, in: taz vom 19. 02. 1988.
19 1983 symbolhafte Umschmiede-Aktion »Schwerter zu Pflugscharen, 1988 »Zwanzig Wittenberger Thesen«, doch nach 1990 u. a. Verteidigung des belasteten Brandenburger Ministerpräsidenten Manfred Stolpe und medienwirksame Forderungen nach einem »Freudenfeuer« aus Stasi-Akten und der Amnestie für systemtragende Staatstäter.

Es war etwas passiert, das bis heute noch nicht richtig analysiert ist. Die Zeit '86 bis '89 war von einem zunehmenden Aktivitätsbündel im Osten geprägt, sehr viele Aktivitäten liefen nach wie vor über Jürgen, auch Verflechtungen im Westen. Aber es gab auch neuartige Aktionen, auch über Siegbert Schefke, über Roland Jahn. Das Medium Fernsehen wurde entdeckt, Videokassetten über Umweltschäden, über oppositionelle Arbeit wurden hergestellt. Anders als bei den Verhaftungen und Friedensaktionen '83 in Jena war Jürgen daran nicht mehr so direkt, indirekt aber durchaus beteiligt.

Er war weiterhin in den Medien präsent. Aber es gab auch Spannungen. Jürgens Einfluss war nicht mehr derselbe wie zehn Jahre zuvor. Jürgen, Roland und andere wurden innerhalb der DDR und auch außerhalb als zu radikal stärker isoliert. Beispielsweise die Distanz des SPIEGEL, von Ulrich Schwarz zu Jürgen, ist, glaube ich, ganz typisch für diese Zeit. Andere Leute kamen zum Zug, einige fungierten als schlechte Ratgeber.

Nach den Verhaftungen in der Zionskirche 1987 ist Jürgens Regelwerk, Westöffentlichkeit herzustellen, voll durchgehalten worden. In der Solidaritätsbewegung für die Verhafteten vom Januar 1988 war das anders. Es gab keinen Zugang für Westjournalisten zu den Solidaritätsgottesdiensten. Rechtsanwalt Wolfgang Schnur und Manfred Stolpe konnten eine lethargische Schicht der Vorsicht und Zurückhaltung über die Aktivitäten legen. Wenn es sofort zum Hungerstreik, zur Dauermahnwache gekommen wäre, wären die Leute wahrscheinlich nach zwei Tagen freigekommen. Einige wollten das. Es wurde verhindert. Es ist bezeichnend, wer zur Verhaftung von Stephan Krawczyk in der FAZ einen Artikel schrieb: Sascha Anderson. Der sagte mir schon Jahre zuvor, kurz vor seiner Ausreise: »So, wie der Fuchs das macht, geht es nicht.« Das hätte ihm auch jemand von der bundesdeutschen Vertretung gesagt.[20]

Jeder, der bekannt ist als einer, der sich einmischt, der sich für andere einsetzt, ist einem immensen Erwartungsdruck ausgesetzt. Freunde, Gruppen, Initiativen versuchen häufig, eigene,

20 Lutz Rathenow: Gespräch mit Udo Scheer vom 11. 10. 2006

ihnen wichtige Probleme an die zu delegieren, die sich besonders engagieren: »Du bist der Einzige, der das kann. Du hast die Verbindungen. Nur du weißt, was hier zu tun ist.« Ablehnung wird dann leicht als arrogant und elitär empfunden. Jürgen Fuchs galt vielen als absoluter Macher. Sein Rat war gefragt, die Zahl derer, die verschiedenste Erwartungen an ihn richteten, war kaum überschaubar. Seine Reaktion war sehr klar, in Unterstützung wie Ablehnung. Dieser Charakterzug hätte ihn auch als Manager prädestiniert. Er schlug Schritte vor, eröffnete Möglichkeiten, spannte sich selbst ein, aber vor allem verstand er es, andere zu motivieren, häufig mit einem nachdrücklichen: »Ja, tu das! Du musst ... Verstehst du? Das ist wichtig!« Wer sein immenses Arbeitspensum kannte, der konnte sich seinen Vorschlägen nur schwer entziehen. Für manche war es ein Phänomen, wie dieser Mann das auf Dauer schaffte: Nachts um eins, um zwei noch Licht im Arbeitszimmer, und früh vor sieben begann der neue Tag. Lilo Fuchs, dazu befragt, erzählt von ihrem gemeinsamen Leben:

Na ja, das ging schon. Er hat dann eben zwischendurch ein paar Pausen gemacht. Es war einfach ein intensives Leben und Arbeiten. Wenn er geschrieben hat, war die Familie nebenan. Wir haben dafür gesorgt, dass die Tür zublieb oder dass das Telefon nicht dazwischenklingelte. Wir haben uns einfach abgesprochen. Ich habe die Hausarbeit erledigt und in Druckzeiten die Arbeit in der Waldstraße allein gemacht. Ab '82 hatten wir dann seine Eltern hier. Die haben uns auch sehr unterstützt, unsere beiden Jüngeren versorgt. Natürlich gab es zwischendurch auch Querelen. Manchmal wurden uns die Erwartungen, die von außen an Jürgen herangetragen wurden, auch zuviel. Dann wieder gab es Dinge, zu denen mussten wir uns verhalten. Beispielsweise als es auf die Veränderungen '89 zuging, die waren ja spürbar.

Wir sind beide angetreten. Sonst hätte ich gleich sagen müssen: So einen Menschen kann ich nicht heiraten, mit dem kann ich nicht leben. Klar kann man sagen, Jürgen hätte sich nicht politisch äußern müssen, keine Solidaritätsaufgaben übernehmen, er hätte nur zu schreiben brauchen. Er hätte sicher gute Sachen geschrieben. So eine Haltung war ihm mit unse-

rem politischen Hintergrund nicht möglich. Wir konnten nicht hier leben und nur zur Kenntnis nehmen, was im Ostteil passierte.[21]

In der DDR-Opposition machte Katja Havemann ebenfalls genau diese Erfahrung:

Es gab immer wieder Leute, die bestimmte Erwartungen an mich herantrugen, die ich nicht erfüllen konnte oder wollte. Aber wenn Jürgen sagte: »Überleg dir, du musst ...«, dann habe ich das meist sehr ernst genommen und akzeptiert, weil ich Jürgens Einschätzung sehr vertraut habe. Er war eine Autorität für mich. Gespräche mit Jürgen liefen meist so ab: Zuerst kam die Frage nach dem eigenen Wohlergehen, dem der nächsten Anverwandten und Freunde, und dann ging es zu den Aufgaben. Seine Intensität war oft strapaziös. Aber das hat im Nachhinein, wenn man sieht, wie früh und abrupt sein Leben endete, einen anderen Sinn für mich bekommen.[22]

Utz Rachowski erinnert sich:

Dann und wann war Jürgen für Freunde verschwunden, er verschwand immer mal. Er hat einfach intensiv an einer Sache gearbeitet. Leute, die ihm dabei nicht helfen konnten, die waren nicht vergessen. Aber er war da sehr konsequent. Es gab immer einige, die haben es nicht eingesehen, wenn er keine Zeit für sie hatte. Die waren dann beleidigt. Das habe ich auch erlebt. Jürgen hatte auch Freunde, die auf diese Weise von ihm abgefallen sind.[23]

Lilo Fuchs:

Die Notwendigkeit, sich politisch zu äußern, stand ja dauernd, Solidarität mit Solidarność, mit dem polnischen Schriftstellerverband, mit der

21 Vgl. Anm. 5.
22 Katja Havemann: Gespräch mit Udo Scheer vom 8. 11. 2006.
23 Utz Rachowski: Gespräch mit Udo Scheer vom 11. 10. 2006.

unabhängigen Friedensbewegung in der DDR, mit den Verhafteten '88, die Offenlegung der Stasi-Akten ... Er hat Freunden auch immer gesagt: »Los, hilf mit! Macht das, wo ihr euch auskennt!« Er hatte gar keine Luft dafür, all die Dinge allein auf den Weg zu bringen.

Im Grunde hat er bestimmt, wann und wie er sich – auch über die Medien – einmischte. Die Kontakte zu verschiedenen Zeitungen und Sendern hatte er ja. Manchmal sagte er: »Jetzt reicht's mir.« Da hat er sich abends hingesetzt, er konnte schnell schreiben, er hatte die Sachen vorher im Kopf konzipiert, hat einen Text geschrieben und gesagt: »Das biete ich jetzt der ›taz‹ oder der ›Frankfurter Rundschau‹ an. Mal sehen, ob sie das drucken.«

Aber dann hat er auch wieder gesagt: »Wieso? Ich muss mich doch nicht zu jedem Pieps äußern. Ich bin doch hier kein Politkasper. Ich habe ganz andere Aufgaben.« Natürlich kamen viele Anfragen. Er konnte eben auch komplizierte Sachverhalte in Artikeln, in Interviews gut verdeutlichen. Beispielsweise als es um politische Verhaftete, später, als es um die Aktenöffnung ging.

Dabei hatte er sich immer Sachen hingelegt. Er wollte Theaterstücke schreiben, hatte eine tiefe Sehnsucht nach Ruhe. Aber dann sagte er oft: »Gut, später. Das oder das ist jetzt wichtiger.« Es hat sich immer wieder etwas vorgeschoben. Es gab da auch eine innere Zerrissenheit.[24]

Nach seinem ersten szenischen Versuch Der Mustermai[25] entstanden ab Mitte der 90er verstärkt Dialogskizzen.[26] Darunter finden sich hochinteressante Texte. In Wallraff beispielsweise wird der »Häftling« mit einem Double des von ihm geschätzten Kölner Autors als Zellenspitzel konfrontiert. Verschiedenste Zweifel sollen

---

24 Vgl. Anm. 5.
25 Jürgen Fuchs: Gedächtnisprotokolle, Reinbek 1977, S. 47 ff.
26 Jürgen Fuchs: Zwo. Empfang einer Nachricht (s. Kap. 6); Wallraff; In der Tat – sagt Prof. W. aus West-Berlin, hält eine Vorlesung und wird etwas gefragt (s. Kap. 9); Das wichtige Dokument (thematisiert das Unverständnis von Journalisten bei einer Pressekonferenz über Stasi-Akten); Meine Behörde und ich. Herr S. im Gespräch mit dem Beauftragten (thematisiert die Daueranstellung von ehemaligen Stasi-Offizieren in der BStU, eingeflossen in Magdalena). Alle Manuskripte im Besitz von Edwin Kratschmer.

Szenische Lesung des Stückes »Gäste kommen und gehen ...« von Jürgen Fuchs im Jenaer Theaterhaus im Jahr 2000

Publikumsdiskussion nach der Aufführung mit (v.l.) Prof. Edwin Kratschmer, Sarah Jasinsczak (Regisseurin), Udo Scheer

verunsichern. »Der Neue« lässt in dem makaberen Spiel offen, ob er »Wallraff« oder »Wagner«[27] sei. Dahinter stand der innere Zwiespalt, in dem Jürgen Fuchs sich nach Bekanntwerden von Wallraffs IM-Erfassung durch die HVA[28] sah.

1988 veröffentlichte er mit *Gäste kommen und gehen oder Der Verkauf der Landeskinder*[29] sein einziges je auf die Bühne gekommenes Stück. Uraufgeführt wurde es im Jahr 2000 von Schauspielern des Jenaer Theaterhauses als szenische Lesung im Rahmen eines internationalen Symposiums zum Werk und Wirken von Jürgen Fuchs. Ein junger Mann sitzt im Café, überglücklich und redselig: »Ich bin frei, es ist vorbei.« Leute kommen herein, unfähig, sein Glück zu teilen, sie leben ihr Leben, es gibt oberflächliche Gespräche der Gäste mit einem Studenten. Einer regt sich auf, will ungestört essen. In einem Schnorrer und Fixer erkennt der Neuankömmling einen vor ihm ausgebürgerten Mithäftling. Eine Journalistin steuert auf ihn zu, bietet ihm an, seine Story exklusiv zu vermarkten, was ihn irritiert, was er ablehnt. Sie ist entrüstet, verschwindet. Die Kellnerin wird zunehmend reservierter, auch genervt angesichts des neugierig naiven Fremden, der in ihrem Lokal irgendwie stört. Die Freiheit in dieser Fremde bekommt etwas Irrationales.

Fuchs' dramatische Arbeiten und Hörspiele sind wohl am ehesten vergleichbar mit Václav Havels suggestivem Stil, wobei er die Atmosphäre noch stärker über Dialoge aufbaut.

In den Jahren nach seiner Übersiedlung wurde sein dokumentarliterarischer Stil als Entdeckung gefeiert. Auch später kam die Kritik an Fuchs nicht vorbei, und doch verlor der schnelllebige Literaturbetrieb in der zweiten Hälfte der 80er Jahre das Interesse. Immer auf der Suche nach neuen Namen und Trends, waren jetzt Autoren wie Monika Maron, Herta Müller, Christoph Hein, Wolfgang Hilbig oder Hans Joachim Schädlich gefragt. Die unpoliti-

---

27 Nach HVA-Registratur: IM »Wagner«.
28 HVA = Hauptverwaltung Aufklärung des MfS.
29 Jürgen Fuchs: Gäste kommen und gehen oder Der Verkauf der Landeskinder. Ein Stück, Berlin 1989.

schere Prenzlauer-Berg-Szene galt als Avantgarde. Fuchs hatte den von der Kritik geforderten »großen Roman« nicht geliefert. *Das Ende einer Feigheit*[30] wurde in einer Zeit sich abzeichnender Umbrüche in der DDR vor allem als resümierende Abrechnung wahrgenommen.

Es waren, oft im wahrsten Wortsinn, kultur-politische West-Ost-Einmischungen, in denen der Name Fuchs eine Rolle spielte. Dabei ergab sich vieles spontan aus der Situation heraus. Als beispielsweise die ausgebürgerte Freya Klier im November 1988 in West-Berlin einen »Aktionstag für Rumänien« initiierte, fragte sie auch ihn: »Kannst du nicht was mit machen?«

So kam es am 15. November hier in West-Berlin auf den Stufen der Gedächtniskirche zu der großen Veranstaltung. Es war der Gedenktag für den Bergarbeiteraufstand im rumänischen Braşov, den Ceauşescu und die Securitate mit Panzern niederwalzen ließen. Ich habe eine große Theateraktion inszeniert mit Herta Müller, Helmuth Frauendorfer, Jürgen Fuchs, Richard Wagner und vielen anderen. Helmuth saß auf einem pompösen Stuhl auf einem Lkw-Anhänger, vollbeladen mit Schutt, und trug einen überdimensionalen Pappmachékopf Ceauşescus. Den hatte die Schaubühnenwerkstatt extra kostenlos angefertigt. Eine Menschenschlange stellte verhärmtes Volk dar. Lilo und Jürgen wirkten in der Collage mit.

Wir haben dann zusammen darüber nachgedacht, eine ähnliche Veranstaltung ein Jahr später, zum 40. Jahrestag der DDR, als Doppelveranstaltung in West-Berlin und Jena zu organisieren. Jena mochte er, das war seine Idee. Es sollte eine Art zeitgleich stattfindendes Happening sein, bei dem die Verbindung betont würde. In der West-Berliner Aktion sollte die DDR-Führung kritisch dargestellt werden. Dafür gab es ein Riesenpotential, hier lebte ja die halbe emigrierte DDR. Ich wollte das aus anderen Gründen als Jürgen auch nicht unbedingt mit den Ost-Berlinern machen. Was mich an denen störte, war diese Haltung: »Die sind jetzt draußen, die gehören nicht mehr zu uns.« Die Ost-Berliner Oppositionsgruppen redeten in dieser Zeit oftmals gar nicht mehr mit den Ausgebür-

---

30 Jürgen Fuchs: Das Ende einer Feigheit, Reinbek 1988.

*gerten. Das war teilweise schon eine himmelschreiende Engstirnigkeit.
Die Gruppen in der Provinz zeigten sich da viel offener.*

*Doch dann wurde unser Plan von den Ereignissen überholt. Mit der
Grenzöffnung in Ungarn im Sommer '89 und den Botschaftsbesetzungen
in Warschau und Prag stand er nicht mehr zur Debatte. Nach der einsetzenden Fluchtbewegung ging es vor allem darum, Informationen zu geben
und zu helfen.*[31]

Die Motive für die scheinbare oder tatsächliche Abgrenzung
wichtiger DDR-Oppositioneller in dieser Zeit, unter ihnen Bärbel
Bohley und Reinhard Schult, sind bislang kaum diskutiert. Reinhard Schult, Bausoldat, in mehreren konspirativen Gruppen engagiert, 1979/80 für acht Monate in U-Haft, ab 1983 federführend
in den Vorbereitungskreisen zu den legendären Berlin-Friedrichs-
felder Friedenswerkstätten, pflegte beispielsweise eigene konspirative Kontakte, zunächst über die KP-ML, später über autonome
Gruppen, nach West-Berlin und wollte diese nicht durch Mitwisser
gefährden. In den Friedensgruppen machte er wiederholt die ent-
täuschende Erfahrung, dass besonders Ausreiseantragsteller nach
Verhaftungen plauderten oder, einmal übergesiedelt, Aufträge
nicht erfüllten und die Zusammenarbeit abbrachen. So galten
»Ausreiser« in den Augen vieler als Verräter an der Sache.

Jürgen Fuchs aus seiner Perspektive wiederum kritisierte die
ostoppositionelle Wagenburgmentalität gegenüber den Ausgebürgerten. Ohne die Möglichkeit persönlicher Begegnungen mit
DDR-Bürgerrechtlern war es für ihn überaus schwierig, Vertrauen
herzustellen. Das gelang am ehesten durch Vermittlung Katja Havemanns und Rainer Eppelmanns. Wieder und wieder appellierte
er: »Grenzt die Ausgebürgerten nicht aus!«

In einem gemeinsamen Interview mit Roland Jahn über wendi-
ge SED-Reformanhänger und eine sich abschottende Opposition
mahnte er noch fünf Tage vor dem Mauerfall: »Wenn es einen runden oder anders geformten Tisch gibt, müssen auch Ausgebürger-

---

31 Freya Klier: Gespräch mit Udo Scheer vom 15. 10. 2006.

te eine Stimme haben. Eine demokratische Bewegung, die vergißt, an diese Leute zu denken, ist für mich keine.«[32]

In diesem Jahr sich dramatisch steigernder, fast überschlagender Ereignisse gab es unzählige Diskussionen, kluge wie unsinnige Vorschläge. Für ein paar kurze Wochen wurden die neugegründeten Bürgerrechtsgruppen zu Hoffnungsträgern. Aber niemand dort war in der Lage, die tatsächliche Situation zu analysieren, mehrheitsfähige Strategien und Perspektiven für das Land zu entwickeln oder unter den besonderen deutsch-deutschen Gegebenheiten gar eine Demokratiebewegung auszuformen wie Václav Havel oder Lech Wałęsa es in der ČSSR und in Polen vermochten.

Im Sommer und Herbst '89 hoffte Jürgen Fuchs auf einen Zusammenbruch der SED-Macht, ähnlich, wie er dann tatsächlich eintrat. Zugleich nahm er die von Egon Krenz angedrohte »chinesische Lösung« überaus ernst. Ein Massaker mit Einsatzkräften, wie es gegen den Dezemberaufstand im rumänischen Temeschvar grausame Wirklichkeit werden sollte, schien keinesfalls abwegig. Mit dieser Einschätzung stand er nicht allein.

Siegfried Reiprich erzählt über diese Zeit:

Als ich '88 aus der Antarktis zurückkam – ich hatte 15 Monate als Geophysiker überwintert –, warf der Umbruch im Osten seine Schatten voraus. Am Vorabend des 7. Oktober 1989 besuchte ich Jürgen und Lilo in Berlin am Tempelhofer Damm. Die Atmosphäre war herzlich, wir waren durch die brisante Lage auf der anderen Seite der Mauer elektrisiert. Was, wenn die Ost-Berliner am 7. Oktober einfach auf das Brandenburger Tor zumarschierten?

Jürgen erzählte, sowjetische Stellen hätten mit ihm Kontakt aufgenommen und gebeten, auf Bärbel Bohley und die anderen in Ost-Berlin Einfluss zu nehmen. Sie sollten bitte ruhig bleiben, es dauere nicht mehr lange, Gorbatschow würde helfen, hätten sie gesagt. Es gebe Streit in SED

---

32 Jürgen Fuchs, Roland Jahn: Wir kommen, wenn wir wieder gehen können, in: taz vom 04. 11. 89.

und MfS. Markus Wolf sei der Garant des von aufgeklärten KGB-Leuten und Gorbatschow auch für die DDR gewollten Reformkurses. Er würde nur noch in schwergesicherten Limousinen des KGB durch Ost-Berlin fahren ... Wir besprachen die Situation, da war auch mein Freund Klaus aus Bremen dabei. Ich weiß nicht, was dran war, habe die Geschichte später öfters erzählt, aber bislang hat das niemanden richtig interessiert.[33]

Mit der Grenzöffnung am 9. November 1989 entwickelte die Volksbewegung in der DDR jene bekannte Eigendynamik, die Helmut Kohl angesichts der massenhaft drohenden Abwanderung und dem damit verbundenen Chaos für beide deutsche Staaten dazu veranlasste, entscheidende Weichen zu stellen. Die Vertreter der Bürgerbewegung konnten in den Folgemonaten am Runden Tisch und in der ersten frei gewählten Volkskammer nur noch wenig Einfluss auf die Bedingungen des Übergangs zur Deutschen Einheit nehmen.

Und doch war ein enormer Schritt getan. Eine »chinesische Lösung« war nicht befohlen worden, die scharf aufmunitionierten Einsatzkräfte in den Nebenstraßen während der Leipziger Montagsdemonstrationen waren nicht gegen das eigene Volk eingesetzt worden. Der Zusammenbruch der SED-Diktatur ging als erste friedliche Revolution Deutschlands, als »Weiße-Kerzen-Revolution«, weltweit über die Ticker der Agenturen.

Menschen strömten in einer Begeisterungswoge von Ost nach West, wurden herzlich begrüßt, die meisten kehrten zurück. Die Grenze war in beide Richtungen durchlässig. Nur wenige, unter ihnen Jürgen Fuchs, standen weiter unter Einreiseverbot.

Die Idee eines großen Konzerts von Wolf Biermann als Verbeugung vor den mutigen Bürgern der DDR stand im Raum. Das »DDR-Komitee für Unterhaltungskunst« schickte die Einladung. Jürgen Fuchs hatte Kontakte hergestellt.

Ich habe mit Wolf gesprochen: »In Berlin ist eine große Halle, oder in Leipzig in einer Messehalle, darunter gar nichts.«

33 Siegfried Reiprich: Gespräch mit Udo Scheer vom 31. 10. 2006.

Wolf sagte: »*Gut, Leipzig. Du hältst vorneweg 'ne Rede.*«
Man hat versucht, mich nicht einreisen zu lassen. Biermann ja, ich
nein! Gysi sollte eine Rolle spielen, Lutz Bertram von DT 64, ein IM, sollte
moderieren. Sie hatten richtige Pläne gemacht. Man wollte bis zuletzt ver-
hindern, dass ich spreche. Ich habe gesprochen, habe gesagt: »*Der Bann ist*
gebrochen.«[34]

8000 Menschen standen dicht an dicht vor der Bühne in der Leipziger Messehalle. Das DDR-Fernsehen übertrug die Atmosphäre
an jenem denkwürdigen 1. Dezember 1989. Jürgen Fuchs trat ans
Mikrofon:

Ich bin sehr bewegt, hier zu stehen ... Wolf Biermann singt in Leipzig!
Wie lange haben wir auf diesen Tag gewartet! Seit '65 verboten, '76
ausgebürgert, jetzt haben wir 1989. Es ist sein erster großer Auftritt
in der DDR. Der Bann ist gebrochen. Der Stalinismus hat nicht gewonnen. Eine demokratische Revolution hat begonnen in Warschau,
Moskau, Budapest, Leipzig und Prag. Es gab Verbote, Demütigungen,
Haft, Rausschmisse. Wir Schriftsteller mußten vor allem das freie
Wort retten. Heute, in diesem Augenblick, fordern wir: Aufhebung
der Zensur, Arbeitsmöglichkeiten für alle Künstler, auch für die ausgebürgerten. Für alle! ...
Über vieles müssen wir lange diskutieren, über Täter und Opfer,
über Schuld und Teilung. Jetzt können wir es. Wir sind wieder da. Die
Grenze ist auf. Die schlimmen Jahre der Ein- und Ausgrenzung sind
vorbei. Nun atmen wir wieder. Und noch dieser Satz, er ist von einem
sowjetischen Schriftsteller, der lange verboten war: »Die Wahrheit
ist milde.« Sie ist gewaltfrei, sie ist radikal, aber auch fähig zum Kom-
promiß. Und zum Verzeihen. Gerechtigkeit und Verzeihen sind allerdings nicht möglich vor oder außerhalb der Wahrheit. Wolf Biermann
in Leipzig, die Grenze auf für alle![35]

34 Jürgen Fuchs: Gespräch mit Udo Scheer vom 24. 10. 1998.
35 Jürgen Fuchs: Eröffnungsrede zum Biermann-Konzert am 1. 12. 1989 in Leip-
    zig, Manuskript im Archiv d. Verf.; Der Stalinismus hat nicht gewonnen, in:
    taz vom 2. 12. 1989.

Vor diesem Konzert, direkt nach dem bemerkenswert problemlos verlaufenen Grenzübertritt nach Ost-Berlin, hatten Jürgen Fuchs, Wolf Biermann und Roland Jahn in Begleitung zahlreicher Journalisten DDR-Kulturminister Dietmar Keller aufgesucht, um ihm eine Liste mit 70 ausgebürgerten Schriftstellern, Liedermachern und Intellektuellen[36] zu übergeben. Ihre Forderung nach Rehabilitierung, Aufhebung der über ihre Werke verhängten Zensur und, soweit sie noch lebten, nach unbehelligter Einreise in die DDR hätten die P.E.N.-Clubs der Bundesrepublik und der DDR nach ihrer Charta längst stellen müssen.

In der spontanen Pressekonferenz bekannte Kulturminister Keller gegenüber Biermann: »Die Ausbürgerung war ein Fehler.« Jetzt versprach er eine liberale Kulturpolitik.

Lilo Fuchs:

Es war der 1. Dezember '89 auf dem Weg nach Leipzig zu Wolfs Konzert in der Messehalle. Die Organisatoren des Konzerts hatten uns hier in Berlin abgeholt. Ja, und da haben wir als Erstes Station gemacht am Molkenmarkt, dem Sitz des Kulturministeriums. Dort sind Wolf und Jürgen in Kellers Büro gegangen. Es war die Zeit, als die Funktionsträger verunsichert waren. Er war ganz freundlich und moderat, wollte in einem guten Licht erscheinen und sagte, ein Glück, dass die Verhältnisse nun zu Ende seien.[37]

---

36 Sascha Anderson, Martin Ahrends, Kurt Bartsch, Jurek Becker, Manfred Bieler, Wolf Biermann, Ernst Bloch, Heinz Brandt, Thomas Brasch, Gabriele Eckart, Siegmar Faust, Jürgen Fuchs, Annegret Gollin, Wolfgang Hegewald, Siegfried Heinrichs, Wolfgang Hilbig, Barbara Honigmann, Peter Huchel, Karl-Heinz Jakobs, Bernd Jentzsch, Uwe Johnson, Alfred Kantorowicz, Walter Kempowski, Heinar Kipphardt, Sarah Kirsch, Freya Klier, Stephan Krawczyk, Günter Kunert, Reiner Kunze, Katja Lange-Müller, Wolfgang Leonard, Erich Loest, Monika Maron, Frank-Wolf Matthies, Hans Meyer, Helga M. Novak, Gerulf Pannach, Klaus Poche, Utz Rachowski, Axel Reitel, Fritz, J. Raddatz, Rüdiger Rosenthal, Ulrich Schacht, Hans Joachim Schädlich, Michael Sallmann, Einar Schleef, Klaus Schlesinger, Sigmar Schollak, Joachim Seypel, Carola Stern, Guntram Vesper, Bernd Wagner, Bettina Wegner, Gerhard Zwerenz u. a.
37 Vgl. Anm. 5.

Jürgen Fuchs:

*Einen Tag später, wir waren vom Konzert zurück auf dem Weg nach Grün-
heide, kam es in den Nachrichten: Der Sturz des Politbüros kündigte sich
an. Da wurde uns richtig komisch. Wir haben nicht gelacht. In Grünheide
trafen wir das DDR-weit organisierte Gremium des Neuen Forums. Bärbel
Bohley, Katja Havemann und 20 andere lachten und klatschten, als wir
zur Tür reinkamen.*[38]

38 Vgl. Anm. 34.

Akteneinsicht – Leben in Vorgängen

Den Stein ins Rollen gebracht hatte Alexander Schalck-Golodkowski. In der Nacht zum 3. Dezember 1989 entzog sich der oberste Devisenbeschaffer der DDR und Oberst des MfS im besonderen Einsatz (OibE) dem vorbereiteten Haftbefehl ebenso vorbereitet zunächst nach West-Berlin, von wo er später via Pullach zum Tegernsee gelangte, um dort seinen Lebensabend zu verbringen. Die in Grünheide tagende DDR-weite Spitze des Neuen Forums gab per Telefon die Fluchtinformation an Mitstreiter in den Bezirken weiter, mit der Aufforderung, sie wüssten am besten, was vor Ort gegen Devisenschieberei und Aktenvernichtung durch Partei und Apparat getan werden könne. Seit Tagen waren verstärkt Transporte, besonders aus Stasi-Bezirksverwaltungen, bekannt geworden. Akten wurden beiseite geschafft, zum Teil in Kraftwerken verbrannt.

Es waren vier Frauen in Erfurt, Claudia Bogenhardt, Sabine Fabian, Kerstin Schön und die Schriftstellerin Gabriele Stötzer, die nach dem Anruf aus Grünheide am 4. Dezember spontan die erste Besetzung einer Stasi-Zentrale in der DDR, der Bezirksverwaltung Erfurt, organisierten. Sie mobilisierten zahlreiche Beschäftigte aus Erfurter Betrieben, die den MfS-Komplex in der Andreasstraße umstellten und durch den herbeibeorderten zuständigen Militärstaatsanwalt Räume und Archiv versiegeln ließen und bewachten.

Noch am selben Tag erfolgte eine zweite Besetzung, die der MfS-Kreisdienststelle in Jena, am Tag darauf die Besetzung der MfS-Bezirksverwaltung Leipzig. Vor Jahresende hatten Bürgerrechtler die Kontrolle aller weiteren Bezirksdienststellen mit Ausnahme von Gera und Chemnitz übernommen. Am 2. Januar 1990 zeigte Roland Jahn, Redakteur des ARD-Politmagazins »Kontraste«, in einem Beitrag, dass die Bezirksverwaltung Gera noch immer durch Sicherheitskräfte des MfS kontrolliert wurde und sie weiterhin Zugriff auf ihre Waffenkammern besaßen. Daraufhin kam es am 5. Januar zu einem brisanten, anfangs tumultartigen Sturm auf das riesige Objekt in der Geraer Hermann-Drechsler-Straße. Pfarrer Roland Geipel stellte sich am Eingangstor mit ausgebreiteten Armen der zornigen Menge entgegen. Wie andernorts auch übernahmen spontan entstandene Bürgerkomitees die Pionierarbeit der Aktensicherung. Andreas Schmidt, ein ambitionierter Liedermacher, wurde der erste Außenstellenleiter. Zwischen Jürgen Fuchs und ihm entstand eine lebenslange Freundschaft, auch im Künstlerischen, die für beide große Bedeutung hatte.

In Berlin rief das Neue Forum gegen die schleppende Stasi-Auflösung am 15. Januar zur Blockade des Ministeriums für Staatssicherheit in Berlin-Lichtenberg auf. Auch dort waren die Offiziere weiterhin bewaffnet. Tausende Besetzer stürmten durch die offenbar von Mitarbeitern selbst geöffneten Tore in den Gebäudekomplex. Ihr einziger Schutz die Menge im Rücken. Fernsehteams dokumentierten Vandalismus und Zerstörung. Nur mühsam gelang es den Leuten vom Bürgerkomitee, die Lage unter Kontrolle zu bringen und die Räume zu sichern.

In den folgenden Wochen wurde eine vehemente Debatte pro und kontra Aktenvernichtung geführt. Auch innerhalb der Bürgerbewegung gab es verbreitet Ängste, Veröffentlichungen könnten zu Selbstjustiz und Vergiftung des sozialen Klimas führen. Am geschicktesten nutzten die Vertreter der Hauptverwaltung Aufklärung diese Diskussion. Der Runde Tisch stimmte der Vernichtung aller Akten der Auslandsspionage zu, damit auch der über die im Ausland »operativ bearbeiteten« Oppositionellen.

Auf Antrag der Bürgerkomitees beschloss die Volkskammer der DDR im Juli 1990 die Schaffung eines Sonderausschusses zur Kontrolle der Auflösung des MfS / AfNS[1] mit Pfarrer Joachim Gauck als

1 Amt für Nationale Sicherheit, identisch mit dem auf Erlass der Modrow-Regierung am 17. 11. 1989 umbenannten Ministerium für Staatssicherheit.

Vorsitzendem. Dieser Kontrollausschuss entwarf ein erstes Stasi-Unterlagen-Gesetz, das den umstrittenen dezentralen Verbleib der Akten zur Nutzung für die Aufklärung von Straftaten und für die wissenschaftliche Forschung regeln sollte. Eine Akteneinsicht für Betroffene war darin noch nicht vorgesehen. Allerdings beeindruckte das Ende August 1990 verabschiedete Gesetz die Verhandlungsführer des Einigungsvertrages, Bundesinnenminister Wolfgang Schäuble und den parlamentarischen DDR-Staatssekretär Günther Krause, nur wenig. Der Vertrag sah die Überstellung der Stasiarchive an das Bundesarchiv in Koblenz vor. Damit wären die üblichen Sperrfristen einzuhalten gewesen, das Wirken des DDR-Geheimdienstes im Innern, seine Methoden und manche deutsch-deutsche Kungelei oder Affäre wären im Dunkeln geblieben.

Die Ignoranz des mehrheitlichen Willens der Bürgerrechtler führte zu einem unerwartet heftigen Protest. Rund 30 Personen beteiligten sich Anfang September an einem von Bärbel Bohley und Reinhard Schult organisierten Hungerstreik im ehemaligen Ministerium für Staatssicherheit, unter ihnen Wolf Biermann und der Theologe Wolfgang Ullmann (Demokratie Jetzt). In einem Brief an die Bundestagspräsidentin Rita Süssmuth forderten sie, das Volkskammergesetz über Verbleib und Verwaltung der Stasi-Akten in den bereits unterzeichneten Einigungsvertrag aufzunehmen. Andernfalls stünde der innere Frieden in einem vereinten Deutschland in Gefahr.

Katja Havemann gehörte zu denen, die die Stasi-Zentrale in der Normannenstraße besetzten:

Die Aktion kam spontan und konspirativ zustande. Ich erhielt in Grünheide eine Nachricht, dass ich zu einem bestimmten Zeitpunkt an der Straßenecke dort sein sollte. Da sie von Reinhard Schult kam, bin ich hingefahren.

Wir liefen direkt in die Höhle des Löwen, ins Stasi-Ministerium. Als wir eindrangen, haben uns Diestels Polizisten zuerst furchtbar gejagt, so dass wir uns verstecken mussten. Später gelang es tatsächlich, uns wiederzufinden, ohne dass sie jemanden wegschleppen konnten. Wie wir feststellten, waren wir in der Hauptabteilung XX gelandet. Diestel wollte uns wegen Hausfriedensbruch drankriegen. Aber Gott sei Dank hat unsere Aktion sofort solche Wellen geschlagen, dass das irrelevant wurde. Jürgen hat Unterstützung von außen gegeben, hat Presseöffentlichkeit hergestellt, hat sich während unseres Hungerstreiks ständig erkundigt. Der eigentliche PR-Mann war Wolf.[2]

Durch den Druck zahlreicher Mahnwachen vor ehemaligen Stasi-Dienststellen im Land, durch Solidaritätsaktionen für die Hungerstreikenden, die Medienaufmerksamkeit und Einsprüche einiger Politiker drohte dem Einigungsprozess vor der Einheit seine erste Krise. Bundesinnenminister Schäuble sah sich genötigt, dem zornigen Willen der Bürgerrechtler und ihrer Forderung nach Aufarbeitung der SED-/Stasi-Vergangenheit nachzugeben. Am 3. Oktober 1990 konnte die Behörde des Bundesbeauftragten für die Unterlagen der Staatssicherheit ihre Arbeit aufnehmen, die Akten verblieben im Zentral- und in den Bezirksarchiven. Die im Vergleich zu anderen osteuropäischen Staaten beispielhafte, weltweit einmalige Sicherung von 180 Akten-Kilometern, eine in den Anfangsjahren vergleichsweise freie Forschung und die Sicherung von 16 000 Säcken vorvernichteter Aktenschnipsel sind das bleibende Verdienst der DDR-Bürgerrechtler.

Seit Dezember 1989 wirkte Jürgen Fuchs als Mitglied mehrerer Bürgerkomitees bei der Auflösung der Staatssicherheit mit. Als die Stasi-Besetzungen mit der »Legitimation der Straße« begannen, die Perspektiven noch alles andere als klar waren, setzte er sich ein für die Offenlegung der Methoden und Verbrechen des DDR-Geheimdienstes. Schon am 10. Dezember 1989, dem Tag der Menschenrechte, forderte er auf einer Kundgebung des Neuen Forums in Ost-Berlin:

Zeugnis muß abgelegt werden, um aufzuatmen, um darüber hinwegzukommen. Um die endgültig zu entmachten, die uns quälen. Und

2 Katja Havemann: Gespräch mit Udo Scheer vom 08. 11. 2006.

die viel Macht hatten und haben, auch in anderen Ländern. Was passiert in der Türkei, im Iran, in Kuba? ... Und ich frage die Psychologen im Dienste der Staatssicherheit, mit einigen habe ich in Jena studiert von '71 bis '75: Ihr habt euch Wissen angeeignet in Diagnostik und Therapie: Wozu habt ihr euer Wissen verwendet? Wo sind die Vernehmer, die Untersuchungsführer, wo sind die Verantwortlichen? Rundgänge durch Gebäude genügen nicht, da hört man von ihnen nur allgemeines Gerede ...

Und das soll am Schluß stehen: Daß wir nicht werden wie sie, daß wir nicht heimlich heimzahlen in gleicher Währung! Offenlegen, Wahrheit, Gerechtigkeit, das ja ... Untersuchen aller Fälle von Repression! Auch muß endlich geklärt werden, unter welchen Umständen der 25-jährige Feinmechaniker Matthias Domaschk in der Stasi-U-Haft Gera zu Tode kam im April '81. Aber wir, liebe Freunde, dürfen nicht werden wie sie und nach der Atmosphäre der Angst und des Drucks eine Atmosphäre des Jagens und Richtens dulden. Menschenrechte, Zerstören des stalinistischen Apparates, wie es der Regisseur Frank Beyer in Ost-Berlin forderte, aber auch Geduld, Milde, Verzeihen. Weil sonst dieser Krieg nach innen immer weiter geht. Und er soll aufhören, er soll endlich aufhören.[3]

Damit hatte er zu einem bemerkenswert frühen Zeitpunkt die ihm künftig wichtigste Arbeit umrissen: Transparenz schaffen, in den Akten begrabene Schicksale aufdecken, die psychologischen Methoden, die moralischen und strafrechtlichen Verbrechen der Staatsicherheit öffentlich machen, auch um auf ähnliche Methoden anderer, nicht demokratisch kontrollierter Geheimdienste hinzuweisen.

Doch die vielfach erhobene Forderung nach Akteneinsicht stellte Juristen in der Bundesrepublik vor ein Problem. Die sperrfristfreie Einsicht in Stasi-Akten widersprach den gültigen bundesdeutschen Datenschutzbestimmungen für personenbezogene Informationen. So entstand die Sonderkonstruktion des Stasi-Unterlagen-

3 Jürgen Fuchs: Wir dürfen nicht werden wie sie, in: taz vom 22. 12. 1989.

Gesetzes mit seinen über die Jahre immer drastischer werdenden Einschränkungen, nicht zuletzt für die wissenschaftliche und journalistische Aufarbeitung. Für die juristische Aufarbeitung wurde im Einigungsvertrag festgeschrieben, nur Tatbestände, die auch nach DDR-Recht eine Straftat darstellten, seien auch durch die bundesdeutsche Justiz strafrechtlich zu ahnden. Damit wurde der SED-Macht nachträglich de jure der Status eines Rechtsstaates zuerkannt. Den Gerichten wurde zugestanden, Informationen, »die das MfS ... [unter Bruch aller Grundrechte] gewann ... alleine durch die Art ihrer Entstehung nicht zu verwenden. Eine Partei verstand sofort, welche Chance der Rechtsstaat ihr bot, um das Aufklärungsbegehren ihrer politischen Gegner einzugrenzen oder zu verhindern: die PDS.«[4]

Doch wie jede nachrevolutionäre Phase hatte zumindest die Zeit bis zur Deutschen Einheit auch etwas Anarchisches. Weil in der Anfangsphase der Gauck-Behörde unklar blieb, wie es um das künftige Recht auf Akteneinsicht bestellt sein würde, schmuggelten Mitglieder von Bürgerkomitees heimlich Akten aus Archiven, kopierten sie und legten sie ebenso heimlich zurück. Auf diese Weise bekam u.a. Reiner Kunze lange vor den ersten offiziellen Akteneinsichten[5] den gegen ihn geführten Operativen Vorgang »Lyrik«[6] in einem Rucksack nach Erlau getragen. Im Dezember 1990 veröffentlichte er in dem so schmalen wie gewichtigen Bändchen *Deckname »Lyrik«*[7] Auszüge über die gegen ihn angewandte Stasi-Zersetzungsstrategie, darunter Berichte, die zur Enttarnung Manfred Ibrahim Böhmes, des Hoffnungsträgers der Ost-SPD, führten. Dieses Bändchen sensibilisierte und wirkte ähnlich wie der Hungerstreik zum Aktenverbleib als Beschleuniger für die

4 Ebenda.
5 Erste offizielle Akteneinsichten: Bärbel Bohley, Rainer Eppelmann, Vera Lengsfeld, Ulrike und Gerd Poppe, Lutz Rathenow, Ulrich Schacht, Manfred Wilke u.a. am 02. 01. 1992 im damaligen Sitz der BStU, Berlin, Behrenstraße.
6 BStU, OV »Lyrik«, Reg.-Nr. X/514/68.
7 Deckname »Lyrik«. Eine Dokumentation von Reiner Kunze, Frankfurt/M., Dezember 1990.

DDR-Vergangenheitsklärung. Das politisch gewünschte Kleinhalten war vorerst erfolgreich unterlaufen.

Jürgen Fuchs selbst sprach öffentlich nie darüber, wie er sich im Durcheinander dieser Wochen und Monate Zugang zu Akten verschaffte. Mit Hilfe von Bürgerkomiteefreunden bemühte er sich, so viele wie möglich zu sichern, falls die Archive unter Verschluss kämen. Seit Oktober 1990, kurz bevor die vorläufige Benutzerordnung auch beschränkte Einsichtnahmen für Rehabilitierungen vorsah, konnte man Jürgen Fuchs als regelmäßigen Gast in Gera antreffen. Er sagte: »Ich bin in die Archive hinuntergestiegen, um die Schicksale unserer Freunde zu bergen.« Und er wollte Klarheit, wer unter den Freunden wer war, wollte Zweifel ausräumen.

Utz Rachowski:

Er knallte mir den ersten Vorgang, den ich überhaupt bekommen hatte, auf den Tisch. Das war Detlef Amica Rudolf.[8] Auch später, wenn wir uns trafen, knallte er mir Sachen hin.[9]

Andere Freunde berichten Ähnliches. Edwin Kratschmer, einst der wichtigste Förderer des jungen Lyrikers, geriet nach dessen Ausbürgerung durch seinen Briefwechsel in die Mühlen der »Gewinnung«. Oberstleutnant Henry Müller von der MfS-Bezirksverwatung Gera ließ Kratschmer Mal um Mal vorladen, drohte wegen Rädelsführerschaft, feindlicher Gruppenbildung, Nachrichtenübermittlung u. a. mit dem Strafgesetzbuch. Irgendwann wurde dem Vorgeladenen klar: Sie wollten ihn gegen seinen Freund Fuchs in West-Berlin einsetzen. Der Oberstleutnant lockte mit Professur, Offiziersdienst-

---

8 Vgl. Utz Rachowski: My Huckleberry Friend, in: Red mir nicht von Minnigerode. Erzählungen und Aufsätze, Dresden 2006. (Die Geschichte eines als Vorzeige-»Negerkind« in der DDR missbrauchten Jungen, der mit Rachowski in Haft war und nach ihrer Ausbürgerung nach West-Berlin von der Staatssicherheit als Spitzel gegen Rachowski eingesetzt wurde.)

9 Utz Rachowski: Gespräch mit Udo Scheer vom 11. 10. 2006.

grad, Zusatzgehalt, uneingeschränkten Westreisemöglichkeiten. Kratschmer könne Fuchs auch nach Prag einladen, alles würde hoch honoriert. Kratschmer hielt jedes dieser Gespräche in Gedächtnisprotokollen und auf Tonband fest. Es sind erschütternde Zeugnisse. Müller hielt in seinen Berichten seinerseits fest, was er den »Kampf um die Seele« nannte. Edwin Kratschmer schickte Jürgen Fuchs Bedrängnissignale in verschlüsselten Metaphern:

DIE NETZE SIND GEHÄNGT NACH DEN
Theorien der Ornithologen
die Ringe liegen
auf Horchposten die Lauerer
die Registratur erwartet meinen Vogelflug.

Er hoffte, die geheimen Mitleser würden sich nicht die Mühe des Entschlüsselns machen.

Gedichte wie dieses hatten einen Doppelsinn, wollten zeigen, dass wir unter »Obhut« standen, dass wir beobachtet wurden, und gleichzeitig: Bitte keine Gefährdung, keine brisanten Briefe im Augenblick, denn das kann erpresserisch gegen uns verwandt werden.

Beispielsweise tauchten sie auf, einen Tag nachdem ein Brief von Jürgen Fuchs eingetroffen war. Sie wollten also wissen: War ich bereit, ihnen diesen Brief anzuzeigen? Sie wollten wissen: Wie viel verschweige ich ihnen, wieweit müssen sie mir misstrauen?

Ihr Auftauchen war oftmals an bestimmte Daten gebunden, so dass uns ein Zufall nicht glaubwürdig erschien. Meine Tochter Maren war Beststudentin in Erfurt, hatte ihre Diplomarbeit geschrieben und sollte das Johannes-R.-Becher-Stipendium erhalten. Das war für den 18. September 1979 vorgesehen. Für den 17. September bekam ich eine Vorladung zur Stasi. Man drohte: »Es steht jetzt einiges auf dem Spiel. Es liegt an Ihnen, ob Ihre Tochter mit dem Becher-Stipendium weiterstudiert oder ob sie keine Genehmigung für eine Dissertation erhält.«

So hat Jürgen uns in einen Strudel innerer und öffentlicher Auseinandersetzungen gezogen, aus dem es keinen Rückzug mehr geben konnte.

Nach Maßgabe der Stasi gehörten wir nach der Verweigerung des Paktes zur »Fuchs-Bande«, ich galt als einer seiner »Ziehväter«.

Die Verhöre durch die Staatssicherheit hatten uns eingeschüchtert. Wir schickten uns zwar sporadisch, in Komplizensprache, Kartengrüße – anonym, wie wir glaubten –, aber die hatten durch ihre Maßnahme M[10] längst Kenntnis davon. Durchhaltewünsche, auch Fleurop-Grüße und Zeitungsartikel wechselten herüber und hinüber.

Kurz nachdem ich mich, um nicht länger erpressbar zu sein, aus dem Lehrerberuf und allen Privilegien verabschiedet und für den »freien Fall« entschieden hatte, schickte ich Jürgen anonym folgenden Text: »Der Ausstieg / Ich ge-ret-tet wie durch ein Wunder sorgfältig etikettiert mein Leben an diesem Ort meine Flüche flattern davon im Wind die Lage ist wieder ruhig das Koppelungsmanöver missglückt.«

Jürgen antwortet am 6. 8. 1983: »Ich werde nicht mehr schreiben, auch keine Kopien mehr schicken, um Euch nicht zu gefährden.«

Im Februar 1990 stand er plötzlich da, legte uns unsere Stasi-Akte auf den Tisch und sagte: »Ihr seid sauber geblieben.«[11]

Das Gift des Zweifels, diesen nachwirkenden Fluch, trug Fuchs über die Jahre des Exils tief in sich. Er wusste, wozu die Staatsicherheit fähig war. Er tat Freunden Unrecht, grenzte zum Selbstschutz und Schutz anderer aus, wen er verdächtigte, für »die« zu arbeiten. In Fällen wie Sascha Anderson[12], der sich mit ihm 1987 den Thomas-Dehler-Literaturpreis teilte, der mehrfach versuchte, möglichst nahe an Jürgen Fuchs heranzukommen, sein Vertrauen zu gewinnen, der im Dezember 1987 uneingeladen zu seiner Geburtstagsfeier erschien und seinem Führungsoffizier darüber berichtete, erwiesen sich seine Vorsicht und die gewahrte Distanz als richtig. Andere verletzten seine zu Unrecht erfolgten Verdächtigungen tief. Einer von denen, die seine Abweisungen schmerzhaft spürten, war Siegfried Reiprich:

10 Maßnahme M = Postkontrolle.
11 Edwin Kratschmer: Gespräch mit Udo Scheer vom 18. 10. 2006.
12 MfS-Erfassung: 1975–82 IMB »David Menzer, 1982–1986 IMB »Fritz Müller«, 1986–1989 IMB »Peters«.

Als Christine und ich '81 nach West-Berlin rauskamen, verhielt Jürgen sich sehr kühl und zurückhaltend. Ich habe mich im Arbeitskreis »Atomwaffenfreies Europa« engagiert. Dort sind wir hin und wieder zusammengekommen. Als ich ihn besuchte, hat er mich wegen des Stasi-Verdachts quasi vernommen. Immer wieder: »Nun sag doch mal, Siegfried, du warst doch im Gefängnis? Was, du warst nicht im Gefängnis? Sie haben dich nicht in die Mangel genommen?«

Er konnte sich einfach nicht vorstellen, dass ein Radikalinski wie ich nicht ins Gefängnis gekommen war. Er wollte von mir hören, dass ich geständig, schwach geworden sei, ich sollte mich offenbaren. Aber damit konnte ich ihm beim besten Willen nicht dienen.

Andererseits, ich habe Jürgen immer geliebt wie einen älteren Bruder. Mir hat sein Misstrauen zwar sehr weh getan, aber ich habe ihm das nicht übelgenommen. Für mich war die Stasi schuld.

Es stand der Plan, mich zu verhaften. Der wurde dann zurückgenommen, um nicht noch mehr Aufsehen zu erregen. In dem Zusammenhang beschlossen sie: »Wir machen es jetzt anders, wir schüren als Zersetzungsmaßnahme gegen Reiprich einen Spitzelverdacht.« Während seiner Haft haben sie Jürgen Blätter mit meiner Handschrift vorgelegt und behauptet, ich wäre konstruktiver als er. In Jena wurde das Gerücht erst '78 virulent, als wir ein Jahr lang erfolgreich einen illegalen Lesekreis etabliert hatten. Der ist letztlich an dem Spitzelgerücht über mich zugrunde gegangen. Ich habe weiter einiges gemacht, aber zwischen Jürgen und mir gab es keine Kontakte mehr. Ich hörte nur viel von ihm.

Mit dem Nachrüstungsbeschluss '79 kamen wir auf die Idee, wir gründen einen Jenaer Friedenskreis. Deshalb schrieb ich einen Artikel, den ich über Jürgen im Westen veröffentlichen lassen wollte. Darin habe ich gefordert, dass die DDR sich zumindest auf NATO-Niveau begeben und sozialen Friedensdienst, also echten Wehrersatzdienst, einführen müsse, und ich habe mich mit der westlichen Friedensbewegung solidarisiert, die die Nichtstationierung der Pershing und den Abzug der SS 20 forderte. Den Brief ließ ich konspirativ über Heiner Studt, einen Ex-Jensenser, der dem Sozialistischen Büro in Offenbach angehörte, zu Jürgen bringen. Jürgen hat ihn daraufhin rausgeschmissen und für einen Stasi-Spitzel gehalten. Der Artikel ist nicht erschienen, unserer Jenaer Bewegung war damit die Spitze gebrochen.

Im September '82, nach der Verhaftung von Roland Jahn, brachte die »taz« meinen Solidaritätsaufruf. Das hat Jürgen so beeindruckt, dass er mich eingeladen und mir angeboten hat, wieder mit mir zusammenzuarbeiten. Trotzdem war es kein völlig ungetrübtes Verhältnis.

Damals ist höchstwahrscheinlich die Stasi auch in unsere West-Berliner Wohnung eingebrochen – wir kamen aus dem Urlaub zurück, und Christine sagte: »Hier war jemand drin.« Ihre Federboa, ein Geschenk, hatte sie immer im Fensterkreuz hängen, die war einfach weg. Am nächsten Morgen lag ein Stück davon direkt vor unserer Wohnungstür. Heute weiß ich aus dem ZOV »Weinberg«, dass die mich im Visier hatten.

In dieser Zeit, Herbst '82, haben Christine und ich uns aus verschiedenen Motiven heraus entschieden wegzugehen. Wenn ich heute darüber nachdenke, lag das in hohem Maße auch daran, dass ich in West-Berlin von früheren Freunden geschnitten wurde, dass Jürgen schwankte. Ich konnte nicht mehr so offen und fröhlich mit ihnen zusammenarbeiten. Und, ich muss zugeben, da war auch etwas Angst. Die Stasi hatte mir gedroht, sie besäße einen langen Arm. Hätte es feste, solidarische Freunde gegeben, wäre es anders gewesen. Wir sind nach Kiel gegangen, ich habe noch mal studiert und habe dann als Geophysiker am anderen Ende der Welt, an einem Forschungsprojekt in der Antarktis, mitgearbeitet.

Der Urknall für die wiederhergestellte Freundschaft kam im Dezember 1990, als Jürgen mich anrief: Siegfried, komm doch mal, du wirst dich wundern, was ich für dich habe.

Wir kamen also nach Berlin, und das war einer der glücklichsten Momente meines politischen Lebens. Lilo und Jürgen haben uns mit offenen Armen empfangen. Als Jürgen mit Christine mal kurz alleine war, hat er ihr gesagt, er hätte in den Akten fast niemanden gefunden, der so standhaft gewesen sei wie ich. Dass Jürgen den Stasi-Verdacht so lange und intensiv gegen mich gehegt hatte, war mir nicht bewusst.

Jürgen hat dann häufig Kontakt zu mir aufgenommen. Ich bin nach Moabit gefahren. Wir sind zusammen den Fall Domaschk durchgegangen, auch die Spuren in meiner Akte. Wir sind nach Jena zur Jungen Gemeinde gefahren. Jürgen hat immer wieder versucht, mir zu helfen.

Beispielsweise wollte er, dass ich in dem Kreis um Lea Rosh mitwirke,

die eine neue Verfassung für ganz Deutschland erarbeitete. Und er wollte,
dass ich in der Gauck-Behörde arbeite. Ich habe mich auch beworben.

1991, in der SPIEGEL-Serie »Landschaften der Lüge«, hat er meiner
Geschichte breiten Raum eingeräumt. Das war quasi seine Verbeugung.
Schon zuvor, in der Jenaer Stadtkirche, zitierte er aus Stasi-Akten, auch
die Passage, wie »Reiprich die Zusammenarbeit mit unseren Organen in
anmaßender Weise verweigert«. Da ging ein Raunen durch die Menge,
und ich erlebte etwas, das bittersüß war. Alte Freunde haben mich plötz-
lich mit leuchtenden Augen angeschaut.[13]

Am 27. August 1991 wurde Fuchs als Sachverständiger zu einer Anhörung über das künftige Stasi-Unterlagen-Gesetz in den Berliner
Reichstag eingeladen. Die Tagung war ihm bedeutsam genug, um
seine Beobachtungen in persönlichen Notizen festzuhalten. Darin
überwiegt tiefes Missbehagen, wie Joachim Gauck, der Sonder-
beauftragte für die Stasi-Unterlagen, wie Verfassungsschützer,
Historiker und Politiker den künftigen Umgang mit den Stasi-
Hinterlassenschaften für sich reklamierten und Bürgerrechtler,
soweit ihnen überhaupt Einlass gewährt worden war, Statisten-
rollen zugewiesen bekamen. Er kritisierte die »entscheidende
Beratung« Gaucks durch »Dr. Geiger, die rechte Hand, ein West-
jurist«, und die Einstellungspolitik »personalführender Stellen«,
die Bürgerrechtlern nur eine Alibifunktion zubilligen würden.
Vor allem ärgerte ihn der Umgang mit den Akten. Noch fast zwei
Jahre nach den Stasi-Besetzungen würden viele, die in den langen
Gängen Akteneinsicht beantragten, darunter ehemalige politische
Häftlinge und Oppositionelle, abgewiesen. Andererseits: »Einiges
wurde gleich abtransportiert. DSU/CDU-Minister Diestel stellte die Weichen für BKA und Verfassungsschutz, sehr rasch ging
das … Terroristenakten wären das gewesen.«[14] Gegen Stimmen wie
die des Historikers Prof. Mommsen, der in der Runde für Sperr-

---

13 Siegfried Reiprich: Gespräch mit Udo Scheer vom 31. 10. 2006.
14 Jürgen Fuchs: Momente einer Anhörung, Manuskript, Privatbesitz Utz Rachowski.

fristen plädiert habe, und von Verfassungsschützern, die sich am
prädestiniertesten für die Auflösung der Staatsicherheit anboten,
befand Jürgen Fuchs:

Das Gesetz wird kommen und in die Akten werden wir sehen. Herr
Felber und Joachim Gauck werden entscheiden wollen, was sie uns
sagen, zeigen, und was nicht ... Wir sind eine Minderheit. Und wieder
in Opposition. Und werden nicht aufgeben. Warum nicht? Weil wir
frei sind ... solche Anhörungen zu überstehen, zu argumentieren, Öffentlichkeit herzustellen und die Akteneinsicht für alle zu erzwingen.
Die vollständige, plus Kopien und Klarnamen der IM und Stasi-Mitarbeiter. Und dann? Darf man sich auf einige Überraschungen gefasst machen. Es hatte schon seinen Sinn, uns so lange zappeln zu
lassen.[15]

Seine sehr kritische Position gegenüber dem Rostocker Pfarrer Joachim Gauck, der die Behörde in der Öffentlichkeit vertrat, und auch
gegenüber dem bundesdeutschen Juristen Hansjörg Geiger, der die
Behörde maßgeblich aufbaute, der die Rechtsstaatlichkeit des Ak-
teneinsichtsgesetzes und die »privilegierte«, damit kontrollierte,
Forschung in der Behörde sicherte, kündigte sich hier an.
   Mehrfach verwies Jürgen Fuchs in der Folgezeit auf die von der
Behörde geschaffenen mangelhaften Voraussetzungen zur Akteneinsicht.[16] Aufklären ohne Einschränkung, bislang ignorierte und
geheimgehaltene Wahrheiten an den Tag legen, Fakten in der span-
nungsgeladenen Stasi-Diskussion schaffen, die verbrecherische
Dimension der Diktatur sichtbar machen, darin sah er seine vor-
dringlichste Aufgabe.
   In *Landschaften der Lüge*[17], seiner großen *SPIEGEL*-Serie im November und Dezember 1991, setzte er diesen Anspruch um. Was
bisher nur in Ansätzen über die Stasi-Bearbeitung von Oppositio-

15 Ebenda.
16 U.a.: Frank Döbert: Damit die Akten nicht gewinnen. Der Schriftsteller Jürgen
   Fuchs las in Jena, in: Ostthüringer Zeitung vom 29. 01. 1992.
17 Jürgen Fuchs: Landschaften der Lüge, in: DER SPIEGEL Nr. 47–51/91.

nellen, Schriftstellern, Künstlern und über die Kollaboration mit dem Repressionsapparat bekanntgeworden war, wurde mit diesem fünfteiligen Bericht erstmals in seiner komplexen Struktur sichtbar. Damit empfahl Jürgen Fuchs sich als einer der kompetentesten unabhängigen Stasi-Aufarbeiter.

In *Landschaften der Lüge* dokumentiert er anhand mehrerer Operativer Vorgänge – gegen den couragierten Pfarrer Walter Schilling aus Braunsdorf, den Wehrdienstverweigerer Detlef Pump, den Arbeitskreis Literatur aus Jena u. a. – das Massensyndrom Staatssicherheit. Er berichtet über 13 der für den inneren Krisenfall geplanten Internierungslager für »Staatsfeinde«. Die ganze Dimension dieser jährlich zwischen SED- und MfS-Kreisleitungen aktualisierten Planungen sollte erst später bekanntwerden. Er verweist auf Todesfälle im Zusammenhang mit der Staatssicherheit, darunter den seiner Schwiegermutter Thea Uschkoreit. Bei dem in der Geraer U-Haft zu Tode gekommenen Matthias Domaschk deckt er erste Aktenmanipulationen und eine nachträglich erarbeitete Stasi-Legende auf, die darauf zielten, einen Suizid glaubhaft erscheinen zu lassen. Er belastet IMB »Czerny«[18], als den das MfS den Rechtsanwalt und, von April bis Oktober 1990, letzten Ministerpräsidenten der DDR Lothar de Maiziére (CDU) registriert hatte, anhand archivierter Akten schwer. Und er liefert, nachdem Wolf Biermann kurz zuvor »Sascha Arschloch« medienwirksam als Spitzel öffentlich gemacht hatte, erste Belege, wie raffiniert dieser bei Katja Havemann, Roland Jahn und Bärbel Bohley vorgegangen war. Er beschreibt die Stasi-Methoden zur Werbung Inoffizieller Mitarbeiter aus Überzeugung und unter Druck, auch in Kinderheimen und Jugendwerkhöfen und fragt, wo sie geblieben seien, die gutausgebildeten, psychologisch geschulten Stasi-Mitarbeiter. Er beweist, wie Hermann Kant, Benito Wogatzki und andere Schriftstellerfunktionäre der DDR geschickt Lügen über die unabhängige DDR-Friedensbewegung und über politisch Verhaftete streuten,

---

18 BStU, IMB »Czerny«, Reg.-Nr. XV/3468/81. IMB = Inoffizieller Mitarbeiter/Feindberührung.

wie sie dazu beitrugen, kritische Autoren in der DDR mundtot zu machen. Man darf sich ein Fuchssches Schmunzeln vorstellen, als er schrieb: »Als die Bürgerkomitees Anfang 1990 die Bestände vor der Vernichtung sicherten, blätterten sie ein wenig. ... Es wird einige Überraschungen geben.«[19]

Auch bei den ersten Besuchen Lutz Rathenows nach der Maueröffnung bei Jürgen Fuchs standen die Stasi-Akten über die beiden, über den Freundeskreis und ihre Bedeutung im Mittelpunkt:

Anfang '90, wohl im März, habe ich dann die ersten Stasi-Akten bei ihm gesehen. Das war ein immenser Aufschwung. Die partielle, auch die Sonderverfügungsgewalt über die Stasi-Akten hat noch einmal eine Sonderbedeutung geschaffen, die ihn für einige Jahre erneut in die Öffentlichkeit trug. Bis hin zum SPIEGEL. Diese Aufmerksamkeit hat uns gleichzeitig verführt, die Akten zu wichtig zu nehmen. Als ein Element der Desillusionierung und der Delegitimierung der DDR-Macht hat sich alles relativ schnell auf die IM-Frage konzentriert. Auch bei Jürgen. Die Offiziere tragen im Grunde mehr Schuld. Das wurde gesagt, aber die Schuld der Offiziere war abstrakt. Die Schuld der IM war konkret. Gleichzeitig haben die Akten alle entlastet, die nicht zu entlarven waren. Durch die anfängliche Aufmerksamkeit, die frühen Erfolge entstand ein neues Feindbild, das der Stasi-Akten-Entlarver, in dem Jürgen an zentraler Stelle stand. Da war ein bisschen wohl auch der Glaube, die künftige Geschichtsschreibung mitzubestimmen, niemand könne an dieser Wahrheit vorbei. 1990 waren wir vielleicht ein wenig zu euphorisiert.

Für mich war das eine hektische Zeit, Arbeit an einem Film, Gastvorlesungen in Bamberg, Ausland, Auftritte – vieles, was mir wichtiger war, als die politische Dissidentenbewegung der DDR in ihren Etablierungsversuchen zu begleiten. In dieser Zeit sahen wir uns seltener. So intensiv wie der Telefon- und Postkontakt, so nah wie zwischen '78 und '89, war unsere Beziehung nie mehr. Aber die Stasi-Akten waren ein Bindeglied zwischen uns.

Jürgen setzte große Energien hinein, um durch das Offenlegen die

19 Jürgen Fuchs: Landschaften der Lüge, in: DER SPIEGEL Nr. 50/91, S. 121.

Bedeutung der Akten ins öffentliche Bewusstsein zu bringen, zumal er sich bei den ersten illegalen Einsichten überwacht fühlte. Er hielt es für möglich, dass Angehörige westlicher Geheimdienste am Verschwinden brisanter Unterlagen arbeiten würden. Mir schien das damals, als ich bei ihm in West-Berlin war, auch so. Natürlich war es von Anfang an ein Thema, inwieweit DDR-Leute da konspirativ weiterarbeiten könnten und würden. Diese Frage war damals völlig logisch.[20]

Die heftige Auseinandersetzung um den Umgang mit den Hinterlassenschaften der »schmutzigen, nach innen gerichteten Abwehr«[21] war mit der Verabschiedung des Stasi-Unterlagen-Gesetzes keineswegs beigelegt. Mit bemerkenswerter Regelmäßigkeit[22] flammte dieser Streit immer wieder neu auf. Nur wenige Wochen nach der gesetzlichen Aktenfreigabe hielt Jürgen Fuchs einige Wunschphantasien aus dem Gegenlager fest:

Der Historiker Golo Mann will gemeinsam mit dem Politiker Heiner Geißler die Berliner Stasi-Aktenbehörde schließen. Von Anzünden ist die Rede, von der Vernichtung der Aktenbestände, vom Zubetonieren. Der Zeitungsherausgeber Erich Böhme ... hätte nichts dagegen, wenn die Spree bei ihrem nächsten Hochwassergang die beschämenden Hauswarts-Akten der Gauck-Behörde mit sich fort nähme.[23]

---

20 Lutz Rathenow: Gespräch mit Udo Scheer vom 22. 10. 2006.
21 Markus Wolf: Spionagechef im Geheimen Krieg, München 1997.
22 U. a.: 2001 Aktenstreit vor dem Hintergrund der CDU-Spendenaffäre zwischen Helmut Kohl und der BStU, in deren Ergebnis (»Kohl-Urteil«) der Akten- und Informationszugang für Forscher und Journalisten drastisch beschnitten wurde; die im Nov./Dez. 2006 geplante Novellierung des StUG, wonach Überprüfungen im Öffentlichen Dienst auf frühere Stasi-Tätigkeit nur noch in konkreten Verdachtsfällen möglich sein und ehemaligen Stasi-Mitarbeitern aus ihrer Tätigkeit im Rechtsverkehr keine Nachteile erwachsen dürften, u. a. soll es ein Verbot von Namensnennungen geben. Aufgrund massiver Proteste früherer DDR-Bürgerrechtler wurde die Novellierung bis 2011 ausgesetzt.
23 Jürgen Fuchs: Abschied von der Diktatur – oder: Das Foto der Tochter in den Akten, Berliner Zeitung vom 24. Februar 1992.

Er wies auf die Tragweite hin, würde eine solche Haltung sich durchsetzen:

... die Herren Generäle feixen noch, sitzen vor Fernsehkameras und sprechen von der »Notwendigkeit der Dienste«. Wir sind ziemlich allein ... Ich weiß nicht, ob wir durchkommen, ob wir das perverse Geheimnis dieser Stasigesellschaft lüften und so entmachten können.[24]

Parallelen zum fatalen Versagen bei der Aufarbeitung der ersten deutschen Diktatur schienen möglich. Es zeichnete sich bereits ab, dass die juristische Auseinandersetzung mit der zweiten deutschen Diktatur im Sande verlaufen würde. Tatsächlich sollten letztlich gerade einmal 19 politische Straftäter für ein 40 Jahre währendes Repressionsregime mit mindestens 200 000 politischen Häftlingen und 900 Grenztoten zu Gefängnisstrafen verurteilt werden. Das war der – auch moralische – Freibrief für alle anderen. Sie können seither sagen: »Hätten wir Unrecht begangen, wären wir auch verurteilt worden.«

Ohne Zugang zu den Akten der Staatssicherheit wäre die Rehabilitierung politisch Verfolgter kaum möglich, wäre die Verantwortung für gebrochene Biographien nicht nachweisbar, wäre dreisten Täterlügen noch schwerer zu begegnen, ließe sich jede kritische Auseinandersetzung mit der Diktatur noch frecher in Frage stellen. Moralische Schuld und die 1990 im Zuge eines Modrow-Erlasses bereinigten Kader-Lebensläufe wären noch leichter zu leugnen. Es waren und sind vor allem die Fakten der Unterlagen aus SED- und Stasi-Archiven, die aufblühende Legenden widerlegen, auch die einer »normalen Ordnung« in der DDR.

»Es muss eine gewaltfreie Auseinandersetzung geben, gewaltfreie Diskussion, und es wird Zusammenleben geben müssen. Aber nicht zu billig«[25], forderte Jürgen Fuchs bei seiner Jenaer Lesung

24 Ebenda.
25 Vgl. Anm. 16

Ende Januar 1992 im überfüllten Lutherhaus. »Das Billige, Primitive und Verlogene in der Demokratie fortzusetzen, dafür haben wir nicht gekämpft.« Und er forderte ehemalige IM auf, das »klassische Abhängigkeitsverhältnis« gegenüber ihren Führungsoffizieren aufzukündigen, dem Gespräch nicht auszuweichen.[26]

Im Dezember 1993 war er erneut zu Gast im völlig überfüllten Jenaer Lutherhaus, gemeinsam mit Jochen Girke, einem früheren Kommilitonen im selben Studienjahr der Sektion Psychologie, als Oberstleutnant des MfS zuständig für die psychologische Ausbildung von Offizieren im »operativen Einsatz«, von IM-Führungsoffizieren und Vernehmern. Tamara Trampe stellte ihr Filmporträt *Der Schwarze Kasten*[27] über Girke, über die Verhältnisse, die ihn geprägt hatten, und über seine Entwicklung vor. In diesem Film spricht Jürgen Fuchs von seinen Erfahrungen mit den Methoden der Vernehmer. Und auf dem Podium sprachen sie miteinander, Girke auch darüber, wie er, vor die Wahl gestellt, für seine Stasi-Anstellung eine Liebesbeziehung aufgab, wie eigene Leute unter Druck gesetzt wurden. Fuchs fragte mehrfach hart nach, vermisste Unrechtsbewusstsein. Tamara Trampe: »Sind Sie also einer dieser berühmten Schreibtischtäter?« Girke: »Ja.«

Zustande gekommen war der Film, weil Girke 1990 bei einer Lesung auf Fuchs zugegangen war: »Ich bin einer von denen, die du beschreibst, aber mit uns spricht ja keiner.« Fuchs darauf: »Gut, dann sag doch mal, wie's gewesen ist.«

Doch die Bereitschaft zur Auseinandersetzung mit der eigenen Vergangenheit nahm in den meisten Fällen ebenso rasch wieder ab, wie sich die Ehemaligen in der Gesellschaft oder ihren Vereinigungen (ISOR[28], GRH[29] u. a.) integriert fanden.

26 Ebenda.
27 Der Schwarze Kasten, Max Film, Koproduktion mit dem WDR, März 1992.
28 ISOR – Initiativgemeinschaft zum Schutz der sozialen Rechte ehemaliger Angehöriger bewaffneter Organe und der Zollverwaltung der DDR, 24 000 Mitglieder. Vgl.: Hubertus Knabe: Die Täter sind unter uns, Berlin 2007, S. 310.
29 GRH – Gesellschaft zur rechtlichen und humanitären Unterstützung e.V., 1400 Mitglieder. Ebenda, S. 277.

Die »Schwarze Psychologie« des MfS anhand bislang geheimer Diplom- und Doktorarbeiten und durch Selbstauskünfte von Insidern wie Girke öffentlich zu machen war für den Psychologen Jürgen Fuchs eine elementare Herausforderung. Manfred Wilke berichtet, wie betroffen er war, weil den Methoden der Stasi-Psychologen, Menschen zu brechen und sie wieder für die Diktatur gefügig zu machen, auch nach 1989 so wenig Beachtung geschenkt wurde, wie enttäuscht er war, dass bundesdeutsche Fachpsychologen diese moderne Menschenmanipulation als »Hirngespinst« abtaten. »Aus meiner Sicht«, urteilt Wilke, »ist das nichts als Ignoranz vor einem totalitären Missbrauch wissenschaftlicher Erkenntnisse.«

Mitte April 1992 übernahm Jürgen Fuchs gegen Widerstände einen einjährigen Forschungsauftrag in der Behörde des Bundesbeauftragten für die Stasi-Unterlagen. Darin untersuchte er die »Operative Psychologie«, den Missbrauch des modernen psychologischen Wissens durch die Staatssicherheit. In der im Ergebnis erarbeiteten BStU-Broschüre *Unter Nutzung der Angst ...*[30] dokumentiert er zugleich Maßnahmen zur »Zersetzung«[31] von Personen und Gruppen und die damit begangenen Menschenrechtsverletzungen.

Gleichzeitig nutzte er den Forschungsauftrag, um in mehreren Archiven Akten über Freunde, seine Familie und sich selbst zu lesen. In *Magdalena* schildert er den Beginn dieses Unterfangens später so:

---

30 Jürgen Fuchs: Unter Nutzung der Angst. Die »leise Form« des Terrors – Zersetzungsmaßnahmen des MfS, Reihe: BF informiert II / 1994 des Bundesbeauftragten für Unterlagen der Staatssicherheit der ehemaligen Deutschen Demokratischen Republik.

31 Zersetzung, operative: »Operative Methode des MfS zur wirksamen Bekämpfung subversiver Tätigkeit ... Mit der Z. wird durch verschiedene politisch-operative Aktivitäten Einfluß auf feindlich-negative Personen, insbesondere auf ihre feindlich-negativen Einstellungen und Überzeugungen in der Weise genommen, daß diese erschüttert oder allmählich verändert werden, bzw. Widersprüche sowie Differenzen zwischen feindlich negativen Kräften hervorgerufen, ausgenutzt oder verstärkt werden. Ziel der Z. ist die Zersplitterung, Lähmung, Desorganisierung feindlich-negativer Kräfte ...«, aus: Das Wörterbuch der Staatssicherheit; in: Reihe A, Dokumente, Nr. 1 / 93 des Bundesbeauftragten für Unterlagen der Staatssicherheit der ehemaligen Deutschen Demokratischen Republik.

Peinlich, aber wahr: der Berichterstatter wollte sich drücken. Zuerst viel Recherche, Papierberge und Notizen, er tappte herum im Verbrechen und im Wechsel der Zeiten. Der Berg hat ihn fast erdrückt. Der Einzelne erschien als Wicht, Kopien breiteten sich aus, Hemmschwellen wurden installiert. Der aktuelle Augenblick zeigte seinen Größenwahn: Ich ich ich.[32]

14 Tage nach Aufnahme seiner Forschungsarbeit trat ein neuer kleiner Mensch in sein Leben. Seine Frau Lilo brachte ihr drittes Kind, den Sohn Daniel, zur Welt. Einmal richtige Ruhe, selbst längeres Durchatmen hat Jürgen Fuchs sich kaum gegönnt, Freude aber unbedingt. Fünf Jahre später wird der kleine Daniel in das Arbeitszimmer seines Vaters flitzen, wo das Manuskript zu *Magdalena* vor dem Abschluss steht und jeden Rahmen konventioneller Romane sprengt.

Etwa 15 bis 20 Plastikklappboxen, auf dem Fußboden am Zimmerrand aneinandergereiht, umfasste das recherchierte Material und die Vorarbeiten zu diesem stark dokumentarisch-autobiografischen Roman.

Daniel steht neben mir, / was schreibst du, fragt er / das Handtuchzimmer, sage ich / was? / was für ein Zimmer? / dann überlegt er / das Computerzimmer, sagt er / das Pupszimmer! / lacht und rennt weg ...[33]

Das »Handtuchzimmer«, sein ihm zugewiesenes Arbeitszimmer in der Behörde, wird zum Inbegriff der Enge dieser Aktenwelt, aber auch einer Institution, in der er Vorgänge und Verfahrensweisen überaus sensibel und kritisch registriert.

Ergebnisse seiner Recherche flossen schon vor *Magdalena* in mehrere Arbeiten ein. In dem Sammelband *Zersetzung der Seele*[34]

32 Jürgen Fuchs, Magdalena. MfS Memfisblues Stasi Die Firma VEB Horch & Gauck – ein Roman, Berlin 1998, S. 9.
33 Ebenda, S. 336.
34 Klaus Behnke/Jürgen Fuchs (Hg.): Zersetzung der Seele, Hamburg 1995.

Jürgen Fuchs in seinem Arbeitszimmer bei der Arbeit an »Magdalena« 1997

dokumentieren die Herausgeber Klaus Behnke und Jürgen Fuchs zusammen mit Wissenschaftlern, Psychiatern und Betroffenen die »Operative Psychologie« als besonders heimtückisches Spezialgebiet des MfS. Das Buch belegt unter anderem, wie potentielle Störer vor Staatsfeiertagen zeitweilig in psychiatrische Kliniken weggesperrt wurden. Klaus Behnke kommt nach seinen Aktenstudien zu dem Schluss, der »geforderte sozialistische Zieltypus« sollte jedem Individualismus abschwören, gehorsam und beliebig formbar sein. Erkenntnisse vor allem der modernen westlichen Psychologie wurden missbraucht für die Leistungsdiagnostik von Stasi-Mitarbeitern und IM, zur Bewertung ihrer politischen Zuverlässigkeit und für Motivationstraining, zur Verbesserung von Schulungs- und Vernehmungstechniken, zur zielgerichteten Zersetzung Oppositioneller und zur Massenbeeinflussung. Der Band dokumentiert, wie »spezifisch« ausgebildete Führungsoffiziere eine »persönliche Bindung« zu ihren IM aufbauten. Sie hatten jederzeit für deren Probleme da zu sein. Ihnen die wichtigste Vertrauensperson zu sein, war das Ziel bei den jährlich sechs bis acht Prozent im Jugendalter geworbenen IM. Das wiederum konnte für die Orientierung suchenden Jugendlichen verheerende psychische Folgen haben, sobald es zum Abbruch der Bindungen kam.

»Operative Psychologie«, so zeigt Jürgen Fuchs auf, war die wissenschaftlich fundierte Methode, Verhaftete gefügig zu machen und Persönlichkeiten durch psycho-physische Extrembelastungen, eine moderne Form der Folter, zu brechen.

In Zeitungsartikeln und auf Tagungen rückte er die mit der »Operativen Psychologie« in engem Zusammenhang stehende »Zersetzung« wiederholt ins Blickfeld. Auf dem Kongress »Kampf um die Seele – Die ›Operative Psychologie‹ in der Berliner Normannenstraße« im Dezember 1993 sprach er eindringlich über diese spezielle Stasi-Methode und die Einbeziehung verschiedenster Helfer, um gezielt Rufschädigung zu erreichen, um Ängste zu schüren und berufliche Misserfolge zu organisieren.

Eine ganze Veranstaltungsreihe, an der er beteiligt war, widme-

te sich dem Thema »Verstörte Gewissen – Beschädigte Seelen«.[35]
In seinem Vortrag *Im Ergebnis der Durcharbeitung der Kinder. Kadergewinnung und Zersetzung*[36] ging Fuchs besonders ein auf Anwerbe-
methoden der Staatssicherheit zur Gewinnung Jugendlicher als
künftige hauptamtlicher Mitarbeiter oder als IM »aus Überzeugung« oder »unter Druck«.

In einer Anhörung der Bundestagsfraktion der Bündnis-Grü-
nen im März 1997 setzte er sich eindringlich ein für die Wahrnehmung der Stasi-Zersetzungsstrategien als Menschenrechtsverletzungen:

»Zersetzung« ist ja Wegmachen, Eliminieren, wenn nicht physisch,
dann psychisch und sozial. Ist das unerheblich? Warum wird das
nicht untersucht? ... »Zersetzung« ist der Angriff auf die Seele des
Menschen, um Opposition und das Entstehen einer zivilen, demokratischen Gesellschaft zu verhindern. [37]

Die 90er Jahre waren auch die Jahre einer heißen, immer wieder
hochkochenden Spitzeldiskussion. »Man konnte nein sagen!« Dieser Satz war für Jürgen Fuchs eine klare Schlüsselaussage, hinter
der eigene Erfahrung stand. Auch wenn es für manchen verlockend
schien, den Reiz der doppelten Identität, der geheimen Macht über
andere zu leben, oder wenn es auch schwerfiel, sich zu verweigern:
Es war möglich, Distanz zu wahren, auszusteigen, sich an der Un-
rechtsherrschaft gegen Teile der Bevölkerung nicht zu beteiligen.
Empörung richtete sich vor allem gegen jene, die in der DDR zur
Stabilisierung der SED-Herrschaft gegen die demokratiefordernde

35 Verstörte Gewissen – Beschädigte Seelen. Die Kinder- und Jugendpsycho-
    logie des MfS und ihre Folgen, 02.–04. 02. 1996 Haus der Kirche Berlin, 23.–
    24. 03. 1996 Schwerin, 27. 09. 1996 Erfurt, 28. 09. 1996 Gera.
36 Jürgen Fuchs: Im Ergebnis der Durcharbeitung der Kinder. Kadergewinnung
    und Zersetzung, in: europäische ideen, Sonderheft 1996.
37 Ich habe eine Botschaft, die heißt keine Sicherheit. Eine spezifische Form des
    DDR-Terrors gegen Oppositionelle / Jürgen Fuchs über Zersetzungsstrategien,
    Vortrag anlässlich einer Anhörung der Bundestagsfraktion der Bündnisgrü-
    nen März 1997, in: Frankfurter Rundschau vom 23. 04. 1997.

Opposition beigetragen hatten und die nach dem Zusammenbruch demokratische Freiräume für ihre Karrieren nutzten.

Einer der aufsehenerregendsten Fälle ist der des Dr. Gregor Gysi, SED/PDS/Die »Linke«. In einem Beitrag der *Frankfurter Rundschau* zitierte Jürgen Fuchs MfS-Akten, die nahelegten, Dr. Gysi sei als Anwalt Robert Havemanns vom MfS nicht nur abgeschöpft worden. Und er stellte die Frage: »Wer war der IM ›Notar‹? Gysi, lese ich, habe gesagt, er sei niemals ein IM gewesen, in seiner Kanzlei müsse eine Wanze versteckt gewesen sein oder ein Agent gearbeitet haben.«[38]

Die daraufhin von Gysi gegen Fuchs angestrengte Klage wurde keine 14 Tage später unter dem Vorsitzenden Richter Ficus im Landgericht Hamburg verhandelt. Der »Beschluss« verbot dem »Antragsgegner« Fuchs, Katja Havemann mit zwei belastenden Aussagen »zu zitieren oder zitieren zu lassen« sowie »den Verdacht zu erhärten, der Antragsteller habe Zuträgerdienste für die Stasi geleistet, und das ... abgedruckte Dokument der MfS-Hauptabteilung XX/OG vom 28. Juni 1979 den Eindruck ... erwecken zu lassen, es handele sich um einen Bericht, den Gregor Gysi an die Stasi geliefert habe«. Bei Zuwiderhandlung wurde ein Ordnungsgeld bis zu 500 000 DM, ersatzweise eine »Ordnungshaft bis zu sechs Monaten ... insgesamt höchstens 2 Jahre« angedroht. »Die Kosten des Verfahrens fallen dem Antragsgegner nach einem Streitwert von 45 000,- zur Last.«[39]

In einem Fax an den *SPIEGEL*, der sich dieser Sache annahm, schrieb Jürgen Fuchs: »Wahrscheinlich werde ich heute wiederholen, was mir von Gysi, Senfft[40] und dem Landgericht Hamburg verboten werden soll. Ich bin bereit, noch einmal ins Gefängnis zu gehen.«[41]

---

38 Jürgen Fuchs: Die Totenrede, die nicht gehalten wurde. Einige Anmerkungen zum Fall Havemann und dem Rechtsanwalt Gregor Gysi, in: Frankfurter Rundschau vom 30. 09. 1994.

39 Landgericht Hamburg, Zivilkammer 24, Geschäfts-Nr. 324 O 591/94, Beschluss vom 11. 10. 94. In Sachen Dr. Gregor Gysi MdB ... gegen Jürgen Fuchs ...

40 Rechtsanwälte Senfft pp., Prozessbevollmächtigte.

41 Jürgen Fuchs, Fax vom 13. 10. 1994 an DER SPIEGEL, U. Schwarz.

Nach dem gegen Fuchs erwirkten Gerichtsbeschluss hatte Gysi im Oktober 1994 gegenüber dem *SPIEGEL* erklärt, er »schwöre alle Eide meines Lebens«, er habe sich »nie und nimmer mit den Herren der Stasi« eingelassen, »schon gar nicht in einer konspirativen Wohnung«[42]. Zeitgenossen fragten sich, ob er nun tatsächlich »alle Eide« seines Lebens verwirkt hätte.

Es war der Immunitätsausschuss des Bundestages, der ein BStU-Gutachten in Auftrag gab.[43] Gysi hielt es Anfang 1995 als einer der Ersten in den Händen und klagte dagegen wie auch gegen das darauf beruhende Gutachten des Immunitätsausschusses des Deutschen Bundestages bis zum Bundesverfassungsgericht. Das wies die Klage ab, hatte dabei allerdings nicht festzustellen, ob der Vorwurf einer konspirativen Zusammenarbeit mit der Staatssicherheit berechtigt oder unberechtigt sei.

Auf erneute Anfrage des Immunitätsausschusses des Deutschen Bundestag vom November 1996 erstellte die Stasi-Unterlagen-Behörde einen »Ergänzenden Bericht zur Gutachterlichen Stellungnahme ...«[44].

Nach Diskussion der vorgelegten Unterlagen durch die Mitglieder des Immunitätsausschusses hat am 8. Mai 1998 »eine laut Überprüfungsverfahren vorgesehene Mehrheit von zwei Dritteln seiner Mitglieder eine inoffizielle Tätigkeit des Abgeordneten Dr. Gregor Gysi für das Ministerium für Staatssicherheit der ehemaligen Deutschen Demokratischen Republik als *erwiesen* festgestellt«.[45]

Blättert man Informationen durch, die auch dem Hamburger Landgericht 1994 und 1995 zur Verfügung gestanden hätten, er-

---

42 Der Bundesbeauftragte für Unterlagen des Staatssicherheitsdienstes ...: Ergänzender Bericht zur »Gutachterlichen Stellungnahme ... (26. Mai 1995) vom 13. März 1997.

43 Auftrag des Deutschen Bundestages, Ausschuss für Wahlprüfung, Immunität und Geschäftsordnung vom 09. 02. 1995.

44 Vgl. Anm. 42.

45 Deutscher Bundestag, Bericht des Ausschusses für Wahlprüfung, Immunität und Geschäftsordnung (1. Ausschuß) zu dem Überprüfungsverfahren des Abgeordneten Dr. Gregor Gysi gemäß § 44b Abs. 2 Abgeordnetengesetz, Drucksache 13 / 10893 vom 29. 05. 1998, S. 3.

Jürgen Fuchs und Joachim Gauck 1991 in der Stasi-Unterlagen-Behörde. Der Diskurs kündigt sich an

Erste Akteneinsicht in der Stasi-Unterlagen-Behörde 1992

scheint das Sinnbild jener Göttin Justitia, die mit verbundenen Augen gleiches Recht für alle abwägt, zumindest fragwürdig.

Der Untersuchungsausschuss vertrat mit Mehrheitsbeschluss die Überzeugung:

Dr. Gregor Gysi hat in der Zeit seiner inoffiziellen Tätigkeit Anweisungen seiner Führungsoffiziere über die Beeinflussung seiner Mandanten ausgeführt und über die Erfüllung seiner Arbeitsaufträge berichtet. Er hat sich hierauf nicht beschränkt, sondern auch eigene Vorschläge an das MfS herangetragen. Dr. Gysi hat seine herausgehobene berufliche Stellung als einer der wenigen Rechtsanwälte in der DDR dazu genutzt, um als Anwalt auch international bekannter Oppositioneller die politische Ordnung der DDR vor seinen Mandanten zu schützen.[46]

In seiner Stellungnahme zu dieser Einschätzung fasste Gregor Gysi zusammen:

Insgesamt ist es dem Ausschuß nicht gelungen, die Vorwürfe zu belegen, die er gegen mich erhebt. Ein solcher Nachweis kann auch nicht gelingen, weil ich zu keinem Zeitpunkt inoffiziell mit dem MfS zusammengearbeitet habe ... Wenn es das MfS nicht geschafft hat, mich zu einem IM zu machen, dann wird es nachträglich auch dem Ausschuß nicht gelingen.[47]

Gysi klagte weiter, eine fast unendliche Geschichte. Für Jürgen Fuchs war es ein unverrückbarer Grundsatz: Demokratie und Kunst dürfen sich keinem unterwerfen. Es sollte gültig bleiben, was er in einem Interview im Zusammenhang mit Dr. Gregor Gysi sagte:

Es geht um freie Meinungsäußerung. Es ist ein Kampf um die Erinnerung, es ist ein Kampf um die Realität. Es kann nicht angehen,

46 Ebenda, S. 50.
47 Ebenda, S. 68 f.

daß Schriftstellern verboten wird, dieses oder jenes zu zitieren. Es wäre verheerend, wenn so die Meinungsfreiheit eingeschränkt wird, wenn Autoren und Journalisten Angst haben müssen, Sachverhalte zu schildern und Bewertungen vorzunehmen.[48]

Die Diskussion um den brandenburgischen Ministerpräsidenten, früheren Konsistorialpräsidenten und kirchlichen Verhandlungsführer gegenüber staatlichen Stellen der DDR, Manfred Stolpe, entbrannte, nachdem *DER SPIEGEL* im September 1996 einen Stasi-Treffbericht mit IMB »Sekretär«[49] veröffentlicht hatte. Darin wird berichtet, wie »Sekretär« am 4. November 1986 in der konspirativen Wohnung »Hagen« gemeinsam mit MfS-Oberstleutnant Klaus Roßberg Tonbandaufzeichnungen über den Oppositionssender »Schwarzer Kanal« abgehört habe. Jürgen Fuchs kommentierte diesen Treffbericht:

Der Mitschnitt eines Piratensenders ist zu hören, der am 31. Oktober 1986 für ein paar Minuten auf Sendung ging im geteilten Berlin. »Schwarzer Kanal« nannte sich der Störenfried. Karl-Eduard von Schnitzler wirkte nicht mit, dafür aber Menschenrechtler aus Ostberlin wie Tina Krone und Reinhard Schult. Schon Tage vorher wurde in der Szene über das bevorstehende Ereignis informiert. In Kreuzberg hatten Hausbesetzer ihren Demo-Sender zur Verfügung gestellt ... Es gab einige freche Sätze und verbotene Biermann-Lieder wurden gespielt. Nun saßen also der Verhandlungsführer und sein Führungsoffizier vor dem Tonbandgerät, analysierten Stimmlagen und das Vokabular der Sprecher. Ihm bekannte Personen wie Poppe und Templin erkannte Dr. Stolpe nicht wieder. Recherchen in Ost und West wollte er aber anstellen.[50]

48 Jürgen Fuchs: Kampf um die Erinnerung, Interview in: Ostthüringer Zeitung vom 10. 01. 1995.
49 BStU, IMB »Sekretär, Reg.-Nr. IV/1192/64.
50 Jürgen Fuchs: Zwei Männer und ein Tonbandgerät, in: Berliner Zeitung vom 26. 09. 1996.

In einem Brief an *SPIEGEL*-Herausgeber Rudolf Augstein schrieb Manfred Stolpe:

Seit 1992 sind Redakteure Ihres Der Spiegel bemüht, mich als Mann der DDR-Staatssicherheit darzustellen ... Nachdem mir Lothar Loewe das Papier zur Verfügung stellte (Anlage), mit dem Der Spiegel operierte, bin ich doch sehr betroffen über die einseitige Darstellung und wohl auch bewußte Verleumdung ... Im Herbst 1986 war für einige Zeit in Berlin ein Sender zu hören, der oppositionelle Positionen zur DDR-Politik ausstrahlte. Die DDR-Staatsmacht hat damals sehr aufgeregt reagiert ... Meine Sorge damals war, daß daraus auch ein Vorwand für Verhaftungen würde. Mein Bestreben mußte es deshalb sein, die staatlichen Vorwürfe gegen uns zu entkräften und auf eine Sendetätigkeit aus West-Berlin zu orientieren.[51]

Jürgen Fuchs antwortete öffentlich:

Wenn nun der hilfreiche kirchliche Verhandlungsführer gegenüber dem SED-Staat in einem aktuellen Brief an den Spiegel-Herausgeber Augstein presseöffentlich erklärt, er habe DDR-Leute schützen wollen und deshalb gegenüber der Stasi auf eine »Sendetätigkeit aus West-Berlin orientiert« (Schwarzer Kanal), dann bedient er allerdings eine Denunziations- und Zersetzungslinie, auf die ich hinweisen möchte. Im Westen, nur nebenbei gesagt, lebten auch Menschen. Darunter nicht wenige, die aus DDR-Gefängnissen kamen und hinter der Grenze weiter drangsaliert wurden vom grenzüberschreitenden DDR-Geheimdienst. Es waren auch Christen dabei.[52]

Angesichts der Medienreaktionen hoffte er: »Es wird immer enger für Stolpe. In die Zersetzungsmaßnahmen gegen den Sender war

---

51 Manfred Stolpe: Brief an Herrn Rudolf Augstein, Potsdam, den 23. 09. 1996, Kopie im Archiv d. Verf.
52 Vgl. Anm. 50.

ich als Feindperson ›einbezogen.‹«[53] Seine Hoffnung sollte sich so
wenig erfüllen wie die Forderung, »endlich die Diskussion zu öffnen«.[54] Sie blieb der Traum einiger einsamer Rufer im Wind.

Mit Entscheidung vom 27. 03. 2007 wurde vom Bundesgerichts-
hof nach langjährigem Rechtsstreit endgültig Recht gesprochen:
Es ist nicht zulässig, Manfred Stolpe auf Grund seiner Kontakte
zum MfS als IM zu bezeichnen.[55]

Je heftigere Wogen die Stasi-Debatten schlugen, um so lauter
skandierte im Schlepptau der Schlussstrichchor: »Akten zu!« Im
Jahr 1995 gründeten Bärbel Bohley, Katja Havemann, Jürgen Fuchs
und andere eine Bürgerrechtsinitiative gegen »Schlussstrich« und
Verjährung »minderschwerer Straftaten« der SED-Diktatur. Einmal
mehr mussten sie darauf hinweisen, dass ganze Akten-Kilometer
noch immer nicht erschlossen waren, Zehntausende Betroffene
weiter auf Akteneinsicht warteten, Verjährung, Amnestie und Re-
lativierung der juristischen, politischen und moralischen Schuld
nur Tatsachen verschleiern, exaktes Erinnern unmöglich machen
und demokratiefeindlichen Entwicklungen Vorschub leisten würden. Für Fuchs stand deshalb nichts anderes zur Diskussion: »Es
gibt keinen ›Schlußstrich‹ unter die Verbrechensgeschichte zweier
menschenverachtender Systeme.«[56]

Es kam zu erneuten Anhörungen im Bundestag, zu neuem Tau-
ziehen um die DDR-Vergangenheitsklärung.

---

53 Jürgen Fuchs war beteiligt am Organisieren von Beiträgen für den Oppositionssender »Schwarzer Kanal«. Am 30. 10. 1986, einen Tag vor Aufnahme des
Senderbetriebs, explodierten vor dem Reihenhaus am Tempelhofer Damm, in
dem die Familie wohnte, eine Autobombe genau in dem Augenblick, als seine
Tochter Lili das Haus verließ, um zum Briefkasten zu gehen. Sie sah den Täter
flüchten (s. Kapitel 15).
54 Jürgen Fuchs: Brief an das Internationale PEN-Zentrum deutschsprachiger Autoren im Ausland vom Oktober 1996, in: europäische ideen, Heft 106, S. 19.
55 Sandra Dassler: Nach 15 Jahren habe ich nun Gerechtigkeit erfahren. Manfred
Stolpe darf nicht mehr als Stasi-IM bezeichnet werden. Die Entscheidung des
Bundesgerichtshofs löst unterschiedliche Reaktionen aus., in: Der Tagesspiegel vom 29. 03. 2007.
56 Gegen »Schlußstrich«, gegen Amnestie und Verjährung. Eine Erklärung ehemaliger Bürgerrechtler, in: taz vom 13. 03. 1995.

Jürgen Fuchs führte diesen Kampf noch auf einer weiteren Ebene, auf der er Bürokratie schmerzlich aufblühen sah. Seit der Verabschiedung des Stasi-Unterlagengesetzes im Dezember 1991 wirkte er als Mitglied im Beirat des Bundesbeauftragten. Sechs Jahre später, im Dezember 1997, trat er aus Protest aus diesem Beirat aus. Und er nannte als seine Gründe:

Wer einmal Akteneinsicht hatte, und ich kenne diese Behörde auch von innen, weiß, mit welchem Aufwand an Bürokratie sich das eingenistet hat. Gewiß, einiges ist nötig, man muß sich zurechtfinden. Aber welcher »Geist« ist denn in den ehemaligen Stasi-Gebäuden heute vorhanden? Was ist mit den Mitgliedern der Bürgerkomitees ...? Was hat sich abgespielt? ... Ich habe in dieser Behörde Leute erlebt, die nichts auf »ihre DDR« kommen ließen.[57]

Die Dimension, die er damals nur ansatzweise ahnen konnte, hat ein Gutachten zutage gefördert, das am 13. Juni 2007 dem Kulturausschuss des Bundestages vorgelegt wurde. Danach seien aus der Ära Gauck noch immer »mehrere hundert« ehemalige »SED-Systemträger oder Staatskader« in der Behörde beschäftigt, die »das Arbeitsklima dort beherrschten und die Arbeit lähmten«.[58]

Seine Forderung von Anfang an, Bürgerrechtler, uneigennützige, ehrliche Leute mit dem Erfahrungshintergrund DDR-Diktatur, sollten federführend die MfS-Forschung betreiben, wurde stillschweigend unterlaufen. Gegenüber Dr. Klaus-Dietmar Henke, zuvor Institut für Zeitgeschichte München, aber auch gegenüber anderen Westdeutschen in der Behörde, so erzählte Jürgen Fuchs später, hätte er mehrfach das Gefühl gehabt, sich dafür rechtfertigen zu müssen, dass er Dissident gewesen sei, dass er es gewagt hatte zu widerstehen, statt ein Geschichtsstudium absolviert zu haben. Ihren »Wissenschaftlichen Anspruch« hätten sie wie einen

---

57 Vgl. Anm. 37.
58 Ein weitreichender Verdacht rund um Gysi, in: Thüringische Landeszeitung vom 14. 06. 2007.

Schutzschild aufgepflanzt. Noch aus der Distanz schwangen im Interview Enttäuschung, auch Bitternis mit:

Ich hab ja diese Zeit nach '89 erlebt, Bürgerkomitees, die Schränke und Panzerschränke aufgerissen haben und – für mich – eine ganz tolle Demokratisierung versucht haben, in dieser kurzen revolutionären Zeit. Und dann schon der Versuch, für jeden Bürger die Akten zugänglich zu machen, wo dann etwas einsetzte, was ich schon die Mechanismen deutscher Verwaltung nenne. Ist das 'ne angemessene Umgangsweise mit diesen Dokumenten, krassen Menschenrechtsverletzungen? Ist das das Angemessene? Und hier stelle ich eher eine Frage, eher von der Tendenz her: Eher nein!
    Wobei ich einige getroffen habe in dieser Behörde, die das gut und toll machten.[59]

So, wie diese Behörde gewachsen war, wollte und konnte Jürgen Fuchs sie nicht akzeptieren. Ein ihn besonders aufwühlendes Erlebnis hatte er, als der ehemalige Oberst der Staatssicherheit und BStU-Angestellte »Herr Bäcker« ihm auf dem Weg zu seinem »Handtuchzimmer« Blätter aus der Todesakte seiner Schwiegermutter Dorothea Uschkoreit in die Hände drückte, Akten, die ihren Suizid nach einer Stasi-Vorladung zum Inhalt hatten. Wesentliche Teile, die die tatsächlichen Todesumstände und ihre Vorgeschichte aufklären konnten, fehlten in der von Gerd Bäcker sicher in guter Absicht übergebenen Akte.

Er unterlief etwas. Ich musste Danke sagen ... Dieses Dokument hatte er gefunden und mir gegeben. Was war mit anderen Beweisen? Ich mußte vertrauen. Er verschwand in seinem Zimmer. Was hatte er noch im Schrank?[60]

59 Jürgen Fuchs: Interview zu »Magdalena« mit Udo Scheer, in: HR II am 25. 03. 1998.
60 Vgl. Anm. 32, S.206.

Zu einem Eklat kam es, als bekannt wurde, mehrere befristet ange-
stellte ehemalige Stasi-Mitarbeiter seien nicht rechtzeitig gekündigt und deshalb in eine Festanstellung der Behörde übernommen
worden, unter ihnen im Bereich »Sonderrecherche« der ehemalige
MfS-Oberstleutnant Gerd Bäcker. Joachim Gauck verteidigte ihre
Unabkömmlichkeit auch damit, dass diese Leute unverzichtbares
»Wissen über interne Zusammenhänge«[61] besäßen.

Landesbeauftragte für Stasi-Unterlagen und Mitglieder des Be-
hördenbeirates protestierten. Jürgen Fuchs erklärte, »weite Teile
der Aktenbestände« seien »entwertet«, nachdem ehemalige Stasi-
Mitarbeiter »jahrelang Zugang zu Karteien und Opferakten hatten«
und an »den Schaltstellen der Recherche tätig waren.«[62] »Es ist eine
Grundsatzfrage. Wenn ein einziger Betroffener von Zersetzungsmaßnahmen der Stasi sagt: ›Ich halte es nicht aus, wenn heute noch
Offiziere der Staatssicherheit in meiner Akte lesen können‹, dann
muß das ernst genommen werden.«[63]

Dr. Hubertus Knabe, damals wissenschaftlicher Mitarbeiter im
Bereich Forschung der BStU, berichtet:

*Es hat sehr viel Mühe gekostet, überhaupt eine Anstellung für Jürgen
Fuchs in der Behörde zu erreichen. Man hat ihn schließlich mit einer halben Stelle als »Sachbearbeiter« abgespeist. Er war mir zugeordnet, und
ich musste seine Rechercheanträge abzeichnen. Jürgen hat in dieser Zeit
im Grunde genommen Partisanenarbeit geleistet. Er recherchierte vor allem in eigener Sache, um herauszufinden, wie die Stasi operiert hat. Dabei
stieß er auch auf die in der Behörde beschäftigten Stasi-Offiziere, die sich
sehr merkwürdig verhielten. Sie erklärten ihm zum Beispiel, dass es für
Zellenspitzel keine Richtlinie gegeben habe – bis er sie irgendwann selber
fand. Einige frühere Oppositionelle in der Forschungsabteilung schrieben
einen Brief an die Behördenleitung, um auf die in unseren Augen falsche*

61 Renate Oschlies: Streit um MfS-Mitarbeiter in der Gauck-Behörde, in: Berliner
    Zeitung vom 1. 11. 1996.
62 Ebenda.
63 Jürgen Fuchs: Interview für die Süddeutsche Zeitung vom 14. 1. 1998, in: euro-
    päische ideen 1998, Heft 108, S. 8.

Entwicklung der Behörde aufmerksam zu machen. Wir wurden darauf-
hin vorgeladen zu Joachim Gauck und Hansjörg Geiger, die die Stasi-Leute
ausdrücklich in Schutz nahmen. Kurz darauf erschien unser Brief in der
Frankfurter Rundschau. Jürgen und ich haben nie darüber gesprochen,
wie er dorthin gekommen war, doch er hatte gute Kontakte in die Redak-
tion. Die Veröffentlichung galt als schweres dienstrechtliches Vergehen,
doch der Urheber konnte nicht ausfindig gemacht werden. Es gab dann
eine Mitarbeiterversammlung in der Forschungsabteilung, bei der, wie
früher in der DDR, nacheinander verschiedene Mitarbeiter aufstanden
und die Autoren des Briefes verurteilten. Jürgen sah schon damals das Ver-
halten von Joachim Gauck sehr kritisch. Dass der Behördendirektor Geiger
später Chef des Bundesamtes für Verfassungsschutzes und dann des Bun-
desnachrichtendienstes wurde, hielt er ebenfalls für eine unverzeihliche
Beschmutzung des Anliegens der Aufarbeitung.[64]

In ihrem zunächst internen Brief hatten die Autoren, unter ihnen
Thomas Auerbach und Bernd Eisenfeld, neben anderem die Besorg-
nis geäußert, »daß dreieinhalb Jahre nach dem ›Sturm‹ auf die Stasi-Zentralen immer noch ehemalige Mitarbeiter des Ministeriums
für Staatssicherheit bei uns beschäftigt sind, die unkontrollierten
Zugang zu Karteien und Akten haben und denen in inhaltlichen
Fragen oftmals sogar die entscheidende Deutungskompetenz zu-
gemessen wird«. Und sie befürchteten, dass angesichts der viel-
fachen äußeren Anfeindungen die personalpolitischen »Versäum-
nisse ... zu einem Sprengsatz werden, der die Behörde weiter in die
Defensive treiben würde«.[65]

Was die Briefschreiber nicht wussten: Nicht nur ein Dutzend
frühere MfS-Angehörige, wie von Gauck damals eingeräumt,
sondern rund 70 Mitarbeiter mit Stasi-Vergangenheit waren in
der Behörde und ihren Außenstellen – vom Sicherheitsdienst bis
zu teilweise allein geführten Sonderrecherchen in Fällen wie de

---

64 Hubertus Knabe: Gespräch mit Udo Scheer vom 19. 04. 2007.
65 Brief von Gauck-Mitarbeitern: Sympathie ist in Mißtrauen umgeschlagen, in:
    Frankfurter Rundschau vom 09. 07. 1993.

Maizière, Gysi, Stolpe – auch in sensibelsten Bereichen eingestellt worden. Aktenmissbrauch war möglich. Erst im Jahr 2006 ergaben journalistische Recherchen, dass noch immer 57 ehemalige Stasi-Mitarbeiter in der Behörde arbeiteten.[66] Die Stasi-Dichte in der Berliner Behördenzentrale lag damit fast dreimal so hoch wie im DDR-Durchschnitt 1989.

Als Mitglied des Beirates hatte Fuchs sich wiederholt gegen die für ihn völlig unverständliche Personalpolitik gewandt. 1997 war er von einer in der DDR von der Staatssicherheit verfolgten Behördenmitarbeiterin um Hilfe gebeten worden. In ihrer Zuständigkeit für die Überprüfung der Polizei hatte sie ihrem Vorgesetzten, einem früheren Mitarbeiter des DDR-Staatsapparates, vorgeworfen, belastendes Material zurückzuhalten. Der zitierte daraufhin gegenüber einer Journalistin aus ihrer Opferakte. Nicht er, sondern die Mitarbeiterin verlor ihre Arbeit, gekündigt von einer Referatsleiterin Personal, die beim DDR-Zoll über die Transitstrecken promoviert hatte.[67]

Weil seine Interventionen gegen derartige Vorkommnisse wirkungslos blieben, legte Jürgen Fuchs sein Beiratsmandat im Dezember 1997 aus Protest nieder. Sein Nachfolger wurde Manfred Wilke. In einem Brief an Rita Süssmuth, die Präsidentin des Bundestages, wies Fuchs auf eine mangelhafte Kooperation der Behörde mit externen Forschern hin, aber auch auf Behinderungen der hauseigenen Forschungsabteilung. Seine eigenen Erfahrungen, die an ihn herangetragenen Klagen und die Nichtbereitschaft der Behördenleitung zur Konfliktlösung, würden ihm nicht mehr erlauben, diese Beiratstätigkeit auszuüben, für die er vom Bundestag gewählt worden war.

66 Sven Felix Kellerhoff / Uwe Müller: Viele Ex-Stasi-Leute in der Birthler-Behörde, in: DIE WELT vom 30. 11. 2006. Vgl. a.: Kellerhoff / Müller: Selbstverschuldet: Die Stasi-Unterlagenbehörde in der Legitimationskrise, in Deutschland-Archiv, Heft 2 / 2007, S. 197–201.
67 Vgl. Ulrich Neumann: Gauck-Behörde, ARD Südwestfunk, Report-Sendung vom 23. 06. 1997.

Das Wegbügeln von Kritik und das Überreichen von wohlformulierten Tätigkeitsberichten kann nicht mehr hingenommen werden ... Daß nun heute bürokratisch-administratives Verhalten und Chef-Gehabe das sein soll, was übrig bleibt (neben großen Erfolgen der Aktenöffnung für Bürger), kann und will ich nicht akzeptieren. Ich bitte Sie und die Abgeordneten des deutschen Bundestages, energisch und kritisch nachzufragen ...[68]

Die Kontroverse spitzte sich weiter zu, nachdem der Autor Fuchs erstmals im Literarischen Colloquium Wannsee aus seinem Roman *Magdalena* auch Auszüge seines Behördenporträts vorgestellt hatte. In einem Brief schrieb ihm der damalige Pressesprecher Johannes Legner:

Lieber Jürgen Fuchs, ich schreibe diesen Brief ... nicht als Pressesprecher des Bundesbeauftragten. Ich schreibe im Respekt vor der Leistung, die Sie und andere wie beispielsweise mein früherer Kollege und Freund Roland Jahn vollbrachten ... Sind wir nun, wie im Tagesspiegel Ihnen unterstellt, »die Fortsetzung der Stasi mit anderen Mitteln«, ist dies tatsächlich der zwingende Eindruck nach Ihrer Lesung beim Literarischen Colloquium? Ich würde – sollte der Eindruck beabsichtigt sein – dergleichen als unerträglichen Affront gegen viele Mitarbeiter (wie auch Auerbach, Neubert, Eisenfeld beispielsweise) betrachten.[69]

Legner bat um Rückäußerung, um Klarstellung. Jürgen Fuchs ging nicht ein auf die überzogene Formulierung des *Tagesspiegel*-Journalisten. Er empfahl, sich selbst ein Bild zu machen, und verwies auf den Sendemitschnitt der Lesung und Diskussion.

68 Jürgen Fuchs: Brief an Rita Süssmuth, Präsidentin des Deutschen Bundestages vom 29. 12. 1997, in: europäische ideen 1998, Heft 108, S. 8.
69 Johannes Legner: Brief an Jürgen Fuchs vom 20. 02. 1998, im Archiv d. Verf.

Sie wird vom Deutschlandfunk am 28. 2. gesendet, ein Samstag, man kann mal reinhören. Ansonsten erscheint mein neues Buch Ende März bei Rowohlt ... Das Buch ist antastbar, es enthält auch Passagen, die nicht gerade schmeichelhaft für den Autor ausfallen. Gerade dieser kritische Ich-Bezug ermöglicht natürlich auch, »Umwelt« und andere Personen zu beschreiben. Subjektiv, zugegeben.[70]

Ein Behördenmitarbeiter bestellte die Fahnen des Romans beim Verlag, Suchfinger begannen zu arbeiten ...

70 Jürgen Fuchs: Brief an J. Legner vom 24. 02. 1998, im Archiv d. Verf.

Du musst ...

Es war seine enorme Energie im Einsatz gegen Verlogenheit und gegen das Weichzeichnen von Diktatur, die Jürgen Fuchs' politische und literarische Arbeit außergewöhnlich machte. Seine kompromisslose Art musste zu Kontroversen, zu Verhärtungen führen. *Der letzte Gerechte*[1] titelte die *taz* halb ironisch, halb respektvoll zum Erscheinen von *Magdalena*. Das gefiel ihm: »Der letzte Gerechte könnte ein hübscher ironischer Titel sein, für das nächste Kapitel, für ein neues Buch.«[2]

Wer sich zu seinen Freunden zählen durfte, und das waren viele, der kannte ihn überaus herzlich, sich um andere sorgend, nahe an ihren Problemen, und häufig kamen wichtige Impulse von ihm.

Im Herbst 1990 traf beim Autor unerwartet eine Einladung ein zu einem ersten »ost-ostdeutschen« Schriftstellertreffen in das »Gesamtdeutsche Studienwerk« nach Vlotho bei Bielefeld. Zehn in der DDR zumeist mit Veröffentlichungsverbot belegte und fünf ausgebürgerte Autoren diskutierten mit einem halben Dutzend Literaturwissenschaftlern aus Deutschland, USA, Mexiko, Korea, Schweden über das Streitthema: Was bleibt von der DDR-Literatur? Es ging um die Ersatzfunktion von Literatur als Lebenshilfe in Diktaturen, aber auch um die Frage: »War der typische SED-Staatsschriftsteller eine Charaktersau?« Einigkeit herrschte darin, dass die Literatur in ihrer Gesamtheit, die staatstragende wie die von der Zensur unterdrückte, eine wichtige Quelle für die DDR-Aufarbeitung darstelle. Dr. Theo Mechtenberg hatte zu der streitbaren

---

1 Jürgen Fuchs: Interview mit Udo Scheer, in: taz vom 21./22. 03. 1998.
2 Ebenda.

Tagung in das beschauliche Vlotho eingeladen, Jürgen Fuchs war wesentlich am Erstellen der Einladungsliste beteiligt. Das Thema war gut gewählt, manche Diskussionen erfrischten, am wichtigsten aber war das Knüpfen unterbrochener und das Zustandekommen neuer Kontakte. Das galt nicht nur für Vlotho. Edwin Kratschmer berichtet:

Als Jürgen Fuchs 1990 mit seiner Demokratie- und Westerfahrung wieder nach Unterwellenborn kam, bot er uns sofort seine Hilfe an. Er wusste, was zu tun war. Wir Ostler, zwar ganz im Wiedervereinigungstaumel, aber noch gewöhnt an die Spielregeln der Diktatur, waren begierig, uns nun couragiert einzubringen. Wir waren daher froh über Jürgens Ratschläge.

Der Runde Tisch von Saalfeld hatte mich zum Gründungsdirektor eines Gymnasiums vorgeschlagen. Fuchs rührte sogleich fordernd die Trommel: »Du musst mit den Bölls in Verbindung treten. Du musst in die Böll-Stiftung eintreten. Du musst ein Heinrich-Böll-Gymnasium aufbauen. Du musst Schriftsteller herholen, die müssen hier lesen.« Und er hatte schon eine Namensliste. »Du musst an die Universität. Du musst Vorlesungen halten über DDR- und Jugendliteratur.«

Ich war damals 60 Jahre alt, hätte in Rente gehen können. Aber Jürgen: »Nein! Du musst Poetik-Vorlesungen organisieren, international, eine ganze Reihe, hörst du. Du musst sie veröffentlichen, sie müssen in Bücher rein. Versuche, folgende Autoren einzuladen ... Ihr müsst an Jiři Gruša heran, an ...«

Der wiederum verwies mich an Ludvik Kundera, der hat uns wiederum verwiesen an Ivan Klima. Jürgens Impulsivität öffnete mir bis dahin nicht geahnte Kontakte, auf die ich mich berufen konnte. Plötzlich hatte ich Kontakte bis hin zu Pavel Kohout, in Polen zu Tadeusz Różewicz, zu Andrej Szczypiorski. Mein Horizont weitete sich. Es kamen tolle Begegnungen zustande. So ergab sich ganz zwangläufig eine Plattform, von der ich nicht mehr herunter konnte. Es machte riesige Freude, diese Möglichkeiten zu nutzen. Ganz plötzlich waren sie da![3]

3 Edwin Kratschmer: Gespräch mit Udo Scheer vom 18. 10. 2006.

Jürgen Fuchs bei seiner Eröffnungsvorlesung der »Jenaer Poetik-Vorlesungen zur Beförderung der Humanität« am 16. Juni 1993

Mit Paul Celans *Todesfuge* – »… der Tod ist ein Meister aus Deutschland« – eröffnete Jürgen Fuchs überaus eindrucksvoll selbst die erste der internationalen »Jenaer Poetik-Vorlesungen zu Beförderung der Humanität«.[4] Fast auf den Tag genau 18 Jahre nach seiner Exmatrikulation sprach er an dieser Universität über die Deformation durch Diktatur, führte durch den Sumpf von Staatssicherheit und Zersetzung bis in den »Kampf um die Seele«. In packendem Vortrag redete er über den Preis der Verweigerung und erfahrene Ermutigungen, auch durch literarische Wegbegleiter wie Bobrowski, Böll und Kunert.

Nach dieser Eröffnung sprachen in der deutschlandweit einmaligen Vorlesungsreihe mehr als 20 renommierte internationale und deutsche Autoren, unter ihnen Lew Kopelew, Marcos Aguinis aus Argentinien und Herta Müller, über ihre Erfahrungen mit Diktatur und Literatur. Den Höhepunkt bildete 1997 ein internationales Kolloquium mit Autoren aus 30 Ländern.[5]

Edwin Kratschmer:

Jürgen Fuchs war ein energiegeladener, fordernder Impulsgeber. Eines Tages sagte er: »*Wie wäre es, wenn ihr mal den Fritz Beer vom P.E.N.-Zentrum deutschsprachiger Autoren im Ausland einladen würdet? Der ist schon sehr alt, er hat viel zu sagen.*« *Beer sagte zu, und wir planten mit diesem P.E.N.-Zentrum das Symposium* »*Literatur + Diktatur*«*. Jürgen organisierte Helfer, faxte Namenslisten, schaltete Verbindungen. 46 Autoren aus 30 Ländern kamen. Biermann gab ein Konzert. Es wurde ein europäischer Austausch von Gedanken und Ideen über Freiheit und Menschenrechte und die Möglichkeiten von Literatur in den verschiedensten*

---

4 Jürgen Fuchs: »Poesie und Zersetzung« vom 16. Juni 1993, Friedrich-Schiller-Universität Jena, in: Reihe des Collegium Europaeum Jenense, Jena 1993; auszugsweise in: Edwin Kratschmer: Poesie und Erinnerungen. Jenaer Poetik-Vorlesungen zu Beförderung der Humanität 1993–1998, Erlangen und Jena 1998.
5 Internationales Autorencolloquium Kunst + Freiheit. Literatur + Diktatur, 14.–16. 11. 1997 an der Friedrich-Schiller-Universität Jena, in: Edwin Kratschmer: Literatur + Diktatur, Collegium Europaeum Jenense, Jena 1997.

Gesellschaften. So hat mich Jürgen zu einer Art Zauberlehrling gemacht,
dessen Meister er gewesen ist.[6]

In einem Vorabgespräch sagte der langjährige P.E.N.-Präsident
Fritz Beer zur Bedeutung dieses Treffens:

Obwohl die Geschichte uns lehrt, daß die Menschen dazu neigen,
aus der Geschichte nichts zu lernen, müssen wir sie daran erinnern,
wie es wirklich war. Wir tragen dazu bei, ein moralisches Klima, eine
geistige Haltung, einen politischen Habitus zu schaffen, in dem es im
Bestfall unmöglich wird, Macht – so wie in der Vergangenheit – zu
mißbrauchen.[7]

Und Jürgen Fuchs ergänzte vergnügt:

Haben Sie schon einmal im Jenaer Romantikerhaus oder an der
Uni im düsteren Monat November mit Fritz Beer aus London über
Literatur, Politik und seine Erfahrungen in diesem Jahrhundert dis-
kutiert?[8]

Am 1. März 1995 hatte Fuchs seine Heimat in dem 1934 von Heinrich
Mann in London gegründeten Exil-P.E.N. gefunden. Es war einer
seiner glücklichen Momente. Im bundesdeutschen P.E.N. galt er
vielen, wie zuvor schon im Schriftstellerverband, für die Vehemenz
seiner DDR-Kritik als Querulant. In den Jahren seiner bundesdeutschen P.E.N.-Mitgliedschaft hatte er bei verschiedensten Gelegen-
heiten versucht, Aufmerksamkeit auf Lügen und Unterdrückung
des freien Wortes zu lenken. In der Club-Charta war ja der Einsatz
für verfolgte Autoren weltweit verankert. Dennoch kam es häufig
zu Kontroversen, besonders wenn es um den DDR-P.E.N. ging. Utz
Rachowski hat erlebt, wie taktisch Fuchs da auch vorging:

6 Vgl. Anm. 3.
7 Udo Scheer: Freiheit der Worte. Internationales Autoren-Kolloquium in Jena,
   in: Thüringische Landeszeitung vom 12. 11. 1997.
8 Ebenda.

*Auch der Schriftsteller Marcos Aguinis aus Argentinien folgte Fuchs' Einladung
zu einer Poetik-Vorlesung in Jena am 05. Juni 1996*

*Jürgen Fuchs, Siegfried Reiprich und Anton Friedel (OV »Revisionist«) bei einer
Tagung der Jenaer Geschichtswerkstatt, November 1996*

Nach den Keplerschen Gesetzen zieht Biermann Trabanten an, auch die
größeren wie Jürgen. Aber an bestimmten Punkten hat Jürgen auch an-
gefangen, das fand ich sehr gut, Biermann zu funktionalisieren. Er hat ihn
mehrfach eingesetzt, wenn es etwas zu erreichen galt. Zum Beispiel gab
es '86 ein deutsch-deutsches P.E.N.-Treffen in Hamburg. Biermann war
aus Versehen noch PEN-Mitglied der DDR. Die hatten vergessen, ihn aus-
zuschließen. Jürgen fuhr nach Hamburg und redete einen Tag auf Biermann
ein: »Du musst dort hingehen. Du musst dich wehren. Du bist PEN-Mit-
glied.« So lange, bis der sich dahin schleppte und dort knallhart Hermlin
angriff.[9]

Als der Plan einer En-bloc-Übernahme des Ost-P.E.N. in den gesamtdeutschen P.E.N. Kontur annahm, war das für Jürgen Fuchs
der letzte Anstoß, unter Protest aus dem bundesdeutschen P.E.N.-
Club auszutreten. Nach hitzig geführten Diskussionen war absehbar, aus Rücksicht auf die zu übernehmenden Mitglieder würde
Vergangenheit kaum ernsthaft aufgearbeitet werden. »Das Heidenreich verlassen … eine Variante«[10], hatte Fuchs handschriftlich unter die Kopie seiner neuen Mitgliedskarte des »International P.E.N.
Zentrum deutschsprachiger Autoren im Ausland« gesetzt und
faxte es an Freunde – für die P.E.N.-Mitglieder unter ihnen auch als
Tipp. Die Aussicht, mit jenen Ost-P.E.N.-Mitgliedern, die im Einvernehmen mit der SED ein Potemkinsches P.E.N.-Dorf errichtet
hatten, an einem Tisch sitzen zu sollen, war nicht nur für ihn un-
erträglich. Zusammen mit Fuchs traten mehrere Schriftsteller aus,
unter ihnen Herta Müller und Reiner Kunze – und stärkten damit
allerdings auch die Verfechter einer ungeprüften Block-Fusion.

Es folgte ein dreijähriges Hickhack und ein Ansehensverlust für
den deutschen P.E.N.-Club, ehe 1998 die Vereinigung vollzogen war
und Christoph Hein den Vorsitz übernahm. Unbestreitbar bleibt,
der DDR-P.E.N. hatte sich nie gegen Berufsverbote, geschweige
Verhaftungen missliebiger DDR-Autoren eingesetzt. Einzutreten

9 Utz Rachowski: Gespräch mit Udo Scheer vom 11. 10. 2006.
10 Jürgen Fuchs: Fax, im Achiv d. Verf.

»gegen jede Art der Unterdrückung der Äußerungsfreiheit in ihrem Land« wäre nach der Charta seine ureigenste Pflicht gewesen. Im Fall des 1976/77 inhaftierten Jürgen Fuchs hatte Henryk Keisch, Generalsekretär des DDR-P.E.N., die Anfrage des schwedischen P.E.N. mit der intern abgestimmten Sprachregelung unterlaufen: Man kenne keinen Schriftsteller dieses Namens.

Jürgen Fuchs formulierte seine Haltung zu diesem P.E.N. und der Fusion sehr klar:

Das PEN-Zentrum der DDR hat umfassend versagt und die internationale Charta verraten ... In der deutsch-deutschen Diskussion um die »Vereinigung« entdecke ich bei den verantwortlichen Leuten wie Heidenreich[11] und Schlenstedt[12] viel defensives und eher zudeckendes Verhalten, das mich an die ungute deutsche Tradition des Schlußstrichs erinnert, des kleinen raschen Friedens mit den Tätern und den dienenden Intellektuellen ... Beginnt etwas von vorn. Sind wir schon wieder die Feinde einer »fortschrittlichen Entwicklung«?[13]

Mitunter musste dieser Mann sich vorkommen wie auf verlorenem Posten. Er stellte einen hohen Anspruch an Vergangenheitsklärung, an das Wahrnehmen der Opfer und angemessene Hilfe für Betroffene. Damit war er unbequem. Er sah die Gesellschaft in der Pflicht gegen neues Wegsehen, neues Unrecht. Er kritisierte »Kälte und Vergeblichkeit, auch moderne Heuchelei« und vermisste »den ›Wärmestrom‹ für die demokratische Opposition und die vielen, die nicht mitgemacht haben ... Es gibt die Dominanz der Helfer, siehe Stolpe, Schnur, de Maizíere, auch Gysi, alle haben geholfen, vermittelt und ›Gutes‹ getan! Egon Bahr schickte die Journalisten weg, als er mit Axen die Lage erörterte, in kritischen Momenten, denn: ›Wir wissen, wie man das macht.‹«[14]

11 Gert Heidenreich, Präsident des bundesdeutschen P.E.N.-Zentrums.
12 Dieter Schlenstedt, Präsident des ostdeutschen P.E.N.-Zentrums.
13 Jürgen Fuchs: Beginnt etwas von vorn?, in: taz vom 14. 02. 1995.
14 Jürgen Fuchs: Ihr sollt in Augenhöhe mit uns sprechen, Vortrag im Rahmen

In der Gründung einer bürgernahen »Stiftung zur Aufarbeitung der SED-Diktatur«, die neben universitärer Forschung, gespeist aus Mitteln des ehemaligen SED-Parteivermögens, freie Diktaturforschung und DDR-Vergangenheitsklärung betreiben sollte, sah Jürgen Fuchs eine wichtige Ergänzung zur »Gauck-Behörde«, besonders auch für Bürgerrechtler. Über die »Enquetekommission des Bundestages zur Überwindung der Folgen der SED-Diktatur« kam diese Stiftung auf den Weg, entwickelte sich allerdings zu einer bei Aufarbeitungsinitiativen und unabhängigen Archiven teilweise umstrittenen, weil stark im Eigeninteresse handelnden Institution.

Zusammen mit Bärbel Bohley und anderen suchte Jürgen Fuchs Verbündete für eine Basisinitiative zur Unterstützung jener, die in der DDR politische Benachteiligung erfahren hatten, die sich mit ihren Problemen weiterhin allein gelassen sahen. Die Landesbeauftragten für Stasi-Unterlagen unterstützten politische Opfer der SED-Diktatur und setzten sich ein für ihre Rehabilitierung. Doch einen Anlaufpunkt gegen aktuelle bürokratische Bevormundung, gegen existierende alte Seilschaften in Verwaltung, Wirtschaft und Politik gab es bis dahin nicht.

Im Vorfeld der Gründung des »Bürgerbüros« besuchte Bundeskanzler Helmut Kohl am 13. Mai 1996 Bärbel Bohley, Freya Klier, Jürgen Fuchs, Ehrhart Neubert, Günter Nooke, Wolfgang Templin und Konrad Weiß in Berlin. Das war mehr als nur eine Geste der Sympathie, auch wenn Jürgen Fuchs zunächst Distanz hielt: »Ich habe ihm nicht die Hand gegeben.« Wie in ähnlichen Situationen hatte er die Hände hinter dem Rücken verschränkt, als ob es ihm gerade nicht anders möglich sei. Für ihn war Kohls China-Besuch angesichts der Menschenrechtslage dort überaus problematisch, doch dann fand er den Bundeskanzler in seiner exakten direkten Art schnell sympathisch. »Nach zehn Minuten waren wir in einem intensiven Gespräch über Russland. Er favori-

einer Anhörung der Enquete-Kommission SED-Unrecht, in: Berliner Zeitung vom 06. 05. 1994.

sierte Jelzin. Ich: ›Was, wenn die Postkommunisten an die Macht
kommen?‹ Kohl: ›Da haben wir keine Strategie. Das müssen wir
überdenken.‹«[15]

14 Tage später trafen Bärbel Bohley und Jürgen Fuchs sich mit
SPD-Oppositionsführer Rudolf Scharping, umrissen Aufgaben
und Unterstützungsmöglichkeiten für das Bürgerbüro und sprachen über ihr Treffen mit dem russischen Bürgerrechtler Kowal-
jow, der ein beklemmendes Restaurationsszenario der postkommunistischen Nomenklatura in Osteuropa gezeichnet hatte. Sie
verwiesen auf Parallelen in Deutschland, auf die mit verschwunde-
nen Millionenbeträgen der SED und ihres Außenwirtschaftsimpe-
riums »Kommerzielle Koordinierung« sanierten DKP-Betriebe, auf
Neugründungen und auf die in den Kreisen der Altkader bestehenden Hilfssysteme.

Am 17. Juni 1996 kam es, unterstützt durch Bundeskanzler Kohl,
Scharping und zahlreiche Prominente, zur Gründung des »Bür-
gerbüro e.V.«. Bereits in den ersten Wochen erreichte den Verein
eine unerwartet große Zahl an Anfragen und Hilfeersuchen. Sein
Tätigkeitsspektrum weitete sich schnell aus. Gleichsam als ein
Vermächtnis seines Mitbegründers bot er Hilfe und Solidarität in
Fällen nachwirkenden SED-Unrechts, bei politischen Anfeindun-
gen und juristischen Anklagen und entwickelte sich besonders für
Ostdeutschland zu einem der aufmerksam-kritischen Beobachter
sozialistisch-restaurativer Strömungen.[16]

»Wo ist diese Verbundenheit geblieben?«, fragte Jürgen Fuchs
anlässlich eines Treffens bei Bundespräsident Roman Herzog mit
dem tschechischen Präsidenten Václav Havel und einem guten
Dutzend tschechischer und ehemaliger DDR-Dissidenten am
7. November 1996 im Schloss Bellevue. Vor dem Hintergrund laut-
starker Restitutionsansprüche aus deutschen Vertriebenenverbän-
den, neuer aggressiver Deutschfeindlichkeit in Tschechien sowie
radikaler Restaurationsversuche dortiger Altkommunisten er-

---

15 Gesprächsnotiz, Jürgen Fuchs: Gespräch mit Udo Scheer vom 30. 05. 1996.
16 www.bürgerbüro-berlin.de.

innerte Fuchs an die andere Dimension, an die gemeinsam in den Prager Frühling gesetzten Hoffnungen, die Bedeutung der Charta 77, die auch Menschenrechtsverletzungen in der DDR festgehalten hatte, an die Solidarität tschechischer Bürger bei der Besetzung der bundesdeutschen Botschaft in Prag 1989. Und er fragte noch einmal:

Wo ist diese Verbundenheit geblieben? Weg, untergegangen in diesen rasenden Jahren, abgetaucht in die klagenden, tückischen Wasser des »postkommunistischen Gemüts«? ... Die Erklärung[17] zwischen Tschechien und Deutschland ist das eine, das andere sind wir. Ich plädiere für Milde und Mut, für Streitkultur also und für Freundschaft.[18]

Die Einladung des Bundespräsidenten brachte nicht nur eine neue Kontinuität gemeinsamer Treffen und Veranstaltungen zwischen deutschen und tschechischen Bürgerrechtlern. Es waren Doris Liebermann, Jürgen Fuchs und Vlasta Wallat, die, inspiriert von der Begegnung, ein Buch zusammenstellten, in dem rund 30 tschechische und deutsche Oppositionelle vor dem Hintergrund ihrer außerordentlichen Biographien das deutsch-tschechische Verhältnis überaus aufschlussreich und lesenswert reflektierten. Der etwas merkwürdig anmutende Titel *Dissidenten, Präsidenten, Gemüsehändler*[19] findet da schnell seine Erklärung. Der »Gemüsehändler«, Sinnbild für die schweigende, angepasste Menge, ist eine Schüsselfigur in Václav Havels Buch *Versuch, in der Wahrheit zu leben.*

Der Band stellt sich bewusst gegen beiderseitige Borniertheit

---

17 Deutsch-tschechische Versöhnungserklärung, vom Deutschen Bundestag und dem tschechischen Parlament nach schwierigen Verhandlungen Anfang 1997 verabschiedet.
18 Jürgen Fuchs: Wo ist diese Verbundenheit geblieben?, in: Frankfurter Rundschau vom 27. 11. 1996.
19 Doris Liebermann/Jürgen Fuchs/Vlasta Wallat (Hg.): Dissidenten, Präsidenten, Gemüsehändler. Tschechische und deutsche Dissidenten 1968–1998, Essen 1998.

und öffnet zugleich den Blick für tschechische Geschichte, Kultur und Literatur. Nichts anderes wünschten die Herausgeber. »Verständigen wir uns von unten her«, dieses von Jürgen Fuchs bereits in der Friedensbewegung vertretene Prinzip, sollte einen neuen Schub erhalten.

Die SPIEGEL-Serie *Landschaften der Lüge* 1991 hatte bereits erste Umrisse eines literarischen Sisyphos-Projektes angedeutet. Jürgen Fuchs plante, verschiedene Ebenen der Lüge und ihre Sprache, Stasi-Akten, darin festgehaltene Schicksale sowie die Bürokratisierung der Gauck-Behörde in ein großes belletristisches Werk zu fassen. Er setzte sich selbst unter Druck, als er nach Erscheinen der Serie sein Projekt umriss.

Ich habe ein dreiteiliges Buchprojekt vor, der erste Teil soll im Herbst '92 erscheinen: »Landschaften der Lüge«. Teil 1 beschreibt die Oppositions- und Stasi-Situation in einer Stadt. Teil 2 eine Person oder einen »Personenzusammenschluß«, wie es in ihrem LQI-Jargon heißt. Teil 3 soll dem Mißbrauch der Psychologie / Psychiatrie in der DDR gewidmet sein. Wir beobachten ja weltweit den Übergang von physischer zu psychischer Folter bei den Geheimdiensten in Diktaturen. Nun habe ich mich – zögernd – entschlossen, einen kleinen Teil des Recherchematerials vorzuveröffentlichen.[20]

Dieses Buch – neben allen anderen Aktivitäten – in so kurzer Zeit schreiben zu können musste, wie sich schnell herausstellte, Illusion bleiben. Öffentlich sprach Jürgen Fuchs kaum mehr über sein Vorhaben. Dafür arbeitete er mit umso größerer Intensität auf sein Hauptwerk hin. Der Rahmen vermochte kaum zu fassen, was da hineindrängte: die Schuld der Väter, ihr Schweigen nach der ersten Diktatur, die unerträgliche Sprache der Täter und ihrer Akten, Knast, Vernehmer, Zersetzung, Zellenkrieg, Schicksale, Rückwirkungen auf das Ich, auf Familie und Freunde, dazu das Ausbrem-

---

20 Jürgen Fuchs: Die »Operativen Vorgänge« sind wichtig, in: die andere vom 26. 11. 1991.

sen der Revolution, Szenarien neuer geheimer Nutzungsmöglich-
keiten des Geheimdienstwissens der Diktatur ...

Er arbeitete gegen die Zeit. Das Schlimmste war die Ahnung,
dass ihm vielleicht die notwendige Zeit nicht mehr gegeben sein
würde. Letztlich gab es nur zwei Optionen: zu scheitern, wenn dieses Buch nicht wahrgenommen oder abgelehnt würde, oder einen
neuen Meilenstein in der Literatur zu setzen. Utz Rachowski hat
die Anfänge miterlebt:

*Die ersten Passagen, es ging um Akten und jemanden vom Bürgerkomitee,
hat Jürgen mir schon sehr früh vorgelesen, im Herbst 1991, denke ich. Das
hat mir überhaupt nicht gefallen. Das ist nur gutes Feuilleton, sagte ich.
Er hat es später nicht verwendet.*[21]

Magdalena[22] war vom Verlag für den März 1998 angekündigt. Der
Titel assoziierte die Stasi-U-Haft in Lichtenberg, Magdalenenstraße. Und er assoziierte jenes herzbeklemmende Lied von Bettina
Wegner, dass Jürgen Fuchs so sehr mochte, aus dem er manchmal
zitierte:

Magdalena war so schwarz
und hatte große Hände,
wen sie liebte, streichelte sie in die Wände.

...

Nimm nie ihre Hand,
die sie dir gibt,
sonst hat dich Magdalena totgeliebt ...[23]

Dieses Buch wurde aus jeder Richtung mit gespannter Aufmerksamkeit erwartet. Für seine Vorpremiere am 17. Februar 1998 im

21 Vgl. Anm. 9.
22 Jürgen Fuchs: Magdalena. MfS Memfisblues Stasi die Firma VEB Horch &
    Gauck – ein Roman, Berlin 1998.
23 Bettina Wegner: In Niemandshaus hab ich ein Zimmer. Lieder und Gedichte,
    Berlin 1997, S. 20.

Literarischen Colloqium Wannsee hatte Fuchs seinen Freund Biermann gebeten, dabei zu sein, etwas zu sagen, zu singen. Der hatte
bereits am Vortag anonyme Morddrohungen erhalten. Am Tag der
Lesung nahm zufällig sein Assistent den Hörer ab. Eine Männer-
stimme: »Pass auf, du reaktionärer Clown, wir kriegen dich heute
Abend.« Der Assistent: »Na, da bin ich sehr gespannt, da können
wir die Fratze endlich mal sehen.« Es waren nicht die ersten Morddrohungen, sie kamen per Post oder auf den geheimen privaten
Telefon- und Faxnummern. Diesmal nicht gegen Fuchs. Der Zeitpunkt war gut gewählt, das Ziel erreicht. Die Nerven lagen blank,
die Handschrift war bekannt: Zersetzung. Polizei stellte Personen-
schutz. Im Protokoll konnte sie später vermerken: Keine besonderen Vorkommnisse.

Jürgen Fuchs las etwa eine halbe Stunde aus seinem Manuskript, zu dem er sagte, es sei ein hartes Manuskript, es habe mit
Menschenrechtsverletzungen zu tun: »Biermann Morddrohungen, Giordano letztes Jahr 932 Morddrohungen. Es ist nicht vorbei.«[24] Zuvor, zur Begrüßung zitierte ihn der Moderator mit einem
Satz, den er 1975 nach seinem Parteiausschluss an Honecker geschrieben hatte: »Ich sehe meine Aufgaben als Schriftsteller in
der Aufdeckung der Wirklichkeit und der Kritik ihrer schlechten
Seiten.«[25] Wer wollte, sah: Dieser Schriftsteller war sich treu geblieben.

Die Morddrohung gegen Biermann und das distanzierte Lauern
unter den – wie Fuchs einschätzte – etwa 40 Prozent Beobachtern
bis Gegnern an diesem Abend schufen eine eigene Atmosphäre im
LCB. Nach seinem Auftritt schrieb er:

Eine gewisse Aufmerksamkeit ist schon da ... Kulturweltspiegel hat
auch was gedreht, T. J. deutete »dämpfende Vorgaben« an, bei »gro-
ßem Interesse am Thema allgemein« ... WDR ... Die Westdeutschen
fühlen einen wunden Punkt, der nicht von PDS / SED-Seite berührt

---

24 Jürgen Fuchs: Lesung im LCB, in: Deuschlandfunk vom 28. 02. 1998.
25 Jürgen Fuchs: Gedächtnisprotokolle, Reinbek 1977, S. 37.

Wolf Biermann mit Sohn David und Jürgen Fuchs mit Sohn Daniel auf dem Spielplatz in Tempelhof 1997

Jürgen Fuchs mit seinem Roman »Magdalena« beim Pressegespräch auf der Leipziger Buchmesse im März 1998

wird. Rechne mit Abwehr und Abwertung – siehe Tagesspiegel, Kara-
sek und Lit. Quartett suchen ihre Positionierung ...[26]

Es gab wohl keine Zeitungen, keine Sender, die in den folgenden
Wochen nicht auf *Magdalena* eingegangen wären. Rezensionen, Interviews und Briefe an den Autor dieser unbequemen Bestandsauf-
nahme könnten ein eigenes Buch, umfangreicher als dieses Werk
mit seinen 500 Seiten, füllen.

Der Kritikerstreit entzündete sich schon an einem Randpunkt,
an der Form: Sei das – wie auf dem Cover behauptet – überhaupt
ein Roman, wenn selbst der Autor das Buch mit dem Satz eröffnet: »Dies ist ein Bericht«, wenn alle vorkommenden Namen
Klarnamen sind? Vor allem aber entzündete sich der Streit am
Inhalt. Zum Erscheinungstag räumte DIE ZEIT Richard Herziger
eine Seite ein. In einigen Punkten suchte er den Schulterschluss
zu Fuchs, kritisierte Defizite in der Selbstauseinandersetzung der
Gesellschaft. Er sprach ihn an, den westdeutschen »Argwohn« gegenüber »›Herrn Fuchs‹, dem Berufsdissidenten mit seinem moralischen Fundamentalismus«, und fand, »ein scharfer kritischer
Blick auf die Routine deutscher Verdrängungsrituale«[27] tue Not.
Zugleich brach er eine Lanze für die Gauck-Behörde und kritisierte die Verranntheit des Autors ihr gegenüber. Sein Fazit war ein
Verriss:

Sein Unbehagen an der falschen Welt protokolliert Fuchs, detailver-
sessen und so konfus verschachtelt, als ob auch literarische Kom-
position schon Ablenkung von der lauteren Wahrhaftigkeit sei ... Angegriffen fühlen wird sich davon so richtig keiner. Leider.[28]

Allein schon dieser letzte Satz sollte sich sehr rasch als fundamen-
taler Irrtum erweisen. Die Reaktionen auf diese »Leit«-Rezension

26 Jürgen Fuchs, Fax an Verf. vom 21. 02. 1998.
27 Richard Herzinger: VEB Horch und Gauck, in DIE ZEIT vom 19. 03. 1998.
28 Ebenda.

waren kontrovers. Der Publizist Hannes Stein schrieb Jürgen Fuchs
aus Israel:

als ich herzingers verriss las, dachte ich, vermutlich hat er recht, es
war ja bei aller härte kein böser, niederträchtiger text ... ich habe
richard dann angerufen, mit ihm geplaudert, ich sagte: schade, wenn
du recht hast ... nach der lektüre sieht es jetzt so aus: ich finde ri-
chards kritik immer noch sehr gelungen. Nur hat sie leider mit deinem buch überhaupt nichts zu tun ... dein buch ist grossartig ... es ist
wirklich ein roman, klarnamen hin oder her.[29]

Auf die ganze Dimension des Buches hatte Herzinger sich so wenig
eingelassen wie Joachim Walther im SPIEGEL. Der erklärte Fuchs
zu einer Art Berserker, dessen »Zorn auf ostdeutsche Weißwäscher,
westdeutsche Weichspüler« er teile. »Ich beklage gleich ihm die
wachsenden bürokratischen und formaljuristischen Hürden,
die eine politische und historische Aufarbeitung zunehmend er-
schweren.« Aber »sein Haupt hoch erhoben zu tragen ... es über
die Wolken zu heben«, so dass »all jene, die auf dem Boden blieben,
feige Kriecher zu sein scheinen«, diese tiefe Verstimmung stand
unübersehbar im Mittelpunkt seiner Polemik.

Was war geschehen, dass Joachim Walther, der mit *Sicherungsbereich Literatur* das Standardwerk zum Thema Staatssicherheit
und Schriftsteller vorgelegt hatte, so harsch reagierte? Die Schlüs-
selstelle findet sich in *Magdalena* auf den Seiten 245 und 246. Dort
wird ein Brief des DDR-Verlagslektors Joachim Walther an den als
»negativ« eingestuften Schriftsteller Hans Joachim Schädlich aus
dem Jahr 1972 zitiert, in dem Walther »sich den Argumenten nicht
völlig verschließen« konnte und die Veröffentlichung der Erzählung
Unstet und flüchtig in einer Anthologie ablehnte. Damit hatte Fuchs
die andere Vergangenheit in die Gegenwart geholt, hatte Walther
tief gekränkt, einen, der geblieben war, der sich in aussichtslosen
Situationen schon mal duckte, auch, um der Zensur das eine oder

29 Hannes Stein: E-Mail an Jürgen Fuchs vom 31. 05. 1998, im Archiv d. Verf.

andere Schnippchen zu schlagen. Schädlich hatte Fuchs vor Walthers SPIEGEL-Kritik über dessen Groll mitgeteilt:

Er hat mir unterm 26. Februar einen wütenden Brief geschrieben ... Komischerweise ist er aber nicht auf mich wütend, obwohl ich Dir doch seinen Brief von 1972 gegeben habe. Er ist wütend auf Dich. Kündigt mir (warum mir?) an, daß er Dir »öffentlich und grundsätzlich ... antworten« will.[30]

Fuchs antwortet unter diesen Briefzeilen handschriftlich per Fax: »Soll er! herzlich j. Es wird lustig.«[31] Seine Haltung war: »Ja, es ist etwas vorgelegt! Man kann sich auseinandersetzen!«

Für seinen Magdalena-Verriss war Joachim Walthers zornige Erregung wohl kaum der beste Ratgeber. Er steigerte sich, bediente Klischees, wie Gegner sie bei Fuchs gern sahen, karikierte ihn als »asketischer Mönch und schwertschwingender Samurai, der eine blaß und düster in seiner Klause, der andere erhitzt und zornesrot auf dem Schlachtfeld der Polemik. Heftige Angespanntheit wechselt mit Anspielungen und assoziativen Wortkaskaden, die wie Gottesurteile herniederhageln ... Was nervt, ist der hohe Ton.«[32]

Jürgen Fuchs hatte die Kontroversen vorhergesehen, bevor ZEIT, SPIEGEL und andere bemüht waren, den Bewertungstrend für dieses aufstörende Buch vorzugeben. Bereits Mitte März sagte er im Interview:

Zur Gattung würde ich schon sagen, ja, da ist ein Ich-Erzähler, der sich herumschlägt mit verschiedenen Dingen, mit Erlebnissen. Da sind auch Stimmen, die ihn attackieren. Da ist eine Knaststimme zum Beispiel, da sind fiktive Teile, auch Dokumente. Über all dem steht eine große Auseinandersetzung und der Versuch, im Per-

---

30 Briefwechsel Schädlich/Fuchs vom 04. 03. 1998, im Archiv d. Verf.
31 Ebenda.
32 Joachim Walther: Wortkaskaden wie Gottesurteile, in: DER SPIEGEL 14/98.

sönlichen ebenfalls weit zu gehen. Die Stasi ist brutal weit gegangen, auch in ihren Details. Da dachte ich, es geht nicht anders, wir müssen auch weit gehen, fast als Fluch oder als Zwang. Ich habe Assoziationen dagegengesetzt, gegen die Verbrechersprache, auch gegen diese Ordnungs- und Bürosprache heute. Im deutschen Hintergrund LTI, LQI ... Dieses Duell findet statt. Meine Literatur will stören, auch verstören. Man erwartet von deutscher Literatur vielleicht überhaupt nicht mehr diese Inanspruchnahme von individueller Freiheit – auch sich als Autor antastbar zu machen. Das Austragen von Kontroversen ist das, was ich möchte. Gerade in Deutschland haben wir einen großen Nachholbedarf an Diskursen, an toleranter vielfältiger Auseinandersetzung.[33]

Fuchs registrierte sehr genau die verschiedensten Stimmen zu diesem Buch, sie waren für ihn auch ein Barometer für den Umgang der Gesellschaft mit ihrer Vergangenheit und für den Zustand der politischen Kultur.

Es könnte sich etwas später lohnen, mal Leser- / Hörerreaktionen zu »M« zu dokumentieren. Selbstzeugnisse, Berichte meist. All das, was »behördlich« unterbleibt und einen riesigen »Schatz« bedeuten würde ... auch in jeder fachlichen, gesellschaftlichen, humanen Richtung ... Zum Beispiel das: »Reingesehen in die Akten / Kopien / Schwärzungen« – und dann? Nur die Alleraktivsten können ja irgendwo ansetzen danach. Dazu der harte Gegenwind. Es stellen sich also mitunter Depressionen ein, Abwenden, das neue – nun vollständige – Gefühl der Vergeblichkeit ... Auf »M« wird sehr nahe reagiert, als käme sie in die Zelle, in den »Vorgang«, ins Leben. – Ging mir bei wichtigen Büchern biografisch auch so. Wir sollten nur wissen, was wir uns da ran und »reinziehen« mit schwachen Kräften ... Ich kann mich nur auf Literatur und einige inhaltliche / per-

33 Jürgen Fuchs: Interview mit Udo Scheer vom 16. 03. 1998; leicht gekürzt: Der letzte Gerechte, in: taz von 21 / 22. 03. 1998.

sönliche Aspekte konzentrieren. Sonst werde ich überrollt. Knaststimme warnt schon.[34]

Insgesamt hielten sich die Verrisse in Grenzen, mitunter war unter
den Rezensenten eine gewisse Ratlosigkeit spürbar. Der Kritiker
der *Frankfurter Rundschau* kam aus seiner Lektüre heraus zu einer
der bemerkenswertesten Feststellungen:

Nein, »ausgewogen« ist dieses Buch nicht. »Die Erinnerung an die
Diktatur nervt« (Fuchs). Magdalena ist ein Text, der unmittelbar die
Seelenlage der Stasi-Opfer beschreibt, der irrationale Ausfälle neben
analytische Passagen stellt, es ist ein Text, der sich nicht absichert.
Das ist einerseits in seiner moralischen Rigorosität durchaus antili-
beral und steht deswegen auf perfide Weise in jener DDR-Tradition,
von der es sich freizuschreiben versucht. Andererseits ist es ein
Dokument, dessen Wert vermutlich erst in zeitlichem Abstand deut-
licher erkannt werden wird.[35]

Magdalena, dieser dokumentarliterarische Collageroman, war
zweifellos eines der gewagten Experimente in der neueren Literatur. Das Resultat war absehbar: Eine Geschichte aus der Sicht
Betroffener, zunächst in den Fängen der Staatssicherheit, dann
in den Mühlen einer Behörde, sollte und musste mehrheitlich ein
Publikum irritieren, das Heldengeschichten bevorzugt und auf
emotional gestaltete Täterfaszination anspricht. Mit diesem Stoff
hatte Fuchs einmal mehr ein Tabu gebrochen, er provozierte genau
jene Teile der Gesellschaft, die Innensichten von Unrecht und Verfolgung geflissentlich ignorieren, um nicht in den Ruch einer Mit-
wisserschaft, gar moralischer Mitschuld zu geraten.
    »Unsere Feinde verlassen die Hölle, und wir betreten sie.« Mit
diesem Satz eingangs des Buches nimmt der Autor den Leser mit in

---

34 Jürgen Fuchs: Fax an Verf. vom 01. 06. 1998.
35 Helmut Böttiger: Selbsterfahrung in der Gauck-Behörde, in: Frankfurter Rundschau vom 11. 04. 1998.

einen modernen Roman mit Vor- und Rückblenden, mit Gedächtnisprotokollen und Dokumenten, reale Personen tauchen auf, ihr
Tun wird hinterfragt. Die Knaststimme, eine der großartigen literarischen Erfindungen, wird dem Ich-Erzähler mal zum ironische
Distanz schaffenden Dialogpartner, mal zum einfühlsam Mut machenden Ratgeber. Wenn er der ungeheuerlichen Todesgeschichte
von Matthias Domaschk in der Geraer Stasi-U-Haft nachgeht, versucht diese Stimme zu helfen, zu retten, souffliert in der Verneh-
mungssituation:

Wenn du antworten willst, Matthias, dann knapp, keine Namen, Zeit
gewinnen, den Schock überwinden, möglichst keinen Kaffee trinken,
der dreht auf, vielleicht ist was drin ... du musst gar nichts, du kannst
die Aussage verweigern, verstell dich ... Verarsch sie, sei nicht ehrlich zu ihnen. Es ist Krieg, du mußt dich retten.[36]

Die Knaststimme ruft Domaschk nach, bis in den Tod. Das geht
unter die Haut. Fiktive Passagen erscheinen plötzlich realistisch
wie die Realität. Und immer wieder holt der Ich-Erzähler den Leser zurück in den realen Raum, traktiert ihn mit vorgefundenen
Absurditäten. Schonung ist ein Fremdwort in dieser gewagten
literarischen Grenzüberschreitung. Die Knaststimme verschafft
dem Ich-Erzähler Distanz, auch zu seinem eigenen Vater, sie lässt
ihn nach dessen Wehrmachtszeit fragen, danach, ob er geschossen habe. Er hat geschossen. Söhne können sich ihre Väter nicht
aussuchen. Unbestechlich vergleicht die Knaststimme den einen
Vater, den Wehrmachtsoldaten Fuchs, mit dem kommunistischen
Vater von Biermann, der im KZ ermordet wurde. Diese Spuren wirken nach, denn wo, wenn nicht im Verschweigen der ersten Schuld,
beginnt die zweite Schuld? Jürgen Fuchs geht weit und geht ver-
letzlich nah bis in das Privateste auf der Suche nach Wahrheit. *Magdalena* ist ein hartes Buch, bis an die Schmerzgrenze kompromiss-
los. Es berührt Versagensmomente von der Weimarer Republik bis

---

36 Vgl. Anm. 22, S. 299 f.

zur Bundesrepublik heute. Es erzählt von Häftlingsglatzen in KZ und Skinheadglatzen heute, von der Missachtung der Menschenrechte in der Nationalen Volksarmee und im Knast, es rekonstruiert Todesumstände und gottgleiche Allmachtsansprüche von Machern, es verweist auf juristisches Versagen heute im Umgang mit Diktatur, und der Erzähler denkt nach über die frühe Stasi-Verstrickung seines Freundes Robert Havemann. Er fragt sich, wie fremd sie einander gewesen wären, hätte er davon gewusst. Nach Peter Weiss' dreibändiger *Ästhetik des Widerstands* bietet *Magdalena* in ihren drei Teilen[37] eine neue Ästhetik der Einmischung.

»Angegriffen fühlen wird sich davon so richtig keiner. Leider«, glaubte Richard Herzinger in der ZEIT vorhersagen zu können. Falsch! Die wohl unerwartetste Aufmerksamkeit kam aus der Gauck-Behörde. Auch dort war Fuchs weit hineingestiegen, in dem Jahr, in dem er im »Handtuchzimmer« forschte, immer im Zwiespalt zwischen schriftstellerischem Auftrag, Öffentlichkeit herzustellen, und der auferlegten Schweigepflicht, für ihn ein unerträglicher Zustand.

Als man sah, diese Stasi-Verwaltungen sind gestürmt, geöffnet, die Festung ist erobert – nun eroberten, ich hab's genannt an einer Stelle, die Doctores, die akademische Vor- und Nachhut der Bundesrepublik Deutschland, die eroberte Festung. Sie nennen es Bildung und Forschung. Und es ist alles sozusagen ganz toll und richtig. Aber es hat natürlich auch etwas Banales und ist in sich eine ironische Situation. Noch dazu, wenn die Bürgerkomitees, in denen die meisten keine ausreichenden Scheine und Titel hatten – manche waren Handwerker, waren eben mutige Leute – mit einer schönen großen Geste der Anerkennung weggeschoben werden. Das ist doch ein interessanter Vorgang. Auch davon handelt dieses Buch.[38]

37 Teil I: Die dünne Akte, Teil II: Reiter auf Vorgängen, Teil III: Brocken aus Nichts. Vgl. Anm. 22.
38 Jürgen Fuchs: Interview zu »Magdalena« mit Udo Scheer, in: HR II am 25. 03. 1998.

Und es benennt eindringlich einen der für ihn wundesten Punkte, die Festanstellung ehemaliger Stasi-Offiziere im Herzstück der Behörde, in den Archiven, mit Zugriff auf sensibelste Daten. Ja, er habe sich mit dieser Behörde angelegt, musste die Schweigeverpflichtung unterlaufen. »Dieses Duell findet statt. Wenn ich da nicht Klarnamen und Dokumente nenne, hätte ich gesagt, ich kann es nicht schreiben.«[39]

Verletztheit rief in der Behörde schon der Untertitel des Romans hervor: *VEB Horch & Gauck*. Joachim Gauck erklärte im Interview:

... warum diese Unterstellungsmentalität ... DDR-Sprache sagte »Horch & Guck« zur Stasi. Dieser Untertitel ein Spaß? Jürgen Fuchs hätte keinen Moment gezögert, derartige Späße, bezögen sie sich auf ihn, menschenverachtend zu nennen. Eine Behörde, in der Gefängnisopfer und Opponenten neben Genossen von einst für die Unterdrückten von damals arbeiten, muß sich eine derartige Diffamierung ... nicht gefallen lassen.[40]

Fuchs antwortete bereits, ehe Gauck den Vorwurf aussprach:

Das Buch ist der Versuch einer künstlerischen Bewältigung dieses Themas. Der Untertitel besteht aus mehreren Worten: MfS Memfisblues Die Firma ... Wir haben mit Biermann in der Küche gesessen, ein bißchen rumgeflachst und gesagt: Ja ja, eigentlich sind wir alle Mitarbeiter des Horch und Gauck. Es ist gar nicht diese gallebittere Gleichsetzung. Überhaupt nicht.[41]

Für ihn war dieses Vorführen der Behörde eine »immer noch recht milde und ironische Kritik«[42]. Das schrieb er im Begleitbrief zu

39 Ebenda.
40 Joachim Gauck: Der ungenaue Blick, Interview mit Richard Herzinger, in: DIE ZEIT vom 02. 04. 1998.
41 Vgl. Anm. 33.
42 Jürgen Fuchs: Brief an Bundespräsident Roman Herzog 1. 5. 98, im Archiv d. Verf.

seinem an Roman Herzog gesandten Exemplar von *Magdalena*. Vor allem trieb ihn die Sorge, die enorme Chance des Befreiungsjahres 1989, zu der auch die Besetzungen der Stasi-Zentralen gehörten, könne verspielt werden. Er warnte: »Retraumatisierungen stellen sich ein und neue innere und äußere Konflikte.«[43]

In der Behörde sah mancher diese Kontroverse weit enger. Ihren Humor gegenüber Jürgen Fuchs hatten Joachim Gauck und einige Mitarbeiter gänzlich verloren, als ihnen bekannt wurde: Dieser Autor schreibt über das Innenleben ihres Hauses und verwendet, dabei nachprüfbar Klarnamen. Auf sechs Seiten ließ der Referatsleiter AU I.1, Grundsatzabteilung, Justitiariat, ein Dossier erstellen. Über Stasi-Opfer wurde in diesem Namensregister ebenso hinweggegangen wie über Personen der Zeitgeschichte oder Dritte. Der akribische Suchfinger hatte die Fahnen einzig abgerastert nach vorkommenden Behördenmitarbeitern. Das Ergebnis war ein Who's who, links mit Name, Vorname, Dienststelle, in der Mitte Seitenzahlen, rechts verkürzte inhaltliche Bezüge, auch Beziehungen zu Fuchs.

Diese Peinlichkeit drang nach außen. Jürgen Fuchs meinte, eigentlich hätte er sich für seinen Roman immer schon ein Namensverzeichnis gewünscht, nur bitte vollständig sollte es sein. Die Presse urteilte härter. Zu sehr erinnerte diese Methode mehrere Journalisten an Methoden aus überwundenen Zeiten.

Das Buch »Magdalena« von Jürgen Fuchs ist Gegenstand der Beobachtung.[44]

Es soll überprüft werden, ob gegen Mitarbeiter der Behörde von Jürgen Fuchs ungerechtfertigte Beschuldigungen erhoben oder Äußerungen von ihnen falsch zitiert worden sind. Dies mit der Absicht, gegebenenfalls die Gerichte zu bemühen.[45]

43 Ebenda.
44 Lutz Rathenow: Wer ist wer, in: Berliner Zeitung vom 07. 04. 1998.
45 Andrea Lehmann: Gauck-Behörde wertet Fuchs-Roman aus, in: taz vom 07. 04. 1998.

Mit der Observation ihrer Kritiker erwächst der Gauck-Behörde ein neues Betätigungsfeld.[46]

Für den Autor war dieser Suchfinger ein Stück weit Bestätigung seiner Kritik an jener Behörde, deren von den Bürgerrechtlern erteilter Gründungsauftrag darin besteht, diktatorisches Unrecht öffentlich zu machen.

Gauck antwortete Fuchs in seinem unheiligen Zorn:

Es ist übrigens auffällig, daß Fuchs schon vor der Verabschiedung des Stasi-Unterlagen-Gesetzes gesagt hat: Ich sehe es schon kommen, es wird eine Behörde geben mit langen Gängen, mit viel Bürokratie. Er sprach also eine prophetische Warnung aus und steht jetzt im Banne seiner Prophetie.[47]

Magdalena polarisierte wie nur wenige Bücher. Der Graben der Verletztheiten war tief. Manche rieben sich die Hände.

46 Mechthild Knüpper: Ein Dissident, kein Heiliger, in: Süddeutsche Zeitung vom 08. 04. 19998.
47 Joachim Gauck: Der ungenaue Blick, Interview mit Richard Herzinger, in: DIE ZEIT vom 02. 04. 1998.

Auch den Krebs kann man zersetzen

Wer Jürgen Fuchs' Lesungen und Vorträge besuchte, wer mit ihm ins Gespräch kam, merkte sofort, dieser Mann war eine Instanz, er war überzeugend in seiner konsequenten Aufklärung und Kritik. Vor allem aber konnte er mit seiner Zuversicht anstecken. Ebenso plötzlich wie unberechenbar konnte er allerdings auch in eine abweisende Härte verfallen, die irritierte, brüskierte, auch verletzte. Es war kein Einzelfall, wenn er in den 90er Jahren, wie nach einer Lesung in Magdeburg, auf naive Fragen zweier Frauen in vehementer Reaktion den Zeigefinger auf sie richtete: »Was? Sie gehören auch zu denen?« Die Atmosphäre konnte kippen, die Zuhörer gingen auf Distanz, Fuchs selbst war nicht glücklich, aber ein Zurück für ihn meist unmöglich.

Seine gelegentliche Gereiztheit, etwa wenn Leute mit anderen Lebenshintergründen ihn nur schwer verstanden, hatte ihre Ursache nicht nur in seinem enormen Arbeitspensum, in seiner nagenden Krankheit. Hier spielte etwas hinein, das er öffentlich nicht aussprach. Wenn er als Psychologe wieder und wieder auf Traumatisierungen politischer Opfer hinwies, berührte das auch eigene Erfahrungen.

In den Vernehmungen der U-Haft, zuvor in den Ausschlusstribunalen an der Universität, hatten seine Gegner ein Gesicht, saßen sie ihm gegenüber, waren sie meist kalkulierbar, immer aber konkret.

Danach, in West-Berlin, wurde das Aufatmen, das Freiheitsgefühl, schnell überlagert von rational kaum fassbaren Bedrohungen. Der lange Arm der Staatssicherheit signalisierte: Wir haben dich im Visier. Wenn du weitermachst, passiert etwas Schlimmes.

Der Nervenkrieg gegen den Dissidenten war eröffnet. Die Auto-presse Zech rückte an, sie käme, um den Totalschaden abzuholen. Das nicht nur einmal. Ungezieferbekämpfer standen mit ihren Sprühgeräten vor der Wohnungstür, sie sollten hier Wanzen und Läuse vertilgen. Diese Todessymbolik war wohl kaum zufällig.

Siegfried Reiprich, auch andere Ausgebürgerte erzählten vom Verdacht, jemand müsse in ihre Wohnungen eingestiegen sein. Das Vertrauen in die Sicherheit der privatesten, intimsten Räume war erschüttert. Zu Fuchs beauftragte ein Mitarbeiter des MfS den IME »Genua«, einen privaten West-Berliner Schlüsseldienst, Zweitschlüssel für die Haustür, für Fuchs' Wohnungstür und sei-nen Briefkasten anzufertigen. Im Fall der Wohnungstür musste der Inoffizielle Mitarbeiter kapitulieren: »Das Sicherheitsschloß der Wohnungstür von F. ist ein Zeißsicherheitsschloß, Typ ...«[1] Einen Zweitschlüssel für die Haustür, so vermerkt der Bericht, lieferte er prompt, und einige Wochen später auch einen Keller-schlüssel. Der unglaubliche Plan: Installation einer radioaktiven Quelle. Zudem erklärt sich der Schlüsseldienst-IM bereit, »per-spektivisch ... im Gebiet der BRD von einem Kfz einen Nach-schlüssel anzufertigen«.[2] Das hatte Zeit. Noch besaß die Familie kein Auto.

Auch Freunden wie Utz Rachowski fielen die sich plötzlich mas-sierenden Störmaßnahmen auf:

Eine Zäsur war 1982 der Tod von Lilos Mutter. Genau da begannen die verschärften Zersetzungsmaßnahmen gegen Jürgen. Irgendwann ließ er sich eine einbruchsichere Tür einbauen. Eine Zersetzungsmaßnahme war beispielsweise, dass das Telefon Tag und Nacht klingelte. Ich habe das – jedenfalls tagsüber – mehrfach miterlebt. Oder die bestellten irgendwel-che Dienste. Ich kam bei Möbeln und Klempnern drei-, viermal dazu. Wir lachten bloß noch. Aber im Grunde war es für Jürgen ungeheuer nervig.

1 BStU, Fuchs, Jürgen, ZA, A 377/81, Teil II, Bd. 2, Bl. 296: Auftrag für »Genua« vom 27. 02. 1983, zitiert nach Hubertus Knabe: Die unterwanderte Republik, Berlin 1999, S. 311.
2 Ebenda.

Er hatte dann einen Zettel unten angebracht und sagte über die Gegen-
sprechanlage nur: »Wir haben nichts bestellt. Lesen Sie den Zettel.«[3]

Der Erfindungsreichtum, die kriminelle Energie der Staatssicherheit zum Verunsichern und Zersetzen, auch zum Stehlen von Zeit,
war nahezu unerschöpflich. Sie schaltete Annoncen, schickte
nächtliche Havariedienste, streute Gerüchte.

Lilo Fuchs:

Der alten Dame in der Nachbarschaft haben sie erzählt, wir würden hier
ein Bordell betreiben. In Jürgens Fahrradkorb legten sie Pornozeitschrif-
ten, auf denen seine Adresse stand. Sie wollten einfach unseren Ruf dis-
kreditieren. Sie wollten uns fertigmachen. Es gab auch in West-Berlin das
Zeichen: »Passt auf, wir sind da.« In den Jahren ab '82 lungerten sie vor
dem Eingang herum, sind hier herumspaziert, in einer nahe gelegenen
Kneipe hatten sie einen toten Briefkasten eingerichtet, sie hatten alle
Telefonzellen registriert, riefen bei Bekannten an und versuchten sie aus-
zuforschen, was wir vorhätten.[4]

Nachbarn waren so erschrocken, dass sie sich erst Jahre später trau-
ten, über ihre Beobachtungen mit der Familie zu sprechen. Telefonate zwischen Fuchs' Anschluss in West-Berlin und Apparaten in
der DDR wurden von Ost-Berlin aus seit 1982 regelmäßig abgehört,
nicht zuletzt um im Falle seines Transits Belastungsmaterial für
die Verhaftung zu sichern. Auf diese Weise erfuhren die Bearbeiter
von einem geplanten Besuch Rainer Eppelmanns. Und sie kamen
auf die Idee, Fuchs ein Double aus ihren Reihen unterzuschieben.
Rainer Eppelmann erinnert sich:

Wir telefonierten miteinander immer im Bewusstsein, abgehört zu wer-
den. Besucht habe ich Jürgen das erste Mal, als ich eine Reiseerlaubnis in

3 Utz Rachowski: Gespräch mit Udo Scheer vom 11. 10. 2006.
4 Lilo Fuchs: Gespräch mit Udo Scheer vom 03. 11. 2006.

dringenden Familienangelegenheiten für drei Tage nach Westdeutschland erhielt. Ich bin, was eigentlich verboten war, in West-Berlin ausgestiegen, habe sofort Jürgen aufgesucht und bin erst einen Zug später weitergefahren. Auf der Rückfahrt war ich dann noch mal bei ihm. Da zeigte er mir das Foto von einem falschen Eppelmann. Am ersten Tag meiner Reise – nur etwas später als ich – stand jemand, den man für mich halten konnte, vor Jürgens Eingang. Sie wussten offensichtlich, dass wir uns treffen wollten. Wenn wir uns vorher nicht gesehen hätten, hätte er vielleicht gesagt: »Tag, Rainer«, und den Mann reingelassen. So hat er ihn fotografiert und fortgeschickt.[5]

Der Versuch, Fuchs durch einen Doppelgänger auszuforschen, ging ins Leere, doch das Signal »Machen Sie sich auf alles gefasst« war eindeutig.

Ein Blatt im ZOV »Opponent« beschreibt detailliert den Schulweg der Tochter Lili. Weshalb interessierte die Hauptverwaltung Aufklärung sich für das Kind? Um bei Bedarf einen IM heranzuschleusen, um eine Entführung, einen Unfall zu inszenieren? Sollten der Schock und der Schmerz in der Familie genutzt werden, um Fuchs in seinen Aktivitäten zu lähmen, um vielleicht einen Keil zwischen seine Ehefrau und ihn zu treiben?

Im Oktober 1983 kamen Petra Kelly und Gert Bastian mehrfach zu ihm, um ihren Besuch bei Erich Honecker vorzubereiten. In dieser Zeit bemerkten Lilo und er, dass ihre Wohnung vom gegenüberliegenden Fahrbahnrand des Tempelhofer Damms offenkundig überwacht wurde.

Lilo Fuchs:

Wir haben gegenüber Autos gesehen, Lieferwagen mit Planen, die fuhren ewig nicht weg. Ich habe gespürt, das sind welche. Wie wir später in den Akten fanden, haben sie unseren Eingang offensichtlich durch Löcher in den Planen fotografiert und auch Richtmikrophone benutzt. Aber damit

5 Rainer Eppelmann: Gespräch mit Udo Scheer vom 01. 11. 2006.

hatten sie wenig Erfolg, weil unsere Fenster wegen des Flughafens schall-schutzverglast sind.

Jürgen hat dann gesagt: »Jetzt reicht's. Wozu haben wir hier auch einen Geheimdienst.« Gleich in der Nähe befindet sich ein Sitz des BND. Da ist er mal mit dem Fahrrad hingefahren. Wir hatten ja bis '87 kein Auto, weil wir sowieso nicht rausfahren konnten, wir hatten auch nicht das Geld dafür. Dort hat er einfach Bescheid gesagt: »Ich bin der und der, ich wohne hier wenige hundert Meter weiter. Meine Familie und ich, wir werden weiterhin von der Staatsicherheit überwacht. Ich möchte Sie darauf auf-merksam machen, da das auch in Ihr Arbeitsgebiet fällt.« Darauf müssen sie sehr abwiegelnd reagiert haben. Sie haben es wohl aufgeschrieben, aber zugleich gemeint: »Das können wir uns eigentlich nicht vorstellen.« Ob sie trotzdem aktiv geworden sind, kann ich nicht sagen.[6]

In *Magdalena* zitiert Jürgen Fuchs einen Treffbericht des IMB »He-rold«, der den *SPIEGEL*-Redakteur Ulrich Schwarz abgeschöpft und dabei erfahren hatte, Fuchs sei überzeugt, in West-Berlin »auf Schritt und Tritt« von Stasi-Spitzeln überwacht zu werden. »Er führte mich ans Fenster und sagte, ›sehen Sie da unten im Auto die Leute dort, das sind welche vom SSD[7]. Wenn ich auf die Stra-ße gehe und mich umdrehe, verschwinden sie hinter Ecken und hinter Bäumen.‹« Schwarz habe daraufhin beim Staatsschutz um Aufklärung gebeten, die Antwort: »Alles in Ordnung.« Sein Ein-druck: »Fuchs hat sich regelrecht in seinen Verfolgungswahn hi-neingesteigert.«[8]

Die Zersetzungsmaßnahme »Diskreditierung des Rufes« funk-tionierte erfolgreich und sogar auf unerwarteter Ebene. *DER SPIE-GEL* ging auf Distanz: Fuchs ein Stasi-Paranoiker, ein Spinner! Das ließ sich auch in andere Redaktionen und Institutionen streuen. Bei seiner Akteneinsicht 1992 zählte Jürgen Fuchs 40 auf ihn angesetzte IM in den drei erhalten gebliebenen von 25 Bänden seiner »opera-

6 Vgl. Anm. 4.
7 SSD = Staatssicherheitsdienst.
8 Jürgen Fuchs: Magdalena. MfS Memfisblues Stasi Die Firma VEB Horch & Gauck – ein Roman, Berlin 1998, S. 145.

tiven Bearbeitung« aus der West-Berliner Zeit. Reaktionen ähnlich wie bei Schwarz musste er mehrfach erleben. Er vermied es zunehmend, seinen Verdacht zu äußern, bekam zugleich zu spüren, wie seine Kompetenz in Zweifel gezogen wurde.

Und immer war da die nervende, beunruhigende Ungewissheit, was würden sie als Nächstes aus dem Ärmel zaubern? Vielleicht nur ein nichtbestelltes Taxi, einen Wäschedienst, der »schmutzige Wäsche« abholen wollte, vielleicht vergiftete aber auch jemand das Essen, wie die Buletten im Fall des Fluchthelfers Wolfgang Welsch, oder organisierte einen schweren Verkehrsunfall, wie bei Freya Klier und Stephan Krawczyk, die am 8. November 1987 während der Fahrt zu einem ihrer kirchlichen Auftrittsorte auf der B5 gleichzeitig plötzlich Wahnvorstellungen erlitten, Symptome, wie sie bei Nervengiften auftreten, die als Kontaktgift eingesetzt werden konnten.

Mit Autos hatten die Verfolger es besonders. Am 30. Oktober 1986 detonierten fünf von Hand gezündete Werfergranaten im Kofferraum eines Pkw vor dem Wohnhaus, in dem die Familie Fuchs wohnte. Autoteile flogen hoch durch die Luft, ein Teil flog über das vierstöckige Haus, lag brennend im Innenhof. Die Tochter Lili, elf Jahre, die in diesem Augenblick 30 Meter entfernt einen Brief zum Briefkasten trug, sah den Täter wegrennen, konnte ihn bei der Zeugenvernehmung als arabisch aussehenden Typ beschreiben. Die Stichflamme der Explosion reichte bis zum dritten Stock. Jürgen Fuchs hatte die Flamme gesehen, dann die Rauchentwicklung, das Kind unten. Die Feuerwehr löschte. Der Täter wurde nie ermittelt.

Später, so konnte man in den Akten nachlesen, habe der aus Jena gekommene IMB »Mario« bei Freunden gefragt, wie die Familie auf das »Vorkommnis« reagiert hätte. Die Warnung an Fuchs war klar. Wenn er sich weiter einmische, die DDR-Opposition weiter unterstütze, wenn er weiter störe, habe er mit allem zu rechnen. Das Datum des Anschlags dürfte kein Zufall gewesen sein. Am nächsten Tag ging von Kreuzberg aus der Oppositionssender »Schwarzer Kanal« in Betrieb. Fuchs' Beteiligung daran war bekannt.

Den Eindruck, Autos würden zu den bevorzugten Manipula-

Ein mutmaßliches getarntes Observationsfahrzeug der Stasi gegenüber der
Wohnung der Familie Fuchs

Dorothea Uschkoreit, die Mutter von Lilo Fuchs, 1982 zu Besuch in der
Wohnung in West-Berlin

tionsobjekten der Staatssicherheit gehören, hatten Jürgen und auch Lilo Fuchs schon sehr früh:

Ostern '76 haben wir uns den Trabant Kombi von Katja Havemann gelie-hen. Jürgens Vater hatte seinen 60. Geburtstag, und wir wollten zu seinen Eltern nach Reichenbach fahren. Lili war elf Monate alt. Die saß mit mir hinten. Es war kalt, ich hatte sie in ein Kissen eingepackt. Die Autobahn war fast leer, wir fuhren nicht sehr schnell, vielleicht 80 Stundenkilo-meter. Es war eine ruhige Morgenstimmung, kein Glatteis. Auf einmal, kurz nach Michendorf, tat es einen leichten Schlag, als ob das Auto auf irgendwas gefahren wäre oder als ob etwas am Gestänge gebrochen sei. Jürgen erzählte später, er hatte das Gefühl, dass die Lenkung ruckte, und danach konnte er das Lenkrad bewegen, aber das Auto ließ sich nicht mehr lenken. Das Auto rollte direkt auf die Pfeiler eine Autobahnbrücke zu. Jür-gen hat versucht, es mit mehreren kurzen Vollbremsungen zum Stehen zu bringen. Dabei stellte es sich am Mittelstreifen quer und überschlug sich. Das Trabidach flog weg, Lili und mich hat es aus dem Auto geschleudert, und Jürgen wurde das Nasenbein von der Dachkante zertrümmert. Ich hab dann erst mal nach dem kleinen Kindchen gesucht. Jürgen saß da mit ei-nem ziemlichen Schock. Aus dem Auto waren die Manuskripte verstreut. Jürgen hat ja immer alles mitgenommen, woran er gerade arbeitete. Von der Gegenfahrbahn kam ein Autofahrer, der Arzt war. Er meinte, es sieht nicht so aus, als ob das Kind verletzt sei, aber wir sollten es doch röntgen lassen. Dann kamen die Polizei und ein Krankenwagen, der hat uns nach Potsdam gefahren.

Der Trabant wurde von der Polizei in eine Werkstatt gebracht und repariert. Wir haben natürlich nachgefragt. Sie behaupteten, an der Len-kung und Radaufhängung sei alles in Ordnung gewesen. Für uns war das nicht mehr nachprüfbar.[9]

Nach schweren Verkehrsunfällen in der DDR wurden die Fahrzeuge von der Verkehrspolizei normalerweise immer sichergestellt und erst nach Untersuchung der Unfallursache durch einen Sachver-

9 Vgl. Anm. 4.

ständigen zur Reparatur freigegeben. Merkwürdig nach diesem Unfall ist der sofortige Abtransport in eine Werkstatt. Katja Havemanns Trabant Kombi war gerade von einer Werkstattdurchsicht zurück. Eine Manipulation, etwa an den Verbindungsschrauben der Lenksäule, wäre ein Leichtes gewesen.

Katja Havemann:

Robert wollte mir noch ausreden, ihnen das Auto zu borgen: »Auto verborgen macht man nicht.« Ich habe es frohen Herzens gemacht, weil ich die beiden gemocht habe. Jürgen war allerdings auch ein Fahranfänger, deshalb aber eigentlich besonders vorsichtig. Und er war kein schlechter Autofahrer.

Als das Auto repariert war, ist Wolf mit zur Werkstatt gefahren. Im Nachhinein war da nichts zu ermitteln. Und ihre Schweinereien haben sie nicht aufgeschrieben, sie waren sich ihrer Kriminalität durchaus bewusst. Wenn solche Dinge in den Akten standen, zum Beispiel wie sie geplant hatten, Eppelmann auf seiner Fahrt nach Grünheide einen Unfall zu servieren, oder Ralf Hirsch, den eine Frau betrunken machen und dann auf dem Weg nach Hause erfrieren lassen sollte, dann stand das nur drin, weil es eine Stasi-interne Untersuchung zu dem Mitarbeiter gab – nicht weil er das ausgeheckt hatte, sondern weil er im Verdacht stand, Gelder veruntreut zu haben.[10]

Später, als Familie Fuchs ein eigenes Auto besaß, kam auf ihrer geheimgehaltenen Telefonnummer ein Anruf, die Wagentüren ständen weit offen. Zuvor, waren sie sich sicher, war das Auto abgeschlossen. Nichts fehlte, nur der Kindersitz war ausgebaut und stand auf dem Bürgersteig.

Im Oktober 1991 folgte Jürgen Fuchs einer Einladung nach Dresden zur Einweihung des Stasi-Dokumentationszentrums. Danach erzählte er, wie ihn auf der Autobahn ein Pkw überholt und brutal versucht hatte, ihn gegen einen am Rand abgestellten Wagen zu

---

10 Katja Havemann: Gespräch mit Udo Scheer vom 08. 11. 2006.

drängen. Hirngespinste eines Wichtigtuers waren das nicht. Während seiner Recherchen 1992 in der Stasi-Unterlagenbehörde fand er sein Auto mit zerschnittenen Bremsschläuchen auf dem Innenhof vor, ein anderes Mal beobachteten Mitarbeiter, wie jemand sich an den Rädern zu schaffen machte. Zufälle?

»Einmal in dieser Zeit«, erzählt Lilo Fuchs, »in der Beratungsstelle Waldstraße, kam er zum Auto, es war alles abgeschlossen, aber drin lag ein Pflasterstein. Die Scheiben waren unversehrt. Ich denke, auch das war ein Zeichen: Nehmt euch in Acht.«[11]

Im Dezember 1993, nachdem Jürgen Fuchs im ehemaligen Mielke-Ministerium in Berlin-Lichtenberg auf dem Kongress »Kampf um die Seele – Die Operative Psychologie« einen seiner sehr deutlichen Beiträge zur Staatssicherheit und ihren Methoden der Feindbekämpfung gehalten hatte, bekam er einmal mehr eine Morddrohung, diesmal über seinen nur wenigen bekannten Faxanschluss.

Sein Rückruf beim angegebenen Absender, einem Druckhaus, ergab, es müsse sich um eine Verwechslung handeln. Fuchs nahm die Drohung – wie auch andere – ernst und informierte Manfred Kittlaus, den Leiter der Zentralen Ermittlungsstelle für Regierungs- und Vereinigungskriminalität.

Noch 1998 wurde am betreiberinternen Ansagetext von Fuchs' Faxanschluss auf eine Weise manipuliert, wie das wahrscheinlich nur vom Telefonbetreiber aus möglich ist.[12]

Da war es von eigener »Lustigkeit«, als die *taz* Wiglaf Drostes und Gerhard Henschels *Barbier von Bebra* in Fortsetzungen vorabdruckte. Das Kalkül ging auf, Boykottaufrufe steigerten die

11 Vgl. Anm. 4.
12 »Wichtige Information über Fax-Anschluß: Die oben genannte Faxnummer wurde offenbar zwischenzeitlich mit einer falschen Ansage manipuliert oder gar umgeleitet. Ich wurde von einer mir bekannten Zeitungsredaktion darüber informiert, daß eine nicht von mir angewiesene Zwischenansage eine andere Telefon- und Faxnummer mitteilt, unter der ich jetzt zu erreichen wäre. LKA und ZERV wurden informiert. Falls sich in der Vergangenheit Unregelmäßigkeiten ergaben oder ich Faxe bzw. Emails nicht beantwortet habe, dann bitte ich um Mitteilung. Die oben genannte Faxnummer ist jetzt technisch etwas abgesicherter und wird in Kürze verändert. Mitteilung erfolgt.« J. Fuchs, in: Rundfax vom 08. 05. 1998.

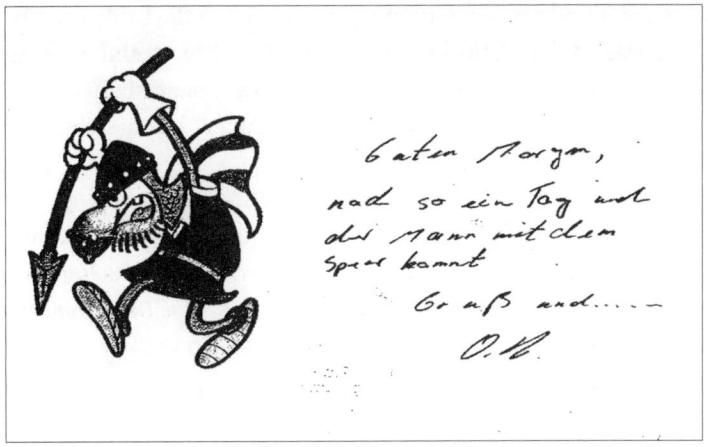

Fax-Morddrohung 1993 nach Fuchs' Vortrag über psychologische Stasi-Methoden: »... der Mann mit dem Speer kommt«.

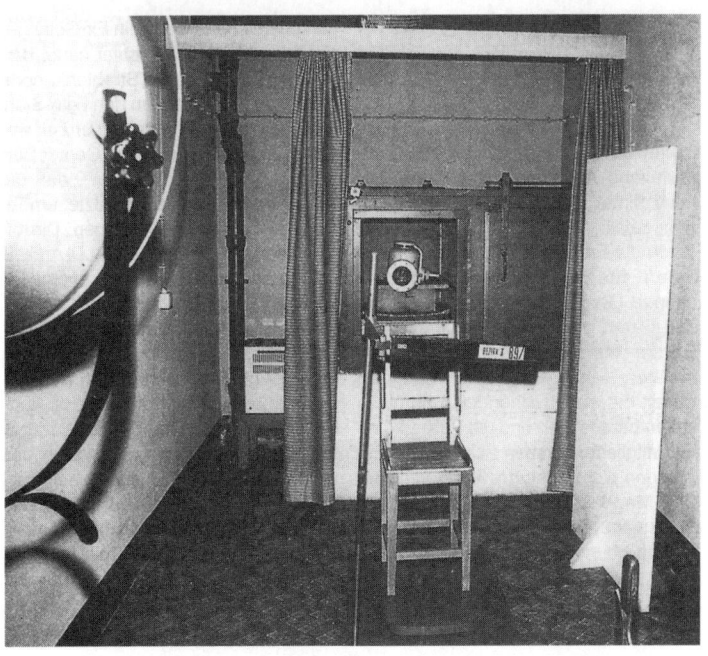

Im Fotoraum der Stasi-U-Haft Gera hinter einem Vorhang von Mitgliedern des Bürgerkomitees vorgefundenes, auf Kopfhöhe ausgerichtetes Röntgengerät

Auflage. In schwarzen Satiren begeisterten sich die beiden daran, alles, was »Bart und Namen« unter den DDR-Bürgerrechtlern hatte – und einige Leute mehr –, in ihrer abstrusen Phantasie zu ermorden. Jürgen Fuchs, in seiner »Gier« nach Akten, ließen sie in eine Waschküche locken.

Und es schien fast so etwas wie Erleichterung in der Stimme des Mörders mitzuschwingen, als er sang: »Sulfrin, Sulfrin, Sulfrin vertreibt die Schuppen, fettiges Haar wird wieder schön! Dann versenkte er den Poeten in zehn Hektolitern Sulfrin-Shampoo, die das Faß bis oben hin füllten.[13]

Auf diese Attacke hin entschied Fuchs sich zu einer Entgegnung am, wie er fand, »peinlichsten Ort« – ebenfalls in der *taz*. Viele, die ihn als ernsthaften Autor kannten, überraschte, wie lässig er, der verschiedenste Angriffe auf seine Person erlebt hatte, den Ton aufnahm, um seine Version des *Todesjux* locker zu Ende zu erzählen. Als ihn nämlich der *Barbier von Bebra* in der Waschküche des PDS-Erholungsheimes »Zum unschuldigen Notar« von hinten angesprungen habe, um ihn in den Schwitzkasten zu nehmen, zu barbieren und ertränken, hätte der nicht mit Fuchs' Fertigkeiten aus der Nahkampfausbildung der Nationalen Volksarmee gerechnet: »Der verhinderte Mörder brüllte sofort um Hilfe.« Hermann Gremliza und Karl-Eduard von Schnitzler seien herbeigeeilt. Doch Fuchs habe sie alle mit einem kleinen grauen Ausweis verwirrt, den er zückte, »ein Muster aus der Gauck-Behörde«, und habe sie strammstehen lassen. Im Hinausgehen habe ihm ein »Herr im Hausmeisterkittel ... ›aus Sicherheitsgründen‹ ... den gesuchten Papierpacken« übergeben. »Die IM-›Notar‹-Akte hatte der böse Fuchs nun in seinen dreckigen Pfoten. Der bescheidene Hausmeister und Hüter der Geheimnisse, Oberst Reuter, hatte sie mir überlassen, von Genosse zu Genosse.« Er zitierte noch einiges von

13 Wiglaf Droste/Gerhard Henschel: Der Barbier von Bebra (3), Vorabdruck in: taz vom 07. 08. 1996.

Droste-Henschels Täterhumor auch gegen Rainer Eppelmann, um dann zu fragen:

Du willst also mitblödeln, den Todesjux mitmachen, glossieren, parodieren, Humor zeigen willst du, Lockerheit. Sie haben gut getroffen, sie haben in die Eier und ins Gemüt gehauen. Die Stasi plante Liquidierungen, Vernehmer im Knast höhnten wie Droste und Henschel.[14]

Und er stellte die, wie er sie nannte, Möchtegernrevoluzzer hart in die Ecke jener Salonzyniker, die nur andere verhöhnen können, die eben nicht wie die großen Meister – wie Charly Chaplin und Mr. Bean, die er während seiner Chemotherapie im Berliner Virchow-Krankenhaus sehr gern gesehen hatte – über das Kaliber verfügen, eigene Schwächen aufs Korn zu nehmen. Dieser *Todesjux* saß, aber – was Jürgen Fuchs sich nach außen kaum anmerken ließ – da saß auch etwas anderes als tiefe Verletzung in ihm.

Eines der schlimmsten Ereignisse für Lilo und Jürgen Fuchs war der für jeden, der sie kannte, unerklärliche Tod von Lilos Mutter Dorothea Uschkoreit am 22. Oktober 1982, angeblich ein Suizid, dessen Bearbeitung – unüblich – sofort von der Staatssicherheit übernommen wurde. Dieser Tod wurde nie wirklich aufgeklärt. Der später ihrer zweiten Tochter Gisela Uschkoreit übergebene Abschiedsbrief ist nicht mit der Handschrift ihrer Mutter identisch. Wer Thea Uschkoreit kannte, kannte sie als offene, dem Leben zugewandte Frau. Als Kriegsflüchtling aus Ostpreußen hatte sie nach einer abenteuerlichen Flucht, ebenso wie ihr Mann, ein kriegsgefangener Russlandheimkehrer, harte Prüfungen hinter sich. Sie waren einfache Leute mit enger Familienbindung, die auch beruhigt waren, wie die Familie ihrer Tochter sich in West-Berlin eingelebt hatte.

Im Sommer 1982 erkrankte Lilo Fuchs an einer schweren, für die Ärzte undefinierbaren Virusinfektion. Sie lag über Wochen im Krankenhaus.

---

14 Jürgen Fuchs: Todesjux, in: taz vom 02. 09. 1996

Sie konnten nichts dagegen machen, nur warten. Und als ich dann doch nicht das Zeitliche gesegnet hatte, kam uns die Idee, für meine Mutter, von der wir fünf Jahre getrennt waren, an der ich sehr hing, eine außerordentliche Besuchserlaubnis zu beantragen. Die behandelnde Ärztin hat sofort gesagt: »Das mache ich.« Parallel dazu rief Jürgen meine Mutter an, um ihr den Schock zu ersparen, auch auf die Gefahr hin, dass sie mithörten: »Na ja, es ist nicht ganz so schlimm, aber wenn es klappt, komm nur mal.«

Nach einiger Wartezeit gaben sie ihr den Pass. Im August '82 kam sie hier an. Wir wissen nicht, ob sie sie schon im Vorfeld in die Mangel genommen hatten, darüber hat sie nicht gesprochen. Sie war ungefähr zwei Wochen hier. Es war sehr schön. Erst mal schaute sie natürlich: Wie leben die? Sie hatte sich ja vielleicht Wunder was vorgestellt.

Anfang September habe ich sie wieder zur Friedrichstraße gebracht. Danach bestellten sie sie mehrfach ein. Sie wussten, dass Jürgen und meine Mutter sich sehr gut verstanden. Wahrscheinlich dachten sie, wenn wir die richtig fertigmachen, würde das Schuldgefühle erzeugen und uns belasten. Ihre Strategie war ja, uns möglichst viele Energien für andere Sachen zu rauben.

Nachdem meine Mutter zurückgekehrt war, habe ich sie noch einmal angerufen. Es war schwierig zu telefonieren. Meinen Eltern hatten ja kein Telefon, und so waren sie gezwungen, den Apparat eines Nachbarn zu benutzen, der hatte eine herausgehobene Position. In dem Gespräch fing sie, wenn auch sehr zurückhaltend, an zu erzählen, dass man sie vorgeladen hatte, dass sie unverschämt befragt worden sei. Anderen erzählte sie davon, dass sie Jürgen schlechtgemacht hätten, und sie solle sich überlegen, ob sie mit ihm weiterhin Kontakt halten wolle. Und offenbar machten sie das Angebot, sie könne weiter zu uns fahren, wenn sie bereit sei, darüber zu berichten.

Meine Mutter hat in dieser Situation den Fehler gemacht und sich niemandem richtig anvertraut. Später machte auch Jürgen sich große Vorwürfe, weil er nicht gesagt hatte: »Bleib doch einfach hier.« Dann wäre sie nicht tot.[15]

15 Vgl. Anm. 4.

Nach 1989 forderte die Familie die Aufklärung der Todesumstände. Staatsanwältin Birgit Wolf in Gera ermittelte, sah jedoch keine Unregelmäßigkeiten. Im Jahr 1991 wurde sie wegen früherer Zusammenarbeit mit dem MfS abgelöst.

Es gibt einen auffälligen zeitlichen Zusammenhang zwischen dem Tod der Schwiegermutter und der Verschärfung des »operativen Kampfes« gegen Jürgen Fuchs in West-Berlin 1982. In dieser Zeit geriet die unabhängige DDR-Friedensbewegung dem Apparat mehrfach außer Kontrolle. Dort wusste man, dahinter stand häufig Jürgen Fuchs. Er verhalf den im Sprachgebrauch des MfS »feindlich negativen Personenzusammenschlüssen« zu westdeutscher Medienöffentlichkeit und stellte für die Oppositionellen damit einen Schutzraum her. Der im Mai 1982 gegen ihn ausgestellte internationale Haftbefehl bezeugt: Fuchs in West-Berlin galt als ein Hauptfeind.

Die Vorladungsprotokolle von Thea Uschkoreit sind in den Akten nicht mehr enthalten. Naheliegend ist, dass sie den auf die Frau ausgeübten Druck dokumentierten, sie solle auf ihren Schwiegersohn einwirken, seine »politischen Angriffe« zu unterlassen. Andernfalls würde sie auch ihre fünf Geschwister in Westdeutschland nie wiedersehen.

Am Vormittag des 22. Oktober 1982 wurde sie erneut zum Volkspolizeikreisamt in ein Gesprächszimmer zu einem »Mitarbeiter Inneres« einbestellt und offenbar massiv bedrängt. Als ihr Mann sie nach der Arbeit fand, waren alle Hähne des Gasherdes aufgedreht, sie wies Schnittspuren an den Armen auf, ihre Pulsadern waren geöffnet. Darüber, ob eine Obduktion zur Todesursache vorgenommen wurde, erhielten die Angehörigen keine Auskunft. Ein Manipulationsverdacht – wie bei anderen politisch motivierten Todesfällen auch – ist nicht auszuschließen.

In dieser für die Familie so schmerzhaften Zeit standen an einem Abend im Januar '83 unvermittelt zwei Mitarbeiter des MfS vor der Wohnungstür von Gisela Uschkoreit, der zweiten Tochter, und übergaben ihr die blutverkrusteten Sachen ihrer Mutter und das Messer, mit dem sie sich angeblich die Pulsadern geöffnet hatte.

Angst und Abscheu waren kalkuliert. Im schmutzigen Psychokrieg der Staatsicherheit sollte die Familie gespalten und ihre Wut und Verzweiflung gegen Jürgen Fuchs gerichtet werden: Er sei schuld, er habe nur Unheil über die Familie gebracht. Zersetzungsmaßnahmen, um gezielt Familienbeziehungen zu zerstören, waren kein Einzelfall.

Gegen Jürgen Fuchs hatte die Staatsicherheit die Schranken freigegeben, alle ihr verfügbaren Mittel standen zum Einsatz bereit, die einzige Bedingung: keine nachweisbaren Spuren. Die Hauptabteilung VIII des MfS (Observation, Transitverkehr) plante 1988, mit ihrem Mann vom Schlüsseldienst, dem IME »Genua«, eine radioaktive Quelle bei Fuchs zu installieren.[16]

Eine nach seinem Tod erstmals eingesetzte Untersuchungsgruppe der BStU kam zu dem Ergebnis, dass das MfS seit den 70er Jahren gegen Oppositionelle verstärkt radioaktive Strahlung und Stoffe nutzte.[17] Unter dem Decknamen »Wolke« wurden unter anderem Fußböden kontaminiert und so Besucher »markiert«, um sie später mit Strahlungsdetektoren identifizieren zu können. Da der Staatsicherheit durch das zweifache Sicherheitsschloss der Zutritt zu Fuchs' Wohnung verwehrt war, sollte der IM die radioaktive Strahlungsquelle im verschlossenen Gemeinschaftskellerraum unter einem Glasziegel des Hauseingangs anbringen. Damit wäre jeder feststellbar, der das Haus betrat. Dieser diabolische Plan ist dokumentiert. Lilo Fuchs erzählte, wie sie sofort nach Erhalt dieses Stasi-Treffberichts am 6. Dezember 2000 – ihrem Hochzeitstag – den Kellerraum durchsuchte, zuerst allein, dann auch mit zwei Leuten der ZERV (Zentrale Erfassungsstelle Regierungs- und Vereinigungskriminalität), sie aber keinen auffälligen Gegenstand

16 BStU, ZA, IM-Akte »Genua«, A 377/81, Bd 4, Bl. 149, Treffbericht der HA VIII mit IME »Genua« vom 3. 02. 1988.

17 Der Bundesbeauftragte für die Unterlagen des Staatsicherheitsdienstes der ehemaligen Deutschen Demokratischen Republik, Abteilung BF, Projektgruppe Strahlen, B. Eisenfeld, Th. Auerbach, G. Weber, Dr. S. Pflugbeil: Bericht zum Projekt »Einsatz von Röntgenstrahlen und radioaktiven Stoffen durch das MfS gegen Oppositionelle – Fiktion oder Realität?«, Berlin 2000.

entdeckten. Bereits 1983 hatte die Staatssicherheit geplant, durch IME »Genua« im »Entlüftungsschacht unter der Haustür« einen »erforderlichen Gegenstand für eine spezifische Maßnahme«[18] anbringen zu lassen. Der überaus lückenhafte Aktenbestand des ZOV »Opponent« liefert keine Anhaltspunkte, ob die Aktionen – möglicherweise auch befristet – umgesetzt oder zugunsten anderer Ungeheuerlichkeiten verworfen worden waren. Jürgen Fuchs konnte diese Stasi-Pläne nicht mehr zur Kenntnis nehmen, doch die Ahnung hatte er.

In einem Telefonat zu *Magdalena*, das sich spontan zu einem zweistündigen Telefoninterview über das kostbare Gut Demokratie auswuchs, sprach er auch über die unerhörte Möglichkeit des Einsatzes radioaktiver Mittel durch die Staatssicherheit. Zu unwahrscheinlich erschien es, dass der Krebstod des mit ihm inhaftierten Freundes und Liedermachers Gerulf Pannach im Mai 1998, der Krebstod des Regimekritikers Rudolf Bahro im Dezember 1997 – dessen Manuskripte zu *Die Alternative* und seine Durchschläge radioaktiv verseucht worden waren[19] – und seine eigene Erkrankung nur Zufälle sein sollten.

Für Jürgen Fuchs hatte das durchaus eine perverse Logik:

Ich habe in »Magdalena« etwas aus einer Veröffentlichung der Humboldt-Universität Berlin, Sektion Kriminalistik, zitiert, die mit der Staatssicherheit kooperierte, über radioaktive Gifte und über das Mitdenken, wie man diese spurlos gegen Menschen benutzen kann. Zur Frage nach dem Verbrechen, nach der Konkretheit, will ich nur ganz kurz auf folgendes verweisen: Sehr klar ist es beim Sport und Doping mit »UM«, mit »Unterstützenden Mitteln«. Wenn man verfolgt, was Rechercheure zur Leistungssteigerung da rausgefunden haben. Wenn man auch das Verlassen der jüdisch-christlichen Ethik bedenkt, im Sinne von: Die Würde des Menschen ist unantastbar,

18 BStU, ZA, IM-Akte »Genua«, A 377/81, Teil II, Bd. 3, Bl 144–149, Bericht zur spezifischen Aufklärung »F« vom 24. 05. 1983.
19 Vgl. Anm. 17, S. 36f.

und Gott sieht es, ich darf nicht alles tun. Wenn sich an diese Stelle der Vorgesetzte, der Macher schiebt: Ich darf alles, es ist alles erlaubt, die Mittel sind geheiligt vom Zweck, auch gegenüber jungen Menschen, jugendlichen Schwimmerinnen zum Beispiel – wenn man sich dieses Feld ansieht, muss man sich fragen, was kann dann erst in den geheimen Räumen geschehen? Das muss erst einmal wahrgenommen werden.

Das gehört zum Thema, zu dem, was »Magdalena« versucht, in die Wahrnehmung zu bringen. Jetzt kann und soll weiter gefragt werden. Ein Betroffener ist vielleicht auch in der Lage, die letzten, die allerletzten Beweise zu bringen, wenn er gestorben ist und eine Knochenanalyse vorgenommen wird. Doch beim Fragen ist erst einmal die Gesellschaft dran.

Wir reden jetzt sehr nahe, brutal und unmedizinisch. In der Haft geht es vor allem um aufsässige Gefangene, um die, die sich in den Verhören nicht beugen, die draußen weiter unbequem sein könnten ...

Und da taucht eben auch die Möglichkeit auf, dass zum Beispiel über Strahlung gesundheitliche Schäden beigebracht werden können, nicht an allen Gefangenen, aber an denen, bei denen man glaubt, es machen zu müssen, zu sollen, zu dürfen, auf Befehl. In einem Dokument, das ich gefunden habe, spielte ein handliches polnisches Gamma-Strahlengerät eine Rolle, das punktförmig Neutronenstrahlen aussendet. Spurlos. Nur das biologische Gewebe wird beschädigt, erzeugt später diffuse, aber bedrohliche Erkrankungen. Diese Möglichkeit muss man immer sehen. Der kurzfristige Effekt ist »Down-Sein«, Strahlenkater.

Auf jeden Fall ist bei dem großen Thema »Zersetzung« als Menschenrechtsverletzung dringend zu überprüfen, was hier dran ist. Das Einbringen von radioaktiven Substanzen über die Nahrungskette und der Ausbruch von Erkrankungen ist sehr individuell, von den Personen abhängig, möglich. Hier gibt es in der Behörde, wie auf anderen Gebieten, etwa der MfS-U-Haft insgesamt, ein ganz deutliches Defizit an systematischer Analyse.

Mielke sprach von »revolutionären Verurteilungen«, von diesem »kurzen Prozeß machen«, ganz und gar nicht im juristischen Sinn von

Prozess, sondern von »wegmachen«. Dahinter stehen die ganz langen Spuren unserer Verbrecher-Geschichte. Andersdenkende sind dann ideologische Feinde. Und mit Feinden kann man Verschiedenes machen als Staat mit »historischer Mission«. Weil sie die Mission in Frage stellen, werden die Schranken freigegeben ...[20]

Es wäre naiv zu glauben, ein Geheimdienst auf der Höhe seiner Zeit würde nicht die ihm verfügbaren Mittel einsetzen. Bei seinen Aktenrecherchen stieß Jürgen Fuchs auf den erwähnten Abschlussbericht der Sektion Kriminalistik der Humboldt-Universität Berlin aus dem Jahr 1987 im Auftrag des MfS: »Untersuchungen zu chemischen Substanzen mit besonderer kriminalistischer Relevanz«.[21] In *Magdalena* zitiert er aus dieser von dem Wissenschaftlichen Mitarbeiter der Humboldt-Universität und Offizier im besonderen Einsatz des MfS Dr. Katzung mit erarbeiteten TOXDAT-Studie den Abschnitt »2. 3. 2. Schädigung durch Beibringung radioaktiver Stoffe«. Darin werden auch deren »Vorzüge« hervorgehoben. Im Hinterkopf dürfte Jürgen Fuchs seinen Krebs mitgedacht haben, als er abschrieb:

- Hohe kriminalistische Relevanz durch Fehlen eines Sinnesorgans für Wahrnehmungen, Manifestierung irreversibler Schäden bereits während der langen Latenzzeit und effektive Dosen bereits im Mikro- bis Milligrammbereich!
- Hohes Verschleierungspotential durch spät einsetzende unspezifische Initialsymptomatik sowie komplizierte Analytik;
- Verdacht ist maßgebend!
- Limitierungen (für kriminelle Einzeltäter).[22]

Die TOXDAT-Studie analysiert ein ganzes Arsenal von 200 toxischen und radioaktiven Giften in ihren Wirkungen und Möglich-

20 Jürgen Fuchs/Udo Scheer: Goodbye dictatorship, in: mut 7/1998, S. 16 f.
21 Vgl. Jürgen Fuchs: Magdalena. MfS Memfisblues Stasi Die Firma VEB Horch & Gauck – ein Roman, Berlin 1998, S. 409 ff.
22 Ebenda, S. 409 f.

keiten, die tatsächlichen Krankheits- und Todesursachen zu verschleiern. Die Frage steht: Wozu brauchte das MfS diese Übersicht, wenn nicht zur Anwendung? Im Januar 1990 wurde bei der Besetzung der Geraer Stasi-U-Haft im dortigen Fotoraum hinter einem Vorhang ein auf Kopfhöhe der zu Fotografierenden ausgerichtetes Röntgengerät dokumentiert.

Die Auskünfte von MfS-Mitarbeitern zum Zweck dieses Gerätes waren Ausflüchte. Auch aus anderen Haftanstalten gibt es Berichte von Gefangenen, die – über längere Zeit allein und angeschnallt im Fotoraum – untypisch summende Geräusche wahrgenommen hätten, die danach zum Teil unter langwierigen, schweren Störungen ihres Immunsystems gelitten hätten.[23] Dennoch wurden unwiderlegbare Beweise einer gezielten Verstrahlung von Häftlingen bislang nicht erbracht. Staatsanwaltliche Ermittlungen verliefen im Sande mit der gängigen Begründung, aus den Akten der Gauck-Behörde sei kein Aufschluss zu erwarten und Restzweifel an der Krankheitsursache seien nie auszuschließen.

Jürgen Fuchs hat sich das Thema »Zersetzung« nicht ausgesucht. Aber es ist sein Verdienst, diese perfide Stasi-Methode ins öffentliche Bewusstsein gebracht zu haben.

Man hat die Bedeutung von Zersetzung nicht begriffen. Wenn, wie amnesty international und Gefangenenberichte ausweisen, weltweit auch so etwas eine Rolle spielt, dann ist es makaber, diese Spuren in der DDR zu ignorieren. Was dabei an psychologischen, medizinischen und technischen Möglichkeiten besteht, kann in einem Konflikt, zum Beispiel zwischen Gefangenen und Vernehmern, ausprobiert werden. Ganz besonders dort, wo keine demokratische Kontrolle herrscht.[24]

Gegen dieses Argument wirkt auch die Schlussfolgerung der BStU-«Projektgruppe Strahlen« in ihrer wissenschaftlich angelegten Sonderrecherche nur hilflos:

23 Vgl. Anm. 17, S. 16 f.
24 Vgl. Anm. 20, S. 17.

Schließlich verfügte das MfS mit dem dargestellten Gammadefekto-skopier-Gerät über Strahler, die man im Vergleich zu den in der U-Haft vorgefundenen Röntgengeräten weit besser zur zielgerichteten Verstrahlung von politischen Untersuchungshäftlingen hätte einsetzen können.[25]

Nein, die Verfügbarkeit dieser handlichen polnischen Gamma-Strahlenkanone schließt keine der anderen Möglichkeiten aus, politische Gegner zu verstrahlen. Warum sollte ein Geheimdienst, für den politischer Mord nie ein Tabu war, sich nicht der fast spurlosen Methode einer schleichenden schweren Krebserkrankung bedienen, um sich seiner stärksten Feinde zu entledigen?

Vom Archivbereich der BStU wurde eine Liste der Personen erstellt, die über die eigenen Operativen Vorgänge hinaus die meisten Fundstellen in Unterlagen des MfS aufweisen – als horizontale Informationen in Operativen Vorgängen Dritter und als vertikale Informationen in MfS-internen Sachakten. Nach dieser Liste nimmt Jürgen Fuchs mit 187 Fundstellen (Stand 2005) den ersten Platz vor Robert Havemann, Bärbel Bohley, Wolf Biermann, Roland Jahn u. v. a. ein. Fuchs war aus Sicht der Staatssicherheit der Staatsfeind Nummer eins.

Die im Jahr 2000 vorgelegte BStU-Strahlenstudie über dieses höchst kriminelle Kapitel der Staatssicherheit ist, soweit bekannt, bisher nicht weiter vertieft worden, und unter früheren Wissensträgern des MfS herrscht beharrliches Schweigen. Dabei bestätigen Untersuchungen und Berichte weltweit, wie Geheimdienste diktatorischer Regime mit Hilfe radioaktiver Verstrahlung oder Vergiftung bei exponierten Feinden gezielt schnelle Tode oder auch langsames Siechtum durch Krebserkrankungen herbeiführen ließen.

1957 stellten Ärzte eines US-Militärhospitals fest, daß der 1954 aus der Sowjetunion in die USA übergelaufene Geheimagent Nikolai Khokhlow mit radioaktivem Thallium vergiftet worden war.

25 Vgl. Anm. 17, S. 41.

Der 1978 übergelaufene rumänische General Pacepa berichtet in
seinen Memoiren, daß Radioaktivität zum todbringenden Arsenal
der Securitate gehörte ... In der Aktion »Radu« schaltete Staatschef
Ceauşescu (mit derartigen Mitteln) den inhaftierten Außenminis-
ter Kiraly aus. Der Vorgänger Ceauşescus, Gheorge Gheorgiu-Dej,
starb 1965 nach einem Besuch in Moskau an einer schnell voran-
schreitenden Krebserkrankung. Ebenso erging es auch drei Direk-
toren der Rumänienabteilung des Senders Radio Free Europe, die
1983, 1984 und 1988 starben ... In Rumänien kamen darüber hinaus Gerüchte auf, daß eine Reihe von Häftlingen kurze Zeit nach
ihrer vorzeitigen Entlassung aus der Haft schwer erkrankten und
schließlich verstarben.[26]

Bereits 1991 fragte Fuchs in seiner *SPIEGEL*-Serie *Landschaften der
Lüge* angesichts der in Fotoräumen von Untersuchungsgefäng-
nissen gefundenen Anleitungen zum »Strahlenschutz beim Betrieb von Röntgeneinrichtungen«: »Wurde etwa noch ein Licht
angeknipst für ein paar Sekunden mit anderen Strahlen? Kamen
daher die Rückenschmerzen, die Koliken, die Beschwerden beim
bloßen Gehen?«[27] Und er berichtete von damals mehrfach ver-
spürter unerklärlicher Mattigkeit. Nach seiner U-Haft vermutete
er noch, man hätte ihm etwas mit den Quarkspeisen verabreicht.
Als er im Sommer 1994 nach seiner ersten Strahlentherapie ähnliche Symptome von »Down-Sein« an sich feststellte, verfestigte
sich sein Verdacht eines radioaktiven Verbrechens.

26 Vgl. Anm. 17, S. 4. Auch jüngste bekanntgewordene Fälle bestätigen, dass die-
se staatsterroristischen Verbrechen weiter begangen werden. Ende der 90er
Jahre wurde der russische Unternehmer Kaplan durch einen in die Rückenlehne seines Bürostuhls eingenähten Cäsiumstab qualvoll umgebracht. Der
Giftanschlag 2004 gegen den Führer der orangenen Revolution in der Ukraine,
Viktor Juschtschenko, war ebenso politisch motiviert, wie die Vergiftung des
russischen Ex-FSB-Agenten Alexander Litwinenko am 1. November 2006 in
London. Um dessen erfolgreiche Aufklärung krimineller Machenschaften des
Putinschen Geheimdienstes zu unterbinden, wurde er mit einer hohen Dosis
radioaktiven, hochgiftigen Poloniums exekutiert.
27 Jürgen Fuchs: Landschaften der Lüge, in: DER SPIEGEL Nr. 49/1991, S. 94f.

Ich hatte einen Kreislaufzusammenbruch, der unmittelbar im Zusammenhang stand mit einem starken Druck in den Vernehmungen, aber auch mit einer, sagen wir, rätselhaften, schlagartigen Gesundheitsveränderung, die einsetzte. Plötzlich hatte ich Schleimhäute entzündet und konnte kaum mehr die Treppen laufen, war also ganz stark reduziert. Aus heutiger Sicht würde ich sagen, auch mit zunehmender medizinischer Kenntnis, das waren schon Anzeichen für einen Strahlenkater, den ich innerhalb der U-Haft hatte ...[28]

Die Entdeckung der Krebserkrankung von Jürgen Fuchs geschah zufällig, als ein Fall von ansteckender Hepatitis in der Familie auftrat und er auf Anraten des Arztes eine Blutuntersuchung vornehmen ließ. Dabei stellten sich schwerwiegende Veränderungen im Knochenmark heraus, etwas, das in seiner Familie noch nie aufgetreten war. Er selbst hatte die Symptome auf seine immense Belastung geschoben.

Als er und seine Familie mit der »Diagnose Plasmozytom«, einem seltenen Blutkrebs, konfrontiert waren, schrieb er aus der Krebsstation des Virchow-Krankenhauses an das Ehepaar Kratschmer:

Gerade habe ich an unser langes und schönes Gespräch bei Euch gedacht. Hier nun ein kleiner Gruß aus den »Notizen des Patienten F.« Ich werde lyrisch in der Not, haha!

BESUCH
Wie schön
Das Morgenlicht
Hinter den Drähten
Der Oberleitung
Wie schön
Im Zug zu sitzen nach Hamburg
Und abends zurück

---

28 Jürgen Fuchs: Gesprächsfragmente. Protokolliert von Doris Liebermann 1996, in: europäische ideen 1999, Heft 114, S. 16.

Bald kommt mein Tod
Vielleicht sollte ich reisen
Mich verstecken?
An einem schönen heißen sonnigen Tag
Kam er
Der Schwarze, Glänzende, Gefiederte
Vom Transport
Gelackt, mit modischer Jacke
Stand im Zimmer 4 Station 51a, breite Schultern
Kein Gesicht, bediente ein Handy
Tippte, horchte, wartete. Nur seinen Rücken sah ich
Die Farben, die Finger beweglich
Routiniert
...
Du Bote, Du Bürschchen!
So glänzend, so poliert
Und gefiedert
So deutlich
So nahe kamst du heran ...[29]

Dieses Gedicht, schrieb er weiter, sei »bedeutsam« für ihn: »Komische mystische Selbstaufrüstung. Der Text als Freund und Verteidiger, auch Beistand und Kassiber. Damit ES nicht geschieht ...«[30]

Er trat an, der Krankheit die Stirn zu bieten: »Das kann nicht wahr sein!«

»Heinrich Böll«, sagte er beim Abschied nach einem Besuch in Berlin, »schreibt im Vorwort von Solschenizyns *Krebsstation* sinngemäß: Krebs ist durch Zersetzung heilbar. Auch Krebs kann man zersetzen! Ich habe ein Agreement mit den Ärzten geschlossen.« In seinen Sätzen steckte unbändige Hoffnung.

Die Ärzte setzten eine völlig neue Therapie der Blutbehandlung

---

29 Jürgen Fuchs: BESUCH, im Privatbesitz Edwin Kratschmer.
30 Edwin Kratschmer: Texte zu Jürgen Fuchs, in: Edwin Kratschmer: Zwiegesicht.
   Stationen und Spiegelungen. Ein Tagebuch, Unterwellenborn/Jena 2000, S. 5.

ein, gingen auch der Frage nach, ob eine Verstrahlung durch Entnahme einer Knochenprobe nachweisbar sei, konsultierten japanische Fachleute. Diese schätzten die Chancen nach so langer Zeit als gering ein. Die Therapie hatte Vorrang, war erfolgreich. Dennoch war da immer auch die letztgültige Frage: »Wie viel Zeit bleibt?« Die nächsten fünf Jahre arbeitete Jürgen Fuchs, mehr noch als zuvor, gegen die Zeit. Er gab die Hoffnung nie auf, ermutigte andere, gerade auch, wenn er spürte, dass sie ihn ihr Erschrecken über die Veränderungen, die die Medikamente an ihm hervorriefen, nicht spüren lassen wollten.

In diesen Jahren entstand *Magdalena*, entstand eine Sammlung bislang unveröffentlichter Essays und die Reihe kleinerer, in sich abgeschlossener Dialogstücke. Er nahm sich mehr als früher Zeit für Interviews und Gespräche – wie auch in diesem Buch zu lesen –, die seine Erfahrungen, seine Humanitas als Zwischenbilanz, oder, wenn eben nicht anders, auch als Vermächtnis bewahren sollten. Seine Frau hielt ihm, so wie sie es vermochte, den Rücken frei. Sie verstand: Er musste tun, was ihm wichtig war. Die Kinder, Lili, Jenka, Daniel, wünschten, dass ihr Vater mehr für sie da sein sollte. Sie sahen, wie an ihm gezerrt wurde, wie etwas an ihm zehrte. Es war ein für ihn kaum lösbarer Konflikt.

Siegfried Reiprich:

Im Sommer '98 schickte Jürgen ein Fax. Sie seien »sozial erschöpft«, bräuchten jetzt dringend ein Refugium, ein Domizil, »schlimmer als bei Helmut Kohl mit seinem Wolfgangsee« – ich konnte sein ironisches Lächeln geradezu durch den Telefondraht sehen –, wohin sie sich in Zukunft in den Ferien zurückziehen können. Ob sie an die Ostsee, nach Laboe kommen könnten? Da habe ich ihm ein Ferienquartier besorgt. Wir besuchten uns dann, diskutierten die halbe Nacht beim Rotwein miteinander, wenn er trinken konnte. Es ging »ums Eingemachte«: »Klar, du hast recht, und was für Narzissten sie waren, Havemann und Biermann ...«. Er hatte zuvor noch gefragt, wie die Sicherheitslage bei uns sei, sie hätten da ja so Probleme, das BKA bemühe sich um ihren Schutz. Ich konnte ihn beruhi-

gen: In Kiel würden bei HDW U-Boote für Israel gebaut, israelische Tech-
niker wohnten in Laboe, die polizeiliche Kontrolldichte sei sehr hoch. Ich
sehe Jürgen noch im Strandkorb sitzen und lesen, lesen, lesen. Im Sommer
'99 kam Lilo dann allein mit den Kindern. Es zerreißt mir das Herz, wenn
ich an all das tragisch abgebrochene Leben denke.[31]

Um die Jahreswende 1998/99 kam es zu einem Rückfall. Die letzte
Hoffnung lag in einer Knochenmarktransplantation. Die Familie
ließ sich testen, doch keiner kam in Betracht. Als endlich ein Spen-
der aus Westdeutschland gefunden worden war, hatte sich bereits
eine Lungenentzündung eingestellt. Am Morgen des 9. Mai 1999
rief der Klinikarzt seine Frau Lilo an, bat sie zu kommen. Jürgen
Fuchs hatte die eingetretene Hirnblutung selbst diagnostiziert. Im
Krankenzimmer nahm er Abschied von seiner Familie, den Eltern,
der Schwester Christine, dem Schwager Edgar, den Nichten Katja
und Simone, dem Neffen Michael, seiner Frau, seinen Töchtern,
engste Freunde kamen, Bärbel Bohley und Katja und Franziska
Havemann, Pamela und Wolf Biermann. Und jeder nahm auf seine
Weise Abschied. »Wir saßen und standen da um unseren Freund
herum wie die fassungslosen Kinder am Bett ihres scheidenden Vaters.«[32]

Am späten Nachmittag dieses Sonntags starb Jürgen Fuchs im
Alter von 48 Jahren. Nachts kam Roland Jahn ans Bett des Toten. Es
war ein Riss, unfassbar. Ein Mensch, wie er viel zu selten geboren
wird, war tot, weit vor der Zeit. Jeder wusste nur, wie sehr er fehlen
würde, auch seine klare, helle Stimme, sein Ja, sein aufmuntern-
des, bisweilen leicht ironisches Lächeln, sein konsequenter Einsatz
für Ehrlichkeit und Gerechtigkeit, gegen die Lügen und das Laue.

Am 15. Mai 1999, an diesem regnerischen Sonnabend, erhob sich
die Stimme von Joan Baez in der Aussegnungshalle des Heidefried-
hofs Berlin-Mariendorf. Das waren Songs, die er mochte, wie die
der Rolling Stones und von Bob Dylan, es war die Musik seiner Ge-

---

31 Siegfried Reiprich: Gespräch mit Udo Scheer vom 31. 10. 2006.
32 Wolf Biermann: Der Tod ist groß, in: Der Spiegel Nr. 20/1999, S. 318 f.

Beerdigung auf dem Heidefriedhof am 15. Mai 1999

Wolf Biermann – ein letzter Gruß von Freunden

neration mit ihrer Sehnsucht nach Freiheit. Wolf Biermann sagte in seiner eigenwilligen Trauerrede in der völlig überfüllten Halle vor den 500, die kaum hineinpassten, die gekommen waren, um Abschied zu nehmen: Der Freund, der »hier tot vor uns liegt, ist doch immer noch lebendiger, als viele es jemals sein werden«. Und er ging bis an die Grenze, als er vor den trauernden Eltern sagte, es sei falsch, dass sie hier vor dem Sarg ihres Sohnes säßen. Umgekehrt wäre es richtig, »weil es nichts Schlimmeres gibt, als das eigene Kind zu Grabe tragen zu müssen«. Und er sang: »Du, lass dich nicht verhärten, in diesen harten Zeiten«.

Es war Pfarrer Matthias Storck, selbst in der DDR inhaftiert und ausgebürgert, der das andere aussprach, der aufforderte, dem Verdacht nachzugehen, dass vielleicht diese »tödliche Krankheit nicht gottgewollt, sondern menschengemacht« sei. Am Grab, vor dem Meer der Blumen und Kränze, sprach Ralph Giordano über Fuchs' Aura, die er an ihm schon als jungem Menschen kennengelernt hatte, eine »Lauterkeit, etwas Unbeirrbares, das einen veranlasste, genau hinzuhören und die Worte sorgfältig zu wählen ... Da wurde ein Kompass sichtbar, ein Steuerstrich, der nicht abwich von der einmal eingeschlagenen Richtung, diesem schwierigen Kurs auf die unteilbare Humanitas zu.« Staatsminister Rolf Schwanitz sprach der Familie, auch im Namen von Bundeskanzler Gerhard Schröder, sein Beileid aus. Da standen sie, ein aufgewühlter Joachim Gauck, nahezu alle namhaften Bürgerrechtler, Schriftstellerkollegen, zahllose Freunde von Hamburg bis Jena. Es erschien wie eine von dem Verstorbenen arrangierte Überraschung: So groß war der Kreis! Neue Kontakte wuchsen aus stummen Umarmungen. Junge Türken und Jugoslawen aus der Beratungsstelle in Moabit gaben ihre Blumen ins Grab. Von Vaclav Havel kam ein Kranz, die eigene Erkrankung hinderte ihn am Kommen. Nur der Verband deutscher Schriftsteller und der bundesdeutsche P.E.N.-Club schickten nichts, keinen Strauß, nicht mal eine Dreizeilen-Nachricht.

Der Satz »Vielleicht war seine tödliche Krankheit nicht gottgewollt, sondern menschengemacht« hakte sich fest. Frank Rub,

»Ich schweige nicht.«

der Maler und Freund, stellte wenig später Strafanzeige bei der Berliner Staatsanwaltschaft. Die sah – im Widerspruch zur Meinung mehrerer Experten – keinen begründeten Verdacht, so wie andere Staatsanwaltschaften auch, die zu »gesetzwidrig betriebenen Röntgengeräten« in U-Haft-Anstalten ermittelten.[33]

Jürgen Fuchs

Im wunderschönen Monat Mai
Als alle Knospen sprangen ...
Da ist mein Freund den letzten Weg
Nach Nirgendwo gegangen
Dort wartet er nun ohne Hast
Auf mich. Mir kann er trauen:
Ich komme nach! Dann warten wir
Auf unsre lieben Frauen

Im wunderschönen Monat Mai
Der Raps stand voll in Blüte
Das große Gelb versprach mir, daß
Es meinen Freund behüte
In dieser ewigkalten Nacht
Braucht er 'ne kleine Sonne
Damit die Zeit ihm schnell vergeht
Bis ich dann endlich komme[34]

Jürgen Fuchs hat den Tod immer abgewiesen. Als selbstloser Freund, als stark befeindeter Menschenrechtler, als streitbarer Schriftsteller lebt er weiter in der Erinnerung vieler. Sein kompro-

33 U. a.: Peter Wensierski: In Kopfhöhe ausgerichtet, in: Der Spiegel Nr. 20/1999, S. 42 ff. Der Autor kommt zu der Überzeugung, bei dem in Gera entdeckten illegal betriebenen Röntgengenerator TuR DE 824501 sei die an sich geringe Strahlungsstärke von 1,1 Gray ausreichend gewesen, um bei einstündiger Bestrahlung »nach einigen Jahren möglicherweise Blutkrebs auszulösen«.
34 Wolf Biermann: Liebespaare in politischer Landschaft, Stuttgart 2000.

misslos klarer Geist findet sich in seinen Büchern und Texten. Man kann sie entdecken.

In Reichenbach/Vogtland erinnert eine am 19. Dezember 1999, seinem Geburtstag, an seinem Geburtshaus Mühlgraben 13 angebrachte Gedenktafel ebenso an ihn wie die am 13. Mai 2001 in »Jürgen-Fuchs-Bibliothek« umbenannte Stadt- und Kreisbibliothek. In Erfurt wurde die Straße vor dem Thüringer Landtag am 20. Dezember 2002 feierlich in Jürgen-Fuchs-Straße umbenannt. Vom 8. bis zum 10. Dezember 2000 widmeten die Geschichtswerkstatt Jena e.V. und das Collegium Europaeum Jenense gemeinsam mit der Friedrich-Schiller-Universität, der Stadt Jena und der Thüringer Landesregierung dem Schriftsteller, Bürgerrechtler und Psychologen ein internationales Symposium.[35] In mehr als 20 Beiträgen, zwei Podiumsdiskussionen und einem umfangreichen Rahmenprogramm wurde hier erstmals die Dimension seines Werkes und Wirkens in solcher Dichte fassbar.

Auf ihre besondere Art eindrucksvoll ist die Würdigung des oppositionellen Schriftstellers in der Gedenkstätte Berlin-Hohenschönhausen. Bei allen Führungen gehört die karge Einzelzelle, der »Verwahrraum« 117, in der Jürgen Fuchs inhaftiert war, zum festen Programm. Darüber hinaus informiert eine Tafel über wichtige Eckpunkte seines Lebens. Nicht zuletzt war es die Gedenkstätte, von der die Bitte um diese erste biographische Annäherung an Jürgen Fuchs kam.

---

35 Einmischung in eigene Angelegenheiten, Symposium der Geschichtswerkstatt Jena e.V. und des Collegium Europaeum Jenense, Jena, 8.–10. Dezember 2000, Schirmherrschaft: Christine Lieberknecht, Präsidentin des Thüringer Landtages, in: Gerbergasse 18, Sonderausgabe zum Fuchs-Symposium.

Danksagung

Mein Dank gilt allen, die diese Arbeit mit ihren Anregungen, den Berichten ihrer Begegnungen und gemeinsamen Aktionen mit Jürgen Fuchs auf so großartige Weise unterstützt haben, namentlich Lukas Beckmann, Rainer Eppelmann, Katja Havemann, Freya Klier, Edwin Kratschmer, Reiner Kunze, Utz Rachowski, Lutz Rathenow, Siegfried Reiprich, Manfred Wilke. Ganz besonders gilt mein Dank Lilo Fuchs für ihr Vertrauen und ihre Hilfe, ohne die dieses Unterfangen nicht möglich gewesen wäre. Viele weitere Stimmen wären zu hören, und jede hätte Facetten hinzugefügt. Mein Dank gilt der Stiftung Gedenkstätte Berlin-Hohenschönhausen und ihrem Leiter Dr. Hubertus Knabe, die dieses Buch wesentlich mit auf den Weg gebracht haben, und er gilt meiner Frau Mechthild, die ein halbes Jahr Klausur mit Jürgen Fuchs mitgetragen hat.

Bibliographie Jürgen Fuchs

Buchveröffentlichungen

Gedächtnisprotokolle, Reinbek 1977.

Vernehmungsprotokolle, Reinbek 1978.

Tagesnotizen. Gedichte, Reinbek 1979.

Pappkameraden. Gedichte, Reinbek 1981.

Fassonschnitt. Roman, Reinbek 1984.

Einmischung in eigene Angelegenheiten. Gegen Krieg und verlogenen Frieden, Reinbek 1984.

Das Ende einer Feigheit. Roman, Reinbek 1988.

... und wann kommt der Hammer? – Psychologie, Opposition und Staatssicherheit, Berlin 1990.

Dummgeschult – Ein Schüler und sein Lehrer, Berlin 1992.

Poesie und Zersetzung. 1. Jenaer Poetik-Vorlesung » zur Beförderung der Humanität« (Hg. von E. Kratschmer und U. Zwiener), Jena 1993.

Unter Nutzung der Angst. Die »leise Form« des Terrors – Zersetzungsmaßnahmen des MfS, BF informiert 2/1994, Berlin 1994.

Magdalena. MfS Memfisblues Stasi Die Firma VEB Horch & Gauck – ein Roman, Berlin 1998.

Schriftprobe. Gedichte (Hg. Edwin Kratschmer), Weimar 2000.

Hörspiele

Der Besuch, WDR 1979.

Der Alarm, WDR 1985.

Der Heinz, WDR 1989.

Schallplatte / CD:

Pannach, Fuchs und Kunert. Für uns, die wir noch hoffen, CBS Records 1977.

Tagesnotizen (CD, Musik: Mikolás Chadima / mch-Band), Prag 2002.

Theaterstück

Gäste kommen und gehen oder der Verkauf der Landeskinder. Ein Stück, Berlin 1989. Uraufführung: Jena 2000.

Veröffentlichungen in Anthologien

Offene Fenster. Schülergedichte, Bd. 3 (Hg. von E. Kratschmer), Berlin 1972.
Offene Fenster. Schülergedichte, Bd. 4 (Hg. von E. Kratschmer), Berlin 1973.
Auswahl 74. Neue Lyrik – Neue Namen, Berlin 1974.
Tintenfische, Berlin 1977 / 1981.
Antworten, Berlin 1979.
Im Bunker, Berlin 1979.
Anders als die Blumenkinder, Reinbek 1980.
Die Wunde namens Deutschland (Hg. von H. Walwei-Wiegelmann), Freiburg 1981.
Leben vor sich haben (Hg. von H. Walwei-Wiegelmann), Freiburg 1983.
Berlin literarisch (Hg. von R. von Mangoldt), Berlin 1988.
Grenzen / Los, Frankfurt/M. 1988.
Beispielsweise Köln, Köln 1990.
Spektrum des Geistes (Hg. von A. und I. Paulsen), Husum 1991.

Beiträge in Sammelbänden

Liebhaber des Friedens (Hg. von Hans Jürgen Schultz), München 1989.
Sie kommen aus Deutschland. DDR-Schriftsteller in der Bundesrepublik, Worms 1989.
Stalins Zeiten sind vorbei, Frankfurt / M. 1989.
40 Jahre DDR – und die Bürger melden sich zu Wort, Frankfurt / M. 1990.
Protokoll eines Tribunals. Die Ausschlüsse aus dem DDR-Schriftstellerverband 1979, Reinbek 1991.
Zersetzung der Seele – Psychologie und Psychiatrie im Dienste der Stasi (Hg. von Klaus Behnke), Hamburg 1995.
Internationales Autorencolloquium Kunst + Freiheit. Literatur + Diktatur 14.–16. November 1997 an der Friedrich-Schiller-Universität Jena, Jena 1997.
Eine deutsche Zwischenbilanz. Standpunkte zum Umgang mit unserer Vergangenheit (Hg. von R. Süßmuth und B. Baule), München 1997.
Dissidenten, Präsidenten und Gemüsehändler. Tschechische und ostdeutsche Dissidenten (Hg. von D. Liebermann, J. Fuchs und V. Wallat), Essen 1998.

Literaturpreise

Internationaler Pressepreis, Nizza 1977.
Thomas-Dehler-Literaturpreis 1987.
Kritikerpreis für Literatur, West-Berlin 1988.
Hans-Sahl-Preis, Berlin 1999 (posthum).

Der Autor und seine Gesprächspartner

Lukas Beckmann, geboren 1950 in Wilsum (Grafschaft Bentheim), verheiratet, zwei Kinder. Nach der Schule Ausbildung zum Landwirt und Bewirtschaftung des elterlichen Hofes. Hochschulreife über den Zweiten Bildungsweg, 1973–78 Studium der Soziologie (Entwicklungspolitik) in Bielefeld und Bonn. Mitarbeiter der Freien Internationalen Universität in Düsseldorf, dort Zusammenarbeit mit Joseph Beuys. Gründungsmitglied der Grünen, 1979–84 Bundesgeschäftsführer, 1984–87 Vorsitzender. Vertreter der Grünen im Bundeskoordinierungsausschuss der Friedensbewegung, 1986 Initiator der Heinrich-Böll-Stiftung, Aufbau und Geschäftsführer der Stiftung bis 1991. Danach Wechsel zur Bundestagsgruppe Bündnis 90/Die Grünen, 1991–94 Geschäftsführer der Bundestagsgruppe Bündnis 90/Die Grünen, seit 1994 Fraktionsgeschäftsführer der Bundestagsfraktion Bündnis 90/Die Grünen in Bonn und Berlin.

Rainer Eppelmann, geboren 1943 in Berlin. 1966 Verweigerung des Wehrdienstes mit der Waffe und des Fahneneids in der NVA, acht Monate Haft, Bausoldat, 1969 Studium der Theologie an der Predigerschule Paulinum Ost-Berlin, 1974–89 Hilfsprediger, später Pfarrer in der Ost-Berliner Samaritergemeinde, zugleich Kreis-Jugendpfarrer in Berlin-Friedrichshain, Organisation von innerkirchlich umstrittenen Bluesmessen u. a. kirchliche Jugendarbeit. 1982 gemeinsam mit Robert Havemann Autor des Berliner Appells »Frieden schaffen ohne Waffen«, Organisation und Unterstützung zahlreicher Aktivitäten kirchlicher Friedens- und Menschenrechtsgruppen. 1989 Mitbegründer des Demokratischen Aufbruchs (DA), ab Februar 1990 Minister ohne Geschäftsbereich in der Regierung Modrow,

377

ab April 1990 Minister für Abrüstung und Verteidigung in der Regierung de Maizière, seit 1990 CDU, 1990–2005 Abgeordneter des Deutschen Bundestags, 1992–98 Vorsitzender der Enquetekommissionen »Aufarbeitung von Geschichte und Folgen der SED-Diktatur in Deutschland« und »Überwindung der Folgen der SED-Diktatur im Prozess der Deutschen Einheit« des Deutschen Bundestags, danach Vorstandsvorsitzender der Bundesstiftung zur Aufarbeitung der SED-Diktatur, 1994–2001 Bundesvorsitzender der CDA in der CDU, 1995–2002 Mitglied des Bundesvorstandes der CDU.

Lilo Fuchs, geboren 1953 in Jena. Abitur, 1971–75 Psychologiestudium an der Friedrich-Schiller-Universität Jena, dort Begegnung mit Jürgen Fuchs, 1974 Heirat, drei Kinder. Nach politischer Exmatrikulation, Berufsverbot gegen Jürgen Fuchs und massiv einsetzenden Drohungen durch Staat und Geheimdienst im August 1975 Umzug nach Grünheide bei Berlin zu Familie Havemann. 1976–77 Arbeit als Psychologin in der Rehabilitationsklinik der Samariteranstalten Fürstenwalde mit behinderten Kindern, während der Untersuchungshaft ihres Mannes 1976–77 geheimdienstliche Sonderüberwachung. Nach der Ausbürgerung von Jürgen Fuchs (26. August 1977) am 1. September 1977 Ausreise mit Tochter Lili (zwei Jahre) nach West-Berlin, gemeinsam bis Dezember 1989 vom Ministerium der Staatssicherheit der DDR »bearbeitet« und »Zersetzungsmaßnahmen« in West-Berlin ausgesetzt. Seit 1980 zusammen mit Jürgen Fuchs sozialpsychologische Arbeit in einer Beratungsstelle in Berlin-Moabit, Beteiligung an grenzüberschreitender Friedens- und Menschenrechtsarbeit. Geburt der Kinder Jenka (1985) und Daniel (1992). Tod von Jürgen Fuchs am 9. Mai 1999. Lilo Fuchs lebt und arbeitet als Sozialpsychologin in Berlin.

Katja Havemann, geboren 1947 im Oderbruch. Landwirtschaftliche Ausbildung und Abitur, 1968 Studium der Ökonomie, 1969 Studienabbruch, Arbeit im Kinderheim und Ausbildung zur Heimerzieherin. 1974 Heirat mit Robert Havemann, nach Havemanns Tod 1982 aktiv in verschiedenen Menschenrechtsgruppen, u. a.

»Frauen für den Frieden« (1983), »Initiative Frieden und Menschenrechte« (1986). Grünheide als Gründungsort für das »Neue Forum«
(1989) geht maßgeblich zurück auf die Initiative Katja Havemanns.
Sie lebt in Grünheide bei Berlin und ist heute als Sozialarbeiterin
tätig.

Freya Klier, geboren 1950 in Dresden. 1968 Abitur, versuchte Repu-
blikflucht, Urteil: 16 Monate Haft. Nach vorzeitiger Haftentlassung
Arbeit als Postangestellte, Kellnerin, Disponentin im Dresdener
Puppentheater, 1970–75 Schauspielstudium in Leipzig und Dresden, danach Schauspielerin am Theater Senftenberg, 1978–82 Re-
giestudium in Ost-Berlin. 1980 Mitbegründerin der unabhängigen
DDR-Friedensbewegung. 1982 Regisseurin am Theater Schwedt,
1984 freischaffende Theaterregisseurin, DDR-Regiepreis, 1985 Berufsverbot wegen politischen Engagements. Ab 1985 gemeinsame
Auftritte mit Stephan Krawczyk in evangelischen Kirchen der DDR.
1988 Verhaftung und Ausbürgerung, lebt seitdem als freischaffende
Autorin und Dokumentarfilmerin in West-Berlin. 1995 Gründungsmitglied des »Bürgerbüro Berlin«, seit 2005 Mitglied des P.E.N.-
Zentrums deutschsprachiger Autoren im Ausland. Buchveröffent-
lichungen u. a.: Lüg Vaterland. Erziehung in der DDR (1990/2002),
Verschleppt ans Ende der Welt. Schicksale deutscher Frauen in sow-
jetischen Arbeitslagern (1996), Wir Brüder und Schwestern (2000),
Oskar Brüsewitz. Leben und Tod eines mutigen DDR-Pfarrers
(2004), Gelobtes Neuseeland. Fluchten bis ans Ende der Welt (2006),
Matthias Domaschk und der Jenaer Widerstand (2007).

Hubertus Knabe, Dr. phil., geboren 1959 in Unna. Studium der Germanistik und Geschichte in Bremen, 1985–87 Forschungsaufenthalt in
Ungarn, 1988–90 Studienleiter der Evangelischen Akademie Berlin
(West), 1992–2000 wissenschaftlicher Mitarbeiter beim Bundesbeauftragten für die Stasi-Unterlagen, seit 2000 Direktor der Gedenkstätte Berlin-Hohenschönhausen im ehemaligen zentralen
Untersuchungsgefängnis des DDR-Staatssicherheitsdienstes. Er
ist Autor mehrerer Standardwerke zur deutschen Nachkriegs-

geschichte, darunter: Die unterwanderte Republik. Stasi im Westen (1999), Der diskrete Charme der DDR. Stasi und Westmedien (2001), 17. Juni 1953. Ein deutscher Aufstand (2003), Tag der Befreiung? Das Kriegsende in Ostdeutschland (2005), Die Täter sind unter uns. Über das Schönreden der SED-Diktatur (2007).

Edwin Kratschmer, Prof. Dr. phil., geboren 1931 in Komotau/ČSR. 1945 Aussiedlung nach Thüringen, Studium der Kunst, Literatur und Psychologie in Ost-Berlin, Greifswald und Leipzig, Lehrer, Literatur- und Kunstwissenschaftler, Leiter des Unterwellenborner Lyrikklubs, dem 1971–74 auch Jürgen Fuchs angehörte. Initiator und Mitherausgeber der Jugendlyrik-Anthologiereihe *Offene Fenster* (1970–90, neun Bände). 1983 Demissionierung aus dem Schuldienst infolge Stasi-Bedrängnis wegen der Freundschaft mit Fuchs. 1990–92 Gymnasialdirektor, 1992 Lehrauftrag an der Universität Jena, zuletzt Universitätsprofessor für Neueste Deutsche Literatur, Initiator der Internationalen Jenaer Poetik-Vorlesungen. Lebt in Unterwellenborn bei Saalfeld. Werke u. a.: Dichter Diener Dissidenten. Sündenfall der DDR-Lyrik (1995), Jürgen Fuchs: Schriftprobe (2000), Habakuk. Roman (2001), Humanum Literatur. Jenaer Poetik-Vorlesungen zur Beförderung der Humanität (Hrsg., 2001), Tatort Heimat (2006), ErnstFall. Roman (2007), Blaurausch. Erzählungen (2007).

Reiner Kunze, Dr. phil. h. c., geboren 1933 in Oelsnitz/Erzgeb. Bergarbeitersohn. 1951–55 Studium der Philosophie und Journalistik an der Universität Leipzig, 1955–59 wissenschaftlicher Assistent mit Lehrauftrag. Aus politischen Gründen Abbruch der Universitätslaufbahn, Arbeit als Hilfsschlosser. Seit 1962 freiberuflicher Schriftsteller, 1976 Ausschluss aus dem Schriftstellerverband der DDR. 1977 Übersiedlung in die Bundesrepublik Deutschland. 1988/89 Gastdozenturen für Poetik an den Universitäten München und Würzburg. Lebt in Obernzell-Erlau bei Passau. Zuletzt erschienene Bücher: Bleibt nur die eigene Stirn. Ausgewählte Reden (2005), Lindennacht. Gedichte (2007).

Utz Rachowski, geboren 1954 in Plauen. Mit 17 Jahren Relegation von der Oberschule Reichenbach/Vogtl. wegen Gründung eines Philosophieclubs. Bahnhofsarbeiter, Elektromonteur, Grundwehrdienst, Abitur, kurzes Medizinstudium in Leipzig, dann Heizer. 1979 Verhaftung und Verurteilung zu 27 Monaten Gefängnis wegen fünf Gedichten und der Verbreitung verbotener Literatur. Ausbürgerung im November 1980, bis 1992 in West-Berlin und Göttingen. Studium der Kunstgeschichte und Philosophie. 1992 Rückkehr ins Vogtland. Freier Autor mit Nebenberufen, lebt in Reichenbach/Vogtl. und Berlin. Werke u. a.: Namenlose. Erzählungen (1995), Red' mir nicht von Minnigerode. Erzählungen und Aufsätze (2007), Meine Sommer, meine Winter und das andere. Hörbuch (2007).

Lutz Rathenow, geboren 1952 in Jena. 1971 Abitur, danach Grundwehrdienst, ab 1973 Lehrerstudium Deutsch/Geschichte an der Universität Jena, 1973 Leiter des Arbeitskreises Literatur im Kulturhaus Jena-Neulobeda bis zum faktischen Verbot 1975. 1977 politische Zwangsexmatrikulation, kurzzeitige Arbeit als Transportarbeiter. 1977 Umzug nach Ost-Berlin, dort halblegale Tätigkeit als Schriftsteller und konspirative oppositionelle Aktivitäten. 1980 Verhaftung wegen ungenehmigter Buchveröffentlichung in der Bundesrepublik, Freilassung aufgrund internationaler Proteste, häufige Lesungen in Kirchen und Wohnungen, zeitweilig der Szene in Prenzlauer Berg zugehörig. Veröffentlichungen bis 1989 in der Bundesrepublik und im westlichen Ausland. Lebt als freier Autor in Berlin. Erfolgreichste Bücher: Sisyphos. Erzählungen (1995), Der Himmel ist heut blau. Kindergedichte (2000), Ost-Berlin – Leben vor dem Mauerfall (zusammen mit Harald Hauswald, 2005), Gewendet – Vor und nach dem Mauerfall (zusammen mit Harald Hauswald, 2006).

Siegfried Reiprich, geboren 1955 in Jena. Mitbegründer des Arbeitskreises Literatur in Jena, 1973 Abitur, danach Grundwehrdienst. 1975 Philosophiestudium an der Universität Jena, 1976 Ausschluss vom Studium an allen Universitäten und Hochschulen der DDR wegen

»Bildung einer konterevolutionären Plattform«, 1976–79 Arbeiter im Glaswerk Schott & Gen., 1979 Studium der Feinwerktechnik an der Ingenieurschule Jena. 1980 erneute politische Exmatrikulation, Telegrammbote, 1978 Gründung eines illegalen Lesekreises. 1981 auf Sonderabschiebeantrag des MfS gemeinsam mit Ehefrau Christine Übersiedlung nach West-Berlin, weitere Bearbeitung durch die Staatssicherheit. 1983 Eintritt in die SPD. 1992 Austritt aus der SPD, u. a. wegen Umgang mit dem Fall Stolpe. 1998 gemeinsam mit weiteren Bürgerrechtlern Eintritt in die CDU. 1982–90 Studium der Ozeanographie und Geophysik an der Christian-Albrechts-Universität Kiel, 1986–88 wissenschaftliche Arbeit auf der Georg-von-Neumayer-Station in der Antarktis, 1990–97 deutsch-türkisches Erdbebenforschungsprojekt an der Universität Kiel und im Geo-ForschungsZentrum Potsdam. Freier Autor und Referent, 1999 wiss. Mitarbeiter im Bundestag, seit 2001 Referent für politische Bildung der Gedenkstätte Berlin-Hohenschönhausen. Vorstandsmitglied im Bürgerbüro Berlin e. V., Verein zur Aufarbeitung von Folgeschäden der SED-Diktatur. Buchveröffentlichung: Der verhinderte Dialog. Meine politische Exmatrikulation (1996).

Udo Scheer, geboren 1951 in München. 1960 Übersiedlung in die DDR. Abitur, 1970–74 Studium der Technologie wissenschaftlicher Gerätebau an der Friedrich-Schiller-Universität Jena. Gründungsmitglied im 1975 selbst aufgelösten Arbeitskreis Literatur Jena, operative Bearbeitung durch die Staatssicherheit, Veröffentlichungen literarischer Arbeiten wurden bis 1989 in der DDR weitgehend verhindert. Arbeit als Konstrukteur, 1990–93 Betriebsrat bis zur Liquidation der electronicon GmbH Gera, seit 1993 freiberuflicher Schriftsteller und Publizist. 1995–2001 Gründungsvorsitzender der »Geschichtswerkstatt Jena e. V.«, Mitglied im Autorenkreis der Bundesrepublik und im P.E.N.-Zentrum deutschsprachiger Autoren im Ausland. Lebt in Stadtroda/Thüringen.

Abkürzungen

AFP	Agence France-Presse
ARD	Arbeitsgemeinschaft der öffentlich-rechtlichen Rundfunkanstalten der Bundesrepublik
BDM	Bund Deutscher Mädchen im Nationalsozialismus
BV	Bezirksverwaltung (des MfS)
DDR	Deutsche Demokratische Republik
DKP	Deutsche Kommunistische Partei
dpa	Deutsche Presse-Agentur
EK	Entlassungskanditat in der NVA
END	European Nuclear Disarmament
EOS	Erweiterte Oberschule
FDJ	Freie Deutsche Jugend
GO	Grundorganisation
HO	Handelsorganisation
HVA	Hauptverwaltung Aufklärung im MfS
IG	Industriegewerkschaft
IM	Inoffizieller Mitarbeiter des MfS
IMB	Inoffizieller Mitarbeiter / Feindberührung des MfS
IME	Inoffizieller Mitarbeiter / Ermittlung des MfS
IMV	Inoffizieller Mitarbeiter / Verdacht Feindtätigkeit des MfS
KoKo	Kommerzielle Koordinierung
KPÖ	Kommunistische Partei Österreichs
LCB	Literarisches Colloquium Berlin
MfS	Ministerium für Staatssicherheit
ND	Neues Deutschland – Zentralorgan der SED
NDR	Norddeutscher Rundfunk
NVA	Nationale Volksarmee

OPK	Operative Personenkontrolle des MfS
OV	Operativer Vorgang des MfS
P.E.N.	Poets and Playwrighters, Essayists and Editors, Novellists
RIAS	Rundfunk im amerikanischen Sektor
SED	Sozialistische Einheitspartei Deutschlands
SEW	Sozialistische Einheitspartei West-Berlins
UPL	Universitätsparteileitung
UvD	Unteroffizier vom Dienst
VS	Verband Deutscher Schriftsteller
ZERV	Zentrale Erfassungsstelle Regierungs- und Vereinigungs-kriminalität
ZK	Zentralkomitee
ZOV	Zentraler Operativer Vorgang